キャリアコンサルタント 学科試験

2024年版

徹底図解テキスト & 問題集

立石周志　塩澤由美　熊坂輝彦　著

ナツメ社

本書の特長と使い方

本書では、試験範囲から頻出事項を厳選して掲載しています。最短距離での合格を目指して、効率よく学習を進めましょう。

❶6ページから「国家資格『キャリアコンサルタント』とその試験」を掲載しました。まずは試験の概要と合格後の登録・更新制度を把握してください。

●この項目からテストに何問程度出題されているかを示します。

●押さえておきたいポイントを紹介します。

02 カウンセリングに関する理論

この項では、カウンセリングに関する理論家の各種理論を中心に学んでいきます。この範囲からは3問ほどの出題があります。

POINT
● 「キャリアに関する理論」の科目に続いて、各理論家がどんな理論を提唱しているのか詳細を問う問題もあれば、理論家と心理療法名の組み合わせを問われるような設問もあります。いずれにせよ、深く知っておかなければならない範囲です。
● ロジャーズの理論を始め、実技でも深くかかわる理論が多数ありますので、しっかり学習しておきましょう。

● 対策
ロジャーズは「来談者中心療法」「実現傾向」「自己一致」をキーワードに正誤問題で選択肢に挙がって出題されることが多い（第22回、第20回）。

《来談者中心アプローチ》
■ ロジャーズ (Rogers,C.R.) の来談者中心療法

ロジャーズは、人は自らの可能性の実現に向けて自らを発展させようとする存在である、と考えました。人間は誰しも、「絶え間なく変化する主観的な経験の世界に存在している」といいます。個人の行動は、外界からの刺激によって規定されるのではなく、その個人の受け取り方や意味づけによって規定されるとしました。

各個人が感じ取っている世界や意味、感覚は、各個人にしかわからないといえます。主観的な世界は、本人にしか知ることができませんが、ロジャーズは、共感的理解の

自己概念、経験と、自己一致

自己概念　　自己一致　　経験

● 覚えておきたい語句は赤色の太字で示しています。付属の赤シートで隠しながら、効率よく覚えましょう。なお、傍注の 用語 などには下線を引いています。

68

● 傍注には内容を理解する補助として、暗記（暗記しておきたいこと）、出典（確認しておきたい出典元）、対策（試験対策）、補足（本編の補足）、用語、tips（ひと言）を掲載しています。

❷第１〜４章で「キャリアコンサルティングの社会的意義」「キャリアコンサルティングを行うために必要な知識」「キャリアコンサルティングを行うために必要な技能」「キャリアコンサルタントの倫理と行動」を学びます

●第１〜４章の各項目の末尾にミニテスト「理解度Check 一問一答」を用意しました。どれぐらい理解できたかの確認に利用してください。

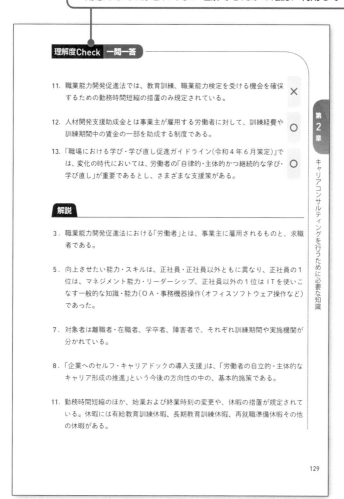

理解度Check 一問一答

11. 職業能力開発促進法では、教育訓練、職業能力検定を受ける機会を確保するための勤務時間短縮の措置のみ規定されている。 ✕

12. 人材開発支援助成金とは事業主が雇用する労働者に対して、訓練経費や訓練期間中の賃金の一部を助成する制度である。 〇

13. 「職場における学び・学び直し促進ガイドライン（令和４年６月策定）」では、変化の時代においては、労働者の「自律的・主体的かつ継続的な学び・学び直し」が重要であるとし、さまざまな支援策がある。 〇

解説

3. 職業能力開発促進法における「労働者」とは、事業主に雇用されるものと、求職者である。

5. 向上させたい能力・スキルは、正社員・正社員以外ともに異なり、正社員の１位は、マネジメント能力・リーダーシップ、正社員以外の１位はＩＴを使いこなす一般的な知識・能力（ＯＡ・事務機器操作（オフィスソフトウェア操作など）であった。

7. 対象者は離職者・在職者、学卒者、障害者で、それぞれ訓練期間と実施機関が分かれている。

8. 「企業へのセルフ・キャリアドックの導入支援」は、「労働者の自立的・主体的なキャリア形成の推進」という今後の方向性の中の、基本的施策である。

11. 勤務時間短縮のほか、始業および終業時刻の変更や、休暇の措置が規定されている。休暇には有給教育訓練休暇、長期教育訓練休暇、再就職準備休暇その他の休暇がある。

第２章 キャリアコンサルティングを行うために必要な知識

129

❸第５章は「理解を深める参考資料」です。本書に出てくる人物名とその理論や技法、官公庁から発表される資料等を紹介します。

❹別冊で、本番のテストと同じ問題数の模擬試験を用意しました。本番のテストと同じ制限時間100分でチャレンジしてください。

これから受験勉強を始める方へ

　国家資格 キャリアコンサルタントの出題範囲は多岐にわたっています。「どこから手をつければ良いのかわからない」「どのような順序で学習したら効率的だろう？」という方も多くいらっしゃると思います。

　この試験を攻略するために、まずはこの学科試験の性格を確認しましょう。

　いわゆる試験と呼ばれるものには２種類があります。

　１つはあらかじめ**定められた点数を獲得すれば合格できる**もの。受験者全員が合格点を取れたなら、全員が合格です。**国家資格 キャリアコンサルタント**試験はこれに該当します（70点、50問出題中の35問以上を正解で合格）。普通自動車運転免許の学科試験は、このタイプの試験の代表的なものです。

　もう１つは**合格人数（あるいは割合）が決まっている**もの。決められた点を取れれば合格というものではなく、上位何名あるいは上位何パーセントかに入っていないと不合格です。そのときの受験者のレベルや人数にも合否が左右されるため、満点を目指して出題範囲をくまなく勉強しておかなければ良い結果を得られません。入学試験などがこれに該当します。

　前者の試験（国家資格キャリアコンサルタントを含む）に合格するためには、得点できる問題を確実に解き、点数を積み上げて合格点に達することが必要です。

・**国家資格 キャリアコンサルタント学科試験の出題傾向**

　当該資格の学科試験の出題範囲は「キャリアコンサルタント試験の試験科目及びその範囲並びにその細目」（2020・令和２年）で発表されています。また、これまでの試験では下の【出題範囲と出題数】に記載された順に問題が組まれていますし、各項目の**出題数もほぼ同じ**です。

【出題範囲と出題数】（出題数は開催回によって若干の増減がある）

Ⅰ　**キャリアコンサルティングの社会的意義**（全３問前後）
　1．社会及び経済の動向並びにキャリア形成支援の必要性の理解（1問）
　2．キャリアコンサルティングの役割の理解（2問）

Ⅱ　**キャリアコンサルティングを行うために必要な知識**（全30問前後）
　1．キャリアに関する理論（4問）
　2．カウンセリングに関する理論（3問）
　3．職業能力開発（リカレント教育を含む）の知識（4問）
　4．企業におけるキャリア形成支援の知識（3問）
　5．労働市場の知識（3問）
　6．労働政策及び労働関係法令並びに社会保障制度の知識（4問）
　7．学校教育制度及びキャリア教育の知識（2問）
　8．メンタルヘルスの知識（2問）

9．中高年齢期を展望するライフステージ及び発達課題の知識（2問）

10. 人生の転機の知識（1問）

11. 個人の多様な特性の知識（2問）

Ⅲ　キャリアコンサルティングを行うために必要な技能（全12問前後）

　1．基本的な技能

　　（1）カウンセリングの技能（2問）

　　（2）グループアプローチの技能（1問）

　　（3）キャリアシートの作成指導及び活用の技能（1問）

　　（4）相談過程全体の進行の管理に関する技能（1問）

　2．相談過程において必要な技能

　　（1）相談場面の設定（1問）

　　（2）自己理解の支援（2問）

　　（3）仕事の理解の支援（2問）

　　（4）自己啓発の支援 ⎫

　　（5）意思決定の支援 ⎪

　　（6）方策の実行の支援 ⎬（2問）

　　（7）新たな仕事への適応の支援 ⎪

　　（8）相談過程の総括 ⎭

Ⅳ　キャリアコンサルタントの倫理と行動（全5問前後）

　1．キャリア形成及びキャリアコンサルティングに関する教育並び ⎫

　　に普及活動 ⎪

　2．環境への働きかけへの認識及び実践 ⎪

　3．ネットワークの認識及び実践 ⎬（5問）

　4．自己研鑽及びキャリアコンサルティングに関する指導を受ける ⎪

　　必要性の認識 ⎪

　5．キャリアコンサルタントとしての倫理と姿勢 ⎭

　以上のことから、出題範囲で肝となるのは「**Ⅱ　キャリアコンサルティングを行うために必要な知識**」であることがわかります。本書でいえば第2章です。キャリアやカウンセリングに関する理論では、人名と理論の特徴を紐づけて理解することが必要です（次の第3章の、「カウンセリングの技能」や「グループアプローチの技能」も同じです）。

　出題数の多いこれらの項目をしっかりと押さえ、必ず得点できるようにしてください。効率的な学習を進め、最短距離での合格を目指しましょう。皆様のご健闘をお祈りいたします。

著者代表　立石周志

1. キャリアコンサルタントとは

「キャリアコンサルタント」は2016年4月に職業能力開発促進法で国家資格と位置づけられました。類似の名称としてキャリアカウンセラーやキャリアアドバイザーなどがありますが、国家資格は「キャリアコンサルタント」だけ。資格を持つ者のみがこの肩書を名乗ることができます（名称独占資格）。

その活躍の場は企業の人事部門や教育部門だけでなく、労働者あるいはこれから労働者となる方のキャリアに関するアドバイスを行う場所（高校や大学の進路指導部・キャリアセンターなど）や公的就業支援機関（ハローワークなど）、人材派遣会社や人材紹介会社など多岐にわたります。

昨今の『働き方改革』の促進の一環として、2022年には職業能力開発促進法が改定され、企業には労働者に対するキャリアコンサルティングの機会の確保とその援助が求められるようになりました。その場合にはキャリアコンサルタントを有効に活用するよう条文にも明記されています。（第10条の3）

さらに2022年に公布された「職場における学び・学び直し促進ガイドライン」においてはキャリアコンサルタントに期待される役割も下記のように明記されました。

『キャリアコンサルタントは、労働者個人の支援と組織としての人材開発支援の両面からアプローチすることができ、両者をつなぐ役割が期待されることから、管理職等の現場のリーダーへのサポート役や、管理職等の現場のリーダーと労働者との仲介役としての役割も期待される。』

「キャリアコンサルティング」とは、労働者の職業の選択、職業生活設計又は職業能力の開発及び向上に関する相談に応じ、助言及び指導を行うことです。

高年齢者雇用安定法の改正により、定年の引き上げや継続雇用制度の導入による70歳までの就業機会の確保が事業者の努力義務となるなど、労働者が自らのキャリアを考え、リスキリングやリカレント教育しながら活躍し続ける体制づくりが求められている現在において、キャリアコンサルタントの活躍の機会はますます広がり、その重要性は高まっています。

2.「国家資格キャリアコンサルタント」試験概要

❶受験資格

　キャリアコンサルタント試験を受けるには、受験資格を満たす必要があります。次に述べる3つある要件のうち、1つを満たせば受験できます。

a. 厚生労働大臣が認定する養成講習を修了した者
b. 実務経験（職業選択・能力開発および向上に関する相談）3年以上の者
c. 「キャリアコンサルティング技能検定」（キャリアコンサルタントとは別の国家検定）の学科試験または実務試験に合格した者

　aについて、実務経験のない方が受験するには、養成講習を修了することが必要です。厚生労働大臣の認定機関・団体が実施している講座で、150時間の講習を概ね3か月ほどの期間で実施しているものが多いようです。

　bについて、キャリアに関する相談や支援の業務経験が3年以上必要です。

　次の4つの要件のすべてを満たしていなければなりません。

●対象が労働者であること（ハローワークの求職者や就活中の学生を含む）
●相談の内容や目的が職業に関連するものであること
●一対一や少人数で実施されるキャリアコンサルティングであること
●受験申請の時点（受験日ではない）で実務経験が3年以上であること
※この要件で受験する場合は受験資格があることを証明する書類が必要

　cについて、キャリアコンサルティング技能検定はキャリアコンサルタントの上位資格であり、この検定の受験資格が実務経験3年以上を要するので、実務経験のない方がこの要件で受験することは難しいでしょう。

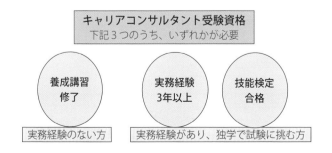

❷試験構成

キャリアコンサルタントの試験は、学科試験と実技試験に分かれています。

◆学科試験

全50問で、すべて四者択一のマークシート形式で行われます。100点満点（配点は1問2点）で、**70点以上を獲得すれば合格です**（正答35問以上）。

試験時間は100分。1問あたり2分で回答しなければなりませんので、過去問題を何度も解いて問題を解くスピードをつけておくことが必要です。

出題範囲は次の4つの分野に分かれています。

Ⅰ．キャリアコンサルティングの社会的意義

Ⅱ．キャリアコンサルティングを行うために必要な知識

Ⅲ．キャリアコンサルティングを行うために必要な技能

Ⅳ．キャリアコンサルタントの倫理と行動

まんべんなく各分野から出題されますが、ⅡとⅢからの出題数が多いので、特に重点的に学習して試験に備えておきましょう。

◆実技試験

論述試験と**面接試験**があります。

論述試験は、相談記録を読んで設問に回答するもので、事例は1つの場合と2つの場合があります。試験時間は50分です。

面接試験は受験者がキャリアコンサルタント役をする**ロールプレイング**と、その後に試験官から受けるロールプレイングの内容についての質問に答える**口頭試問**のセットで行われます。ロールプレイングが15分、口頭試問が5分です。

150点満点で採点され、90点以上で合格です。

学科試験と実技試験の双方に合格しないとキャリアコンサルタント試験の合格にはなりませんが、どちらかに合格すれば次回以降の受験では、その科目の受験を免除されます。

❸合格率

　合格率は実施回によって上下しますが、**学科試験の合格率は平均して70%程度、実技試験の合格率は60%程度です。**国家資格としては難易度の高い方ではありません。

　キャリアコンサルタント試験を実施する機関・団体は2つあります。
- 特定非営利活動法人 **日本キャリア開発協会（JCDA）**
- 特定非営利活動法人 **キャリアコンサルティング協議会（協議会、CCC）**

　受験する際はどちらの団体で受けたほうがよいか心配になるかもしれませんが、合格率等を見ても大きな違いはなく、「どちらかが合格しやすい」ということもありません。

　学科試験は同じ問題ですが（同一の日時に実施されています）、実技試験は問題と評価軸が違います。

　論述試験の試験要項には、JCDAが「逐語記録を読み、設問に回答する」で、CCCが「事例記録を読み、設問に解答する」とあります。どちらも相談の記録を読んで、それに対する設問に答える内容です。これ自体には大きな違いはありません。

　面接試験はロールプレイングと、それに関する口頭試問です。ここにおける評価軸にJCDAとCCCでは違いがあります。
- JCDA評価軸……「主訴・問題の把握」、「具体的展開」、「傾聴」。
- CCC評価軸　……「自己評価」、「展開」、「態度」。

　JCDAは「主訴・問題の把握」、つまりコンサルタントが相談相手の抱えている本質的な問題点を把握できるかどうかに評価軸があり、CCCは「自己評価」、つまり相談者が今後のキャリアについて客観的な評価ができるようコンサルティングできるかに評価軸があることになります。

実技試験の評価軸の違い	
JCDA	**CCC**
●コンサルタントが本質的な問題を把握できるか	●相談者がキャリアを客観視できるようになるか

下記は団体ごと、かつ受験カテゴリー（学科・実技同時受験、学科のみ、実技のみ）ごとの合格率です。2020年に「キャリアコンサルタントの能力要件の見直し」があり、これに伴って出題範囲も変わりました。よって、それ以降に実施された第15回以降の合格率を掲載します。

「国家資格キャリアコンサルタント試験・合格率」（単位%）

	JCDA			CCC		
	学科	実技	同時	学科	実技	同時
第24回 2023年11月実施	51.6	64.5	45.8	53.0	65.8	45.2
第23回 2023年7月実施	81.2	62.5	59.8	85.0	63.3	61.2
第22回 2023年3月実施	82.3	63.0	59.3	82.2	65.3	59.3
第21回 2022年11月実施	59.7	62.9	52.2	63.0	54.9	43.9
第20回 2022年7月実施	77.4	64.4	60.7	78.2	57.5	46.1
第19回 2022年3月実施	63.0	63.3	52.5	60.8	59.7	46.1
第18回 2021年11月実施	79.0	57.0	54.6	82.6	68.0	64.0
第17回 2021年7月実施	58.0	59.4	46.5	55.9	57.0	40.7
第16回 2021年3月実施	63.9	63.6	57.2	65.3	59.4	48.4
第15回 2020年11月実施	74.7	64.3	57.0	75.3	61.7	53.5

　出典：特定非営利活動法人 日本キャリア開発協会、特定非営利活動法人 キャリアコンサルティング協議会、各ホームページ。

❹合格後…登録制度

試験に合格しただけでは「キャリアコンサルタント」を名乗ることはできません。合格後に、特定非営利活動法人キャリア・コンサルティング協議会の**キャリアコンサルタント名簿に登録**する必要があります。

登録の流れは下記の通りです。

1. マイページを作成

   『キャリアコンサルタントwebサイト』にて（登録はweb申請です）

   メールアドレス登録 → パスワードの発行 → 登録申請画面に情報入力

2. 合格証をアップロード

3. 申請後に、書類を提出（簡易書留で郵送）

   必要書類…登録申請書、住民票、合格証の写し

   この際に登録免許税（9,000円）の支払いとして、収入印紙を登録申請書の所定欄に貼付

4. 申請完了、登録センターが審査

   審査結果はメールで通知される（書類提出から約4週間程度）

   審査状況はマイページで確認可能

5. 審査完了（完了日が登録日となる）

6. 登録手数料の支払い

   手数料（8,000円）を支払う。マイページから支払い方法を選択し（クレジットカード決済、コンビニ決済）支払う。

   支払いが確認できたら、登録証発送に関するメールが届きます

7. 登録証が交付される

   手数料の支払いから約4週間後

以上の手続きを完了することで「キャリアコンサルタント」の誕生です。

❺合格後…更新制度

キャリアコンサルタントの登録を継続するためには**5年ごとに更新**を受けることが必要となります。**更新を受ける**ためには、以下の厚生労働大臣の指定を受けたAおよびBの講習を受ける必要があります。

A. キャリアコンサルティングを適正に実施するために必要な**知識**の維持を図るための講習につき**8時間以上**

B. キャリアコンサルティングを適正に実施するために必要な**技能**の維持を図るための講習につき30時間以上

●キャリアコンサルタント養成計画について

　ここで、現在のキャリアコンサルタントの登録者数について確認しておきましょう。

●2023（令和5年）10月末現在　**70,725人**

これまでの登録者数の推移は、

●2020（令和2）年6月　52,926人

●2021（令和3）年6月　60,932人

●2022（令和4）年6月　62,189人

　厚生労働省においては、「第7次職業能力開発基本計画」（平成13年度）以降、キャリア・コンサルタントの養成を推進しています。

　『キャリア・コンサルタントは、自らの職業経験や能力を見つめ直し、キャリアアップ・キャリアチェンジを考える機会を求める労働者にとって身近な存在であることが必要である。このため、キャリア・コンサルタントの養成計画を策定し、その着実な養成を図る』（「日本再興戦略」改訂2014－未来への挑戦－（平成26年6月24日閣議決定）より抜粋）とし、数値目標として、『標準レベルのキャリア・コンサルタント及びキャリア・コンサルティング技能士の累積養成数について、平成36年度末（2024・**令和6年**…**筆者注**）に10万人とすることを数値目標とする。』と計画を立てました。

　ところが感染症の流行による経済活動の停滞等も影響し、キャリアコンサルタントの養成に関しては目標数値に届いていないのが現状です。

　厚生労働省の策定した『10万人計画』にはまだ遠く、またキャリアコンサルタントの社会的な必要性の増加からして、これから積極的に合格者を増やそうと考えているのではないでしょうか。

　ここから先は筆者の「個人的な感想」ですが、国家資格は有資格者が増えると、難易度を増すのが通例です。例えば、私が25年以上受験指導を行っている「衛生管理者」は、合格率がたった8年間で10％も低下しました。

（第1種衛生管理者・合格率。2013年度・54.7％、2014年度・56.3％

→2021年度・42.7％、2022年度・45.8％）。

キャリアコンサルタントを受験するなら、今が好機です。

第1章	キャリアコンサルティングの社会的意義

第2章	キャリアコンサルティングを行うために必要な知識

的アプローチ／意思決定論的アプローチ／発達論的アプローチ／ギンズバーグ（Ginzberg,E.）の理論／スーパー（Super,D.E.）の理論／ハンセン（Hansen,L.S.）の総合的人生設計／サヴィカス（Savickas,M.L.）のキャリア構築理論／ホール（Hall,D.T.）のプロティアン・キャリア／シャイン（Schein,E.H.）の理論／動機付け理論

第3章
キャリアコンサルティングを行うために必要な技能

（Nicholson,N.）／ハー（Herr,E.L.）／ハヴィガースト（Havighurst,R.J.）／ハウス（House,R.）／ハーシー（Hersey,P.）／ハーズバーグ（Herzberg,F.）／パーソンズ（Parsons,F.）／パブロフ（Pavlov,I.）／パールズ（Perls,F.S.）／バーン（Berne,E.）／ハンセン（Hansen,L.S.）／バンデューラ（Bandura,A.）／ピービィ（Peavy,R.V.）／ヒルトン（Hilton,T.J.）／ビアーズ（Beers,C.W.）／フィードラー（Fiedler,F.E.）／フランクル（Frankl,V.E.）／ブリッジズ（Bridges,W.）／ブルースティン（Blustein,D.L.）／フロイト（Freud,S.）／ブロンフェンブレナー（Bronfenbrenner,U.）／ベック（Beck,A.T.）／ホランド（Holland,J.L.）／ホール（Hall,D.T.）／ホワイト（White,M.）／マクレガー（McGregor,D.M.）／マクレランド（McClelland,D.C.）／マズロー（Maslow,A.H.）／三隅二不二（Misumi,J.）／メイヤー（Meier,S.T.）／森田正馬（Morita,M.）／ユング（Jung,C.G.）／吉本伊信（Yoshimoto,I.）／ラザルス（Lazarus,R.S.）／レヴィン（Lewin,K.）／レヴィンソン（Levinson,D.J.）／ロー（Roe,A.）／ロジャーズ（Rogers,C.R.）

別冊　国家資格キャリアコンサルタント試験［学科］　模擬試験

第1章

キャリアコンサルティングの社会的意義

01 社会及び経済の動向並びにキャリア形成支援の必要性の理解

厚生労働省などから発信される、経済や雇用に関する分析や数値を問うものが多いようです。ここからは1～2問の出題があります。

POINT

- 試験範囲の項目としての「社会及び経済の動向並びにキャリア形成支援の必要性の理解」の出題は1～2問ですが、ここで問われる時事的問題の基礎となる資料からは、ほかの項目でも出題されます。
- 特に『労働経済の分析』は複数の問題に使われることが多いので要チェックです。ほかに『能力開発基本調査』や『職業能力開発基本計画』、『労働市場の動向』も確認しておきましょう。

出典
（厚生労働省のホームページ「令和5年 労働経済の分析」より）

対策
労働経済の分析の『概要』は全18ページ。『本文』は約300ページあるが、一度は目を通しておくのがよい。

労働経済の分析（通称『労働経済白書』）

　『労働経済の分析』は毎年9月ごろに厚生労働省が発表しており、第Ⅰ部と第Ⅱ部に分かれています。

　第Ⅰ部は「労働経済の推移と特徴」で、一般経済動向のほか、雇用や失業動静、労働時間や賃金の動向、消費・物価の動向が公表されています。発表年によってはその時期に特化した影響について触れていることもあり、たとえば感染症の流行が雇用や労働に与えた影響や対策などをチェックする必要があります。

　数値や統計データの分析が主となりますので、多い・少ない、傾向のある・なし、増加・減少といった変化がよく出題されています。

　第Ⅱ部は社会情勢を踏まえた課題や今後への動きなどがテーマとなります。

令和5（2023）年度版（2023年9月公表）のポイント

●第Ⅰ部

テーマは「持続的な賃上げに向けて」なので、雇用情勢と

賃金に関する分析や課題を抑えておきましょう。

●雇用情勢の動向

持ち直しが見られる。特に**女性の正規雇用労働者が増加**した。また転職者数も増加し、前職を離職した理由では、「より良い条件の仕事を探すため」が３年ぶりに増加した。

2021年12月以降はすべての産業において雇用が「不足」となっており、**人材不足感はコロナ以前に戻りつつある**。

●労働時間と賃金の傾向

労働時間は大幅に増加している（コロナによる影響を払拭している）。

名目賃金（現金給与総額）**は増加**しているが、**実質賃金は減少**した。

賃金は1990年代前半までは一貫して増加している（労働生産性と賃金が極めて強く連動していた）。それ以降は25年ほど減少または横ばいで推移している（生産性の上昇に比べて、賃金が増加していない）。

◉第Ⅱ部

賃金が伸び悩んだ理由を５つ挙げている。

❶企業の利益処分の変化

内部留保の増加。企業が賃上げに踏み切れなかった。

❷労使間の交渉力の変化

労働組合加入率が低いほど賃金水準が低い傾向がある。

❸雇用者の構成変化

勤続年数が短いことやパート労働者の比率が上昇。

❹日本型雇用慣行の変容

生え抜き正社員の割合の低下や、昇進の遅れ。

❺労働者のニーズの多様化

希望賃金が低い傾向がある女性や高年齢層の割合が上昇し、また相対的に賃金の低い職業を希望する割合が高い。

tips

雇用者数は、「宿泊業、飲食サービス業」および「生活関連サービス業、娯楽業」は減少から増加に転じた。「医療、福祉」「情報通信業」は引き続きの増加。

tips

民間主要企業の賃上げ率は2.20％。
実質賃金の減少率は、前年比▲1.0％（2021年は ＋0.6％、2020年 が▲1.2％）。
円安の進行等に伴う物価上昇による。

tips

先行きの不透明感や、将来への見通しの低さから、企業がリスク回避させた。

◐補足
賃金の低い職業…事務的職業や運搬・清掃等のこと。

●賃上げによる企業や労働者への好影響

● 既存社員のやる気や満足度の向上、離職率の低下。

● 消費を増加させる効果がある。

● 年収が高い層ほど結婚確率が高くなる傾向がある。

tips

フルタイム労働者の給与が1％増加すると、0.1～0.2％消費を増加させる効果がある。

◉第Ⅱ部
●企業と賃上げの状況
●賃上げできた企業

　売上総額が増加あるいは増加すると見込む企業は、賃上げを実施した割合が高い。また価格転嫁できている企業ほど賃上げできている。

　スタートアップ企業は賃上げ率や成長見通しが高く（創業15年以上の企業よりも）、ベースアップにも積極的。

tips

価格転嫁については、8割以上転嫁できた企業は1割程度で、3割の企業はまったくできていなかった。

●転職や正規雇用への転換と賃金の関係

● 転職を経ると2年後に年収が増加する確率が上昇する。

● 非正規が正規雇用に転換すると、年収が増加、キャリア見通し、成長実感の改善、自己啓発する割合が増加。

●政策による賃金への影響
●最低賃金引き上げ

　最低賃金近傍のパート労働者の割合が高まっている。

●同一労働同一賃金

　正規雇用労働者と非正規の時給比は、勤続年数が長くなると拡大する。

tips

政策の影響は最低賃金＋75円以内の労働者の割合を大きく上昇させる可能性がある。

tips

同一労働同一賃金の施行は正規と非正規の時給差を約10％縮小させた可能性がある。

令和4（2022）年度版（2022年9月公表）のポイント

● 転職者数が大幅に減少し、労働市場の動きが停滞。2019年・353万人、20年・321万人、21年・290万人

● 労働時間が上昇（月間総労働時間）。

2019年・139.0H、20年・135.1H、21年・136.0H
（20年の減少は感染症の影響による）

● 実質賃金（現金給与総額）は３年ぶりに前年比で増加。
2019年・−0.9%、20年・−1.2%、21年・＋0.6%

● 転職について。正社員や中堅の役職者は実現しにくい
傾向があるが、自己啓発を行っていたり、キャリアの
見通しができている場合は実現しやすい傾向がある。

● キャリアコンサルティングを受けた者はキャリア設
計において主体性が高い者が多い。

● 労働者が抱える自己啓発の課題は、時間がない、費用
がかかるなど。企業がその点で支援していると、自
己啓発を行っている社員の割合が高い。

能力開発基本調査

『能力開発基本調査』は毎年実施され、結果は６月ごろに
公表されています。企業、事業所及び労働者の能力開発の
実態を明らかにし（調査対象は企業・事業所・個人）、今後
の人材育成施策の在り方を検討するための基礎資料とする
ことを目的としています。

令和4（2022）年度版（2023年6月公表）のポイント

◉企業調査

● 教育訓練費用（OFF-JT費用や自己啓発支援費用）を支
出した企業は50.3%【前回50.5%】。

● OFF-JTに支出した費用の労働者一人当たり平均
額（令和３年度実績）は1.3万円【同1.2万円】。
自己啓発支援に支出した費用の労働者一人当たり平
均額（令和３年度実績）は0.3万円【同0.3万円】。

● 教育訓練休暇制度を導入している企業は7.4%【同
9.7%】。
教育訓練短時間勤務制度を導入している企業は6.3%

出典
（厚生労働省ホームページ
「調査結果のポイント」より）

対策
この他、厚生労働省ホーム
ページ「調査結果の概要」か
らの出題もあるのでチェッ
クしておく必要がある。

【同7.5%】。

● OFF-JTと自己啓発支援の両方に支出した企業は19.8%、OFF-JTにのみ費用を支出した企業は26.5%、自己啓発支援にのみ支出した企業は4.0%。どちらにも支出していない企業は49.6%。

● 事業内職業能力開発計画の作成状況
事業内職業能力開発計画(以下「事業内計画」)の作成状況は、「すべての事業所において作成している」が**14.5%**、「一部の事業所においては作成している」が**6.9%**。両者4分の1に満たず、「いずれの事業所においても作成していない」とした企業が**78.4%**と多くを占めている。
規模が大きくなるに従い高くなるが、1,000人以上の規模でも、事業内計画作成企業は2分の1に満たない。

◉事業所調査

● 計画的なOJTについて、正社員に対して実施した事業所は**60.2%**【同59.1%】、正社員以外に対して実施した事業所は**23.9%**【同25.2%】。
(正社員とそれ以外での格差が激しい)

● 能力開発や人材育成に関して、何らかの問題があるとする事業所は80.2%【同76.4%】。

● キャリアコンサルティングを行うしくみを、正社員に対して導入している事業所は45.2%【同41.8%】、正社員以外に対して導入している事業所は29.6%【同29.7%】(OJTほどではないが差がある)。

◉個人調査

● OFF-JTを受講した労働者は33.3%【同30.2%】
雇用形態別では「正社員」(42.3%)が「正社員以外」(17.1%)より高い(正社員とそれ以外での格差)。
性別では「男性」(40.4%)が「女性」(25.3%)よりも高い。

最終学歴別では「専修学校・短大・高専」(25.7%)が最も低く、「大学院(理系)」(54.7%)が最も高い。

● 自己啓発を実施した労働者は34.7%【同36.0%】

雇用形態別では「正社員」(44.1%)が「正社員以外」(17.5%)より高い。

性別では「男性」(40.9%)が「女性」(27.6%)よりも高い。

最終学歴別では「中学・高等学校・中等教育学校」(22.1%)が低く、「大学院(理系)」(74.8%)が最も高い。

第11次職業能力開発基本計画

『職業能力開発基本計画』は職業訓練や職業能力評価など、職業能力の開発に関する基本となるべき計画を策定するものです。令和5年現在では、令和3年度から令和7年度までの5年間にわたる職業能力開発施策の基本方針を示した「第11次職業能力開発基本計画」が策定されています。

＊計画の概要を400〜401ページに掲載しているので、しっかりと目を通しておきたい。

🔖出典
(厚生労働省のホームページ「第11次職業能力開発基本計画」より)

●計画のねらい

日本は少子化による労働供給制約という課題を抱えているが、持続的な経済成長を実現していくためには**多様な人材が活躍できる環境整備**を進め、一人ひとりの労働生産性を高めていくことが必要不可欠。そのために資本への投資に加えて、**デジタル化**や**職業能力開発への投資**を推進していくことが重要である。

職業能力開発施策をめぐる状況は、産業構造のサービス経済化、Society5.0(必要なもの・サービスを、必要な人に、必要な時に、必要なだけ提供し、社会の様々なニーズにきめ細かに対応でき、あらゆる人が質の高いサービスを受けられ、年齢、性別、地域、言語といっ

🔖用語
Society5.0
狩猟社会(Society1.0)、農耕社会(Society2.0)、工業社会(Society3.0)、情報社会(Society4.0)に続く、新たな社会。第5期科学技術基本計画において我が国が目指すべき未来社会の姿。サイバー空間とフィジカル空間を高度に融合させたシステムによって開かれる社会。

た様々な違いを乗り越え、活き活きと快適に暮らすことのできる社会）の実現に向けた経済・社会の構造改革等が進展しており、新型コロナウイルス感染症の影響の下で、社会全体のデジタルトランスフォーメーションの加速化が促進されるものとみられる。

人生100年時代を迎えて労働者の職業人生が長期化、働き方も多様化し、労働者が生涯を通じて学び続ける必要性が高まっている。新卒一括採用や長期雇用等に特徴付けられる日本型の雇用慣行も徐々に変化している。それに伴う人材ニーズや働き方の変化に機動的に対応する**リカレント教育等の職業能力開発施策**が求められる。

第11次職業能力開発基本計画では、労働者に求められる能力の急速な変化と職業人生の長期化・多様化が同時に進行する中で、**企業における人材育成を支援**するとともに、**労働者の継続的な学びと自律的・主体的なキャリアの形成を支援**する人材育成戦略として本計画を位置付け、職業能力開発施策を実施する。

●計画の主な内容

- 産業構造・社会環境の変化を踏まえた職業能力開発推進Society5.0の実現に向けた経済社会の構造改革が進展中。
- 労働者の自律的・主体的なキャリア形成支援
  キャリアコンサルティングの推進
  自律的・主体的な学びの支援
  …労働者がキャリアコンサルティング等を通じて定期的に自身の能力開発の目標や身に付けるべき知識・能力・スキルを確認することができる機会を整備する。
- 労働市場インフラの強化
  技能検定・職業能力評価や日本版O-NETの推進
  ジョブ・カードの活用促進
  職業能力開発施策に関する情報発信の強化

●用語
日本版O-NET
職業情報提供サイト(愛称：
job tag：じょぶたぐ)。

- 全員参加型社会の実現に向けた職業能力開発の推進
  - 非正規雇用労働者の職業能力開発
  - 女性の職業能力開発
  - 若者の職業能力開発
  - 中高年齢者の職業能力開発
  - 障害者の職業能力開発
  - 就職やキャリアアップに特別な支援を要する方への支援
- 技能継承の促進
- 職業能力開発分野の国際連携・協力の推進

他にチェックしておきたい資料

- 働き方改革実行計画（働き方改革実現会議）
  https://www.mhlw.go.jp/file/05-Shingikai-
  12602000-Seisakutoukatsukan-Sanjikanshitsu_
  Roudouseisakutantou/0000173130.pdf

- 働く環境の変化に対応できるキャリアコンサルタン
  トに関する報告書（厚生労働省）
  https://www.mhlw.go.jp/
  content/11805001/000792845.pdf

- 労働力調査（総務省統計局）
  https://www.stat.go.jp/data/roudou/index.html

tips

時代のニーズに即したリスキリングやスキルアップを図る。企業へのセルフ・キャリアドックの導入支援や、労働者個人がジョブ・カードを活用したキャリアコンサルティングを利用しやすい環境の整備。

1．キャリアコンサルティングを実施する仕組みを正社員に対して導入している事業所は半数を超えるが、正社員以外も導入している事業所は半数に満たない。

2．スタートアップ企業は売り上げ目標の達成が困難なため、創業15年以上の企業に比べてなかなか賃上げが進まない。

3．2022年以降はコロナ禍を払拭し、雇用が不足状態となる業界が増加しており、宿泊業や情報通信業は雇用者数が増加している。

4．第11次職業能力開発計画では、人材不足を解消するために高齢者の積極的な採用の推進が推奨されている。

解説

1．正社員に対して導入している企業は45.2％、正社員以外に対して導入している事業所は29.6％で、どちらも半数に満たない（能力開発基本調査）。

2．スタートアップ企業は賃上げ率や成長見通しが高く、創業15年以上の企業よりもベースアップに積極的である（労働経済白書）。

3．2021年12月以降はすべての産業において雇用が「不足」となっており、人材不足感はコロナ以前に戻りつつある（労働経済白書）。

7．第11次職業能力開発基本計画において、高齢期を見据えたキャリアの棚卸しの機会の確保や、中小企業の中高年齢労働者を対象とした訓練コースの提供に触れているが、採用には言及していない（第11次職業能力開発基本計画）。

02 キャリアコンサルティングの役割の理解

キャリアコンサルタントの活動する範囲や場面、その役割と意義を理解しましょう。ここからは1問の出題があります。

POINT

● 『キャリアコンサルタントの能力要件の見直し等に関する報告書』が2018年に出され、これに伴い出題範囲表も改訂されました。

● 「働き方改革実現計画」の推進や「人生100年時代構想」などの政策的課題への対応、また感染症の拡大などの影響により、企業や組織の労働者への働きかけや個人の働き方やキャリア形成の仕方も変化しつつあります。これらの環境変化も踏まえ、キャリアコンサルタントの役割とその活躍の範囲を抑えておきましょう。

能力要件の見直し後の「出題範囲表」における内容

ここに掲載する「キャリアコンサルタントの役割」がすべての基本となるので、しっかり覚えておきましょう。

◉キャリアコンサルタントの役割（出題範囲表より）

❶キャリアコンサルティングは、職業を中心にしながらも個人の生き甲斐、働き甲斐まで含めたキャリア形成を支援するものであること。

❷個人が自らキャリアマネジメントをすることにより自立・自律できるように支援するものであること。

❸キャリアコンサルティングは、個人と組織との共生の関係をつくる上で重要なものであること。

❹キャリアコンサルティングは、個人に対する組織支援だけでなく、キャリア形成やキャリアコンサルティングに関する教育・普及活動、組織（企業）・環境への働きかけ等も含むものであること。

登録制度の創設（2016年）により、国家資格のうち名称独占資格に位置づけられたキャリアコンサルタント。キャリア支援に関わる社会環境、産業構造・労働構造の変化や労働政策上のキャリア支援の重要度の上昇を背景に、キャ

tips

国家資格のうち「名称独占資格」は、その資格を持つ者でないと名乗ることができない資格のこと。例えばコンサルタントは資格がなくても名乗れるが、中小企業診断士は有資格者でないと名乗れない。名称独占資格はほかに保育士、栄養士、マンション管理士などがある。
国家資格には「名称独占資格」以外に、「業務独占資格」（有資格者でないとその業務を行えないもの。医師、看護師など）、「設置義務資格」（ある条件を満たしたら有資格者が必要なもの。登録販売者、衛生管理者など）がある。

リアコンサルタントに求められる社会的役割が拡大・深化。これに伴い能力要件の見直しが行われ、合わせて試験の出題範囲も改訂されました(2020年)。

●能力要件の見直しによる強化・拡充事項

❶**セルフ・キャリアドック**等の企業におけるキャリア支援の実施に関する知識・技能。

❷**リカレント教育**等による個人の生涯にわたる主体的な学び直しの促進に関する知識・技能。

❸職業生涯の長期化、仕事と治療、子育て・介護と仕事の両立等の課題に対する支援に関する知識・技能。

❹クライアントや相談場面の多様化への対応に関する知識・技能。

キャリアコンサルタントの能力要件の見直しは、生涯にわたる職業生活設計に関わる支援などをより確実にかつ幅広く担うために、求められる知識および技能について具体的に反映するものとして整理されました。

上記の❶〜❹の項目は今回の見直しで強化・拡充されたものです。

強化・拡充事項❶
→キャリアコンサルタントの働きかけの対象

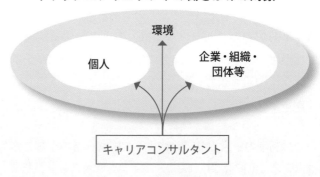

キャリアコンサルティングの役割には、個人に対する支援、組織に対する支援、その環境に対する働きかけがあり

用語
セルフ・キャリアドック
企業が人材育成方針に基づき、面談やキャリア研修などを組み合わせて体系的・定期的に従業員の支援を実施し、従業員の主体的なキャリア形成を促進・支援する総合的な取り組み、そのための企業内の仕組み。

用語
リカレント教育
社会人の学び。生涯学習。学校教育から離れたあとも、必要に応じて学び直し、能力を磨き続けていくこと。

ます。個人のみを対象とするのではなく、個人と企業との共生関係を考え、企業や環境への働きかけも重視します。

強化・拡充事項❷❸
→キャリアコンサルタントの活動の時期

生涯学習

ジョブ・カード制度

【若年層】中学校・高等学校（進路指導）
【大学生】就職活動（キャリアセンター）

【就業後】

〈企業内〉
- ●キャリア研修
- ●育児・介護休暇などに伴う職場復帰時など
- ●異動に伴う相談
- ●職業能力開発推進者としての活動
- ●定年退職前セカンドキャリア

〈企業外〉
- ●公的機関での求職活動
- ●民間での求職活動（キャリア相談含）

強化・拡充事項❹
→キャリアコンサルタントの活動場面（場所）

企業内	●企業の人材育成方針を踏まえた効果的なキャリア支援。人事部局や管理者等とも連携した仕組みの整備(セルフ・キャリアドック) ●職業生涯にわたる職業生活設計に関わる支援を行う
企業外	●公的機関（ジョブカフェ、ハローワーク） ●民間（人材派遣会社、職業紹介事業、再就職支援機関など）

上記活動を、対面およびリモート（オンライン）で実施する

用語
ジョブ・カード制度
生涯を通じたキャリア・プランニングおよび職業能力証明のツールとして、キャリアコンサルティングなどの個人への相談支援のもと、求職活動、職業能力開発などの各場面において活用する制度。デジタル化が進行中。
個人のキャリアアップや、多様な人材の円滑な就職などを促進することを目的とする。

用語
ジョブカフェ
都道府県が主体的に設置する、若者の就職支援をワンストップで行う施設。

用語
職業能力開発推進者
企業において、労働者の職業能力開発を計画的に企画し、その実行を社内で積極的に推進する役割。
(1)事業内における職業能力開発計画の作成と実施。
(2)企業内での従業員に対する職業能力の開発に関する相談と指導。
(3)国、都道府県、中央職業能力開発協会(各都道府県協会)との連絡等。

1．キャリアコンサルティングの役割は就職支援に止まらず、個人が自ら
キャリアマネジメントをすることによって自立できるように支援する。　○

2．キャリアコンサルタントの役割は就職支援であるので、個人の生き甲斐
や働き甲斐といった個人差のある感情にかかわることには触れない。　×

3．企業の人材育成は人事部門や職業能力開発推進者が担当することである
ので、キャリアコンサルタントの役割は個人への職業生活支援に限られ
る。　×

4．キャリアコンサルティングは相談者の微妙な表情や顔色の変化も見逃さ
ないよう対面で行うべきであり、オンラインでの相談は推奨されない。　×

解説

1．キャリアコンサルティングの役割の1つは、個人が自らキャリアマネジメント
することにより自立・自律できるように支援するものであること。

2．キャリアコンサルティングは、職業を中心にしながらも個人の生き甲斐、働き
甲斐まで含めたキャリア形成を支援するものであること。

3．キャリアコンサルタントが担うべき役割には、企業の人材育成方針を踏まえ、
人事部局、マネージャー等とも連携した、企業内での効果的なキャリア支援の
仕組み（セルフ・キャリアドック等）の整備、担い手としてのものがある。

4．キャリアコンサルティングにおいてはクライエントや相談場面が多様化してお
り、労働のリモート化も進みつつあることから、キャリア支援のオンライン化
が積極的に検討されている。
【参考】『先進各国のキャリア関連資格及びキャリア支援のオンライン化に関す
る研究』（独立行政法人 労働政策研究・研修機構 2022年3月）

第2章

キャリアコンサルティングを行うために必要な知識

この項の範囲は、『試験科目及びその範囲の細目』表にも、確実に、かつ、深く知っていなければならない知識との記載もあります。この範囲からは、3～5問の出題があります。

●特定の理論家についての正誤問題が出題されるときもあれば、選択肢にさまざまな理論家の記述の正誤問題が出題されるときもあります。いずれにしても、理論家の概要を幅広くつかんでおく必要があります。

●暗記が必要な箇所が多いです。「○つの○○」のように数字が出てきたら、その数を暗記または把握できるようにしておきましょう。

●動機づけ理論に関して、出題回数は低いものの、定期的に出題され、初めて出てくる理論家が出題されることもあります。幅広く記載していますので、理論家の名前と概要をつかんでおくようにしましょう。

tips

差異心理学…個人差や集団間で見られる差異を定量的に研究したもの。ここでは、これを背景に「個人にはより適した職業や職業領域がある」として、「個人に適した職業とは何か」「それはどのようにしたら選択できるか」という要求にこたえる。

　ここから学習していく理論は、**差異心理学**が心理学的背景になっており、主に4つのアプローチについて学んでいきます。

●**特性因子論的アプローチ**
●**パーソナリティ・アプローチ**
●**状況・社会学的アプローチ**
●**意思決定論的アプローチ**

　人はすべて異なった性質・価値観をもっており、その個人の差異は測定できると考えました。またそれは、複数のパターンで示すことができ、職業についても同じであると考えられ、それらを理解するために用いられた手法です。

特性因子論的アプローチ

　個人特性と、仕事特性の適合により適職が人により異なる理由を明らかにし、職業選択を説明しようとするものです。これらの特性を正確に測定することで、個々のもつ特性を認め、個人と他人との違いについての情報を得ることができるという考えです。特性因子理論によるカウンセリングは、個性、個人差についての情報を生かしながら、進

路選択等の場面で活かします。

● パーソンズの特性因子論 ─ パーソンズ（Parsons.F.）

パーソンズは、1909年の著書『Choosing a Vocation（職業の選択）』の中で、**賢明な職業選択に大切な3つの要素**を示しました。

❶**自己分析**（自分自身のこと）：適性、能力、興味、希望、資源、限界、また、それらの原因も含めた自分自身を明確に理解する。

❷**企業研究**（職業や仕事のこと）：さまざまな職種に関して、有利な点、不利な点、成功に必要な条件、給与、出世の見込み、将来性などについて調べる。

❸**マッチング**：❶、❷の関連性に関しての合理的な推論を行い、マッチングする。

また、上記の職業選択に大切な3つの要素の課題解決のため、以下の**7つの方法**が必要とされました。

❶個人資料の記述

❷自己分析

❸選択と意思決定

❹カウンセラーによる分析

❺職業についての概要と展望

❻推論とアドバイス

❼選択した職業への適合

この理論は、**マッチング理論**とも呼ばれ、パーソンズは「人間には個人差があり、職業にも職業差がある。両者をうまく合致させることが良い職業選択や職業適応である」としています。

● ウィリアムソンの特性因子カウンセリング

ウィリアムソン（Williamson,E.G.）は、1930年代にパーソンズの特性因子理論を発展させ、特性因子カウンセリングとして理論化し、個人の特性と職業をマッチングし、良

補足

パーソンズ

1900年代に、職業選択や就職のアドバイスをする活動を始め、職業指導局を開設するまでに至る。パーソンズは、職業指導の創始者と言われている。

補足

ウィリアムソン

思春期・学生期にあるクライエントに対して、学生生活全般を支援する学生カウンセリングを展開し、ミネソタ大学で進路指導を率いる。

1939年『How to Counsel Students』著

い職業選択や職業適応をしていく手法を発展させました。「キャリアに関する問題は、職業やキャリア選択に関することすべてだが、とくに、『無選択（選択をしなかった）』『不確かな選択』『間違った選択』『興味と適性のズレ』が問題だ」としました。この４つのどれに当てはまるのかを判断したうえで、特性因子カウンセリングは次の６段階を経て実施されます。

❶**分析**：クライエントの基本情報を収集する（アセスメントを用いたテストなど）。

❷**総合**：収集した情報をもとにクライエントの特性を明確にする。

❸**診断**：クライエントの特徴や課題を見立てる。

❹**予後**：クライエントとともに、課題解決の目標を設定する。

❺**処置**：クライエントの特性に合わせたカウンセリングを行う。

❻**追指導**：振り返り、新たな課題が生じた際に、上記を繰り返し行う。

パーソナリティ・アプローチ

　個人の選択をパーソナリティ表現の１つと見なすところが特徴で、個人の心理的要因に着目しています。人は個人の要求を発達させ、その欲求を充足させられる職業や進路を探すはずであるとして、人の選択行為は意識的または無意識的にそれらを満足させようとするものと考えます。

◉人 ― 環境適合(P-E fit)理論

　人 ― 環境適合理論は「人は自分の環境を選び、作り上げていくもの。すなわち、人の行動は個人と環境の相互作用によって決定される」という考えの理論です。

　この理論を背景にしたさまざまな理論が存在しますが、その代表的な理論が、環境適合理論です。

●ダウィスとロフキスト（Dawis&Lofquist,1984）

次の２つが高い場合に、人は満足を感じ、また、職場は要求水準が高いといえます。
- ●満足感：人のニーズが環境に満たされている程度。
- ●充足度：環境（職場）のニーズを人が満たしている程度。

個人は、人－環境の適合（P-Efit）を高めるために、環境に働きかけたり、自分のニーズを低めたりします。その際に次の４つの要因があるといわれています。
- ❶柔軟性：変化に対して対応する。
- ❷活動性：能動的、活発に業務に取り組み、新しいアイデアを生み出す。
- ❸反応性：新しい情報にいち早く対応し、適切に対応する。
- ❹忍耐：困難な状況にあっても目標を達成するために行動する。

●ホランド(Holland,J.D.)の６類型

人―環境適合（P-E fit）理論をベースに、個人の性格的特性と、個人が満足を得られる職業、環境、余暇などとの間にどのような関係があるのかを分析しています。

職業興味を下記の通り、６類型にまとめました。

R 現実的(Realisic)
道具や物を扱うことを好む。対物活動。

I 研究的(Investigative)
研究や調査、生物学物理学関連の活動を好む。

A 芸術的(Artistic)
アート、音楽、文学など、芸術を好む。自由な発想を好む。

S 社会的(Social)
人と接したり、教えたり、奉仕したりする活動を好む。

E 企業的(Enterprising)
企画立案や、組織の運営、人に影響を与えたりする活動を好む。

暗記
ホランドの６類型
頭文字RIASEC。

tips
理論の骨子
- 同じ類型に属する人と環境の相互的作用がより安定した職業選択・より高い職業適応をもたらす。
- 多くの人々のパーソナリティは６類型に分けられる。
- パーソナリティと同様に、生活環境も６類型に分けられる。
- 個人は自分の役割・能力を発揮し、価値観や態度を表現し、自分に合った役割や課題を引き受けさせてくれる環境を探し求めている。
- 個人の行動はその人のパーソナリティと環境の特徴との相互作用によって決定される

C　慣習的（Conventional）

　筋立てて、規則に沿って行う活動を好む。

　以上の6類型を**ホランドの6角形**として説明をしています。

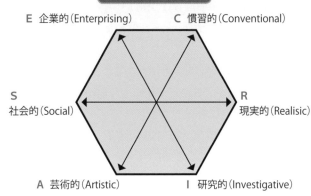

ホランドの6角形

E　企業的（Enterprising）　　　C　慣習的（Conventional）

S
社会的（Social）　　　　　　　　　　　　　R
現実的（Realisic）

A　芸術的（Artistic）　　　I　研究的（Investigative）

　また、職業興味の高い順に3つ並べて表現をしたものを、**スリー・レター・コード**と呼びます。

　人は、自分自身のスリー・レター・コードに関連した職業を選ぶ傾向にあり、自分自身の能力が発揮できる可能性があり、価値観を満たすことができると考えました。

　このスリー・レター・コードを表現する際には、重要な5つの概念があります。

❶一貫性

　6角形上で隣り合っているコードは類似しており、職業興味の一貫性が高い。スリー・レター・コードの始めの2文字が隣り合っている場合、その人の興味、能力は一貫性が高いといえる。自分の中に安定感があると思われる。

❷分化

　6角形上のタイプで興味の度合いが興味がもっとも高いタイプと、最も低いタイプの差。ある分野に対して強い興味をもっており、焦点を絞って話すことができる。

　⇔未分化：6つのタイプすべてに興味を示している、

興味を絞り切れていない。

❸同一性

自分の職業目標や自分自身をよく理解しており、どの程度明確で安定した像を所有しているかを表す。

❹一致度

どの程度、人と環境が一致しているのかを示す。

❺凝集性

６つのタイプは心理的類似性からみて相互に関連性があると仮定されている。

●プレディガー(Prediger,D.J.)のワークタスク

ディル・J・プレディガーは、ホランドの６角形の基本原則の研究を行い、職業の基礎には**４つのワークタスク**(次ページ図参照)があることを明らかにしました。

❶データ(データ的活動)：数字、規則的な手順、データの記録。会計士、経理、財務アナリストなど。

❷アイデア(アイデア的活動)：抽象的概念、理論、意識、洞察、創作。科学者や芸術家、哲学者など。

❸ひと(対人的活動)：人を援助する、知識を伝える、動機づける、指導するなど。接客業、看護師、介護士、教師など。

❹もの(対物的活動)：機械、材料、道具、生産、輸送、修理、整備などのものを扱う職業。

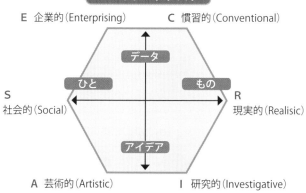

４つのワークタスク

E 企業的(Enterprising)　　C 慣習的(Conventional)

データ

ひと　　　もの

S 社会的(Social)　　　　　R 現実的(Realisic)

アイデア

A 芸術的(Artistic)　　　I 研究的(Investigative)

📝暗記
４つのワークタスク(データ・アイデア・ひと・もの)
ホランドの６類型の頭文字RIASECとあわせて覚える。

状況・社会学的アプローチ

　適職にみられる個人差が個人の所属する集団により形成されることに焦点を当てており、個人のものの見方、考え方や判断基準はその人の属する集団の価値により形成されるものであるとしています。また、人は知らないことやわからないことを選択することはないと考えています。

●バンデューラ(Bandura, A.)のの社会的学習理論

　他人を介して社会的行動が獲得される過程に焦点を当てた理論です。

●観察学習(モデリングによる学習)

　モデリングとは、他者の行動を観察してそれをまねることにより成立する学習のことです。

注意過程	保持過程	運動再生過程	動機付け過程
モデリング刺激と観察者の特質に影響を受ける	注意過程で選択されたモデリング刺激が抽象的な形で記憶にとどめられる	保持過程で記憶にとどめられた抽象的表象を実際の行動に移す	これまでの過程で習得した行動を実際に習得できるかどうか決定する

●自己効力感(Self efficacy)
●2つの行動の先行要因

● 結果予測：どのような結果をもたらすか。

● 効力予測(自己効力)：ある結果を産み出すために必要な行動をどの程度うまくできるか。

　自己効力感が低ければ、何かを挑戦しようとしたとき、あきらめてしまうかもしれません。自己効力感は、努力の程度、環境の選択、障害に直面した時の忍耐力など、さまざまな行動に影響します。

自己効力感を高める4つの要素

❶遂行行動の達成：自分の力で成し遂げた経験。成功体験。

tips

心理学での「学習」の意味…経験の結果生じる比較的永続的な行動の変化・変容のこと。
社会的学習では、直接経験による学習(オペラント条件づけ・レスポンデント条件づけ※次章)と観察学習の2種類を想定している。

用語

モデリング刺激
モデルとなる人やその行動の特徴のこと。

❷代理経験：他者の経験を観察して学ぶ。自分にもでき
そうだという効力予測の形成。

❸言語的説得：周囲の人からの励ましや、サポート、認
められること。挑戦しようとしたことに対して、「君
ならできる」、経験したことを「よくがんばった」とほ
められる。

❹情動喚起：生理的な状態により効力予測が影響を受け
る。不安、抑うつなどの状態にあると、否定的感情が
強くなり、何かにチャレンジしてもうまくいく、と
いう気持ちが低くなる。

●クランボルツ(Krumboltz,J.D.)の社会的学習理論

バンデューラが提唱した社会的学習理論をベースに、ク
ランボルツは、キャリア意思決定における社会的学習理論
を提唱しています。

クランボルツの理論では、「学習」とは「新しい行動を獲
得したり、行動を変化させたりすること」であり、それに
よって、人は変化し続ける環境に適応していくことができ
ると考えられています。

キャリアや意思決定は学習の結果であり、それらに影響
を与えるものは、以下の4つである、としています。

❶遺伝的特性・特別な能力：先天的な資質。身体的特徴、
知能、芸術などの特殊な才能、運動能力などの遺伝
的特徴。自分ではほとんど変えられないもの。

❷環境的状況・出来事：社会的、文化的要因や雇用動向、
求人数、労働市場、また住んでいる場所(地理)、気候
など。

❸学習経験：個人の学習経験。クランボルツは2つに分
けている。

　●**道具的学習経験**　直接経験による学習。やってみ
て得られた経験で、下記の3段階で進む。

　①**先行条件**：遺伝的特性・特別な能力や環境的状況・
出来事や課題・問題。

tips

バンデューラは、自己
効力感を「課題に必要
な行動を成功裡に行う
能力の自己評価」と定
義している。目の前の
課題に対して、「私に
はうまくいかないだろ
う」という自己評価は、
自己効力感が低いとい
える。人は「自分ができ
ない」と思う職業は避
ける傾向にあり、課題
達成能力に対する自己
評価は、キャリアの意
思決定にも大きく影響
するといえるだろう。

tips

クランボルツの「キャ
リア意思決定におけ
る社会的学習理論」：
SLTCD(Social Learning
Theory of Career decision
Making)
この理論は、キャリア選択
がどのように行われるか
を説明しており、次の質問
に答えるものである。
・なぜ特定の職業を選択
するのか。
・なぜ職業をかえるのか。
・さまざまな職業に対して
好みがあるのはなぜか。
これらの質問に留意して
学んでみよう。

②本人の行為、行動：①を基盤に行動を起こす。

③結果：続けられた、やめた、など。

●**連合的学習経験**　感情的に中立だった出来事が特定の感情と結びつき、職業選択をする。例えば、家族の命を救ってくれた医療従事者と結びつけて、医療の分野の仕事に興味をもつようになる、など。

❹**課題へのアプローチスキル**：目標設定をする、選択肢を考える、またその優先順位を決める、価値を見定める、意思決定に必要な情報収集、選択をする、問題解決能力など。

学習経験によって得られた課題アプローチスキルを繰り返すことで、自己概念が形成され、次なる学習経験、課題アプローチスキルが身につき、のちの職業選択や職業行動にとって適切な（または不適切）行動が習得されます。

◉**計画された偶発性理論**(Planned Happenstance Theory)

人のキャリアは、偶然の出来事によって左右されます。偶然の出来事は人のキャリアに大きな影響を及ぼし、かつ、出来事そのものは<u>望ましいもの</u>であるとし、予期せぬ出来事をキャリア形成の機会ととらえること、その出来事をプランド・ハプンスタンスと呼びました。

クランボルツは、不確実性の高まる現代において、本人が予期せぬ偶然の出来事の影響を見過ごしたり、過小評価するのではなく、それらのもつ重要な役割を見出し、利用し、それらを積極的に生み出すことを説きました。

偶然の出来事を「プランド・ハプンスタンス」に変えるためには5つのスキルが必要だとしました。

❶**好奇心**：新しい学びの機会の模索。

❷**持続性**：粘り強く努力し続ける。

❸**柔軟性**：姿勢、状況を変える。

❹**楽観性**：新しい機会はくる、それを自分のものにできると考える。

●補足

望ましいもの
マイナスの出来事が起きても、偶然の出来事をキャリアの機会として利用し、クライエントの人生の質を高めていくことにつながる。

tips

1999年に提唱された「計画された偶発性理論」は、従来のカウンセリングにおいて望ましくないとされていた「未決定」を望ましい状況と考えたもの。

❺冒険心(リスクテーキング):危機が迫って結果が見えない場合でも行動を起こす。

偶然の出来事をプランドハプンスタンスに変えるための5つのスキルを使った例(Aさんの場合)

契約社員として勤めている会社が、突然の社会情勢の影響で業績不振に陥った。今までは毎年契約更新されるのが当たり前だったのに、周りの契約社員の同僚が、次々と満了となって退職していく。ついにAさんも満了を言い渡され、転職を考える必要に迫られた。この社会情勢のもと、いろいろ調べる中で、求人が少ないことがわかったが、転職実現のため何とかしなければならない状況になった。

この状況でAさんの行動を、5つのスキルにあてはめてみると、具体的には次のようになる。

1. **好奇心**→さまざまな業界に好奇心をもって目を向け、自分に出来そうな求人はとにかく応募してみる。調べてみると、面白そうな業界、仕事の存在を知った。

2. **持続性**→書類選考、面接が通らなくても応募することをやめない。応募書類などをブラッシュアップして自分のやりたいことを探求し続ける。

3. **柔軟性**→「この業界は私には難しそうなので応募しない」といった先入観やこだわりを捨て、好奇心をもとに柔軟な考えを持つ。

4. **楽観性**→「転職活動はいつか終わる」という気持ち。書類選考や面接で失敗しても、ポジティブに捉える。

5. **冒険心(リスクテーキング)**→結果が出なくても挑戦することをやめない。

意思決定論的アプローチ

人がどのように選択するかに焦点を当てており、意思決

定論をベースに、選択過程に関与すること、仕事への期待と相互作用を重視、個人の信念や自己効力感の付きづけや選択行動の原動力と捉えます。

●ジェラット(Gelatt,H.B.)の意思決定理論

ジェラットの理論には前期理論と後期理論があり、研究の考え方を大きく変えましたが、双方は対立する理論ではなく、「後期理論において前期理論を補うもの」という関係になります。

❶前期理論

●主観的可能性

ブロス(Bross)が仮定した意思決定の3段階のうち、価値システムでは「人間の陥りやすい誤りによる判断がされやすい」としています。陥りやすい誤りとは、個人の思い込みによる狭い選択肢による判断のことです。そこでジェラットは、主観的可能性による誤った判断や、不合理な判断を避けるために、客観的なデータを収集し、選択肢を増やし、それを検討してそれぞれの結果の有用性を実証的に決定できるようなガイダンスが必要である、と主張しました。客観的なデータを「燃料」として意思決定に活用していこうという枠組みです。

●連続的意思決定プロセス

連続的意思決定プロセスとは、探索的決定から、最終的決定へのスムーズな意思決定が進むプロセスです。より望ましい最終決定をするためには、意思決定の3段階を何度も繰り返しながら意思決定をすることが好ましいとしています。

連続的意思決定プロセスを進行させるためのガイダンスの枠組み

1．情報収集を行わせる。

2．意思決定の時機を捉えさせる。

3．人が陥りやすい以下の誤りに注意させる。

対策
ジェラットの意思決定プロセスに関する正誤問題や、積極的不確実性のガイドラインについて、また、他理論家と混合による理論に関する正誤問題が出題されている（第23回、第21回、第20回、第19回）。

補足
意思決定の3段階
第1段階　予測システム：選択可能な行動とその選択がもたらした結果を予測する。
第2段階　価値システム：予測した結果が、自分にとってどのくらいの価値があるかを評価する。
第3段階　基準（決定）システム：選択可能なものを、目的や目標に照らし合わせて評価し、決定基準に合っているものを選択する。

補足
クロンバック(Cronbach&Gleser)らが分類したキャリアにおける2つの決定
最終的決定：個人自らのキャリアを確定する際の決定。最終的にキャリアを落ち着かせる決定。
探索的決定：個人が選択肢を絞っていくような決定。最終的決定までに行う決定。ジェラットはこれを受け、探索的決定から最終的決定へと連続的にスムーズに進行するためにどうすればいいのか、援助するためにはどうしたらいいのか、関心を抱いた。

①inability：正確に選択肢の可能性を評価できない。

②lack：あり得る選択肢を網羅できない。

③known-selection perception：選択的な知覚（頭にあるものしか認識しない）。

4．眼前の決定が究極的目標を促進させることを理解させる。

　先述の1～3に留意しながら決定を行うことは、現実を吟味し、自己概念を発達させることになる。こうして、あいまいで試行的で焦点が絞れていなかったゴール（幅広い目標）を、一貫した方向へ収束させることができるであろう、とする。

5．連続的意思決定のプロセスを理解させる。

　①全選択肢に気づく。

　②十分な情報を得る。

　③情報の関連性と信頼性を検討する。

　④価値システムから、それぞれの結果を評価する。

6．実行ガイダンスを評価する。

　連続的意思決定モデルに沿って、意思決定が遂行できるようになったか、また、自分が行った決定の責任を取ることができるようになったかを、実行したガイダンスが効果的であったかの指標とし、それを適宜評価する。

❷後期理論

●積極的不確実性 ── 左脳だけでなく、右脳も使った意思決定

　変化の激しい労働市場や社会的背景により、職業決定時に与えられた情報が、必ずしもある個人が職業生活を全うするまで真実であり続けるとは限らなくなりました。加えて、個人の興味・価値観は、経験の蓄積によって変化するかもしれません。このような社会的背景により、先述のガイダンスの枠組みにも柔軟性が求められるようになりました。そこで、ジェラットは後期には不確実性を積極的に受け入れて未来を創造していく、『積極的不確実性』の概念を示しました。

> **tips**
>
> ジェラットは「未来は存在せず、予測できないものである。それは創造され、発明されるのである。合理的なストラテジーは時代遅れなのではなく、もはや効果的ではないというだけである」と主張している(1989年)。

これまでのガイダンスが目指していた「客観的で合理的なストラテジー（戦略、計画）」だけでなく、「主観的で直感的なストラテジー」を用いなければならないと考え、創造力、直感、柔軟性を重要視しています。

情報を「燃料」として取り入れるだけでなく、情報を選択や行動に合わせてアレンジしたり、アレンジし直したりすることが、意思決定に必要となります。

◉ヒルトン(Hilton,T.J.)のキャリア意思決定モデル

意思決定は個人がもつ前提（自己概念や希望、期待、職業観等）と外界からの情報との間に生じた不調和の解消だとし、キャリア意思決定モデルを提唱しました。

個人の「前提」が修正可能なら、修正、難しければほかの選択肢を検討します。不調和が解消されるまで、前提の検討、情報探索、選択肢の検討が繰り返されます。

ここから学習していく理論は**発達心理学**が心理学的背景になっています。

発達論的アプローチ

発達論的アプローチは職業選択時のみにとどまらず、生涯にわたるキャリア発達に焦点を当てており、変化の過程を捉えようとするものです。

人生の中で遭遇する移行期（転機）において、主体的な選択と意思決定を繰り返すことにより、人は生涯発達し続けるものと考え、人生を通じた発達の段階には、特有の課題があるとする考え方です。

ギンズバーグ(Ginzberg,E.)の理論

ギンズバーグは、職業選択には長い年月を通しての発達過程が見られることに着目しました。研究の途中で考えを

改訂しており、前期と後期に分けて説明していきます。

◉前期（1950年代） ＊改訂前
～職業発達のプロセス３段階～

- **空想期（10歳以下）**：大人（親など）や、学校を通じて、仕事や内容に関する知識を得る
- **試行期（11～18歳）**：さらに４つの段階に分け、「興味」「能力」「価値観」「移行（過渡期）」を経て、次のステージに上がる。具体的には、自分自身の興味の有無の判断、自分の能力の理解、自分の価値観の明確化を経て、仕事について関心を持つことである。
- **現実期（18～20歳代初期）**：さらに３つの段階に分け、「探索」「結晶」「特殊化」とした。具体的には、職業の選択肢を探索し、必要な能力や価値観を具体化する、また、仕事を体験することにより専門性を身に付ける（特殊化）ことである。

❶青年期の10年以上にわたるプロセスである。

❷職業選択のプロセスは、基本的には後戻りができない（**非可逆性**）。

❸職業選択は、個人的要因（興味・能力・価値観）と現実的要因（雇用機会）の妥協である。

◉後期（1970年代） ＊改訂後

❶職業選択は、生涯を通して行われるものである。

❷職業選択は、後戻りが可能だが、時間やお金の損失を受ける。

❸職業選択は「個人的要因（興味・能力・価値観）」と「現実的要因（雇用機会）」の最適化のプロセスである。

　上記のように、前期と後期で考えを改訂しましたが、変わっていない発達的視点は、次のようになります。

- 職業選択は、生涯にわたる意思決定のプロセスであるということ。

> **tips**
> 前期では、職業発達は、青年期（空想期、試行期、現実期）におけるものに限定されて考えられていた。

◖用語
非可逆性
元に戻すことができない性質のこと。

◖参考
『キャリアコンサルティング理論と実際　6訂版』
（木村周・下村英雄、一般社団法人雇用問題研究会）

● それゆえ、個人は、変化するキャリア目標と職業の世界の現実との適合をどのようにするか繰り返し再評価することになる。

スーパー(Super,D.E.)の理論

スーパーの理論はもっとも包括的であるといえます。ここでは、その中心的な考え方、概念について説明していきます。

スーパーは、数多くの著書や雑誌論文を出版している熱心な研究者であり、仕事の価値観やキャリア選択を行うスキルのレベルを測定するさまざまな手法を開発しました。1953年に米国心理学会(American Psychological Association)で最初の理論を発表し、1957年には「THE PSYCHOLOGY OF CAREERS(キャリアの心理学)」を出版しました。日本では日本の学者と「仕事の重要性研究(Work Importance Study)」を進めるなどしました。この研究は、さまざまな文化における、個人にとって重要な仕事の価値を特定する試みで、10か国以上にわたる広範な研究が行われました。

●自己概念

自己概念とは、「自分は何者か、どのような存在か」「自分の価値、興味、力がいかなるものか」ということについて、主観的自己と客観的自己の両者が、個人の経験を統合して構築されるものです。

自分は何者か、どのような存在か、という自己イメージは誰もが持っているもので、「個人の価値、興味、能力がいかなるものか」ということを、主観的自己と客観的自己の両者が個人の経験を統合して構築するものである、としました。また、個人は多様な可能性を持っており、さまざまな職業に向かうことが可能であると考えました。

対策
スーパー
スーパーは必ず出題される。概要をつかんで、キーワードを暗記できるように準備しよう。

tips
主観的自己：個人が主観的に形成してきた自己についての概念。
客観的自己：他者からの客観的なフィードバックに基づき形成された自己についての概念。

●ライフ・スペースとライフ・スパン

●ライフ・スペース(ライフ・ロール)

ライフ・スペースとは、個人の社会的な立場や担っている役割いい、具体的には次のようなものがあります。

子ども：親にそそぐ時間と労力。子ども時代はこの役割がほとんどを占めるが、成長・独立に伴い減っていく。両親の介護などで再び割合が増える。

学生：小学校入学から始まる。最低でも義務教育終了までだが、一生のうちに、何度もある。就職後に短期の研修を受けたり、大学に通う、資格を取る、なども含まれる。

労働者：給料をもらって働くこと。アルバイトに始まり、完全にやめるまで続く。

家庭人：家事や、住まいのメンテナンスをする。

余暇人：余暇を楽しむ人。旅行に行く、映画を観る、読書、スポーツをする、など。余暇活動に時間を使う。

市民：無給での地域活動に時間を費やすこと。ボランティア活動など。

●ライフ・スパン(ライフ・ステージ)

ビューラーの人生段階説に従って、職業の発達段階を5つに分け、また、それぞれの段階に職業的発達課題があるとしたものです。この発達課題を達成しないと、その後の発達に支障が出るという課題です。

スーパーのキャリア発達段階(ライフ・ステージと発達課題)

成長期 (0〜14歳)	身体的発達、自己概念の形成が中心。観察やロールモデルを通じて、仕事の世界を学び始める自分の興味や能力を理解し始める。
探求期 (15歳〜24歳)	さまざまな分野の仕事がある中、仕事の世界で実現できるかどうかを試す。
確立期 (25歳〜44歳)	特定の仕事に定着し、その仕事を通して責任を果たし、職業上の地位を確立し、専門性を高めて昇進していく。
維持期 (45歳〜64歳)	確立してきた地位を維持する。確立期にある同僚の成功も考慮しつつ、さらに知識、スキルを身に着け、昇進していくことを考える。この時期の終わりには、退職後のライフ・キャリアの計画も立て始める。

(次ページに続く)

離脱(解放)期 (65歳〜)	リタイアの時期。有給の仕事から離れ、余暇、ボランティア、趣味などを楽しむ。

　人は、それぞれのライフ・スパンの中で、さまざまなライフ・スペース(社会的な立場や役割)を担っています。これらのライフ・スパン・ライフ・スペースを表した図が、**ライフ・キャリア・レインボー**です。

ライフ・キャリアレインボー(ライフ・キャリアの虹)

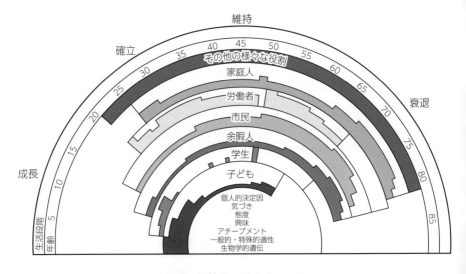

状況的決定因(間接的ー直接的)
●社会構造　●歴史的変化　●社会経済的組織・状況
●雇用訓練　●学校　●地域社会　●家庭

―ある男性のライフ・キャリア―
スーパーが「22歳で大学を卒業」「卒業後すぐに就職」「26歳で結婚」「27歳で一児の父に」「47歳で1年間社外研修」「57歳で両親死去」「67歳で退職」「78歳で妻死去」「81歳で本人死去」というある男性のライフ・キャリアを概念図に表したもの。
(出典：文部科学省「中学校・高等学校進路指導資料第1分冊」〈平成4年〉)

　ほとんどの人は多くの場面で、複数の役割を同時に行い、この役割を演じる中で、個人は他人から見られる自身の役割を再構築し続けていきます。

◉マキシ・サイクルとミニ・サイクル

　人生全体の発達段階を**マキシ・サイクル**としたとき、各発達段階の移行期にあたる部分(過渡期)に起こる出来事を**ミニ・サイクル**と呼び、意思決定の過程を指します。

　ミニ・サイクルでは、「新たな成長→探索→確立→維持→離脱」が繰り返され、発達していくものであるとされています。

◉その他の概念

❶キャリア成熟

　思春期におけるキャリア発達の中心的プロセス。

❷キャリア・アダプタビリティ

　成人期のキャリア発達のプロセス。

❸適応

　キャリア成熟とキャリア・アダプタビリティの結果。

◉スーパーの発達的アプローチに関する14の命題
〜スーパーのキャリア発達における研究の集大成〜

❶人は**パーソナリティの諸側面**(欲求、価値、興味、特性、自己概念)及び能力において違いがある。

❷これらの特性から見て、人はおのおの**多くの種類の職業**に対して適合性を示す。

❸それぞれの職業には、必要とされる能力やパーソナリティ特性の独自のパターンがある。職業に就いている人に多様性が見られるように、個人も**多様な職業に就く許容性**を有している。

❹職業に対する好みや**コンピテンシー**、生活や仕事をする状況は、時間や経験とともに変化し、それゆえ**自己概念も変化**していく。

　このような社会的学習の成果としての自己概念は、選択と適応において連続性を提供しながら青年期後期から晩年にかけて**安定性**を増していく。

❺自己概念が変化していくこのプロセスは、成長、探索、

対策
キャリア成熟に関することが選択肢に登場している(第23回)。

出典
『新版キャリアの心理学』(渡辺三枝子、ナカニシヤ出版)

用語
コンピテンシー
職業に必要とされる能力やスキル、行動特性。

確立、維持、解放の連続としてみなされた一連のライフ・ステージ（「**マキシ・サイクル**」）に集約され、また発達課題によって特徴づけられた期間へ細分化されうる。**ミニ・サイクル**は、あるステージから次のステージへキャリアが移行するときに起こる。または病気や障害、雇用主による人員削減、必要な人的資源の社会的変化、または社会経済的ないしは個人的出来事によって、個人のキャリアが不安定になるたびに起こる。このような不安定で試行錯誤に富むキャリアには、新たな成長、再探索、再確立といった**再循環（リサイクル）**が含まれる。

tips

「命題」は、1953年に最初に定義され、1957年に2つの命題が追加。1970年代以降のアメリカ社会の、社会・経済的変化を経験する中で、パーソナリティ理論および役割理論の統合を目指して、最終的に1990年には14の仮説命題をもって、自分のキャリア発達の理論的アプローチを明確化した。

❻キャリア・パターンとは、**到達した職業レベル**である。また試したものであれ安定したものであれ、経験した職務に従事した順序、頻度、期間を意味する。キャリア・パターンの性質は、各個人の親の社会経済的レベル、本人の知的能力（mental ability）、教育レベル、スキル、パーソナリティの特徴（欲求、価値、興味、自己概念）、キャリア成熟、および個人に与えられた機会によって決定される。

❼どのライフ・ステージにおいても、環境と個体の要求にうまく対処できるかどうかは、これらの要求に対処する**個人のレディネス**（対処するために個人がどの程度準備できているか、すなわち、キャリア成熟）の程度による。

❽キャリア成熟は、心理社会的構成概念であり、それは成長から解放までのライフ・ステージおよびサブ・ステージの**一連の職業的発達の程度**を意味する。社会的視点からは、キャリア成熟は、個人の暦年齢に基づいて期待される発達課題と、実際に遭遇している発達課題とを比較することによって操作的に定義できる。心理学的視点からは、現在遭遇している発達課題を達成するために必要な認知的・情緒的資源と、個人が現在もっている認知的・情緒的資源とを比較することにより操作的

に定義できる。

❾ライフ・ステージの各段階を通しての発達は、部分的には能力、興味、対処行動を**成熟させる**こと、また部分的には現実吟味や自己概念の**発達を促進する**ことによって導かれる。

❿キャリア発達とは、**職業的自己概念を発達させ実現していく**プロセスである。キャリア発達のプロセスは統合と妥協のプロセスであり、その中で、生まれ持った適性、身体的特徴、さまざまな役割を観察したり担ったりする機会、役割をこなした結果を上司や仲間がどの程度承認しているかの自己認識との間の相互作用によって自己概念は作られる。

⓫個人要因と社会要因間および自己概念と現実間の**統合と妥協**とは、役割を演じ、フィードバックを受けるなかで学習することである。その役割は空想やカウンセリング面接で演じられる場合もあれば、クラス、クラブ、アルバイト、就職といった現実生活で演じられる場合もある。

⓬職業満足や生活上の満足は、個人の能力、欲求、価値、興味、パーソナリティ特性、**自己概念を適切に表現する場をどの程度見つけるか**によって決まる。満足感は、人がその役割を通して成長し、探索的な経験を積み、自分にとって合っていると感じられるような類の仕事、仕事の状況、生活様式に身をおいているかどうかに拠る。

⓭仕事から獲得する満足の程度は、**自己概念を具現化できた程度**に比例する。

⓮仕事と職業は、たいていの人にとって**パーソナリティ構成の焦点**となる。しかし、仕事や職業が周辺的であったり偶発的であったり、まったく存在しなかったりする人もいる。また、余暇や家庭といった他の焦点が中心となる人もいる。個人差と同様に**社会的伝統**(性役割におけるステレオ・タイプやモデリング、人種的民族偏見、機会が与えられるかどうかという社会構造)が、労

補足
スーパーの基本的な考え方
①個人は多様な可能性を持っており、さまざまな職業に向かうことができる。
②職業発達は個人の全人的な発達の一つの側面であり、他の知的発達、情緒的発達、社会的発達などと同様、発達の一般原則に従うものである。
③職業的発達の中核となるのは自己概念である。職業的発達過程は、自己概念を発達させ、それを、職業を通して実現していくことを目指した斬新的、継続的、非可逆的なプロセスであり、かつ、妥協と統合の過程である。

働者、学生、余暇人、家庭人、市民のうちどの役割を
重視するのかの重要な決定要因である。

ハンセン(Hansen,L.S.)の総合的人生設計

◉統合的人生設計(Integrative Life Planning)

ハンセンは、家庭での役割から社会における役割まで
キャリアには人生におけるさまざまな役割があり、それ
らが組み合わされ、総合させる次の<u>4つの役割</u>をキルト
(パッチワーク)にたとえました。

愛(Love)、 学習(Learning)、 労働(Labor)、 余暇
(Leisure)

「統合的人生設計」の6つの重要課題

❶グローバルな視点から仕事を探す。

❷人生を意味ある全体像の中に織り込む(人生のパッチ
ワークを作る)。

❸家庭と仕事の間を結ぶ(男女平等に協力し合う)。

❹多元性と包括性を大切にする(ダイバーシティ)。

❺個人の転機と組織の変革に対処する。

❻精神性、人生の目的、意味を探求する(仕事を通して
貢献する、内面的な意義を見出す)。

サヴィカス(Savickas,M.L.)のキャリア構築理論

現代の変化の激しい社会状況を背景に、個人がキャリア
を構築するうえで職業行動への主観的な意味づけを強調し
ています。

キャリアに対するサヴィカスの立場は、「意味を選ぶも
のとしてのキャリア」(Career as career of meaning)と
表現されています。

過去から現在までの経験に対する意味づけを踏まえて、
今後の職業人生に「自分らしい意味」を見出していくという

tips
サヴィカスは、P-E fit
(人―環境適合) **p.36**
の、人・環境に焦点を
当てるのではく、『―
(ダッシュ)』に焦点を当
てた。PとEは、完全に
フィットするものでは
なく、継続的に変化し
ながら両者を近づける
ことで、キャリアを構
築させることを重視し
た。

一連の過程が、個人にとってのキャリアとなるのです。

また、職業行動における「what」「how」「why」の視点を用いて整理されています。

❶職業パーソナリティ(What)：どのような職業が自分に合っているのか。

❷キャリア・アダプタビリティ(How)：どのようにして職業を選択し、適応していくのか。繰り返される職業選択、職業の変遷、仕事上のトラウマに対処する個人のレディネスとリソース。

その能力を作り上げていく要素として、次の4つが挙げられています。

- **関心**：将来について考え、計画する。将来に備える。
- **コントロール**：キャリアを構築し、管理することに責任を持つ。
- **好奇心**：職業の世界に対して、好奇心をもって探求し、自分と職業を適合させる。
- **自信**：自分の考えと現実の状況をもとに、キャリア選択をし、実行することができると信じて行動する。

❸ライフ・テーマ(Why)：個人が職業行動に意味や方向性を与える解釈や人とのかかわりのプロセスに注目し、「なぜそのような職業を選択するのか」「なぜ働くのか」に答えようとするもの。

●キャリア構築インタビュー

クライエントが、過去～現在～未来に至るまでそれぞれの出来事に意味づけをし、ストーリーにして語ることを促すためのインタビューです。その意味を探るため、下記5つの質問があります。

❶尊敬している人物：ロールモデル。

❷定期的に見ている雑誌、テレビ・ウェブサイト：興味のある環境や活動を特定。

❸映画、本などで好きなストーリー：転機の結果を想定。

対策
第22回問6には、「幼少期の思い出」という表現で、選択肢に入っていた。

❹好きな言葉、格言：自分自身に与える忠告を知る。

❺幼少期の思い出（人生で最初の記憶のストーリー）：転
機の問題をどの視点から見ているか。

■ ホール（Hall,D.T.）のプロティアン・キャリア

キャリアは他者との関係において相互に学び合う中で発
達していきます。

プロティアン・キャリアとは、組織ではなく、個人によっ
て形成され、その人の欲求に見合うように、都度方向転換
されるもの、『変幻自在である』という意味です。

ホールは特徴としてプロティアン・キャリアと従来の伝
統的なキャリアを次のように対比しています。

ホールによるプロティアン・キャリアと従来の伝統的なキャリアの対比

項目	プロティアン・キャリア 課題など	伝統的なキャリア 課題など
主体者	個人	組織
核となる価値観	自由、成長	昇進、権力
移動の程度	高	低
重要なパフォーマンス側面	心理的契約	地位、給料
重要な態度的側面	仕事満足感 専門的コミットメント 自尊心（自分を尊敬できるか）	組織コミットメント 他者からの尊敬（この組織から自分は尊敬されているのか）
重要なアイデンティティ側面	自分は何がしたいのか（自己への気づき）	私は何をすべきか（組織における気づき）
重要なアダプタビリティ側面	仕事関連の柔軟性、現在のコンピテンシー（測度：市場価値）	組織関連の柔軟性（測度：組織で生き残ることができるか）

■ シャイン（Schein,E.H.）の理論

<u>シャイン</u>は、組織心理学やキャリア発達の研究者とし

て、人と組織の関係という枠組みの中で発生するさまざまな現象について多くの研究をし、「組織も人も相互に作用しながら成長し続ける存在である」としました。

◉3つのサイクル──①生物学的・社会的、②家族関係、③仕事・キャリア

人は、この3つが相互に影響し合って存在しており、キャリアの問題を考えるにあたり、他のサイクルで何が起きているのかも考える必要があります。

例 仕事で営業成績が思わしくない（③）のは、家庭内（②）で何かが起きている可能性がある、など。

◉仕事・キャリアサイクル

キャリアを捉えるときには、「内的キャリア」と「外的キャリア」2つの軸から捉えることができる。

◉ **内的キャリア**：主観的に遭遇、経験しているもの。自分自身の仕事への意欲や関与、使命感、達成感、充実感などの価値観に基づいて、自己実現や成長を追求すること。

◉ **外的キャリア**：客観的なもの。履歴書・職務経歴書に記されているような実績や、地位、経済的報酬など、外的な成功を追求すること。

キャリアの概念はこの2つを合わせ持っており、本人の仕事に対する思いなどが働く中で変化していくことを知っておく必要があります。

◉キャリア・アンカー

人には、何かを選択するときに、絶対に変えたくない、譲れない条件があります。キャリア選択の際は、その譲れないものが、キャリア・アンカーとなります。突然の異動や、長く働く過程での欲求の変化を観察すると、今後どのように進路を進めていけばいいのか迷ったり、戸惑ったりする人がいます。そのような中で、今まで築き上げてきた実績

補足

シャイン
MIT（マサチューセッツ工科大学）経営大学院教授を経て現在名誉教授。
シャインの学説は、集団や組織が個人に及ぼす影響の解明だけでなく、集団圧力の中で、人が働く自己像を維持する能力を十分に備えていることを明らかにしている。

第2章

キャリアコンサルティングを行うために必要な知識

tips
キャリア・アンカー…
キャリアを船にたとえると、アンカーは係留地に着いたときに下ろす錨（いかり）のこと。キャリアを安定させるためのもの。

を振り返り、新たなキャリア形成の拠り所となる係留地を確認しようとするものです。

8つのキャリア・アンカー（キャリアの係留地点）

❶**特定専門分野/機能別のコンピテンス**：特定の業界・分野・職種・技術にこだわる。

❷**全般管理コンピテンス**：総合的な管理職意を目指す。

❸**自律・独立**：制限・規制に縛られず自律して職務を進めることを望む。

❹**保障・安定**：リスクよりも保障・安定を望む。

❺**起業家的創造性**：自らのアイデアで企業・創業することを望む。

❻**奉仕/社会への貢献**：社会で役に立っていることを望む。

❼**ライフスタイル**：仕事と家庭などのバランスを保つことに価値を置く。

❽**挑戦**：困難な問題や、誰もしたことのないことに挑戦し続けることに価値を置く。

キャリア・アンカーを確かめるための3つの問い

❶**何が得意か？**
さまざまな職場環境下で、成功体験を得て自覚された才能・能力。

❷**何がやりたいのか？**
現場での自己評価や、他者評価に基づく自覚された動機・欲求。

❸**何をやっている自分が充実しているのか？**
自分の考えと働く組織や仕事環境の規範・価値との衝突経験に基づく自覚された態度・価値。

◉キャリア・サバイバル

キャリア・アンカーが明確になったら、自分が仕事とマッチングするか否かを決定するために、職務と役割を明らか

にし、プランニングする必要があります（職務・役割分析と職務・役割プランニング）。

このように、キャリア・アンカーと組織が求めるものとのすり合わせを実現していくことを、**キャリア・サバイバル**といいます。

キャリア・サイクル・モデル

シャインは、組織内での人の<u>発達段階</u>とそのステージでの問題を次のようにまとめています。

シャインの組織内での人の発達段階とステージでの問題点

発達段階	課題など
①成長・空想・探求 （0〜21歳）	職業選択のための自分自身の価値観を知る。情報収集、教育訓練を受ける。
②仕事の世界へのエントリー （16〜25歳）	キャリアの基本となる初めての仕事に就く。仕事の探し方、応募方法、面接の受け方を学ぶ。
③基本訓練 （16〜25歳）	実際に仕事に取組み、未経験ゆえの不安や困難を克服し、組織メンバーとして定着していく。
④キャリア初期 （17〜30歳）	責任のある仕事を引き受け、組織の制約や要求を調和させながら効果的に職務を遂行し、向上する。初めて仕事での成功や失敗に対処する。
⑤正社員資格、キャリア中期 （25歳以降）	専門を選び、ジェネラリスト・管理者となる方向に向かう。組織の中で明確なアイデンティティを確立していく時期。
⑥キャリア中期の危機（35〜45歳）	自分のキャリアの再構築を行い、現状維持か、キャリアを変えるかを決める。自分のキャリア・アンカーを知り、評価する。
⑦キャリア後期 ⑦非指導者（40歳〜引退）	経験を積み、助言者となる。中年の危機への対処。
⑦指導者（40歳〜引退）	主要な部下を選抜し、開発する。キャリアと家族の欲求を満たすにはどうするか学ぶ。
⑧衰え及び離脱 （40歳〜引退）	能力・モチベーション減退に基づく新しい役割を受け入れ、開発するようになる。仕事中心ではない生活を送れるようになる。

（次ページに続く）

対策

発達段階

各理論家が発達段階をまとめていて非常に混乱するかもしれないが、比較しながら学習していくことが大切。「⑥中年の危機」に関しては、第2章「⑨中高年齢期を展望するライフ・ステージ及び発達課題の知識」で焦点を当てて研究している理論家に触れている。実際に選択肢に混ざってシャインの中年の危機について出題されているので注意が必要（第20回）。

⑨引退	ライフスタイル、役割、生活水準における劇的な変化に適応する。蓄積した経験・知恵を他者のために使う。

動機付け理論

　ここからは、動機付け理論について、いくつか取り上げていきます。

　モチベーションや職務満足は、キャリアと密接に関連していて、キャリア形成の要因となります。組織の中ではモチベーションを持って働き、何らかの職務満足が得られなければ、キャリア形成はできません。

●マズロー(Maslow,A.H.)の欲求段階説

　マズローは人間の欲求を5つに分類し、低次の欲求が満たされると、次の欲求が現れるとしました。

●①生理的欲求、②安全の欲求、③所属と愛の欲求、④自尊と承認の欲求、④自己実現の欲求

マズローの欲求段階説

高次 ／ 低次

- 自己実現の欲求
- 自尊と承認の欲求
- 所属と愛の欲求
- 安全の欲求
- 生理的欲求

●アルダーファ(Alderfer,C.P.)のERG理論

●生存(Existence)、関係(Relatedness)、成長

（Growth）

　マズローとは異なり、それぞれの欲求は並行して存在することもあれば高次から低次の欲求が出現することもあるとしました。

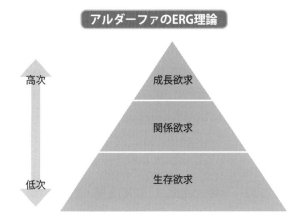

アルダーファのERG理論

高次

低次

成長欲求

関係欲求

生存欲求

●ロー(Roe,A.)の早期決定論

　ローは、精神分析をベースに、さらにパーソナリティ特性と職業分類とを関連づけて、職業やキャリア発達を説明しました。また、マズローの欲求段階説をもとに幼少期の欲求不満の強さや満足の度合い、価値がキャリア選択の決定に影響を与えると考えています。すなわち、次のような考えです。

❶パーソナリティの個人差は、親の養育態度によってもたらされる。

❷それは、個人が遭遇する人物、物的環境との相互作用に依存している。

また、親と、親の養育態度を３つのタイプに分けて、子どもの選択の傾向をまとめています(次ページ表参照)。

ローの親のタイプ別職業分類

親のタイプ	養育態度	子どもの職業興味
情緒型	過保護	条件が自分に合っていれば、報酬の良い職業を志向する傾向にある。
拒否型	拒否、無関心	金銭的な満足感を重視する人間関係よりも、科学的、機械的要素のある職業を選ぶ傾向にある。
受容型	受容	人や物に対してバランスが取れた職業指向する傾向にある。

●マグレガー(McGregor,D.)のX理論・Y理論

マグレガーは、次のような仮説を立てました。

- **X理論**：人間は本来怠け者である。指導、管理監督がなければ働かない。
- **Y理論**：人は本質的に仕事を好む。自発的に目標に向かって努力していく存在である。

これらから導き出されたのが「目標による管理」であり、Y理論に基づく管理の優位性を主張しています。

tips

マグレガーはマズローの欲求段階説を基本とし、経営組織の観点から進化させ、X理論・Y理論を提唱している。

●ハーズバーグ(Harzberg,F.)の動機付け衛生理論

ハーズバーグは、職務に対して満足を与える要因と不満足を与える要因とを区別し、「満足要因が動機づけとなる」という主張をしています。

- **動機付け要因(＝満足要因)**：仕事の達成感、承認、仕事そのものや、責任などの仕事に積極的な満足を与える要因。動機付け要因が強化されると、仕事に対する満足度が向上し、モチベーションが高まる。
- **衛生要因(＝不満要因)**：会社の方針、作業条件、給与、福利厚生、人間関係などの仕事の環境への不満足を解消する要因。

●マクレランド(McClelland,D.C.)の欲求理論

マクレランドは、モチベーションを次の4つに分類しました。

❶達成欲求(動機)：課題や目標を達成することへの動機。この動機が強い人は難しい目標設定をし、自己管理の上で目標達成を追求する。この達成動機は「コンピテンシー理論」として発展していく。

❷権力欲求(動機)：他人を支配し、影響力を行使することへの動機。権力動機が強い人は、他者との競争や影響を与えることに魅力を感じる。

❸所属欲求(動機)：他人と友好的な関係を持ち、集団の一員でいることへの動機。他者との関係を築くことで安心感や喜びを得る。

❹回避欲求(動機)：失敗や困難な状況など、トラブルを回避しようという動機。目標に取り組むことを避け、周囲に合わせることを好むが、トラブル回避能力に長けている。

＊コンピテンシーの概念の発展：コンピテンシーとは「高い成果を出す人の行動特性」のこと。職務上の業績を予測する行動特性や性格特性、思考パターンを意味する。

●アトキンソン(Atkinson)の達成動機理論

達成動機とは、目標を達成したいという動機で、人が一般的に持っている動機ですが、その一方で、**失敗回避動機**という失敗を避けたいという動機も存在します。これらの動機のどちらが優勢なのかで、目標や結果の受け止め方が変わっていきます。目標達成ができなかったり失敗したりした際に、達成動機の強い人と失敗回避動機の強い人は、それぞれ次のように考えます。

● **達成動機が強い人**：自分の努力不足が原因と考える。

● **失敗回避動機が強い人**：自分の能力が元々ないと考える。

🔖補足

効果的な目標設定とは、社員がどちらのタイプかを把握すること。

そこで、アトキンソンは、達成動機の強い人は成功の可能性が中程度の成功確率で目標を設定したときに、最も目標への動機づけが高まるとしました。これは、努力すれば達成できそうな目標設定をすれば、効果的にモチベーションが上がるということを意味します。

●デシ(Deci)の内発的動機付け理論

内発的動機付けとは、問題への興味や好奇心などに基づき、自ら行動を起こす過程のことです。職場においては、自分でやりがいを持って働き、困難を克服して目標を達成する内発的動機付けに働きかけることが職場や組織を活性化し、発展させるとしました。これは、従来のモチベーション理論では、「飴(報酬)と鞭(罰)を与えれば、人間のやる気は高まったり、下がったりする」という考え方があり、それに一石を投じたものです。

デシは、パズルの実験結果により、次のような効果について触れています。

● **アンダーマイニング効果**：人が内発的に楽しんでいる課題に対して金銭的報酬のような外的な報酬を与えると、その人の課題に対する内発的な楽しさが失われてしまう。アンダーマイニング効果を誘発するのは、報酬に依存した評価や、罰を与えてコントロール、不適切なフィードバックなどがある。

● **エンハンシング効果**：褒める、賞賛するなどの外的動機づけによってやる気(内発的動機)が高まる現象。

エンハンシング効果を高める方法

❶**自律性の尊重**：自分自身の行動を自分で決定する

❷**有能性の実感**：得意分野を伸ばす

❸**関係性の構築**：信頼関係構築のためのコミュニケーション

●アダムス(Adams,J.S.)の公平理論

自分の入力(input)と、出力(output)と、他人の入力と

tips

2つの動機

外発的動機付け：外部から与えられる指示・命令、報酬や地位や賞賛などを得ることに対する動機づけ(外から与えられる)。

内発的動機付け：自分の意思で自発的に行動すること、自分の能力や知識を用いて目標を達成すること、好奇心に促されて興味をもって行動すること(心の内側から湧いてくる)。

対策
第23回でデシの内発的動機付けに関する正誤問題が出ている。

出力の比率に着目。自分と他人のこれらが同等である場合に公平感を感じるが、どちらかが大きい場合不公平感を感じ、不満、ストレス、怒りなどのもととなる。

●**インプット**：労力、自分の努力、教育、経験、達成、実績。

●**アウトプット**：報酬、満足感、昇進、地位、福利厚生。

　自分が労力（インプット）をかけたのに報酬（アウトプット）が少ないときに、他人がさほど労力をかけていない（インプット）にもかかわらず過分な報酬（アウトプットが多い）をもらっていると、不公平感を抱く。

理解度Check　一問一答

1．スーパー（Super,D.E.）は職業の発達段階を、それを成長期、探索期、確立期、維持期、離脱（解放）期の5つで構成されるとした。　　〇

2．シャイン（Schein,E.H.）は、キャリア・アンカーには3つのアンカーがあるとしている。　　×

3．ホール（Hall,D.T.）は、『プロティアン・キャリア』は、組織ではなく、個人によって形成され、都度その人に見合うように、変幻自在なものであるとした。　　〇

4．ハンセン（Hansen,L.S.）は、職業選択を「キルト（パッチワーク）」を完成させるということをたとえに、『統合的人生設計（Integrative Life Planning）』という概念を提唱した。　　〇

5．クランボルツ（Krumboltz,J.D.）は、職業興味を6類型にまとめ、それぞれを、現実的・研究的・芸術的・社会的・企業的・多面的にまとめました。　　×

6．ジェラット（Gelatt,H.B.）の意思決定プロセスは、予測システム、価値システム、基準（決定）システムを繰り返している。　　〇

7. ホランド（Holland,J.D.）の6類型で、職業興味を並べて表現することを、「ワークタスク」という。

8. スーパー（Super,D.E.）は、各発達段階の移行期にあたる部分（過渡期）に起こる出来事をマキシ・サイクルと言った。

9. ホール（Hall,D.T.）のいうキャリア・プラトーは、組織ではなく、個人によって形成され、その人の欲求に見合うように、都度方向転換されるもの、『変幻自在である』という意味である。

10. シャイン（Shein,E.H.）の発達段階の「キャリア中期の危機」での課題は、自分のキャリアの再構築を行い、現状維持か、キャリアを変えるかを決める、自分のキャリア・アンカーを知り、評価する。

11. サヴィカス（Savickas,M.L.）のキャリア構築インタビューとは、クライエントが過去から現在までの出来事に意味づけをして、ストーリーにして語ることを促すためのインタビューである。

12. マズロー（Maslow,A.H.）は、モチベーションを、達成動機、権力動機、所属動機、回避動機の4つに分類した。

13. ジェラット（Gelatt,H.B.）の連続的意思決定プロセスとは、探索的決定から最終的決定への、スムーズな意思決定が進むプロセスである。

14. シャイン（Schein,E.H.）は、自分のキャリア・アンカーを確かめるためには、3つの問いが有効であるとし、それは「何が得意か」「何をやりたいのか」「何をやっているときの自分が充実しているのか」であると述べている。

解説

2. キャリア・アンカーは8つである。キャリア・アンカーを確かめるための3つの問いがある。

5. 多面的が誤り。慣習的である。

7. ワークタスクは職業の指標である。職業興味の高い順に3つ並べて表現をしたものを、スリー・レター・コードという。

9. キャリア・プラトーではなく、プロティアン・キャリアである。キャリア・プラトーとはキャリアの停滞期のことである。

11. サヴィカスのキャリア構築インタビューとは、クライエントが過去から現在、未来に至るまでの出来事に意味づけをしてストーリーにして語ることを促すためのインタビューである。

12. 設問にある4分類は、マクレランドの内容である。マズローは人間の欲求を5つに分類した「欲求段階説」を唱えた。

カウンセリングに関する理論

この項では、カウンセリングに関する理論家の各種理論を中心に学んでいきます。この範囲からは3問ほどの出題があります。

POINT

● 「キャリアに関する理論」の科目に続いて、各理論家がどんな理論を提唱しているのか詳細を問う問題もあれば、理論家と心理療法名の組み合わせを問われるような設問もあります。いずれにせよ、深く知っておかなければならない範囲です。

● ロジャーズの理論を始め、実技でも深くかかわる理論が多数ありますので、しっかり学習しておきましょう。

対策

ロジャーズは「来談者中心療法」「実現傾向」「自己一致」をキーワードに正誤問題で選択肢に挙がって出題されることが多い(第22回、第20回)。

《来談者中心アプローチ》

ロジャーズ(Rogers,C.R.)の来談者中心療法

　ロジャーズは、人は自らの**可能性の実現**に向けて自らを**発展させようとする存在**である、と考えました。人間は誰しも、「絶え間なく変化する主観的な経験の世界に存在している」といいます。個人の行動は、外界からの刺激によって規定されるのではなく、その個人の受け取り方や意味づけによって規定されるとしました。

　各個人が感じ取っている世界や意味、感覚は、各個人にしかわからないといえます。主観的な世界は、本人にしか知ることができませんが、ロジャーズは、**共感的理解**の

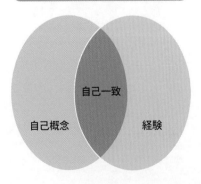

自己概念、経験と、自己一致

自己一致

自己概念　　経験

姿勢を持つことにより、相手の主観的世界に近づくことができる、それがその人の可能性の実現に向け、自らを発展させることに役に立つと考え、**来談者中心療法**を提唱しました。

- **自己概念**：自己の特質、自己と環境、他者との関係についての知覚など、自分に対するイメージのこと。
- **経験**：実際に自分が経験していること。
- **自己一致**：ありのままの自分。経験と自己概念が一致しており、重なっている。この重なりが小さいと、「自己不一致」。

   重なっていない部分が、「自己概念と経験が一致していない部分」であり、クライエントの「自己概念と経験が一致する方向」へ援助するのが、カウンセラーの役割である。

◉来談者中心療法における３つの基本的態度

❶無条件の肯定的尊重・受容

　ありのままクライエントを温かく受け入れて、尊敬心と思いやりをもち、クライエントに対して無条件の肯定的尊重・関心をもつ。カウンセラーがクライエントの選択や、職業の良し悪しを判断しない。受容があればクライエントはその場に対する安全感が増し、不安な感情をもっていたとしてもそれを抑え込まずに自分がもつ問題の中に入っていくことができるようになり、より自分自身を受け入れられるようになります。

❷共感的理解

　カウンセラーがクライエントの感情や個人的な意味をできるだけ正確に感じ取り、クライエントの内的世界を共感的に理解することです。

　クライエントが語ったことについては、カウンセラー側が本当にその意味を理解しているか、確認しながらカウンセリングをしていくことが重要です。自分自身に似たような経験があり、感情があたかも自分のものであるように感

じたとしても、巻き込まれないように注意することも必要
です。同感と共感は異なるということに留意しましょう。

❸自己一致または誠実な態度

　カウンセラー自身がありのままの自分でいること。カウ
ンセラーは情報を伝える専門家であるかもしれませんが、
クライエントとの関係においては、構えることなく心理的
に安定していて、自然な自分自身であろうとすることが重
要です。自己一致しているカウンセラーの態度は、クライ
エントにとっても、自分自身をこの場でさらけ出しても
いいと思うだけでなくそれが望ましいことなのだ、という
メッセージにもなります。カウンセラーが自己一致してい
る状態であるほど、クライエントは自らに肯定的であるこ
とができます。

《精神分析的アプローチ》

フロイト(Freud,S.)の精神分析理論

◉無意識の存在の仮定

　ヒステリーの治療に催眠を用い、催眠状態で患者が症
状の発生と関連のあることを語ると症状が消失することが
あったことから、フロイトは、心の病の原因が無意識の
世界に潜んでいることに気づきました。

　催眠にかかりにくい人にはリラックスした空間、状態で、
なんでも語らせる、という方法をとっていました。自由に
語られた内容を分析し、潜在的な問題などが明らかにしな
がら治療を行いました(自由連想法)。

◉局所論

　心の階層を、意識、前意識、無意識の3つに区別し、
精神的な活動がどの領域で行われているのかを追求しまし
た。

- 意識：視覚、知覚、今気づいているもの。
- 前意識：意識に至っていないが、無意識ではないもの
（言い間違いや、思い出せないことなど、何かきっか

<補助>
ヒステリー
心理的原因によって運動能
力、聴覚、視覚などの身体
機能が麻痺したり、意識状
態が保てなくなたりする心
の病こと。

tips
無意識から前意識へ押
し上げようとする作業
を意識化、不快を呼び
起こすものを「抑圧」と
いう。

けがあれば思い出せるもの)。

- **無意識**：自分の力で気づくことができなかったり、思い出せないもの。

◉構造論（心の構造の3層「心的装置」）

- **イド**：無意識の欲望や感情。自我に願望の充足を迫るが、超自我の命令が優先と判断されると願望を抑圧する。
- **自我**：意識的な心の働き。イドをコントロールする機能。
- **超自我**：自我にこうすべきと命じる、また、他人にも求める構造。

　無意識領域やイドにおいて、根源的なエネルギーとなるものを**リビドー**といい、リビドーは、欲求を満たすものであり、本能でもあります。フロイトは、人間の各発達段階に身体の特定の部位が敏感になり、リビドーを満たすと考えました。

　自我は、不安や葛藤が大きくなりすぎないように、無意識のうちに調節する安全装置のような役割で、それを「**防衛機制**」といいます。

　これは、耐え難い出来事があった際、心の安定のため、ゆがめて受け止めようとする働きで、自分を守るためのものではあるが、不適応を起こす場合もあるものです。

対策

フロイトの局所論、構造論についての説明の正誤問題が出題されている（第20回）。

tips

フロイトの発達段階
乳児期（0〜1歳半）：
口唇期（こうしん）
幼児期前期（1歳半〜3歳）：肛門期
幼児期後期（3歳〜5歳）：男根期
児童期
（6歳〜12歳）：潜在期
思春期（12歳〜）：性器期

防衛機制

抑圧：耐え難い感情、記憶などを意識から無意識へと追い出し、なかったこととにすること。

例 幼少期の虐待を記憶していない子ども。

合理化：満たされなかった欲求に対して正当化、責任転嫁などをすること。

例 イソップ物語のキツネ。すっぱい葡萄…「どうせあのブドウはすっぱくてまずい」。

（次ページに続く）

昇華：認められない欲求を価値ある行動へ転じること。

例 怒りをスポーツなどで発散する。

同一視：自分にとって重要な他者と自己を同じものとみなすこと。

例 憧れの人と同じような服装・髪型にする。

投影（投射）：望ましくないことや自分の感情、考えを他人のものであるとすること。

例 Aさんのことが嫌いなときに「Aさんが私のことを嫌っている」と思ってしまう。

反動形成：ある抑圧を行ったときに、それと正反対の行動をとること。

例 嫌いな人に極端にほめる、好きな異性に意地悪をする、など。

引きこもり、逃避：適応ができないときにその状況から逃れること。

例 学校に行く時間になると体調不良になり、休めると決まると回復する。

退行：以前の発達段階へと戻ること。

例 母親にかまってもらうために、歳に似合わず赤ちゃんのように振る舞う。

補償（代償）：ある事柄に対し劣等感をもっているとき、ほかの事柄で優位に立ってその劣等感を補おうとする。

例 勉強が苦手な子どもが、スポーツでがんばって他の人より優位に立とうとする。

置き換え：自分の欲求が満たされないために代理となるものにその欲求をぶつけること、妥協。

例 上司に対する怒りを部下に対して八つ当たりして発散する。

■ アドラー（Adler,A.）の心理学

アドラーは、劣等感の克服が人を動かす主な動機だとしました。また、すべてのことは自分で決めていて、トラウマや環境のせいにしていては何も解決しないとしています。

アドラーの心理学の前提は、以下の5つです。

❶目的論：人は目的をもち、その方向に向かって行動する。

❷全体論：人の意識、無意識、試行、行動は個人として

対策
カウンセリング理論の内容を問う問題で、正誤問題の選択肢の中に挙がってきていることがある（第22回）出題頻度は高くないものの、概要はつかんでおこう。

一貫したものである。

❸**社会統合論**：人は社会に埋め込まれており、社会的な存在である。

❹**仮想論**：人は自他、周囲の世界を、自分が見たいように見ているものである。

❺**個人の主体性**：人は自分の人生は自分で決めることができるものである。

　また、**共同体感覚**（皆に認められ、自分で自分を認められること）を目指す、としています。

《認知的アプローチ》

エリス（Ellis,A.）の論理療法

　エリスは、人間は生物学的にも社会学的にも非論理的な思考に陥りやすい存在であるとしています。人間は不完全かつ過ちをおかしやすいもので、そのことで悲観的にさせた出来事や状況が問題なのではなく、悲観的志向になってしまった信念こそが問題であると考え、その変容を目指しました。エリスは、論理療法を「ABC（DE）」を用いて説明しました。ABCは問題の成り立ちを、DEでそれらを打ち破る方法を説明しています（ABCDEモデル）。

ABCDEモデル

A：出来事や経験（Activaing event or experience）。

B：その人が強く思い込んでいること、信念（Belief system）。

C：信念（B）をもつことによって感情、反応などが生じた結果（Consequence）。

D：信念を明らかにし、徹底的に反論する（Discriminant and dispute）。

E：自分自身で非論理的思考を発見し、反論することで正しい論理的な信念を見つけ出せるような力を育てる（Effect）。

　信念（B）には、以下の２つがあり、不適応的な現在の落ち込みを生じたのは、非論理的な間違った信念にあるとし

補助

エリス

コロンビア大学の学位取得後、精神分析のトレーニングを受けているが、1953年ごろから精神分析の治療効果と理論呼応性に疑問を抱く。さまざまな理論の影響を受け、1955年ごろに「RET（Rational Emotive Therapy）」を提唱した。1993年にはそれを「RETB（Rational Emotive Behavier Therapy）＝論理療法」と名称変更した。

対策

論理療法、認知療法は、カウンセリング理論の内容を問う問題で、正誤問題の選択肢の中に挙がってきていることがある（第22回、21回、第19回）。

ています。

❶論理的な信念

❷非論理的な信念(イラショナル・ビリーフ)

　また、この非論理的信念は、下記の4種類に分けられます。

❶ねばならぬ信念(こうでなければならない)

❷悲観的信念(救いがない、絶望的)

❸避難・自己卑下信念(私はダメ人間だ)

❹欲求不満低耐性信念(我慢できない、耐えられない)

《認知的アプローチ》

ベック(Beck,A.T.)の認知療法

　これは、人が個々に持つ認知のフィルターによって世界を自分なりに解釈しており、人が自分以外の世界をどうとらえ、意味づけしているのかという認知が、感情や行動に影響を与えているという考えです。

　エリスのいうABC(DE)モデルと同様の考えですが、認知療法では、不適応的な感情が生じた直前の思考(B:自動思考)に焦点を当てています。

　自動思考は非論理的なもので、偏った意味づけをしていることがあります。これを「認知のゆがみ」といい、これを見つけ、検証していくことが認知療法の中心となります。

　「認知のゆがみ」には以下のようなものがあります。

❶**選択的抽出**：一部分の情報だけで全体の重要な部分を見失ってしまう。悪い部分ばかりを見てしまう。

❷**恣意的推論**：根拠のないことについて、否定的に考える。思い込みがある。

❸**過度の一般化**：1、2度しか起きていない出来事にもかかわらず、その一部分だけを取り上げて、すべてに当てはめる。1度の失敗で「自分は無能」だと考える。

❹**拡大解釈・過小評価**：些細な失敗も「取り返しのつかないことをした」と大げにとらえ、逆に成功しても「これくらい誰でもできることだ」と過小評価する。

tips

論理療法・認知療法は認知の変化だけでなく、行動療法的なかかわりもある。たとえば、論理療法では、「フラッディング法」。これは、あえて恐怖不安を感じる場面に身をさらす方法。

❺自己関連づけ：わずかな情報を自分に関連づけて考える（例えば、単なるヒソヒソ話やたまたま向けられた笑い顔を、「私に対する悪意だ」と考える）。

❻分極化志向：白黒、良し悪しなど、両極端に物事を考える。

《行動的アプローチ＝レスポンデント条件付けとオペラント条件付け》

行動的アプローチ（行動療法）

行動療法の定義は、次の通りです。

● カウンセラーが対象とするのはクライエントの行動であり、感情や思考は行動から推測されたものに過ぎない。

● パーソナリティの変容は環境の影響およびそれに対する個人の反応及び報酬と罰によって説明できる。

● 個人の病的症状や問題行動は、不適切な学習および環境による不適切な刺激と**強化**によって起こされる。

◉レスポンデント条件付け（反射的条件付け）

ある刺激と別の刺激を同時に与えることで生じる学習。

パブロフの実験

犬にベルの音を聞かせた後にえさを与えることを繰り返し行う実験をしました。口にえさが入ると唾液が出ますが、これは無条件に生じる反応のため、**無条件反射**といい、えさは**無条件刺激**といいます。

この手続きを繰り返すうちに、犬はベルの音（中性刺激）を聞くだけで、唾液をだすようになります。この反射は繰り返し行ったことにより学習されたものであり、**条件反射**といいます。そして、条件反射を引き起こすようになったベルの音を、**条件刺激**といいます。

◉オペラント条件付け（道具的条件付け）

自ら行動したことに対して一定の結果が伴うことにより、行動が定着したり、消滅する現象です。

用語

強化：行動に報酬を与えること。強化には正の強化、負の強化がある。

● **正の強化**：快となるものを与え、反応の発生する頻度を高める。

● **負の強化**：不快を取り除くことで発生頻度を高める。

● **強化子**：報酬

● **罰**：不快なものを与え発生頻度を低下させる。

---

tips

ここでいう『学習』は、心理学用語。経験することにより行動が長期にわたって変化をすること。病気などによる一時的な変化は学習に含まない。
学習によって形成されてしまったものを学習によって修正するというのが行動療法。

スキナーのネズミの実験

箱の中にネズミを入れ、押すとえさが出るレバーをつけ実験をしました。始めからレバーを押すとえさが出てくるということを知っているわけではないため、段階を踏んで条件づけをしていきます。

レバーの近くに来たらエサを出したり、レバーの方を向いたときにえさを出したりするうちに、ネズミはレバーの近くに来たり、レバーの方向を見たり、レバーを押したりするように学習をします。

ウォルピ（Wolpe,J.）の系統的脱感作法

弛緩訓練によって不安反応を制止し、段階的に不安反応を除去する方法です。ある刺激と不快な反応が結びついている場合にそれとは別の反応を形成することで、不快な反応を制止します。

tips
系統的脱感作、主張訓練（次ページ参照）は、レスポンデント条件づけを応用した行動療法。
オペラント条件づけによる応用として、トークンエコノミー法（報酬の代理となるものを与える）、シェーピング（段階的に達成させて強化していく）などがある。

逆制止：同時に両立しにくい反応により、もう一方の反応を起こらないようにすること。リラックスしていると恐怖や不安が起こりにくい。逆に恐怖や不安が著しいとリラックスができない。

逆制止を繰り返すことにより恐怖心を引き起こす対象と、恐怖反応を弱める治療法が**系統的脱感作**です。

恐怖段階の作成⇒弛緩訓練⇒脱感作の順で行われます。具体的には次の通りです。

❶不安や恐怖を感じる対象や場面をイメージ。複数ある場合は不安や恐怖を感じる強さに点数をつけ、低いほうから高いほうへ評価させる。

tips
不安や恐怖を感じる対象をリストアップし、それを0〜100の点数（SUD：自覚的障害単位）で評価してもらう。

❷**漸進的弛緩法**（筋肉に力を入れ、段階的に体を緩める）。

❸どの程度恐怖心があったか述べてもらう。

❹恐怖を感じなくなればセラピーを終える。

漸進的筋弛緩法のほかにも、リラックスした状態を作り

出す方法として、「**自律訓練法**」があります。これは、自己催眠のような状態をつくり、リラクゼーションをもたらします。心の中で『気持ちが落ち着いている』、『楽に呼吸をしている』などといった言葉を繰り返します。

これは、**シュルツ**によって体系化されたものです。

主張訓練

主張訓練（**アサーション**）とは、対人場面で、正当な自己主張や自己表現をその場の状況に合うように述べることができるようにする訓練です。

対人場面の過度な不安によって不適応状態になっているのか、社会的スキルの欠如によって自己主張や自己表現ができないのか、を明確にして訓練を行う必要があります。

主張訓練のプロセス

● 対人不安を除去したいとき：系統的脱感作とほぼ同様のプロセスをとる。

● 社会的スキル形成：下記のプロセスをとる。

❶ 主張性の査定

面接での質問、各種主張性検査によってクライエントの主張性の程度、質、問題の評価。

❷ 訓練プログラムの作成

モデリング、行動リハーサル、ホームワークなど。

❸ 訓練の実施

訓練者の指示のもと、モデルの提示、実際に演じるためのリハーサル、良い点、悪い点の議論とフィードバック。

パールズ（Perls,F.S.）のゲシュタルト療法

「**ゲシュタルト**」とは、ドイツ語で、思考・感情・身体を「統合」するという意味で、これまでの心理療法のように学問的に分析や解釈をするのではなく、人間としての存在に

✓対策
自律訓練法
カウンセリング理論の内容を問う問題で出題されている。提唱者とあわせて覚えておこう（第22回、第21回）。

✓対策
アサーション
出題頻度が多くないものの、第21回では他理論との選択肢の混合の問題ではなく、「アサーションとは？」を問うような問題が出ており、何れにしても把握が必要。

✓対策
ゲシュタルト
最近は、さまざまな理論家の人物名と療法名の組み合わせの１つとして出題される傾向にあったが、第23回で、ゲシュタルトに関する記述について正誤問題の出題があった。

焦点をおいて、「**今、ここ**」での**気づき**があることや、あるがままの自分で生きること、考えるよりも感じる、体験すること、操作、解釈などよりも表現すること、などを目的としています。

全体は、部分部分をを寄せ集めてできたものなのではなく、部分を超えたものがあるという前提があり、ゲシュタルト療法は、全体の形を作り、統合を目指します。

ゲシュタルト（全体）を作る際には必ず図と地（じ）があります。上記の絵について「２つの顔が向き合っている」というゲシュタルト（全体）を作った人にとっては、顔の部分が「図」、真ん中の壺の部分が「地」、逆にこれが壺に見えた人にとっては、壺の部分が「図」、顔の部分が「地」になります。

「図」は焦点を当てているもの、認識しているものであり、「地」は、そのために背景となり、認識していないものということになります。

tips

ゲシュタルトが作れない人は、「図」(興味の焦点)と「地」(無視している部分）が定まらない人である。一方、頑固者は「図」と「地」が一度定まってしまうとそれ以外の「図」と「地」が見いだせない。

気づきの３つの領域

● 内部領域：からだ、感情

例 のどが渇くと、「水が欲しい」と気づく、酸素が足りないと、「息苦しい」と気づく。喜びや悲しみに気づく。

● 中間領域：知的知識、思考世界

考える、分析する、判断する、過去を思い出すなどの思考プロセス。

- **外部世界**：五感（視覚、聴覚、嗅覚、触覚、味覚）、現実の世界。

　内部領域で「空腹」に気づき、中間領域で「食事をしたい」と想像しても空腹は満たされず、自己の五感を使ってお店を見つけ、食事をしなければ空腹は満たされない。

バーン(Berne,E.)の交流分析

　交流分析は次の４つの分析を通して、人格的成長や不適応問題の変容をはかるもので「今、ここ」の感覚や、人間と人間の実存的出会いを土台としています。

◉交流分析の4つの分析方法

❶構造分析

　どの自我（エゴ）が強くあるいは弱いか、自我の状態を親（P）、大人（A）、子ども（C）の３つに分けて分析します（親と子どもにはさらに各２つの状態がある）。

自我状態の構造分析

Parent	親	CP Critical Parent	批判や非難を行う批判的な親の状態
		NP Nurturig Parent	ほめたりねぎらったりする養護的な親の状態
Adult	大人		事実に基づいて冷静に物事を判断する自我状態
Child	子ども	FC Free Child	両親のしつけの影響を受けていない、感情的、衝動的、自己中心的な自由な子ども
		AC Adapted Child	両親のしつけの影響を受けた部分で、両親の期待に沿った行動をする順応した子どもの状態

　これらの自我状態の心的エネルギーの分配状況をグラフにして表すのが**エゴグラム**です。

❷交流パターン分析

　対人関係においてP・A・C（親・大人・子ども）のうち、

補足

3つの構造の補足
- 親(CP)には「毅然さ、厳格さ、批判精神、叱咤激励」などの父性的な心がある。
- 親(NP)には「いたわり、やさしさ、保護、愛育、面倒見の良さ」などの母性的な心がある。
- 大人には「現実状況の判断、損得勘定、能率性、情報収集」などの機能がある。
- 子ども(FC)には「天真爛漫、無邪気、創造性、自由奔放」の心がある。
- 子ども(AC)には「従順、優等生、よい子、服従」の心がある。

自分のどの自我状態から相手のどの自我状態にメッセージを発しているかを明らかにする分析です。

コミュニケーションの分類を次の3つに分けています。

- **相補的交流**：スムースなやり取りが進む。
- **交差的交流**：やりとりが滞り、緊張が生じる。
- **裏面的交流**：やり取りに隠された意図が含まれる（本音が隠れている）。

❸ゲーム分析

人が陥りやすい不快なコミュニケーションのパターンを分析するもの。ゲーム分析でいう「ゲーム」とは、かかわればかかわるほど不快な感情を残すコミュニケーションのことをいいます。**裏面的交流**をするとそのようになりやすいです。自分がどんなゲーム（コミュニケーション）をしているのかを分析して、改善策を見つけます。

❹脚本分析

上記の3つの分析の後に行うものです。ここでの「脚本」とは、親の影響のもとで形成される、人生への反応様式を決定づけてきたものをいいます。例えば、「女は控えめにすべきである」「男は家事をすべきでない」など、親から伝えられてきた価値観があります。それらの影響力は強く、強迫的に従ってしまうため、あたかも人生に脚本があるかのように同じ人生ドラマを繰り返してしまいます。

しかし、実際は皆、自分が書いたシナリオを演じており、不幸な人は不幸なシナリオを演じているにすぎず、幸福になりたければシナリオを書き換えれば良いのです。

自分が望ましくない脚本の通りに演じていたことに気づき、「今、ここ」で脚本を書き換え、作り直すことを通して、人生を自らのコントロール下に置くことを目標とします。

《包括的・折衷的アプローチ》

アイビー(Ivey,A.E.)のマイクロカウンセリング

アイビーは多くのカウンセリングに一貫してみられる共通のパターンがあることに気づき、これを分類して「技法」

用語
裏面的交流
建前を口にし、本音が隠れているコミュニケーションのこと。

補足
裏面的交流の一例
メールで休暇申請をした部下に対し、上司「休暇申請は事前に上司に口頭で許可を取ってください（けしからんやつだ）」、部下「申し訳ありません、以後そうします（口頭でもメールでも結果は同じだろう）」というやり取りがあったとする。表面的には、親（P）→子（C）のやり取りだが、その裏では子（C）⇔子（C）のやり取りが発生している。これを裏面的交流という。

参考
職業相談場面におけるキャリア理論及びカウンセリング理論の活用・普及に関する文献調査（独立行政法人労働政策研究・研修機構）

と命名しました。

多くのカウンセリングに共通の技法は次の4つです。

❶かかわり行動

クライエントの話しを「聴く」姿勢は、信頼や共感、敬意、誠実さなどを伝えることができ、クライエントとの信頼関係を構築することになります。具体的には、視線、身体言語、声のトーン（スピード、大きさ、話し方など）、言語的追跡（相槌など）などです。

❷かかわり技法

- **開かれた質問**：「なぜ」「どのように」など具体的な内容を聴きたいとき。場合により答えにくく、自己探求の妨げになることもあるので、注意が必要。
- **閉ざされた質問**：「はい」「いいえ」で答えられる質問。
- **励まし**：うなずきなど、非言語的な反応や、「ええ」「はい」など言語的反応、「それから？」「たとえば？」など。ほか、あえて「沈黙」するなど、クライエントが話を続けるために十分な時間を与える。
- **言い換え**：言われたことの本質を返す。クライエントが言ったことを正確に把握しているということの表現方法でもある
- **要約**：クライエントの話をまとめる。クライエントの発言をまとめ、要約により、クライエントが話のすべてを統合できるように援助する。
- **感情の反映**：情動面に焦点を当てて、感情を要約する
- **意味の反映**：クライエントの体験に隠された真髄（意味）の探求を促す。

❸積極技法

指示、能動的帰結、解釈、自己開示、助言、情報の提供、説明、教示、フィードバック、発言の要約。

❹技法の統合

いろいろな技法を組み合わせて適切に行い、コミュニケーションをスムーズにし、問題を解決する方向にもっていく。

対策

技法の名前の記載はないが、質問技法に関する正誤問題が出題されている（23回）。

tips

アイビーは、カウンセラーの「意図」は、特定の「行動」に結びつかなければならないと考え、その特定の行動を「技法」と名付けた。そして、このようなカウンセラーの技法は、諸問題を抱えるクライエントとの相互関係の中で重要な役割を果たし、さらにはこれら技法の捜査は、最終的にクライエントの「行動変化」を目標とするという意図を持っていると主張している。

カーカフ(Curkhuff,R.R.)のヘルピング

カーカフは、クライエント(ヘルピー)の基礎として内面的成長の援助を目標とし、ヘルピング技法(**内面的成長技法**)を提唱しました。ヘルピング技法(**内面的成長技法**)とは、クライエント(ヘルピー)が自分の内面に目を向け、自分自身の問題を解決することです。一連の基本的技法(精神分析療法や来談者中心カウンセリング、行動療法など)が含まれている、折衷主義、統合主義的アプローチです。

アプローチの段階

● 事前段階(かかわり技法):ラポールの形成…信頼関係の構築、安心して話せる関係を構築すること

ヘルピーが自分の経験をヘルパーと分かち合おうとする心の準備の段階。内面に注意を向けることで内面的成長への準備。技法は、かかわりへの準備、親身なかかわり、観察、傾聴。

● 第1段階(応答技法):自己探索

ヘルピーがどんな状態にあるか、現在地を明らかにする。技法は、事柄・感情・意味への応答など。

● 第2段階(意識化技法):自己理解

ヘルピーの目的地を明らかにする。ヘルピーの自己理解の促進。技法は、応答技法を用いたコミュニケーションの上、意味・問題・目標・感情の意識化。

● 第3段階(手ほどき技法):行動化

目標がはっきりとしたら、目標に向かって具体的な計画を立てて行動を起こす。具体的には、目標設定、小路受池区の作成、スケジュールと強化法の設定、行動化の準備、各段階の検討の手ほどき。

● 援助過程の繰り返し

ヘルピーの行動や結果を吟味しながら援助が繰り返され、新たな援助が行われる。

tips
内面的成長過程では、行動の結果のフィードバックが繰り返されることにより、自己探索はより徹底したものに、自己理解はより的確に、行動化はより生産性の高いものになる。

國分康孝のコーヒーカップ・モデル

コーヒーカップ・モデルでは、カウンセリングとは「言語的、非言語的コミュニケーションを通して行動の変容を試みる人間関係である」と定義しています。

この定義に従うと、カウンセリングの目的は、人生で誰もが抱える、進路や人間関係、就職などの問題を乗り越えながら支援するということになります。

◉國分康孝が提唱する「カウンセラーとして求められる４つの人間性」

❶**無構え**：天真爛漫、防御がない。

❷**自分の人生を持っていること**：自分の人生が幸福なら人の幸福も喜べる。

❸**共感性**：クライエントに共感するために、カウンセラーはさまざまな感情体験をしておく。感情の種類を知る。

❹**人好き**：自己受容ができている。人が好きな人は自己も好きである。

コーヒーカップ・モデルの各段階において、次のような３段階のプロセスでそれぞれ技法が使われます

❶**リレーション作りの段階**：受容、繰り返し（言い換え）、明確化（感情、意味の意識化）、支持、質問（閉ざされた質問、開かれた質問）。

＊言語的スキルを使う。相手に共感したり、相談者の言葉を肯定したりする。

❷**問題の把握**：視線、表情、ジェスチャー、声の質・量など。

＊非言語的コミュニケーション。相手の話を聞く中で、どのような言動をとるのか観察する。

❸**問題の解決**：リファー、ケースワーク、スーパービジョン、コンサルテーションなど。

第2章

キャリアコンサルティングを行うために必要な知識

用語

リレーション
構えのない感情交流。根底信頼関係がある。

リレーション作り
ロジャーズの来談者中心カウンセリングが提唱したもの。あらゆるカウンセリングに共通する技法。

83

＊情報提供や、アドバイスなので問題を解決する。

家族療法（システムズ・アプローチ）

　家族療法とは個々の問題を個人の問題としてとらえるのではなく、家族というひとつのまとまりをシステムとみなし、その家族システムの不具合を治療対象とする心理療法でシステムズ・アプローチは、よりよいシステムを構築するためのアプローチのことです。

●円環的因果律

　家族全体を治療対象とするため、なぜそのようなことが起こったのか、などを追求する「直接的因果律」ではなく、「円環的因果律」という思考が重要です。「円環的因果律」は、出来事どうしが相互に影響し合ってどちらも原因であり、結果でもあるといったような場合の因果関係の流れのことを言います。

●二重拘束（ダブルバインド）

　ある二者間で、言語的メッセージと共に矛盾する非言語的メッセージを与えること。

> **例** 親が子どもに「甘えていいよ」というが、態度、表情がこわばっているなど、矛盾した状態。

ナラティブ・アプローチ

　ナラティブ・アプローチとは、ナラティブ（語り）を手掛かりに、さまざまな現象に迫る方法の総称です。

●ナラティブ・アプローチのスタンス

　ナラティブ・アプローチの目的は、「クライエントがいかなる人間であるか」を把握することではなく、クライエントのナラティブ（語り）における意味構造、すなわち、「クライエントが社会においてどのような意味を構築してい

対策
家族療法に関する問題が正誤問題として出題されている。（第23回）概要をつかんでおこう。

用語
二重拘束
たとえば、子どもに二重拘束が日常的に繰り返されることで葛藤が生じ、統合失調症が発生することが考えられる。

対策
ナラティブアプローチは、内容を問う正誤問題が出題されている（第22回、21回）。

くか」について探索していくことにあります。したがって、問題はクライエントの中ではなく、クライエントによって語られたプロット(筋書き)の中にあるととらえています。

◉ホワイト&エプストンのナラティブ・セラピー

ナラティブ・セラピーは、クライエントによって語られたストーリーの背後にある意味の検討に基づき、問題のあるストーリー(**ドミナントストーリー**)に対して、問題に支配されないストーリー(**ユニークな結果**)に焦点を当てて、問題解決につながる代替的ストーリー(**オルタナティブ・ストーリー**)を作り上げることで介入します。代表的な技法に外材化技法と呼ばれるものがあります。

外在化技法

ドミナント・ストーリー 問題を抱えているクライエントがもつ支配的なストーリー(問題の染み込んだストーリー)	→	オルタナティブ・ストーリー 望ましく代替されたストーリー(問題から解放されたストーリー)	→	外在化

質問の例

- 自分が問題を内在しているという囚われからクライエントを解放するための質問をする(「何があなたを●●させていますか?」)
- 自身の問題を命名する(「●●という問題にどんな名前を付けますか?」)

グループアプローチ

キャリアコンサルティングでは、同じような課題を抱えるグループを対象とするなど、グループを対象として支援を行い、結果個人に影響を与えようとする場合があります。

補足
ユニークな結果
例外や、問題に支配されない部分を語る。例えば、命名された問題の悩みに対して「●●に影響されていたのに、最後までやり遂げたのはどうしてですか?」といった質問をすることで、ユニークな結果に気づかせる。

tips
カウンセラーは、クライエントが今語っているストーリーを、クライエントにとって望ましいストーリーへと書き換える「共著者」の役割を担う。

出典
『キャリアコンサルティング理論と実際 6訂版』
(木村周・下村英雄、一般社団法人雇用問題研究会)

❶グループ・メンバーは互いに相互作用し合う、また、そこに双方間のコミュニケーションがある。

❷目標をグループ・メンバーまたは外部の力、どちらで決める場合でも、グループ・メンバーはそれを共通の目標として共有している。

❸グループ・メンバーの行動を規定する基準がある。その基準により、メンバーのある行動は報酬を受けたり罰せられたりする。

❹グループ・メンバーには一連の役割が設定され、その役割に従い、特定の機能が実行される。

❺グループ・メンバーは、個人的特徴を行使し合う。

❻グループの行動は、そのグループ・メンバーの各人のニーズを満足するように行動する。

意義

❶参加者のキャリアに関する不安(認知)の正常化。

❷1:1よりも時間を効率化できる。

❸1:1よりも多くのフィードバックを受けることができる。

❹グループ・メンバーのアセスメント結果を聞くなどにより、自身に関する情報のパーソナライズ化を進められる。

❺経験することで、カウンセラーの個人的・専門的な能力開発に寄与する。

❻1:1のアプローチよりも、多様性、楽しさがある。

グループではさまざまな課題やワーク (エクササイズ)があり、それらの有効性は次の通り

❶グループへの参加を促進。

❷グループへの焦点を合わせたり、シフトさせたりする。

❸経験学習の機会の提供。

❹グループ・メンバーに関する有益な情報を提供する。

❺グループの快適度を高める。

❻楽しさとくつろぎの提供。

さまざまなグループアプローチ

❶Tグループ（Training Group）：10名程度のメンバーが車座になって話し合うことで「今ここ」で感じているプロセスに気づき、その気づきを適切な行動へ活用する。また、テーマを定めないことがTグループの特徴。ファシリテーターから、決められた課題や指示が与えられることはなく、自由に話し合いを行う。

❷ベーシック・エンカウンター・グループ（ロジャーズ）：人間の心理的成長と対人関係におけるコミュニケーションの改善をねらいとする。来談者中心療法をグループに当てはめたもの。

❸構成的グループ・エンカウンター（國分康孝）：予防的、開発的カウンセリングのグループワーク。ファシリテーターが主導権をとって、課題を与えたり、エクササイズを体験しながら親密な関係作りと自己の盲点に気づく。

❹セルフヘルプ・グループ：同じ悩みや問題を抱えた人が集まり、相互に援助し合うことを通じて自己の回復を図る治療グループ。自助が原則。

その他グループ

● 意図的に作られたグループ：外部からの影響で作られたグループ。目的を達成することをきっかけに形成。

● 自然に誕生したグループ：メンバー同士が相互に相手がどういう人物か確かめ合いたい等のニーズで自然発生的、自発的に集まる。友人のネットワークなど。

補足
職業指導におけるグループワーク
● **職業講習**：集団的手法による職業に関する知識
● **職業実習**：職業に対する適応性を高める知識・経験を得るために行う職業訓練。パソコン操作実習や、セミナーなど、比較的短期なもの。
● **グループ・ワーク**：ハローワークの職業指導の一環。リーダー助言のもと、各自の経験、知識に基づいた情報や意見を交換、共有する

tips
意図的に作られたグループ」には目的の違う2つの種類がある。
治療的グループ：メンバーのもつ社会的・心理的なニーズを充足させる何らかの治療的効果を目的としたもの。
課題グループ：メンバー本人のニーズに直接つながらない目標を達成することを目的。たとえば職場で行われる会議や問題解決のディスカッションなど。

留意点

❶企画段階：目的、内容を明らかにしておく。内容的に参加条件の設定が必要かなどの確認。

❷実施段階：環境を整える。活動以外のことに気を取られないようにする。

❸倫理上の配慮

● 守秘義務

● 参加者を守る。必要以上に自己開示を迫ったり、過剰な自己開示をしようとしているときに介入し、適切な状態にとどめる配慮をする。

● グループの目的と参加条件などの理解を得る。

理解度Check 一問一答

1. ロジャーズ(Rogers,C.R.)は「人間は自らの可能性の実現に向けて自らを発展させようと努力する存在である」と考えた。　○

2. 来談者中心療法とは、グループのアプローチではなく、クライエントと個々にかかわる手法として発展した。　×

3. ロジャーズ(Rogers,C.R.)の言う自己概念とは、経験と自己一致が重なり合っている状態で、カウンセラーは、その一致を援助することが役割である。　×

4. フロイト(Freud,S.)は心の世界を意識・前意識・無意識の領域に区別し、精神的な活動がどの領域で行われているのかを追求した。　○

5. 「防衛規制」とは、フロイト(Freud,S.)の言う心の構造の「イド」、「自我」、「超自我」のうち、「イド」に危険を及ぼす存在から心的安全を保つために用いられる安全装置のような存在である。　×

6. エリス(Ellis,S.)の論理療法では、不適応的な感情が生じた直前の思考(自動思考)に焦点を当てている。　×

7. 系統的脱感作はレスポンデント条件づけを応用した行動療法である。 ◯

8. レスポンデント条件づけは、自ら行動したことに対して一定の結果が伴うことにより、行動が定着したり、消滅するものを指し、スキナーのネズミの実験で知られている。 ✕

9. 「自律訓練法」とは、リラックスした状態を作り出す方法としてシュルツにより体系化された系統的脱感作法のプロセスの1つである。 ◯

10. アサーション（主張訓練）とは、対人場面で、自分の意見や考え、欲求などがその場の状況に合うように述べることができるようにする訓練である。 ◯

解説

2. 来談者中心療法をグループに当てはめたものをベーシック・エンカウンター・グループといい、グループ・カウンセリングの手法としてロジャーズが提唱している。

3. 自己一致とは、経験と自己概念が一致している状態である。自己概念とは、自己と環境、他者との関係についての知覚など、自分に対するイメージのことである。

5. 「防衛規制」とは、「自我」に葛藤を与える存在から守るための心的作用（安全装置）である。

6. 設問の記述内容は「ベックの認知療法」である。エリスの論理療法は、非論理的な信念（イラショナル・ビリーフ）が問題であると考え、その変容を目指すものである。

8. 設問は、レスポンデント条件づけではなく、オペラント条件付けに関する記述である。レスポンデント条件づけとは、ある刺激と別の刺激を同時に与えることで生じる学習のことでパブロフの犬の実験が有名である。

職業能力開発
(リカレント教育を含む)の知識

この項では、キャリアコンサルティングにもっとも関係のある、職業能力開発促進法をもとにした職業能力開発に関する知識を学びます。ここからは4～5問の出題があります。

POINT

● 職業能力開発とリカレント教育について簡単な解説ののち、過去問題をもとに法律や統計資料、国の施策に沿った内容をピンポイントで解説していきます。

● 各省庁の統計資料は、ご自身が受ける受験回の基準日を確認のうえ、常に最新の資料を確認するようにしましょう。

職業能力開発

　職業能力開発とは、労働者の個々に必要な能力や知識、を開発し、向上させていくことです。昨今、新しい技術などが日々生まれ、急速に変化する労働市場において、能力開発は多様な目的をもって行われます。

　職業能力開発には以下の3つが挙げられます。

❶ OJT(On the Job Training)　職場内教育

　上司や先輩が職務遂行に必要な知識、技能、基本態度などを直接指導する。メリットは、時間や費用がかからない、考課が直接仕事に反映可能、個別の能力開発ができるなど。

❷ Off-JT(Off the Job Training)　職場外教育

　階層別(新入社員、管理者別等)、部門別、課題別など、対象者を絞って行われる。メリットは、共通知識や技能をまとめて教えることが可能、一方で個々の課題解決に直結しなかったり、業務に直接反映しない場合がある。

❸ 自己啓発　自己の意思で開発すること。学校に通う、通信教育を受ける、独学など。メリットは、エンプロイアビリティ(他社でも通用する職業能力)の強化につながる。

出典
リカレント教育
(厚生労働省ホームページより)

リカレント教育

　リカレント教育とは、学校教育から離れても、仕事で求

められる能力を学び直す、社会人の学びのことをいいます。

　1970年に経済協力開発機構(OECD)が公式に採用し、1973年に「リカレント教育 ― 生涯学習のための戦略 ― 」報告書が公表されたことで国際的に広く認知されました。そのリカレント教育を進めるべく、厚生労働省・経済産業省・文部科学省などと連携してさまざまな施策があり、また、課題もあります。それらに関するさまざまな統計や施策などについて試験範囲となっていますので、概要をおさえていきましょう。

　リカレント教育に関するさまざまな情報について、各種資料を紹介します。図は便宜的に掲載していますが、適宜ホームページを参照してください。

●人づくり革命基本構想
(平成 30 年6月人生 100 年時代構想会議)
〈基本構想の考え方〉

　より長いスパンで個々人の人生の再設計が可能となる社会を実現するため、何歳になっても学び直し、職場復帰、転職が可能となるリカレント教育を抜本的に拡充する。

●第5章 リカレント教育

リカレント教育は、人づくり革命のみならず、生産性革命を推進するうえでも、鍵となるものである。リカレント教育の受講が職業能力の向上を通じ、キャリアアップ・キャリアチェンジにつながる社会をつくっていかなければならない。

●教育訓練給付の拡充

　専門実践教育訓練給付(7 割助成)について、<u>第4次産業革命スキル習得講座</u>の拡充や専門職大学課程の追加など、対象講座を大幅に拡大する。

　また、一般教育訓練給付については、対象を拡大するとともに、ITスキルなどキャリアアップ効果の高

（）用語
リカレント(recurrent)
再発する、繰り返す、循環する、周期的に起こるという意味。

（）出典
人づくり革命基本構想
(内閣官房内閣広報室「首相官邸人づくり革命基本構想」より)

（）出典
第4次産業革命スキル習得講座＝リスキル講座認定制度
IT・データを中心とした将来の成長が強く見込まれ、雇用創出に貢献する分野において、社会人が高度な専門性を身に付けてキャリアアップを図る、専門的・実践的な教育訓練講座を経済産業大臣が認定する制度。

い講座を対象に、給付率を2割から4割へ倍増する。とくに、文部科学大臣が認定した講座については、社会人が通いやすいように講座の最低時間を120時間から60時間に緩和する。合わせて、受講者の大幅な増加のための対策を検討する。

さまざまな学校で得た単位を積み上げて卒業資格として認める仕組み(単位累積加算制度)の活用を積極的に進める。

● **産学連携**によるリカレント教育

新規かつ実践的で雇用対策として効果的で必要性の高いリカレント教育のプログラムの開発を集中的に支援する。

• **先行分野におけるプログラム開発**

大学・専門学校・民間教育訓練機関に委託し、産学連携により、20 程度の分野(AI、センサー、ロボット、IoTを活用したものづくり、経営管理、農業技術、看護、保育、企業インターンシップを取り入れた女性の復職支援等)において先行的にプログラムを開発し、逐次全国展開する。

また、業界団体、学会等と連携して実務型プログラムを大幅に拡充し、アーカイブを積極的にオンラインで提供するとともに、民間が運営しているリカレント教育の講座情報を提供するホームページをネットワーク化し、総合的な情報提供を行うポータルサイトを整備する。情報処理、バイオ、ファインケミカル、エンジニアリング、ロボットなど各分野において、企業の研究者・技術者が最新の技術のリカレント教育を受けることができるリカレント教育コースを、新たに業界と連携し、学会等に設置し、その運営を委託する。その際、プログラムは、学会のホームページやオンラインでも提供する。産業界においても、研究者・技術者のリカレント教育受講を促すよう各企業に周知を図る。

- **在職者向け教育訓練の拡充**

  在職者が利用しやすいような夜間・土日の教育訓練コースを推進するとともに、オンラインを活用した民間学習サービスを後押しする。

  また、国（ポリテクセンター）及び都道府県（職業能力開発校）において実施している在職者向けの教育訓練について、大学・専門学校等の民間教育訓練機関への委託を進める。最新技術の知識・技能の習得・向上に関するものを対象に、教育訓練期間を２日から５日程度のコースだけでなく、企業ニーズに応じコースを拡大する。

- **実務家教員育成のための研修**

  実務家教員の育成プログラムを開発・実施し、修了者を実務家教員の候補者として大学等に推薦する仕組みを構築する。また、地方大学への実務家教員のマッチングを行い、実際に地方大学の教員として活動するための支援策を検討する。

- **生産性向上のためのコンサルタント人材の養成**

  大学、業界団体、金融機関、商工会議所その他の民間団体に委託し、生産管理の実務経験を有する製造業のＯＢやシニア人材を、生産性改善を行うコンサルタントとして育成し、派遣する。

- **長期の教育訓練休暇におけるリカレント教育に対する助成**

  企業が長期の教育訓練休暇制度を導入し、社員が休暇を取得して学び直しをした場合に、企業に対して、人材開発支援助成金による支援を新たに行う。また、従業員の学び直し、副業・兼業に向けた社会的気運を醸成する。

◉文部科学省におけるリカレント教育の取り組みについて（令和２年４月９日文部科学省）

◉リカレント教育の必要性

❶ 人生100年時代においては、教育、雇用、退職後という伝統的な3ステージの人生モデルから、マルチステージのモデルに変わっていく。

❷ 2030年頃は、IoTやビッグデータ、人工知能などの技術革新が一層進展（第4次産業革命）し、狩猟社会、農耕社会、工業社会、情報社会に続く、人類史上5番目の新しい社会「Society5.0」の到来が予想。

ℹ️ **出典**
文部科学省におけるリカレント教育の取り組みについて
（文部科学省ホームページより）

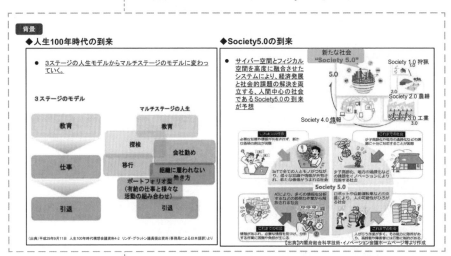

（上のイラストは、「人生100年時代の到来」「Society5.0の到来」のイメージを図示したもの。詳しくはホームページ参照）

誰もがいくつになっても学び直し、活躍することができる社会の実現に向けて関係省庁が連携してリカレント教育を一層推進するとともに、転職や復職、起業等を円滑に成し遂げられる社会を構築していく必要性。

それでは実際に、誰もがいくつになっても学び直し、活躍できる社会の実現に向けて各関係省庁にどのような施策があるのか、いくつか紹介していきます。

◉職業実践力育成プログラム（BP）文部科学省

職業実践力育成プログラム（BP）とは、大学等における社会人や企業などのニーズに応じた実践的・専門的なプログラム。大学や専門学校などにおけるプログラムの受講を

通じ、社会人に必要な職業能力の向上を図る機会の拡大を目的としている。

これにより、①社会人の学び直す選択肢の可視化、②大学等におけるプログラムの魅力向上、③企業等の理解増進を図り、厚生労働省の教育訓練給付制度とも連携し、社会人の学び直しを推進している。

◉マナパス

マナパスは、資格取得やスキルアップ・学び直しに関する社会人の学び直しに役立つ講座や支援制度に関する情報を総合的に発信している。

講座情報や支援の制度のほか、在学生や修了者のインタビューページなどの掲載もある。

◉人生100年時代の社会人基礎力

「社会人基礎力」とは、「前に踏み出す力」「考え抜く力」「チームで働く力」の３つの能力(12の能力要素)から構成されており、「職場や地域社会で多様な人々と仕事をしていくために必要な基礎的な力」として、経済産業省が2006年に提唱したもの。これまで以上に長くなる個人の企業・組織・社会との関わりの中で、ライフステージの各段階で活躍し続けるために求められる力として定義されている。３つの能力の12の能力要素とは、次の通り。

❶前に踏み出す力

主体性(物事に進んで取り組む力)、働きかけ力(他人に働きかけ巻き込む力)、実行力(目的を設定し確実に行動する力)。

指示待ちにならず、一人称で物事を捉え、自ら幸地宇できるようになることが求められている。

❷考え抜く力

課題発見力(現状を分析し目的や課題を明らかにする力)、計画力(課題の解決に向けたプロセスを明らかにし準備する力)、創造力(新しい価値を生み出す力)。

出典
マナパス
(丸善雄松堂株式会社 セカンドアカデミー事業開発部「マナパス」より。文部科学省より、平成30年度「社会人の学びの情報アクセス改善に向けた実践研究」事業の委託を受けたポータルサイト)

出典
人生100年時代の社会人基礎力
(経済産業省ホームページ「社会人基礎力」より)

第2章 キャリアコンサルティングを行うために必要な知識

論理的に答えを出すこと以上に自ら課題定義し、解決のためのシナリオを描く、自律的な思考力が求められている。

❸前に踏み出す力

発信力(自分の意見をわかりやすく伝える力)、傾聴力(相手の意見を丁寧に聴く力)、柔軟性(意見の違いや相手の立場を理解する力)、情報把握力(自分と周囲の人々や物事との関係性を理解する力)、規律性(社会のルールや人との約束を守る力)、ストレスコントロール力(ストレスの発生源に対応する力)。

グループ内の協調性だけに留まらず、多様な人々とのつながりや協働を生み出す力が求められている。

職業能力開発促進法

職業能力開発促進法の目的は、労働者の能力の開発を促進し、職業の安定、労働者地位の向上や、経済・社会の発展に寄与することです。

職業訓練、職業能力検定などの施策や、労働者が職業に関する教育訓練や職業能力検定を受ける機会の確保の施策を講じている法律です。

▶対策
職業能力開発促進法
基本理念、各種の概念(「労働者とは」「職業訓練とは」)などについて正誤問題が出題されている(第22回)。
また、事業主が講ずる措置について、正誤問題が出題されている(第22回、第19回)。

第一章　総則

(目的)

第一条　この法律は、労働施策の総合的な推進並びに労働者の雇用の安定及び職業生活の充実等に関する法律(昭和四十一年法律第百三十二号)と相まって、職業訓練及び職業能力検定の内容の充実強化及びその実施の円滑化のための施策並びに労働者が自ら職業に関する教育訓練又は職業能力検定を受ける機会を確保するための施策等を総合的かつ計画的に講ずることにより、職業に必要な労働者の能力を開発し、及び向上させることを促進し、もつて、職業

の安定と労働者の地位の向上を図るとともに、経済
及び社会の発展に寄与することを目的とする。
（定義）
第二条　この法律において**「労働者」とは、事業主に
雇用される者**（船員職業安定法（昭和二十三年法律第
百三十号）第六条第一項に規定する船員を除く。第
九十五条第二項において「雇用労働者」という。）**及び
求職者**（同法第六条第一項に規定する船員となろう
とする者を除く。以下同じ。）をいう。
2　この法律において「職業能力」とは、職業に必要
な労働者の能力をいう。
3　この法律において「職業能力検定」とは、職業に
必要な労働者の技能及びこれに関する知識について
の検定（厚生労働省の所掌に属しないものを除く。）
をいう。
4　この法律において「職業生活設計」とは、労働者
が、自らその長期にわたる職業生活における職業に
関する目的を定めるとともに、その目的の実現を図
るため、その適性、職業経験その他の実情に応じ、
職業の選択、職業能力の開発及び向上のための取組
その他の事項について自ら計画することをいう。
5　この法律において「キャリアコンサルティング」
とは、労働者の「職業選択」、「職業生活設計」「職業
能力の開発および向上」に関する相談・助言・指導を
行うことである。法30条の３にもある通り、それ
を業とするのがキャリアコンサルタントである。
（職業能力開発促進の基本理念）
第三条　労働者がその職業生活の全期間を通じてそ
の有する能力を有効に発揮できるようにすること
が、**職業の安定及び労働者の地位の向上**のために不
可欠であるとともに、**経済及び社会の発展の基礎**を
なすものであることにかんがみ、この法律の規定に
よる職業能力の開発及び向上の促進は、**産業構造の**

tips

職業能力開発促進法は、職業能力開発に関する基本法であり、キャリアコンサルティングおよび、キャリアコンサルタントを直接規定した法律。キャリアコンサルタントにとって最も関連の深い法律の一つである。

変化、技術の進歩その他の経済的環境の変化による業務の内容の変化に対する労働者の適応性を増大させ、及び転職に当たつての円滑な再就職に資するよう、労働者の職業生活設計に配慮しつつ、その職業生活の全期間を通じて段階的かつ体系的に行われることを基本理念とする。

（関係者の責務）

第四条　事業主は、その雇用する労働者に対し、必要な職業訓練を行うとともに、その労働者が自ら職業に関する教育訓練又は職業能力検定を受ける機会を確保するために必要な援助その他その労働者が職業生活設計に即して自発的な職業能力の開発及び向上を図ることを容易にするために必要な援助を行うこと等によりその労働者に係る職業能力の開発及び向上の促進に努めなければならない。

第十条の三　事業主は、前三条の措置によるほか、必要に応じ、次に掲げる措置を講ずることにより、その雇用する労働者の職業生活設計に即した自発的な職業能力の開発及び向上を促進するものとする。

一　労働者が自ら職業能力の開発及び向上に関する目標を定めることを容易にするために、業務の遂行に必要な技能及びこれに関する知識の内容及び程度その他の事項に関し、情報を提供すること、職業能力の開発及び向上の促進に係る各段階において、並びに労働者の求めに応じて**キャリアコンサルティングの機会**を確保することその他の援助を行うこと。

二　労働者が実務の経験を通じて自ら職業能力の開発及び向上を図ることができるようにするために、労働者の配置その他の雇用管理について配慮すること。

2　事業主は、前項第一号の規定により**キャリアコンサルティングの機会**を確保する場合には、キャリアコンサルタントを有効に活用するように配慮する

tips

第10条の3第一号は、2022年4月に改正された内容。また、第10条の3第2項は、新設されている。事業主によるキャリアコンサルティング機会の確保を明確に規定し、その際に、キャリアコンサルタントを有効活用することを一層強調した改正になった。

ものとする。

第十条の四　事業主は、第九条から前条までに定める措置によるほか、必要に応じ、その雇用する労働者が自ら職業に関する教育訓練又は職業能力検定を受ける機会を確保するために必要な次に掲げる援助を行うこと等によりその労働者の職業生活設計に即した自発的な職業能力の開発及び向上を促進するものとする。

一　**有給教育訓練休暇、長期教育訓練休暇、再就職準備休暇その他の休暇**を付与すること。

二　始業及び終業の時刻の変更、勤務時間の短縮その他職業に関する**教育訓練又は職業能力検定を受ける時間を確保**するために必要な措置を講ずること。

2　前項第一号の有給教育訓練休暇とは、職業人としての資質の向上その他職業に関する教育訓練を受ける労働者に対して与えられる有給休暇（労働基準法（昭和二十二年法律第四十九号）第三十九条の規定による年次有給休暇として与えられるものを除く。）をいう。

3　第一項第一号の**長期教育訓練休暇**とは、職業人としての資質の向上その他職業に関する教育訓練を受ける労働者に対して与えられる休暇であつて長期にわたるもの（労働基準法第三十九条の規定による年次有給休暇として与えられるもの及び前項に規定する有給教育訓練休暇として与えられるものを除く。）をいう。

4　第一項第一号の**再就職準備休暇**とは、再就職のための準備として職業能力の開発及び向上を図る労働者に対して与えられる休暇（労働基準法第三十九条の規定による年次有給休暇として与えられるもの、第二項に規定する有給教育訓練休暇として与えられるもの及び前項に規定する長期教育訓練休暇として与えられるものを除く。）をいう。

第十条の五　厚生労働大臣は、前二条の規定により労働者の職業生活設計に即した自発的な職業能力の開発及び向上を促進するために事業主が講ずる措置に関して、その適切かつ有効な実施を図るために必要な指針を公表するものとする。

《統計資料》

令和4年度「能力開発基本調査」(頻出)

●厚生労働省・毎年1回実施

　能力開発基本調査は、国内の企業・事業所と、労働者の能力開発の実態を明らかにするためのものです。そして、今後の人材育成施策の在り方を検討するための基礎資料とすることを目的としています。

(企業調査)

	調査年度		増減
	令和4年	令和3年	
教育訓練費用(OFF–JT費用や自己啓発支援費用)を支出した企業	50.3%	50.5%	↓
OFF–JTに支出した費用の労働者一人当たり平均額(令和3年度実績)	1.3万円	1.2万円	↑
自己啓発支援に支出した費用の労働者一人当たり平均額(令和3年度実績)	0.3万円	0.3万円	→
教育訓練休暇制度を導入している企業	7.4%	9.7%	↓
教育訓練短時間勤務制度を導入している企業	6.3%	7.5%	↓

(事務所調査)

計画的なOJTについて、正社員に対して実施した事業所	60.2%	59.1%	↑
計画的なOJTについて、正社員以外に対して実施した事業所	23.9%	25.2%	↓
能力開発や人材教育に関して、何らかの問題があるとする事業所	80.2%	76.4%	↑

（次ページに続く）

◯対策

最新資料を読む！
(能力開発基本調査)

能力開発基本調査は毎回必ず出題されている。ここに掲載しているのは、令和4年度の結果概要。出題のされ方としては、「●割である」や、「上昇傾向」など傾向を記すもの、「増加した・減少した」の記載が多く、細かい数字を覚える必要はないが、傾向、増減、順位は、資料を読んで把握をしておくとよい。本文では、今年度調査の数字と前年の数字を示していることに加え、増・減・同という形で記載した。繰り返しになるが、割合、傾向(上昇、下降)、増・減・同を理解しておこう。

◯対策

企業調査

「企業調査」に関する記述の正誤問題が出題。OFF-JTと自己啓発実施や支出の割合を問う問題(第20回)。

キャリアコンサルティングを行う仕組みを、正社員に対して導入している事業所	45.2%	41.8%	↑
キャリアコンサルティングを行う仕組みを、正社員以外に対して導入している事業所	29.6%	29.7%	↓

（個人調査）

OFF-JTを受講した労働者	33.3%	30.2%	↑

- 雇用形態別　正社員：42.3%　正社員以外：17.1%
- 性別　　　　男　性：40.4%　女　　性：25.3%
- 最終学歴別　専修学校・短大・高専：25.7%　大学院（理系）：54.7%

自己啓発を実施した労働者	34.7%	36.0%	↓

- 雇用形態別　正社員：44.1%　正社員以外：17.5%
- 性別　　　　男　性：40.9%　女　　性：27.6%
- 最終学歴別　専修学校・短大・高専：22.1%　大学院（理系）：74.8%

＊Pick up：過去問題で出たところを中心に、データを見てみよう。ここでは能力・スキルについての個人調査に触れている

■仕事をする上で自信のある能力・スキルがあると回答した者の割合

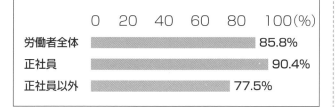

❶自信のある能力・スキルの内容
　もっとも多かったスキル（正社員と正社員以外で結果順位が同じ）

	チームワーク、協調性・周囲との協働力	
1位	正社員	52.6%
	正社員以外	57.4%

（次ページに続く）

対策
個人調査
「個人調査」に関する記述の正誤問題。OFF-JT、自己啓発をした労働者の割合に関する問題（第21回）。
男女の受講率や年齢階級別の受講時間に関することなどの正誤問題（第24回）。

対策
個人調査
「個人調査」に関する記述の正誤問題。能力、スキルに関する正誤問題。①仕事をするうえで自信のあるスキル、②今後向上したいスキルがある、①②それぞれ割合について（第19回）。

出典
（厚生労働省ホームページ・令和4年度「能力開発基本調査」調査結果の概要より）
調査結果の概要はしっかり押さえておくこと。

		定型的な事務・業務を効率的にこなすスキル	
2位	正社員		37.5%
	正社員以外		39.3%

もっとも少なかったスキル（正社員と正社員以外で結果が異なる）

1位	正社員	語学（外国語）力	2.9%
2位	正社員以外	専門的なITの知識・能力（システム開発・運用、プログラミングなど）	1.3%

■仕事をする上で自信のある能力・スキルがあると回答した者の割合

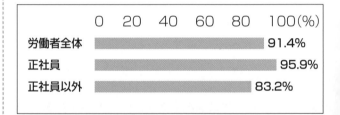

❷向上させたい能力・スキルの内容

もっとも多かったスキルの正社員・正社員以外の比較

	正社員		正社員以外	
1位	マネジメント能力・リーダーシップ（正社員以外では15.5%と、大きな差が見られる）	41.6%	ITを使いこなす一般的な知識・能力（OA・事務機器操作、オフィスソフトウェア操作など）	36.9%
2位	課題解決スキル（分析・思考・創造力など）	35.3%	コミュニケーション能力・説得力	36.9%
3位	ITを使いこなす一般的な知識・能力（OA・事務機器操作、オフィスソフトウェア操作など）	33.1%	課題解決スキル（分析・思考・創造力など）	21.6%

もっとも多かったスキルの正社員・正社員以外の比較

| 1位 | 読み書き・計算などの基礎的素養 | 正社員 | 3.4% |
| | | 正社員以外 | 7.9% |

第11次職業能力開発基本計画

●厚生労働省・5年ごと

「職業能力開発基本計画」とは、職業能力の開発(職業訓練、職業能力検定その他、この法律の規定による職業能力の開発及び向上)に関する基本となるべき計画を策定するものです。この計画は、職業能力開発促進法第5条1項に基づいています。ここでは、最新の令和3年度から令和7年度までの5年間の「第11次職業能力開発基本計画」について触れています。

(出典)
最新資料を読む!(第11次職業能力開発基本計画)
(厚生労働省ホームページより)

第11次職業能力開発基本計画(令和3年度〜令和7年度)(概要)　別添1

新型コロナウイルス感染症の影響によるデジタル技術の社会実装の進展や労働市場の不確実性の高まり、人生100年時代の到来による労働者の職業人生の長期化など、労働者を取り巻く環境が大きく変化していくことが予想される中で、企業における人材育成を支援するとともに、労働者の主体的なキャリア形成を支援する人材育成戦略として、職業能力開発施策の基本的方向を定める。

今後の方向性	基本的施策
産業構造・社会環境の変化を踏まえた職業能力開発の推進 Society5.0の実現に向けた経済社会の構造改革の進展を踏まえ、IT人材など時代のニーズに即した人材育成を強化するとともに、職業能力開発分野での新たな技術の活用や労働者の人材育成の強化を図る	○ 教育訓練給付におけるIT分野の講座充実に向けた関係府省の連携、公的職業訓練におけるIT活用スキル・ITリテラシー等の訓練を組み込んだ訓練コースの設定の推進 ○ オンラインによる公的職業訓練の普及、ものづくり分野の職業訓練におけるAR・VR技術の新たな技術の導入に向けた検討 ○ 企業・業界における人材育成の支援、中小企業等の生産性向上に向けたオーダーメイド型の支援の実施 ○ 教育訓練の効果的実施等に向けた企業におけるキャリアコンサルティングの推進
労働者の自律的・主体的なキャリア形成の推進 労働市場の不確実性の高まりや職業人生の長期化等を踏まえ、労働者が時代のニーズに即したスキルアップや主体的なキャリア選択ができるよう、キャリアプランの明確化を支援するとともに、幅広い観点から学びの環境整備を推進する	○ 企業へのセルフ・キャリアドックの導入支援、夜間・休日・オンラインを含めた労働者個人がキャリアコンサルティングを利用しやすい環境の整備、キャリアコンサルタントの専門性の向上や専門家とのネットワークづくりの促進、企業の人材育成の取組への提案等に向けた専門性の向上 ○ IT利活用等の企業横断的に求められる基礎的内容を中心とする動画の作成・公開、教育訓練給付制度の対象講座に関する情報へのアクセスの改善 ○ 教育訓練休暇や教育訓練短時間勤務制度の普及促進、社内公募制などの労働者の自発性等を重視した配置転換の普及促進
労働市場インフラの強化 中長期的な日本型雇用慣行の変化の可能性や労働者の主体的なキャリア選択の拡大を視野に、雇用のセーフティネットとしての公的職業訓練や職業能力の評価ツール等の整備を進める	○ 地域訓練協議会を通じた産業界や地域の訓練ニーズを反映した職業訓練の推進、産学官が連携した地域コンソーシアムの構築・活用促進 ○ 技能検定制度・認定社内検定の推進、ホワイトカラー職種における職業能力診断ツールの開発、日本版O-NETとの連携 ○ ジョブ・カードの活用促進 ○ デジタル技術も活用した在職者・離職者、企業等への情報発信の強化
全員参加型社会の実現に向けた職業能力開発の推進 希望や能力等に応じた働き方が選択でき、誰もが活躍できる全員参加型社会の実現のため、すべての者が少しずつでもスキルアップできるよう、個々の特性やニーズに応じた支援策を講じる	○ 企業の非正規雇用労働者のキャリアコンサルティングの推進、実施、求職者支援訓練の機会の確保 ○ 育児等と両立しやすい短時間訓練コースの設定、訓練受講の際の託児支援サービスの提供の促進 ○ 就職経験の少ない若者に対する日本版デュアルシステムや雇用型訓練の推進、地域若者サポートステーションにおけるニートや高校中退者等への支援の強化 ○ 高齢期を見据えたキャリアの棚卸しの機会の確保、中小企業等の中高年労働者を対象とした訓練コースの提供 ○ 障害者の特性やニーズに応じた訓練の実施、支援する方への支援 ○ 就職氷河期世代、外国人労働者など就職等に特別な支援を要する方への支援

このほか、技能継承の促進、国際連携・協力の推進(技能評価システムの移転、技能実習制度の適正な実施)に係る施策を実施する。また、新型コロナウイルス感染症の影響により新たな施策が必要な場合には、本計画の趣旨等を踏まえて機動的に対応する。

(詳細は第5章398〜401ページ参照)

●職業能力開発基本計画:職業能力開発促進法第5条

対策

職業能力開発基本計画
職業能力開発施策の今後の
方向性を問う正誤問題が出
題されている(第21回)。ま
た、基本的施策の正誤問題
が出ています(第20回)。

対策

ジョブ・カード活用に関す
る効果、メリット、対象者、
構成について正誤問題が出
ている(第21回)。

第1項の規定に基づき、職業訓練や職業能力評価な
ど、職業能力の開発に関する基本となるべき計画を
策定するもの。なお、都道府県においても、この基
本計画に基づき、都道府県職業能力開発計画の策定
に努めることとされている。

職業能力施策

◉ジョブ・カード制度

厚生労働省により様式を定めているツールで、以下の目
的で、普及を進めています。

◉ジョブ・カード制度の目的

❶生涯を通じたキャリア・プランニング

キャリアコンサルティングの前提となる個人の経歴、職
業経験の棚卸し、職業生活設計などの情報を蓄積し、訓練
の受講、キャリア選択などに活用します。

ユーザーごとのメリット

・企業

採用後のミスマッチを防げる。

・求職者

経験の棚卸し、応募先で生かせる能力を盛り込むこと
ができる。能力の可視化ができる。

・キャリアコンサルタント

きめ細かいアドバイスができる。

❷職業能力証明

免許、資格、教育(学習)、訓練歴、職業経験、教育・訓
練成果の評価、職場での仕事ぶりの職業能力証明の情報を
蓄積し、求職活動の際の応募書類や、キャリアコンサルティ
ングの際の資料として活用します。

キャリアコンサルティングを受けながら、ジョブ・カー
ドを活用することで、自分自身の強みや弱み、能力に気づ
くことができ、キャリアの振り返りや、キャリア・プラン
の検討をきめ細かく行うことができます。

各様式の作成を通し、職業能力の棚卸しや職業生活設計

等を行い、職業能力の可視化につながります。

●ジョブ・カードの様式

❶様式１－１：キャリア・プランシート（職業経験がある方用）**p.106**

様式１－２：キャリア・プランシート（職業経験のない方、学卒者用）**p.108**

《目的》自分が大切にしたい価値観、強み・弱みを把握したうえで、今後どのような生涯を送り、どのように働いていきたいかについて目標設定をし、そのためにどのように取り組んでいくのか、キャリア形成の基本計画を記入。

❷様式２：職務経歴シート **p.110**

《目的》これまでの職務経験を記入。雇用形態にかかわらず、インターンシップなどあらゆる経験の棚卸しをする。

❸様式３－１：職業能力証明（免許・資格）シート **p.112**

様式３－２：職業能力証明（学習歴・訓練歴）シート **p.113**

様式３－３：職業能力証明（訓練成果・実務成果）シート **p.114**～**p.120**

《目的》能力の可視化。

＊これらは相談者の適切な指導として活用するものであり、キャリアコンサルティング時に全様式・項目を記入する必要はありません。

●ジョブ・カードの活用場面（関連施策）

❶職業能力評価基準

仕事に必要な知識、技術・に加えて成果につながる職務遂行能力を業種職種職務別に整理したもので、企業が職業訓練（雇用型訓練）の際に、ジョブ・カードを利用してモデルカリキュラムとモデル評価シート（様式３－３－１－１　職業能力証明〈訓練成果・実務成果〉シート **p.114** ）を活用することができます〈121ページに続く〉。

出典
ジョブ・カードの様式
（記入例は、厚生労働省ホームページを参照）

出典
ジョブ・カード講習テキスト
（厚生労働省ホームページより）

（第1面）

様式１－１　キャリア・プランシート（就業経験がある方用）

年　　　　月　　　　日現在

ふりがな		生年月日	
氏名			
ふりがな		電話	
連絡先	〒	メールアドレス	

価値観、興味、関心事項等
（大事にしたい価値観、興味・関心を持っていることなどを記入）

強み等
（自分の強み、弱みを克服するために努力していることなどを記入）

将来取り組みたい仕事や働き方等
（今後やってみたい仕事（職種）や働き方、仕事で達成したいことなどを記入）

これから取り組むこと等
（今後向上・習得すべき職業能力や、その方法などを記入）

その他
（以上から、自己ＰＲやキャリアコンサルティングで相談したいことなどを自由記入）

（第2面）

キャリアコンサルティング実施者の記入欄

キャリアコンサルティングの実施日時、キャリアコンサルティング実施者の所属、氏名等

実施日時：　　　　　　　　　　　　所属：　　　　　　　　　氏名：

電話番号：　　　　　　　　　　　　　　　　　　　　　登録番号：

実施日時：　　　　　　　　　　　　所属：　　　　　　　　　氏名：

電話番号：　　　　　　　　　　　　　　　　　　　　　登録番号：

実施日時：　　　　　　　　　　　　所属：　　　　　　　　　氏名：

電話番号：　　　　　　　　　　　　　　　　　　　　　登録番号：

（注意事項）
1　「連絡先」欄には、連絡を希望する住所やメールアドレス等を記入してください。
2　「価値観、興味、関心事項等」欄、「強み等」欄、「将来取り組みたい仕事や働き方等」欄、「これから取り組むこと等」欄、「その他」欄のいずれかに記入した場合には、記入年月日を記入してください。
3　教育訓練関係の助成金申請の書類として活用する場合には、「キャリアコンサルティング実施者の記入欄」に、当該教育訓練の必要性に係るコメントを記入してください。
4　記入しきれないときは、適宜枠の幅の拡大等を行って記入してください。
5　本シートは、電子的方式、磁気的方式その他人の知覚によっては認識することができない方式で作られる記録であって、電子計算機による情報処理の用に供されるものをもって作成することができます。
6　必要があるときは、各欄を区分し、または各欄に所要の変更を加えることその他所要の調整を加えることができます。

（第1面）

様式1-2　キャリア・プランシート（就業経験のない方、学卒者等用）

※学校経験の整理等を行いたい方も対象です

年　　　月　　　日 現在

ふりがな		生年月日	
氏　名			
ふりがな		電話	
連絡先	〒	メールアドレス	

学校の課程で関心を持って取り組んだこと・取り組んでいること		
学校名 科目名、テーマ、論文等	関心を持った理由、内容	学んだこと、得られたもの

（第2面）

学校のキャリア教育で実施される科目・プログラム、インターンシップ（正課）への参加・取組状況

学校名 　年　月　～　年　月	科目・プログラム名	内容	学んだこと、得られたもの

学校の課程以外で学んだ学習歴

教育機関名、コース名 　年　月　～　年　月	内容・目的	学んだこと、得られたもの

社会体験その他の活動（サークル、ボランティア活動、正課外のインターンシップ、留学、アルバイト、その他の活動）

年　月　～　年　月	内容	学んだこと、果たした役割、貢献したこと等

（第1面）

様式２　職務経歴シート

| 氏名 | | | 年　　　月　　　日 現在 |

職務経歴

No.	期間（年月～年月） （何年何ヶ月） 会社名・所属・ 職名（雇用形態）	職務の内容	職務の中で学んだこと、 得られた知識・技能等
1			
2			
3			
4			
5			
6			

110

（第2面）

　　〇氏名　［　　　　　　　　　］の「期間、会社名・所属・職名」欄及び「職務の内容」欄について確認しました。

　・会社名：

　・所在地：

　（期間ごとに確認する場合）

　　No. 1について　：　役職・氏名　（　　　　　　　　　　　　　　　　　　　　　　　　　　　　　　　　　）

　　No. 2について　：　役職・氏名　（　　　　　　　　　　　　　　　　　　　　　　　　　　　　　　　　　）

　　No. 3について　：　役職・氏名　（　　　　　　　　　　　　　　　　　　　　　　　　　　　　　　　　　）

　　No. 4について　：　役職・氏名　（　　　　　　　　　　　　　　　　　　　　　　　　　　　　　　　　　）

　　No. 5について　：　役職・氏名　（　　　　　　　　　　　　　　　　　　　　　　　　　　　　　　　　　）

　　No. 6について　：　役職・氏名　（　　　　　　　　　　　　　　　　　　　　　　　　　　　　　　　　　）

　（同一者が全ての期間について確認できる場合）

　　役職・氏名　（　　　　　　　　　　　　　　　　　　　　　　　　　　　　　　）

（注意事項）
　1　原則として、会社ごとに記入してください。
　　　なお、「期間、会社名・所属・職名」欄及び「職務の内容」欄に係る会社の確認を行わない場合等は、
　　　1枚のシートに複数社の職務経歴を記入して差し支えありません。
　2　本シートは、キャリア・プランシート作成時の資料、求職時の応募書類等として活用します。
　3　「期間、会社名・所属・職名」欄、「職務の内容」欄及び「職務の中で学んだこと、得られた知識・技
　　　能等」欄は、本人が記入します。なお、本シートは応募書類として社外にて活用する場合があることに留
　　　意して記入してください。
　4　「職務の内容」欄には、本人が従事した職務の内容とともに、可能な限り、果たした役割、貢献したこ
　　　と等を記入してください。
　5　所属又は職務の内容が変更されるごとに記入しますが、複数の所属の内容をまとめて記入してもかまい
　　　ません。
　6　会社が、「期間、会社名・所属・職名」欄及び「職務の内容」欄の内容を確認した場合、会社確認の欄
　　　に会社名、所在地と確認した担当者の方の役職、氏名を記入してください。
　　　会社の確認は、主に、在職労働者が離職の際に、求職時の応募書類として活用するためのもので、可能
　　　な範囲で行ってください。なお、キャリア・プランニング時には必ずしも必要ありません。
　　　記録がない等により内容の確認ができない場合は、その理由等を「役職・氏名」欄に記入してください。
　7　会社の状況に応じて、全ての期間を同一者が、又は期間ごとに異なる者が確認してください。
　8　会社の確認が行われていない場合は、第1面のみを応募書類等として提出してください。
　9　記入しきれないときは、適宜枠の数を増やす等により記入してください。
　10　本シートは、電子的方式、磁気的方式その他人の知覚によっては認識することができない方式で作られ
　　　る記録であって、電子計算機による情報処理の用に供されるものをもって作成することができます。
　11　必要があるときは、各欄を区分し、または各欄に所要の変更を加えることその他所要の調整を加えるこ
　　　とができます。

様式３－１：職業能力証明（免許・資格）シート

様式３－１　職業能力証明（免許・資格）シート

氏名	

No.	免許・資格の名称 / 取得時期	免許・資格の実施・認定機関の名称	免許・資格の内容等
1	＿＿＿＿＿＿＿＿＿ 年　　　　月		
2	＿＿＿＿＿＿＿＿＿ 年　　　　月		
3	＿＿＿＿＿＿＿＿＿ 年　　　　月		
4	＿＿＿＿＿＿＿＿＿ 年　　　　月		
5	＿＿＿＿＿＿＿＿＿ 年　　　　月		

（注意事項）
1　「免許・資格の内容等」欄には、必要に応じて、免許・資格付与の基準・目安等も記入（又は添付）してください。
2　原則として、本シートを生涯にわたって活用していく中で、免許・資格の取得の都度、証明する書類等（写本）の添付を可能な範囲で行ってください。また、応募書類とする場合は、応募先の業務で必要な資格等の書類等（写本）を添付する等、可能な範囲で必要に応じて書類等（写本）の添付を行ってください。なお、キャリア・プランニング時には必ずしも必要ありません。
3　記入しきれないときは、適宜枠の数を増やす等により記入してください。
4　本シートは、電子的方式、磁気的方式その他人の知覚によっては認識することができない方式で作られる記録であって、電子計算機による情報処理の用に供されるものをもって作成することができます。
5　必要があるときは、各欄を区分し、または各欄に所要の変更を加えることその他所要の調整を加えることができます。

様式３－２　職業能力証明（学習歴・訓練歴）シート

氏名	

No.	期間	教育・訓練機関名 学科（コース）名	内容等
1			
2			
3			
4			

（注意事項）
1　原則として、中学校卒業以降の学校、教育訓練機関での学習歴を記入してください。
2　「内容等」の欄には、教育・訓練の内容とともに、学んだこと・得られたことも記入します。
3　原則として、本シートを生涯にわたって活用していく中で、教育・訓練を修了した都度、証明する書類等（写本）の添付を可能な範囲で行ってください。また、応募書類とする場合は、応募先の業務で必要な修了証等の書類（写本）を添付する等、可能な範囲で必要に応じて書類等（写本）の添付を行ってください。なお、キャリア・プランニング時には必ずしも必要ありません。
4　記入しきれないときは、適宜枠の数を増やす等により記入してください。
5　本シートは、電子的方式、磁気的方式その他人の知覚によっては認識することができない方式で作られる記録であって、電子計算機による情報処理の用に供されるものをもって作成することができます。
6　必要があるときは、各欄を区分し、または各欄に所要の変更を加えることその他所要の調整を加えることができます。

様式３－３－１－１　職業能力証明（訓練成果・実務成果）シート
（企業実習・OJT用）

訓練時の職務

訓練参加者氏名

上記の者の訓練期間における訓練職務内容と当社としての職業能力についての評価は、以下のとおりです。

　　　年　月　日

　　　実習実施企業　　　所在地　　　　　　　　　　　　評価責任者　氏名

　　　　　　　　　　　　名称

　　　　　　　　　　　　代表者氏名

Ⅰ　企業実習・OJT期間内における職務内容

期　　間	区分	職　務　内　容

Ⅱ　職務遂行のための基本的能力　（「職務遂行のための基準」ごとに、該当する欄に○を記入）
A：常にできている　B：大体できている　C：評価しない　　　「評価を行わなかった」場合は／（斜線）でC欄を消す

能力ユニット	自己評価			企業評価			職　務　遂　行　の　た　め　の　基　準
	A	B	C	A	B	C	
							(1)
							(2)
							(3)
							(4)
							(5)
（総評・コメント）							

Ⅲ　技能・技術に関する能力
（1）　基本的事項　（「職務遂行のための基準」ごとに、該当する欄に○を記入）
A：常にできている　B：大体できている　C：評価しない　　　「評価を行わなかった」場合は／（斜線）でC欄を消す

能力ユニット	自己評価			企業評価			職　務　遂　行　の　た　め　の　基　準	コード
	A	B	C	A	B	C		
							(1)	
							(2)	
							(3)	
							(4)	
							(5)	
（総評・コメント）								

（2）　専門的事項　（「職務遂行のための基準」ごとに、該当する欄に○を記入）　　　（評価基準の出所：　　　　　　　　　　）
A：常にできている　B：大体できている　C：評価しない　　　「評価を行わなかった」場合は／（斜線）でC欄を消す

能力ユニット	自己評価			企業評価			職　務　遂　行　の　た　め　の　基　準	コード
	A	B	C	A	B	C		
							(1)	
							(2)	
							(3)	
							(4)	
							(5)	
（総評・コメント）								

（注意事項）
1　「区分」欄には、「企業実習」又は「OJT」を記入してください。
2　「コード」欄には、「職務遂行のための基準」の出典にコード又は職業能力評価基準のユニット番号等がある場合に記入してください。
3　記入しきれないときは、適宜枠の数を増やす等により記入してください。
4　本シートは、電子的方式、磁気的方式その他人の知覚によっては認識することができない方式で作られる記録であって、電子計算機による情報処理の用に
　供されるものをもって作成することができます。

様式３－３－１－２　職業能力証明（訓練成果・実務成果）シート
（在職労働者の実務経験の評価用）

職務

在職者氏名

上記の者の評価期間における職務内容と当社としての職業能力についての評価は、以下のとおりです。

年　月　日

評価実施企業　　所在地　　　　　　　　　　評価責任者　氏名

名称

代表者氏名

Ⅰ　評価期間における職務内容

評　価　期　間	職名・雇用形態	職　務　内　容

Ⅱ　職務遂行のための能力　　（「職務遂行のための基準」ごとに、該当する欄に〇を記入）

A：常にできている　B：大体できている　C：評価しない　　　「評価を行わなかった」場合は／（斜線）でC欄を消す　　（評価基準の出所：　　　　　　　　　　）

能力ユニット	自己評価			企業評価				職　務　遂　行　の　た　め　の　基　準	コード
	A	B	C	A	B	C			
							(1)		
							(2)		
							(3)		
							(4)		
							(5)		
							(1)		
							(2)		
							(3)		
							(4)		
							(5)		
							(1)		
							(2)		
							(3)		
							(4)		
							(5)		
							(1)		
							(2)		
							(3)		
							(4)		
							(5)		
							(1)		
							(2)		
							(3)		
							(4)		
							(5)		

（総評・コメント）

（注意事項）

1　「コード」欄には、「職務遂行のための基準」の出典にコード又は職業能力評価基準のユニット番号等がある場合に記入してください。

2　記入しきれないときは、適宜枠の数を増やす等により記入してください。

3　本シートは、電子的方式、磁気的方式その他人の知覚によっては認識することができない方式で作られる記録であって、電子計算機による情報処理の用に供されるものをもって作成することができます。

様式３－３－２－１　職業能力証明（訓練成果・実務成果）シート
（離職者訓練（高齢・障害・求職者雇用支援機構）用）

訓練科名　　　　　　　　　　科

　　　　　　　　　　　　　訓練受講者氏名

上記の者の訓練期間における評価は、以下のとおりです。

　　　年　月　日

　　　　公共職業訓練実施施設　　　　所在地

　　　　　　　　　　　　　　　　　　名称

　　　　　　　　　　　　　　　　　　施設長氏名　　　　　　　　　　　　　　印

Ⅰ　訓練期間・訓練目標

訓練期間	訓練時間	訓練目標（仕上がり像）
		仕上がり像（　）
		仕上がり像（　）

Ⅱ　知識、技能・技術に関する能力　　（「知識、技能・技術に関する評価項目」ごとに、該当する欄に○を記入）

　（１）専門的事項

　　A:到達水準を十分に上回った　B:到達水準に達した　C:到達水準に達しなかった　（評価は、訓練課題結果に基づき記入されたものです）

システム名	評価 A B C	知識、技能・技術に関する評価項目	評価に使用した課題
仕上がり像（　）			
仕上がり像（　）			

評価項目の出所：

（総評・コメント）

（特記事項）

　（２）訓練の受講を通じて取得した資格（任意）

　　　　　　　　　　　　取得日　　　　年　　　月　　　日

　（３）訓練期間中又は訓練終了後に取得した資格（任意）　　※訓練と密接に関わる資格のみを記入

　　　　　　　　　　　　取得日　　　　年　　　月　　　日

（注意事項）
1　記入しきれないときは、適宜枠の数を増やす等により記入してください。
2　本シートは、電子的方式、磁気的方式その他人の知覚によっては認識することができない方式で作られる記録であって、電子計算機による情報処理の用に供されるものをもって作成することができます。

様式３－３－２－２ 職業能力証明（訓練成果・実務成果）シート
（離職者訓練（都道府県等）用）

訓練科名　　　　　　　　科

訓練受講者氏名

上記の者の訓練期間における職業能力についての評価は、以下のとおりです。

　　　年　　　月　　　日

　　　公共職業訓練実施機関　　　　所在地

　　　　　　　　　　　　　　　　　名称

　　　　　　　　　　　　　　　　　施設長氏名　　　　　　　　　　印

Ⅰ　訓練期間・訓練目標

訓 練 期 間	訓練時間	訓 練 目 標 （仕上がり像）

Ⅱ　知識、技能・技術に関する能力　　（「知識、技能・技術に関する評価項目」ごとに、該当する欄に〇を記入）

（１）科目評価

A：到達水準を十分に上回った　B：到達水準に達した　C：到達水準に達しなかった　（評価は、試験結果等に基づき記入されたものです）

科目名		評価			知識、技能・技術に関する評価項目	コード
		A	B	C		
学科					(1)	
					(2)	
					(3)	
					(4)	
					(5)	
実技					(1)	
					(2)	
					(3)	
					(4)	
					(5)	

評価項目の引用元(企業横断的な評価基準を活用した場合のみ)：

（総評・コメント）

（特記事項）

（２）訓練の受講を通じて取得した資格（任意）

　　　　　　　　　取得日　　　　年　　　月　　　日

（３）訓練期間中又は訓練終了後に取得した資格（任意）　　※訓練と密接に関わる資格のみを記入

　　　　　　　　　取得日　　　　年　　　月　　　日

（注意事項）
1　「コード」欄には、「知識、技能・技術に関する評価項目」の出典にコード又は職業能力評価基準のユニット番号等がある場合に記入してください。
2　記入しきれないときは、適宜枠の数を増やす等により記入してください。
3　本シートは、電子的方式、磁気的方式その他人の知覚によっては認識することができない方式で作られる記録であって、電子計算機による情報処理の用に供されるものをもって作成することができます。

第2章　キャリアコンサルティングを行うために必要な知識

様式３−３−２−３　職業能力証明（訓練成果・実務成果）シート
（学卒者訓練用）

訓練科名　　　　　　　　　科

訓　練　期　間　　　年　月　日〜　年　月　日

訓練受講者氏名

上記の者の訓練期間における職業能力についての評価は、以下のとおりです。

　　　　　　年　　月　　日

　　　　　　　　　公共職業訓練実施機関　所在地

　　　　　　　　　　　　　　　　　　　　名称

　　　　　　　　　　　　　　　　　　　　施設長氏名　　　　　　　　　　　印

A：到達水準を十分に上回った　　B：到達水準に達した　　C：到達水準に達しなかった

系科	科　目　名	訓練時間数	成　績	系科	科　目　名	訓練時間数	成　績
学科				実技			

その他（コメント等があれば、記入してください）

（注意事項）
1　記入しきれないときは、適宜枠の数を増やす等により記入してください。
2　本シートは、電子的方式、磁気的方式その他人の知覚によっては認識することができない方式で作られる記録であって、電子計算機による情報処理の用に供されるものをもって作成することができます。

様式３－３－３ 職業能力証明（訓練成果・実務成果）シート
（求職者支援訓練用）

訓練番号
訓練科名

訓練受講者氏名

上記の者の訓練期間における当社としての職業能力についての評価は、以下のとおりです。

年　　月　　日

教育訓練実施機関
　　所在地　　　　　　　　　　　　　　　就職支援責任者　氏名

　　名称　　　　　　　　　　　　　　　　訓練実施施設の責任者　氏名

Ⅰ　訓練期間・訓練目標

訓練期間	訓練時間	訓練目標（仕上がり像）

Ⅱ　知識、技能・技術に関する能力　（「知識、技能・技術に関する評価項目」ごとに、該当する欄に○を記入）

（1）科目評価
A：到達水準を十分に上回った　B：到達水準に達した　C：到達水準に達しなかった　（評価は、試験結果等に基づき記入されたものです）

科目名	評価 A	B	C	知識、技能・技術に関する評価項目	コード
学科			(1)		
			(2)		
			(3)		
			(4)		
			(5)		
実技			(1)		
			(2)		
			(3)		
			(4)		
			(5)		

評価項目の引用元（企業横断的な評価基準を活用した場合のみ）：

（総評・コメント）

（特記事項）

（2）訓練の受講を通じて取得した資格（任意）
取得日　　年　　月　　日

（3）訓練期間中又は訓練終了後に取得した資格（任意）　※訓練と密接に関わる資格のみを記入
取得日　　年　　月　　日

（注意事項）
1　「コード」欄には、「知識、技能・技術に関する評価項目」の出典にコード又は職業能力評価基準のユニット番号等がある場合に記入してください。
2　記入しきれないときは、適宜枠の数を増やす等により記入してください。
3　本シートは、電子的方式、磁気的方式その他人の知覚によっては認識することができない方式で作られる記録であって、電子計算機による情報処理の用に供されるものをもって作成することができます。

第2章 キャリアコンサルティングを行うために必要な知識

様式３−３−４　職業能力証明（訓練成果・実務成果）シート
（科目ごとに評価している教育訓練用）

教育訓練科名　　　　　　　　　　科

教育訓練期間　　　　年　月　日～　年　月　日

教育訓練受講者氏名

上記の者の教育訓練期間における職業能力についての評価は、以下のとおりです。

　　　　　　年　月　日

　　　　　　　　教育訓練実施機関　　　所在地

　　　　　　　　　　　　　　　　　　　名称

　　　　　　　　　　　　　　　　　　　訓練実施施設の責任者　氏名

Ⅰ　成績の評価方法

成績の評価方法（「A：到達水準を十分に上回った　B：到達水準に達した　C：到達水準に達しなかった」など）を具体的に記入してください。

Ⅱ　評価

系科	科目名	訓練時間数	成績	系科	科目名	訓練時間数	成績
学科				実技			

その他（コメント等があれば、記入してください）

（注意事項）
　1　記入しきれないときは、適宜枠の数を増やす等により記入してください。
　2　本シートは、電子的方式、磁気的方式その他人の知覚によっては認識することができない方式で作られる記録であって、電子計算機による情報処理の用に供されるものをもって作成することができます。

❷教育訓練給付制度

専門実践教育訓練、特定一般教育訓練の受講で、ジョブ・カードを活用。

❸公共職業訓練（ハロートレーニング）

職業訓練受講時のキャリアコンサルティングにジョブ・カードを活用します。

❹雇用型訓練

雇用した従業員を対象とした企業内実習（OJT）と教育訓練機関等での座学等（Off-JT）を組み合わせた実践的訓練。雇い入れ時の応募書類、訓練成果の評価シートとして活用します。

①職業能力評価基準

「職業能力評価基準」とは、仕事をこなすために必要な「知識」と「技術・技能」に加えて、「職務遂行能力」を、業種別、職種・職務別に整理したものです。人材育成、採用、人事評価、検定試験の標準書としてさまざまな場面で、活用ができます。企業は、人事評価、採用を行う際の指標とすることができ、また労働者は、自分の能力の把握や、自律的なキャリア形成目標を立てることができ、双方のマッチングに役立ちます。

●用語解説

① **職種**：仕事の内容や性質が類似している「職務」を括ったもの。

② **職務**：概ね1人の労働者が責任をもって遂行すべき、精神的、肉体的活動を要する仕事の集まり。

③ **能力ユニット**：仕事を効果的、効率的に遂行するために必要な職業能力を、活動単位で括ったもの。

　● **共通能力ユニット**：職種に共通しても求められる能力。

　● **選択能力ユニット**：各職務遂行のために固有に求

対策
選択問題でどの訓練がジョブ・カード対象かを問う問題が出ている(第24回)。訓練前に、ジョブカードを活用したキャリアコンサルティングを受ける必要があるのは、専門実践教育訓練と、特定一般教育訓練。

出典
職業能力評価基準
（厚生労働省ホームページより）

補足
職業能力・技能の評価の制度に関して職業能力評価基準に関する記述が出ている(第19回)。

第2章 キャリアコンサルティングを行うために必要な知識

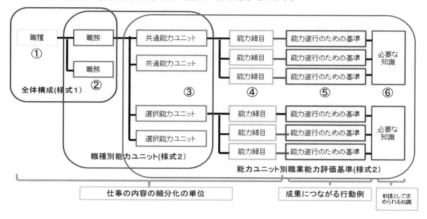

職業能力評価基準の構成

○ 仕事の内容を「①職種」→「②職務」→「③能力ユニット」→「④能力細目」という単位に細分化しています。

○ 成果につながる行動例を「⑤職務遂行のための基準」、仕事をこなすために前提として求められる知識を「⑥必要な知識」として整理・体系化しています。

（厚生労働省「職業能力評価基準・職業能力評価基準の構成」より）

めIn能力。

④**能力細目**：作業単位で括った能力の要素。

⑤**職務遂行のための基準**：能力細目の仕事を確実に遂行できるか否かの判断基準となる技能・技術や、コンピテンシー。

⑥**必要な知識**：能力ユニットを対応する職務遂行のために必要となる知識。

出典
職業能力評価基準・レベル区分
（厚生労働省ホームページより）

●**レベル区分**：会社において期待される責任・役割の範囲と難易度により、4つの能力段階を設定しています。

出典
キャリアマップ
（厚生労働省ホームページより）

キャリアマップ

キャリアマップは、職業能力評価基準で設定されているレベル区分1〜4をもとに、業種内でのキャリア形成の指針となるツールです。該当業種の代表的な職種における能

力開発の標準的な道筋を示すもので、①キャリアの道筋（キャリアパス）、②各レベルの習熟の目安となる年数が一目でわかるようになっています。

（厚生労働省「職業能力評価基準・レベル区分の目安」より）

レベル区分の目安

レベル区分の目安

職業能力評価基準では、会社において期待される責任・役割の範囲と難易度により4つの能力段階(レベル区分)を設定しています。

レベル	レベル区分の目安	呼称イメージ
レベル4	大規模組織の責任者もしくは最高度の専門職として、広範かつ統合的な判断及び意思決定を行い、企業利益を先導・創造する業務を遂行するために必要な能力水準。	・本部長 ・部長 など
レベル3	中小規模組織の責任者もしくは高度専門職として、上位方針を踏まえて管理運営、計画作成、業務遂行、問題解決等を行い、企業利益を創出する業務を遂行するために必要な能力水準。	・課長 ・マネジャー など
レベル2	グループやチームの中心メンバーとして、創意工夫を凝らして自主的な判断、改善、提案を行いながら、業務を遂行するために必要な能力水準。	・係長 ・主任 など
レベル1	担当者として、上司の指示、助言を踏まえて定例的業務を確実に遂行するために必要な能力水準。	・担当者 など

レベルアップ ↑

下図はスーパーマーケット業のキャリアマップを示しています。

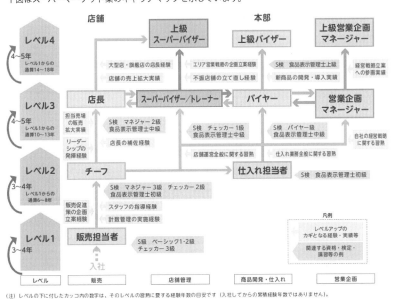

(注) レベルの下に付したカッコ内の数字は、そのレベルの習熟に要する経験年数の目安です（入社してからの累積経験年数ではありません）。

目的

- 従業員に対してキャリア形成の道筋を示すことによって将来のキャリアに関する目標意識を高め、そのための具体的な行動を促します。
- 上司と部下との間にキャリア形成に関するコミュニケーション活性化することで効率的かつ効果的な技術・技能の習得の実現＝企業における人材育成への活用。

●モデル評価シート

ジョブ・カード制度を利用して、職業型訓練(雇用型訓練)の際に、モデル評価シートとモデルカリキュラムが活用できます。

②教育訓練給付制度

出典
教育訓練給付制度
(厚生労働省ホームページより)

働く方々の主体的な能力開発やキャリア形成を支援し、雇用の安定と就職の促進を図ることを目的として、厚生労働大臣が指定する教育訓練を修了した際に、受講費用の一部が支給されるものです。

給付金対象訓練は次の３つの種類があります。

対策
どのような方法で対策講座が検索できるか、支給の割合、いつ支給されるかを追う問題が正誤問題として出題(第22回)。

❶**専門実践教育訓練**：労働者の中長期的キャリア形成に資する教育訓練が対象(受講費用の50%(年間上限40万円)が訓練受講中６か月ごと支給) 資格取得等をし、かつ訓練修了後１年以内に雇用保険の被保険者として雇用された場合は、受講費用の20%(年間上限16万円)が追加で支給。　＊**合計で70%**

❷**特定一般訓練**：労働者の速やかな再就職及び早期のキャリア形成に資する教育訓練が対象(受講費用の40%(上限20万円)が訓練修了後に支給)。

❸**一般教育訓練**：その他の雇用の安定・就職の促進に資する教育訓練が対象(受講費用の20%(上限10万円)が訓練修了後に支給)。

＊教育訓練給付の対象として厚生労働大臣の指定を受けている講座は、教育訓練講座検索システムで検索可能。

③ハロートレーニング

希望する仕事に就くために必要な職業スキルや知識などを習得することができる公的制度。

📖**出典**
ハロートレーニング
（厚生労働省ホームページより）

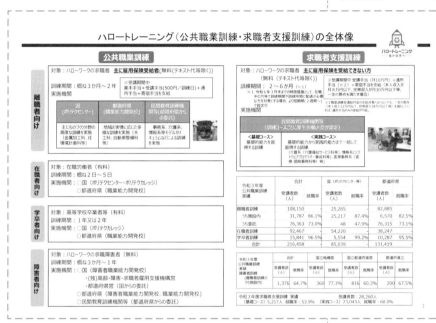

④雇用型訓練

雇用型訓練とは、雇用した従業員を対象とした、企業内での実習（OJT）と、教育訓練機関などでの座学等（OFF-JT）を組み合わせた、実践的訓練です。

雇用型訓練を通じ、効果的な人材育成につながります。また、次の3つの訓練は、人材開発支援助成金の支給対象です。

❶有期実習型訓練

tips

雇用型訓練とは、雇用した従業員を対象とした、企業内での実習（OJT）と、教育訓練機関などでの座学等（OFF-JT）を組み合わせた、実践的訓練です。

125

❷認定自習併用職業訓練
❸情報技術分野認定実習併用訓練

人材開発支援助成金

事業主等が雇用する労働者に対して、職務に関連した専門的な知識及び技能を習得させるための職業訓練等を計画に沿って実施した場合などに、訓練経費や訓練期間中の賃金の一部などを助成する制度です。

出典
人材開発支援助成金
（厚生労働省ホームページより）

対策
各種コースについて厚生労働省ホームページ内にパンフレットが格納されている。その中から出題があったので、目を通しておこう（第23回）。

●各種コースについて

●人材育成支援コース

雇用する被保険者に対して、職務に関連した知識・技能を習得させるための訓練、厚生労働大臣の認定を受けたOJT付き訓練、非正規雇用労働者を対象とした正社員化を目指す訓練を実施した場合に、訓練経費や訓練期間中の賃金の一部を助成。

●教育訓練休暇等付与コース

有給教育訓練等制度を導入し、労働者が当該休暇を取得し、訓練を受けた場合に助成。

●人への投資促進コース

デジタル人材・高度人材を育成する訓練、労働者が自発的に行う訓練、定額制訓練（サブスクリプション型）などを実施した場合に、訓練経費や訓練期間中の賃金の一部などを助成。

●事業展開等リスキリング支援コース

新規事業の立ち上げなどの事業展開等に伴い、新たな分野で必要となる知識及び技能を習得させるための訓練を実施した場合に、訓練経費や訓練期間中の賃金の一部を助成。

その他、読んでおくとよい資料

◉過去問題に出題されているもの

◉職業情報提供サイト（日本版O-NET：愛称jobtag）
（https://shigoto.mhlw.go.jp/User）

　職業について、内容、就労する方法、求められる知識・スキルや、どのような人が向いているかなどが総合的にわかるサイトです。

◉職場における学び・学び直し促進ガイドライン
（令和4年6月策定）

（https://www.mhlw.go.jp/stf/seisakunitsuite/bunya/koyou_roudou/jinzaikaihatsu/guideline.html）

　企業・労働者を取り巻く環境が急速かつ広範に変化し、労働者の職業人生の長期化も同時に進行する中で、労働者の学び・学び直しの必要性が益々高まっています。変化の時代においては、労働者の「自律的・主体的かつ継続的な学び・学び直し」が重要であり、学び・学び直しにおける「労使の協働」が必要となります。

　ガイドライン別冊には、公的な支援策の記載があります。
- 職業能力評価基準
- 社内検定制度
- 職業情報提供サイト（日本版O-NET：愛称jobtag）
- キャリコンサーチ
- ジョブ・カード　他多数。

⚲対策
職業情報提供サイト
そのコンテンツの1つである「ポータブルスキル見える化ツール」に関する記述が出題されている（第23回）。サイトのトップページにある「個人での利用」から入れるので、実際に体験してほしい。

⚲用語
ポータブルスキル
「持ち運び可能」な能力。業種や職種が変わっても強みとして発揮できる。

⚲対策
過去に出題されたことのない資料から出題されることもあるので、「リカレント教育」をキーワードに、日々アンテナを立てて公的な各種資料を確認するように！

1. 職業能力開発には、OJT、Off-JT自己啓発の３種類がある。　　　〇

2. OJTのメリットとして、実際の仕事を通して行うので、文書で表現できない技能の教育ができる、時間、コスト面でも効果的などの効果がある。　〇

3. 職業能力開発促進法における「労働者」とは、事業主に雇用される者のみのことをいう。　×

4. 職業能力開発促進法において「キャリアコンサルティング」とは、労働者の職業の選択、職業生活設計又は職業能力の開発及び向上に関する相談に応じ、助言及び指導を行うことをいう。　〇

5. 「令和４年度「能力開発基本調査」での個人調査において、向上させたい能力・スキルの1位はマネジメント能力・リーダーシップであり、正社員・正社員以外ともに順位が同じであった。　×

6. 「令和４年度「能力開発基本調査」」での事業所調査結果で、キャリアコンサルティングを行うしくみを、正社員に対して導入している事業所は前回調査より増えている。　〇

7. ハロートレーニングの対象者に障害者は含まれない.　×

8. 「第11次職業能力開発基本計画」で示された今後の方向性には、企業へのセルフ・キャリアドックの導入支援が含まれている。　×

9. ジョブ・カードは、専門実践教育訓練及び特定一般教育訓練の受講にあたり、活用されている。　〇

10. 職業能力評価基準では、仕事内容を「職種」「職務」「能力ユニット」「能力細目」に細分化されている。　〇

11. 職業能力開発促進法では、教育訓練、職業能力検定を受ける機会を確保するための勤務時間短縮の措置のみ規定されている。

12. 人材開発支援助成金とは事業主が雇用する労働者に対して、訓練経費や訓練期間中の賃金の一部を助成する制度である。

13. 「職場における学び・学び直し促進ガイドライン(令和4年6月策定)」では、変化の時代においては、労働者の「自律的・主体的かつ継続的な学び・学び直し」が重要であるとし、さまざまな支援策がある。 ○

解説

3. 職業能力開発促進法における「労働者」とは、事業主に雇用されるものと、求職者である。

5. 向上させたい能力・スキルは、正社員・正社員以外ともに異なり、正社員の1位は、マネジメント能力・リーダーシップ、正社員以外の1位はITを使いこなす一般的な知識・能力(OA・事務機器操作(オフィスソフトウェア操作など)であった。

7. 対象者は離職者・在職者、学卒者、障害者で、それぞれ訓練期間や実施機関が分かれている。

8. 「企業へのセルフ・キャリアドックの導入支援」は、「労働者の自立的・主体的なキャリア形成の推進」という今後の方向性の中の、基本的施策である。

11. 勤務時間短縮のほか、始業および終業時刻の変更や、休暇の措置が規定されている。休暇には有給教育訓練休暇、長期教育訓練休暇、再就職準備休暇その他の休暇がある。

企業における
キャリア形成支援の知識

この項では企業におけるキャリア形成に支援に際し、どのような仕組みがあるのかなどを学びます。この範囲からは3〜4問の出題があります。

● 出題傾向がつかみにくい範囲ではありますが、実際に企業内でキャリア形成支援をする際にどのような情報が必要かをイメージし、雇用管理の仕組みに始まり、それらに紐づく支援や施策にはどのようなものがあるか、などを留意しながら学習していきましょう。

■ 労務管理の仕組みについて

労務管理は、企業経営の4要素「ヒト、モノ、カネ、情報」のうち「ヒト」に関する管理活動です。このヒトに関する部分を「**人事・労務管理**」といいます。

経営者が従業員の採用から退職までの個人の雇用に関して行う、一連の自主的な管理施策であるといえます。

ヒトは、生産要素である**労働力としての側面**と、人格や感情を持ち、自分の意思を持って行動して生きる**人間的な側面**を合わせ持っています。キャリアコンサルティングと人事・労務管理は、このような場面に関連があります。

●人事・労務管理の全体像

❶雇用管理

労働力の管理のことです。雇用管理には、次の①〜④の「従業員の採用から退職まで」の一連の管理が含まれます。

①**採用管理**：職務に最も適した人物を募集し、選択し、採用すること

　採用計画：職務、組織の明確化、高年齢者、障害者雇用率の達成

　募集：労働給源の検討、募集計画(時期、方法、求人条件)

　選考・採用：採用基準、選考方法、選考開始時期、労働契約の締結

②**配置管理**：採用した従業員を、その能力、適性に応じ

> **補足**
> 企業経営の4要素「ヒト、モノ、カネ、情報」を管理するための技術や施策のことをまとめて「経営管理」という。この経営管理のうち「ヒト」に関する部分を「人事・労務管理」という。

た職務につかせるための管理施策

配置：適正配置、職業適性検査、職務分析、職務再設計

異動・昇進：人事考課、キャリアディベロップメント資格制度、専門職制度、雇用形態の多様化

③**教育訓練管理または能力開発管理**：職務についての知識・技能、経験の習得を計画的、組織的に行う

企業内教育訓練：教育訓練計画、研修制度、OJT、組織開発（OD）

企業外教育訓練：キャリア開発、教育休暇制度、生涯学習

④**退職管理**：退職や雇用関係の終了に関する管理

定年延長、勤労延長、再雇用、再就職援助、退職金、年金、退職準備プログラム

❷**労働条件管理**

労働関係にある従業員の労働条件に関する管理のことです。労働条件には次の①～②のそれぞれの管理をさし、労働力の保全・維持のための管理です。

①**労働条件**：賃金の構成や支払い方法などに関する管理施策のこと

賃金：賃金水準、賃金制度、最低賃金、法定賃金

労働時間：労働時間、休憩、休日、交替制

②**安全・衛生**：職場での従業員の安全と健康を確保し、快適な作業環境を形成するための管理

安全：安全衛生管理、設備、環境の安全、作業の安全化

衛生：作業環境、作業、健康診断、健康保持促進措置（THP）

❸**人間関係管理**

感情を持ち、考える力を持ち、働きがいを求める「人間的存在」の管理です。人間関係管理は、直接管理すること

用語

THP（Total Health Promotion Plan＝心と体の健康保持増進策）…従業員の心身の健康に対する配慮策のこと。

に関係する狭義の人間関係管理と、福利厚生管理に分かれます。

① **人間関係**：モラール、モチベーション、リーダーシップ、小集団活動、カウンセリング、提案制度、組織開発（OD）

② **福利厚生**：共済制度、福利厚生施設、財形、健康診断

❹労使関係管理

労使とは、労働者と使用者のことをいいます。経営者は労働者が対等の立場で経営者に対応し、労使関係に無用の紛争が生じないようにする必要があります。労使関係管理とは、労使関係の安定と円滑化のための施策です。

● 労働組合、労働協約、労使交渉、労使コミュニケーション

★Pickup「人事考課」

人事考課の留意点や、人事考課を行う際に陥りやすい心理的傾向について、出題されることがありますので、さらに詳しく学んでいきましょう。

〈配置管理〉

適正な人事考課を行うためには、次の3つの選択に留意する必要があります。

❶ **対象とする行動**：評価対象となる行動を見極める。

＊その人の性格や評価期間外の行動などは評価対象外。

❷ **評価要素**：どの評価要素に当てはまるかを選択する。

❸ **評価レベル**：どのレベルを適用するか（10段階評価ならどの段階か）。

〈人事考課を行う際に発生しやすい心理的傾向〉

① **寛大化傾向**：部下を甘く考課してしまうこと。

② **ハロー効果**：優れている点もしくは劣っている点があると、ほかの項目も優れているもしくは劣っていると評定してしまうこと。

【補足】

「人間関係管理」4つの側面

① モラール管理
　従業員が企業や職場集団への帰属意識、忠誠心を高めるための管理。

② モチベーション管理
　モラールの上に立ってやる気を起こすように動機づけを与えるための管理。

③ リーダーシップ管理
　モラールやモチベーションを実際の労働の現場で従業員に引き起こさせる人（リーダー）が、従業員を目標達成のために努力するよう影響を与えるための管理。

④ 組織開発
　組織効率を高めるために、組織を計画的に変革する管理。

【補足】

2つの福利厚生

① 法定福利
　健康保険、厚生年金保険、労働保険など。

② 法定外福利
　住宅・医療、保健の加給、食事文化、娯楽施設、財形、自己啓発の援助など。

③**中心化傾向**：多数のものを評価の中間で評価してしまう。

④**論理的誤差**：似ている評価項目を同一視してしまう。

⑤**対比誤差**：評価者が自分の得意なことには厳しく、不得意なことには甘く評価する。

⑥**近接誤差**：最近の出来事に関する評価は大きく、数か月前のことは評価が小さくなってしまう。

人事労務、キャリア形成支援の基本的方向性

人事労務、キャリア形成支援の基本的な方向性は、下記の4つにまとめられます。

❶個人の能力適正、希望の実現のため、仕事、職場、勤務方法、処遇などについて労働者と企業が相互に選択し合う。（社内公募、フレックス制度、裁量労働時間制、年俸制など）。

❷人事労務管理の個別化、多様化（**職能資格制度**、コース別採用など）。

❸仕事中心の組織管理、能力評価、労働者の自己啓発への援助（目標面接制度、教育訓練休暇など）。

❹若年者、高齢者、女性、障害者など、多様な特性をもつ人々への配慮。（THP＝心と体の健康保持増進策、メンタルヘルス対策、など）。

日本的人事・労務管理の特徴

経営学者アベグレンの著書『日本の経営』では、高度経済成長を支えた日本の特徴的な雇用慣行として、次の6つを指摘しました。

❶**終身雇用制**：学校卒業後、採用され、一定年齢まで雇用される。

❷**年功序列制**：勤続年数や年齢など、属人的年功要件を基準として昇進・昇格。

対策
職能資格制度
職能資格制度について問う問題が正誤問題で出題されている（第22回）。
＊資格・等級により賃金を決定するため、賃金の変動なく人事異動が可能な制度。

対策
日本の特徴的な雇用慣行のうち、「終身雇用」「年功序列」「企業別労働組合」の3つが三種の神器と呼ばれ、それらについての正誤問題が出題されている（第20回）。

❸企業別労働組合：企業単位で設立されている（米国では産業別、職種別で組織されるのが一般的）。

❹新卒一括採用、企業内ジョブローテーション

❺内部調達、内部昇進：外部の労働市場からの採用は行わず、基幹社員、幹部社員の確保。

❻平等主義、成果主義：職務、ポストにかかわらず、平等という考えが根本にあり、一般社員と経営者の給与格差は世界各国と比べて小さい。一方で短期集中の成果主義の導入がされてきており、この2つのバランスが問題を起こしている。

企業における組織的キャリア開発（キャリアプランニングとキャリアマネジメント）

企業における組織的キャリア開発では、一般的に個人レベルのアプローチであるキャリアプランニングと、組織レベルのアプローチであるキャリアマネジメントを分けています。

●**キャリアプランニング**：個人が職業、組織、仕事の割り当て、自己啓発など、十分な情報を得たうえで選択するために行わなければならない活動。

●**キャリアマネジメント**：従業員の興味や能力と組織の機会とのマッチングを図るため**組織的**なジョブローテーション、ポテンシャル評価、キャリアカウンセリング、研究教育などの具体的な人的活動。

補足

企業における組織的キャリア開発の背景
1970～80年代にかけてアメリカにおいて、リストラクチャリング、ダウンサイジング、アウトソーシングの時代となり、それまでの長期雇用や終身雇用の維持が難しくなり、結果個人・組織間でのキャリアに対する考えが大きく変化した。

組織的キャリア開発

キャリアプランニング（個人）	キャリアマネジメント（組織）
プロセス 1．自己、機会、制約、選択、結果の認識 2．キャリア目標の設定 3．キャリア目標達成のための方向性、タイミング、関連する発達経験をプログラムする	個人が単独または組織のキャリアシステムと連携して行うキャリアプランの準備、実施、モニタリングの継続的プロセス

組織的キャリア開発とは、キャリアプランニングと組織のキャリアマネジメントプロセスの相互作用となります。

　その中で必要となってくるのが、目標管理制度です。

　目標管理制度とは、評価制度の一つです。自分で目標を決め、その達成の度合いを評価するものです。この目標は、労働者の貢献を組織共通の目標に向ける役割を果たしています。

対策

目標管理制度における目標について、正誤問題が出ている（第22回）。

キャリア開発プログラム（CDP）

　キャリア開発プログラム（キャリアデベロップメントプログラム、ＣＤＰ）とは、従業員の能力開発を中期・長期的に行っていくプログラムのことです。

補足
対策

キャリア開発プログラム（CDP）

キャリア開発プログラム（CDP）について問う問題が正誤問題で出題されている（第23回）。どんなプログラムなのか、把握しておきたい。

●キャリア開発の目的

❶個人の潜在能力、適性を継続的に開発し、個人の成長と目標達成を図る。

❷組織が必要な人材に将来を見越して継続的育成を行い、組織目標の達成を図る。

特徴

● 長期にわたる系統的、継続的なプログラム。

● 自己啓発ベースの個別育成として進める。

● 業務経験を重視した経験＋知識（Off−JT）のプログラム。

　1980年代前後は、個々に異なる能力や適性や個人目標は多様であり、一人ひとりの長期人材育成の計画でした。現在はキャリア開発ワークショップ（CDW）として、キャリア研修の枠組みとして受け継がれています。

●キャリア開発ワークショップ（CDW）の目的

❶自己理解を深める。

❷自己のアセスメントの実施。

❸キャリアのゴールとキャリアパスの明確化。

　実施することにより、組織と個人の共生をめざしています。

tips

CDPの背景にはマグレガーのX理論Y理論のうち、Y理論が基盤になっている。
X理論：人間は本来怠け者だから、仕事が嫌いで、仕事をさせるためには命令、強制が必要だ。
Y理論：人間自己実現を求めて、目標に向かって積極的に働くものだ。

セルフ・キャリアドック

「セルフ・キャリアドック」とは、企業がその人材育成ビジョン・方針に基づき、キャリアコンサルティング面談と多様なキャリア研修などを組み合わせて、体系的・定期的に従業員の支援を実施し、従業員の主体的なキャリア形成を促進・支援する総合的な取り組み、また、そのための企業内の「仕組み」のことをいいます。

企業での仕組み導入時は経営課題に応じた対象者に絞り込んで実行したり、面談時には会社の繁忙期などを考慮し、負担の少ない日程を部門と相談のうえで調整を行うと効果的です。

◉導入の効果
❶従業員：自らのキャリア意識や仕事に対するモチベーションの向上とキャリア充実。

❷企業：人材定着や活性化を通じた組織活性化。

出典

セルフ・キャリアドックの標準的プロセス
（厚生労働省ホームページより）

対策

セルフ・キャリアドック

セルフ・キャリアドックの効果的な実施に関して問う問題が出題されている（第22回）。また、セルフ・キャリアドックの記述について正誤問題が出題されている（第21回、第20回）。
プロセスや目的、効果について把握しておきたい。

図表1 セルフ・キャリアドックの標準的プロセス

1 人材育成ビジョン・方針の明確化	（1）経営者のコミットメント （2）人材育成ビジョン・方針の策定 （3）社内への周知
2 セルフ・キャリアドック実施計画の策定	（1）実施計画の策定 （2）必要なツールの整備 （3）プロセスの整備
3 企業内インフラの整備	（1）責任者等の決定 （2）社内規定の整備 （3）キャリアコンサルタントの育成・確保 （4）情報共有化のルール （5）社内の意識醸成
4 セルフ・キャリアドックの実施	（1）対象従業員向けセミナー（説明会）の実施 （2）キャリア研修 （3）キャリアコンサルティング面談を通した支援の実施 （4）振り返り
5 フォローアップ	（1）セルフ・キャリアドックの結果の報告 （2）個々の対象従業員に係るフォローアップ （3）組織的な改善措置の実施 （4）セルフ・キャリアドックの継続的改善

＊企業に応じて細分化したり、簡素化したりすることが可能

◉セルフ・キャリアドックの標準的プロセス

❶人材育成ビジョンの明確化

　経営者のコミットメントが組織全体のセルフ・キャリアドックの前提となります。人材育成ビジョンと方針を策定し、明らかにすることにより、企業の経営理念の実現をめざします。また、策定したビジョンは適切な方法で、全従業員に提示します。

❷セルフ・キャリアドック実施計画の策定

　人材育成ビジョンと方針に基づいて、どのように進めていくのかについて、企業としての具体的な実施計画を策定します。実施計画に盛り込む内容は、主にキャリア研修やキャリアコンサルティング面談です。面談シートや全体報告書、アンケート用紙など必要なツールの整備、また、策定した実施計画の各プロセスの進捗管理も必要です。

❸企業内インフラの整備

　社内にセルフ・キャリアドックの責任者を定め、セルフ・キャリアドックを社内の制度として制定、運用のため、セルフ・キャリアドックを担うキャリアコンサルタントを育成、確保をします。キャリアコンサルティング面談により得られた情報を人事部門や産業医などの関連部門と共有化するルール整備をし、円滑な導入に向けた、社内の意識醸成もしていきます。

❹セルフ・キャリアドックの実施

　対象の従業員に向けて、セルフ・キャリアドックの趣旨や目的の説明会を実施し、キャリア研修やキャリアコンサルティング面談を通した支援の実施をしていきます。

❺フォローアップ

　個別報告書や全体報告書を作成し、人事部門に報告します。この報告書の内容をもとに経営層に報告し、経営課題が出てきたら、組織的な改善策の実施を行っていきます。

🔖補足

セルフ・キャリアドックのポイントと効果

● ポイント
① 従業員の主体的なキャリア形成を促進・支援する。
② 企業の人材育成ビジョン・方針に基づく
③ キャリアコンサルティング面談と多様なキャリア研修を組み合わせる
④ 体系的・定期的に従業員の支援をする。
⑤ 総合的な取り組みで、企業内の仕組み

● 効果
従業員：自らのキャリア意識や仕事に対するモチベーション向上とキャリア充実
企業：人材定着や活性化を通じた組織の活性化

公正な採用選考

　ここからは、採用選考の基本的な考え方や配慮事項について学習します。

●基本的考え方

　応募者の基本的人権を尊重すること。

　応募者の適性・能力に基づいた基準により行うこと。

対策

採用に関して留意するべきことに関する正誤問題が出題されている(第23回)。

●配慮するべきこと

●本人に責任のない事項の把握

- 本籍・出生地に関すること（注：「戸籍謄(抄)本」や本籍が記載された「住民票(写し)」を提出させることはこれに該当します）。
- 家族に関すること(職業、続柄、健康、病歴、地位、学歴、収入、資産など)。
- 住宅状況に関すること(間取り、部屋数、住宅の種類、近隣の施設など)。
- 生活環境・家庭環境などに関すること。

●本来自由であるべき事項(思想・信条にかかわること)の把握

- 宗教、支持政党、人生観、生活信条、尊敬する人物、思想、労働組合(加入状況や活動歴など)、学生運動などの社会運動、購読新聞・雑誌・愛読書などに関すること。

●採用選考の方法

- 身元調査などの実施（注：「現住所の略図等を提出させること」は生活環境などを把握したり身元調査につながる可能性があります）。
- 本人の適性・能力に関係ない事項を含んだ応募書類の使用。
- 合理的・客観的に必要性が認められない採用選考時の健康診断の実施。

tips

日本国憲法(第14条)は、基本的人権の一つとして、すべての人に「法の下の平等」を保障しているが、採用選考においても、この理念にのっとり、人種・信条・性別・社会的身分・門地などの事項による差別があってはならず、適性・能力に基づいた基準により行われることが求められる。

出向（在籍型出向）

在籍型出向とは、出向元企業と出向先企業との間の出向契約によって、労働者が出向元企業と出向先企業の両方と雇用契約を結び、一定期間継続して勤務することです。

◉導出向期間中の労働条件等の明確化

出向元企業・出向先企業それぞれの使用者が、出向労働者に対して、賃金の支払等、労働基準法等における使用者としての責任を負うため、労働条件は以下の**項目について明確にする**必要があります。

＊出向元企業からの明示も可能。

❶労働契約の期間。

❷期間の定めのある労働契約を更新する場合の基準。

❸就業の場所、従事すべき業務。

❹始業・就業の時刻、所定労働時間を超える労働の有無、休憩時間、休日、休暇、労働者を二組以上に分けて就業させる場合における就業時転換に関すること。

❺賃金※の決定、計算、支払の方法、賃金の締切りおよび支払の時期、昇給に関すること。

　※退職手当、臨時に支払われる賃金、賞与等を除く。

❻退職に関すること（解雇の事由を含む）。

❼退職手当の定めが適用される労働者の範囲、退職手当の決定、計算・支払方法や支払時期。

❽臨時に支払われる賃金、賞与等、最低賃金額。

❾労働者に負担させる食費、作業用品など。

❿安全・衛生。

⓫職業訓練。

⓬災害補償、業務外の傷病扶助。

⓭表彰・制裁。

⓮休職に関する各事項。

出典
在籍型出航支援
（厚生労働省ホームページより）

対策
出向に関する正誤問題が出題されている（第23回）。

tips
新型コロナウイルス感染症の影響を受け、事業の一時的な縮小などを行う企業が、人手不足などの悩みを抱える企業との間で「在籍型出向」を活用して、従業員の雇用維持を図る取り組みがみられている。

補足
出向のメリット
● 出向元企業：労働意欲の維持・向上、能力開発効果
● 出向先企業：自社従業員の業務負担軽減、即戦力の確保
● 出向労働者：能力開発・キャリアアップ、雇用の維持

労働者派遣と請負

●労働者派遣

労働者派遣とは、派遣元事業主が雇用する労働者を、派遣先の指揮命令を受けて、派遣先に従事させることをいいます。

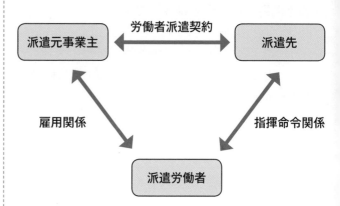

●請負

請負とは、労働者と雇用主の雇用関係が、請負業者にある契約をいいます。

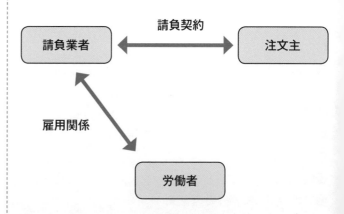

仕事と生活の調和（ワーク・ライフ・バランス）憲章

ワーク・ライフ・バランスの実現に向けて「官民トップ会

議」が策定した憲章で、策定を同時にその行動指針も示されました。

◉今なぜ仕事と生活の調和が必要なのか

◉仕事と生活が両立しにくい現実

- 安定した仕事に就けず、経済的に自立することができない。
- 仕事に追われ、心身の疲労から健康を害しかねない。
- 仕事と子育てや老親の介護との両立に悩むなど仕事と生活の間で問題を抱える人が多く見られる。

　仕事は、暮らしを支え、生きがいや喜びをもたらす。同時に、家事・育児、近隣との付き合いなどの生活も暮らしには欠かすことはできないものであり、その充実があってこそ、人生の生きがい、喜びは倍増する。

背景

- 働き方の二極化など：正社員以外の労働者が大幅に増加する一方で、正社員の労働時間は高止まりしているにもかかわらず、他方、利益の低迷や生産性向上が困難などの理由から、働き方の見直しに取り組むことが難しい企業も存在する。
- 共働き世帯の増加と変わらない働き方・役割分担意識：人々の生き方の変化、女性の社会進出への課題。
- 仕事と生活の相克と家族と地域・社会の変貌：個人、家族、地域が抱える諸問題が少子化の大きな要因の１つであり、それが人口減少にも繋がっているといえる。

　仕事と生活の調和が実現した社会とは、「国民一人ひとりがやりがいや充実感を感じながら働き、仕事上の責任を果たすとともに、家庭や地域生活などにおいても、子育て期、中高年期といった人生の各段階に応じて多様な生き方が選択・実現できる社会」であり、具体的には次ページの３つで構成され、それぞれに数値目標があります。

◉出典
仕事と生活の調和（ワーク・ライフ・バランス）憲章
（内閣府「仕事と生活の調和」推進サイトより）

対策
「テレワークの適切な導入及び実施の推進のためのガイドライン」からテレワーク就業に関する労働基準法や就業規則などに関する正誤問題が出ている(第21回)。

補足
テレワークの対象者についての留意点
● 実際にテレワークを実施するに当たっては、労働者本人の納得の上で対応を図る。
● テレワークの対象者を選定するに当たっては、正規雇用労働者、非正規雇用労働者といった雇用形態の違いのみを理由としてテレワーク対象者から除外することのないようにする。

テレワークの適切な導入及び実施の推進のためのガイドライン(厚生労働省)

　テレワークの形態や導入、労務管理上の留意点、ルール策定のポイントなど、活用して仕事を推進することについてのガイドラインが記載されています。

　テレワークとはインターネットなどのICTを活用し自宅などで仕事をする、働く時間や場所を柔軟に活用できる働き方です。

●労働者・使用者のメリット

● **労働者**：働く時間や場所を柔軟に活用可能。通勤時間短縮、心身負担の軽減、業務効率化。育児介護と仕事の両立により、仕事と生活の調和を図ることが可能。

● **使用者**：業務効率化による生産性向上、育児介護理由による労働者の利殖防止、遠隔地での優秀な人材の確保、オフィスコスト削減。

●労働者

❶**在宅勤務**：自宅での勤務。通勤時間を要しない分時間を有効に活用できる。

❷サテライトオフィス勤務：自宅の近くや通勤途中の場所等に設けられたサテライトオフィス(シェアオフィス、コワーキングスペースを含む。)での勤務。通勤時間の短縮、作業環境の整った場所で就労可能。

❸モバイル勤務：労働者が自由に働く場所を選択できる、外勤における移動時間を利用できる等、働く場所を柔軟にすることで業務の効率化を図ることが可能な働き方。

＊正規雇用労働者と非正規雇用労働者との不合理な待遇差については、パートタイム・有期雇用労働法、労働者派遣法により禁止されており、雇用形態のみを理由にテレワークの対象から除外することは、これらの法律に違反する可能性がある。

理解度Check 一問一答

1．労務管理の目的は、労働生産性の向上、従業員の労働満足の確保である。　〇

2．人事評価を行う際の評価のエラーにおいて、優れている点もしくは劣っている点があると、ほかの項目も優れているもしくは劣っていると評定してしまうことを「対比誤差」という。　×

3．日本の特徴的な雇用制度、三種の神器とは、「終身雇用」「年功序列」「メンバーシップ型雇用」のことを言う。　×

4．公正採用選考特設サイト「公正な採用選考をめざして」による採用選考時に配慮すべき事項として、応募者の尊敬する人物に関することは本来自由であるべき事柄であるので、把握すべきではない。　〇

5．出向者の出向期間中の労働条件の明示は必ず出向先企業がしなければならない。　×

6．セルフ・キャリアドックとは、組織の視点に立った組織にとって必要なマインドやスキル、知識の獲得を目指すものである。　×

7．企業におけるキャリアプランニングとは、従業員の興味や能力と組織の機会とのマッチングを図るため組織的なジョブローテーション、ポテンシャル評価、キャリアカウンセリング、研究教育などの具体的な人的活動である。　×

8．キャリア開発プログラム(CDP)の特徴として、業務経験を重視した経験＋OJTのプログラムがある。 ✕

9．仕事と生活の調和(ワーク・ライフ・バランス)憲章に記載された共働き世帯の増加と変わらない働き方・役割分担意識の具体的な内容として、かつては夫が働き、妻が専業主婦としての役割が一般的であったが女性の社会進出が進んでいる今でもこのような世帯の姿を前提としたものが多く残っているとしている。 ○

10．職能資格制度とは、資格・等級により賃金を決定するため、賃金の変動なく人事異動が可能な制度である。 ○

11．テレワークとは、自宅のみで勤務する働き方である。 ✕

12．雇用管理とは、職務に最も適した人物を募集し、選択し、採用することである。 ✕

13．企業経営の４要素「ヒト、モノ、カネ、情報」を管理するための技術や施策のことをまとめて人事・労務管理という。 ✕

14．セルフ・キャリアドックの導入の効果として、従業員にとっては、自らのキャリア意識や仕事に対するモチベーションの向上とキャリア充実。企業にとっては、人材定着や活性化を通じた組織活性化がある。 ○

15．面接の際に父親の職業を問うことがないように、面接官の指導を行った。 ○

16．目標管理制度の目標は、組織により決められ、個人がその目標達成に向かって貢献していくことで、組織の強化につながる。 ✕

解説

2．設問の記載内容は「ハロー効果」の内容である。「対比誤差」は、自分と反対の特性を持つ者を課題もしくは過小評価してしまうことである。

3．三種の神器は「終身雇用」「年功序列」「企業別労働組合」である。

4．記述の通り。思想、信条に関することは、就職差別につながるおそれがある。

5．正しくは「出向先・出向元いずれかが必ず明示をする」なので誤り。

6．セルフ・キャリアドックは、従業員一人ひとりが主体性を発揮しキャリア開発を実践することを重視・尊重する人材育成・支援を促進、実現する仕組みである（出典：『キャリアコンサルティング　理論と実際』〈木村周・下村英雄、一般社団法人雇用問題研究会〉）。

7．設問の記載の内容は、「キャリマネジメント」の内容である。

8．OJTではなく、業務経験を重視した経験＋知識(Off-JT)のプログラムである。

11．テレワークとは、働く場所を柔軟に活用できる働き方で、形態として自宅（在宅勤務）以外にも、モバイル勤務、サテライトオフィス勤務などがある。

12．設問は採用管理に関する記述である。雇用管理とは、採用から退職までの一連の管理であり、採用管理、配置管理、教育訓練管理または能力開発管理、退職管理が含まれる。

13．企業経営の4要素「ヒト、モノ、カネ、情報」を管理するための技術や施策のことをまとめて経営管理という。このうち、ヒトに関する管理活動を、人事・労務管理という。

16．目標管理制度の目標は、自分自身で決めるものである。

05 労働市場の知識

この項では、現在の労働市場の情報を知るための、労働力調査を始めとした、各種資料に関する資料について学びます。この範囲からは、3～4問の出題があります。

POINT

● 各種統計データに出てくる用語の意味が試験にも出ますのでしっかり把握しておきましょう。
● 他の学習内容と比べ、最新情報を把握しておかなければならない範囲です。
● 必ず読まなければならない資料名と概要を記載しますので、ご自身の試験時期の応じた最新資料を読み、把握しましょう。

統計に用いられる用語の理解

初めに、現在の労働市場の情報を知るための、各種統計データに用いられている用語について解説します。

統計に用いられる用語

用語	概要
完全失業率	「労働力人口」に占める「完全失業者数」の割合（％）。
労働力人口	15歳以上人口のうち、就業者と完全失業者を合わせたもの。 15歳以上人口は、次のように分けられる。 15歳以上人口 ┬ 労働力人口 ┬ 就業者 ┬ 従業者 　　　　　　　 │ 　　　　　　│ 　　　　└ 休業者 　　　　　　　 │ 　　　　　　└ 完全失業者 　　　　　　　 └ 非労働力人口 ● 就業者：従業者と休業者を合わせたもの ● 従業者：調査期間中に賃金、給料、諸手当、内職収入などの収入を伴う仕事を1時間以上した者。 ● 休業者：仕事を持ちながら、調査期間中に少しも仕事をしなかった者。次の（1）（2）に分けられる。 （1）雇用者で、給料、賃金の支払いを受けている者または受けることになっている者。 （2）自営業主で、自分が経営する事業を持ったまま、その仕事を休み始めてから30日にならない者。

労働力人口比率（労働力率）	15歳以上人口に占める労働力人口の割合（%）。
求人倍率	有効求人倍率と新規求人倍率がある。 ●有効求人倍率：景気の動向とほぼ一致した動きを示す。求人倍率としては、通常、この有効求人倍率が用いられる。 　有効求人倍率＝有効求人数×有効求職者数（倍） ●新規求人倍率：労働力需給状況の変化の先行的な動きをとらえることができるデータ。 　新規求人倍率＝新規求人数×新規求職者数（倍） ●新規求人：その月に受け付けた求人。 ●有効求人：前月から未充足のまま繰り越された求人と新規求人との合計。 ●新規求職：その月に受け付けた求職申し込み。 ●有効求職：前月から繰り越して引き続き求職している者と新規求職者の合計。 ●充足率：求人のうちのどれだけ充足したかを示すデータ。 　充足率＝充足数／新規（有効）求人数×100（%） ●就職率：求職のうちのどれだけ就職したかを示すデータ。 　就職率＝就職件数／新規（有効）求職者数×100（%）
雇用者	会社、団体、官公庁または自営業主や個人家庭に雇われて給料、賃金を得ている者（＊会社、団体の役員も含む）。 総務省統計局「労働力調査」では、就業者は次のように分けられており、雇用者はその一部とされている 就業者 　├ 自営業主（個人経営の事業を営んでいる者）─┬ 雇有業主 　│　　　　　　　　　　　　　　　　　　　　 └ 雇無業主 　├ 家族従業者（自営業主の家族で、その自営業主が営む事業に従事している者） 　└ 雇用者 ─┬ 常雇（1年を超えるまたは雇用期間に定めのない契約で雇われる者。役員を含む） 　　　　　　├ 臨時雇（1か月以上1年以内の期間を定めて雇われる者） 　　　　　　└ 日雇（日々または1か月未満の契約で雇われる者）
常用労働者（常雇）	主な労働統計において、事業所に使用され、給与を支払われる者のうち、次のいずれかの条件を満たす者。 （1）期間を定めずに雇われている者。 （2）1か月以上の期間を定めて雇われている者。

◉労働力調査

労働力調査は、日本の就業や失業などの状況を明らかにすることを目的として毎月実施しています。

「就業者数」や「完全失業率」や、男女別・年齢階級別の就業状態、産業別や職業別の就業者数などを公表しており、「就業者数」や「完全失業率」などの調査結果は、景気判断や雇用対策に活用されています。

対象住戸には、1年目に2か月、2年目の同じ月に2か月の計4回調査します。

◉基礎調査票での調査項目

- 男女の別、出生の年月
- 月末1週間に仕事をしたかどうか
- 1週間に仕事をした時間、
  1か月間に仕事をした日数
- 勤め先の事業の内容、本人の仕事の内容
- 正規の職員・従業員、パート、アルバイトなどの雇用形態
- 仕事を探し始めた理由　など

◉特定調査票での調査項目
（対象住戸に4回目に追加実施）

- 仕事時間についての希望
- 転職の希望の有無
- 仕事を探している期間
- 就業の希望の有無
- 前職の仕事の内容
- 教育の状況、年間収入　など

2022年（令和4年）平均結果（基本集計）

◉労働力人口（ p.149 グラフ参照）

- **全体**：6,902万人、前年に比べ5万人の減少（2年ぶりの減少）。
- **男女別**：男性は3,805万人、前年に比べ22万人の減少、

女性は3,096万人と16万人の**増加**。

- また、15〜64歳の労働力人口は、2022年平均で5975万人と、前年に比べ6万人の**減少**。
- 男女別にみると、男性は3256万人と22万人の**減少**、女性は2718万人と15万人の**増加**。

◉就業者（ p.150 グラフ参照）

- 全体：6,723万人と、前年に比べ10万人の増加（2年連続の増加）。
- 男女別：男性は3,699万人と前年に比べ12万人の**減少**、女性は3,024万人と22万人の**増加**。

◉完全失業者（ p.150 グラフ参照）

- 全体：179万人、前年に比べ16万人の**減少**（3年ぶりの減少）。
- 男女別：男性は107万人、前年に比べ10万人の**減少**、女性は73万人と5万人の**減少**となった。

◉非労働力人口（ p.150 グラフ参照）

- 全体：4,128万人と、前年に比べ43万人の減少（2年連続の減少）このうち65歳以上は6万人の**増加**。

🖋対策
労働力調査結果より、前年度比較や男女間、業者別などの労働力人口や雇用者数を問う問題が出題されている（第21回）。

🖋対策
新型コロナウィルス感染拡大以前（2010年〜2019年）の労働市場の変化に関する設問が出ている。

🖋対策
各調査において、数値の増減、性別や属性の比較など大小推移を把握しておくとよい。ここでは2022年の基本集計に触れている。

🖋対策
また、社会課題が背景となった数字の変化についてもアンテナを立てておきたい。（なぜ増加傾向なのか？　なぜ横ばいなのか？　など）

🖋出典
（総務省統計局「労働力調査（基本集計）2022年（令和4年）平均結果の概要」より）

第2章

キャリアコンサルティングを行うために必要な知識

労働力人口の推移

— 男女計 —

149

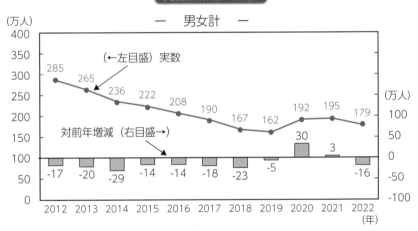

完全失業者及び就業者の対前年度増減の推移

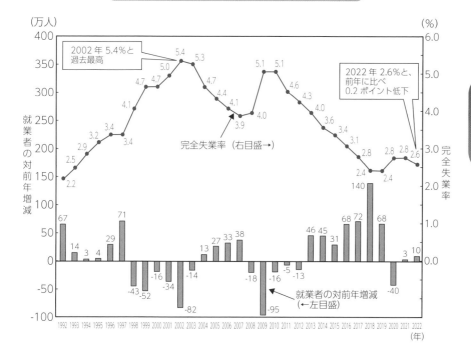

完全失業者及び就業者の対前年度増減の推移（総務省「労働力調査」「基本集計」より）

- 2022年平均の完全失業率は2.6%と、前年に比べ0.2ポイントの低下 。完全失業者数は179万人と16万人減少（完全失業率について、男性は2.8%と0.3ポイントの低下、女性は2.4%と0.1ポイントの低下）。

- 2022年平均の就業者数は6,723万人と、前年に比べ10万人増加（男性は3,699万人と12万人の減少、女性は3,024万人と22万人の増加、15～64歳の就業者数は5,810万人と6万人の増加、65歳以上の就業者数は912万人と3万人の増加）。

年次経済財政報告書

　経済の動向や課題についての報告書です。動向に応じてテーマが毎年異なります。テーマと目次を見て、概要を把握しましょう。

▶出典
完全失業率及び就業者の対前年増減の推移
（総務省「労働力調査」「基本集計」より）

▶対策
労働力の確保・質の向上に向けた課題の章より出題されている（第23回）。

令和 5 年度　年次経済財政報告 - 内閣府（cao.go.jp）
https://www.5.cao.go.jp/j-j/wp/wp-je23/index_pdf.html

●令和 5 年度テーマ：動き始めた物価と賃金

2023年 5 月には、新型コロナウイルス感染症の感染症法上の位置付け変更に伴って、経済が自律的に循環する環境が整いました。

こうした環境の下、世界的な物価上昇は、輸入物価の上昇を通じて、2022年春以降、財物価を中心に我が国の消費者物価にも波及しています。

令和 5 年度の報告書は、マクロ経済の動向と課題（第 1 章）に始まり、家計の所得向上と少子化傾向の反転に向けた課題（第 2 章）と続きます。

この第 2 章では、①自発的な労働移動の後押し、②副業・兼業による本業以外での追加的な労働、③女性や高齢者の能力発揮、を個別のテーマとして分析している部分がありますので、読んでおくとよいでしょう。

労働経済の分析

毎年一般経済や雇用、労働時間などの現状や課題について、統計データを活用して分析する報告書です。

令和 5 年度
https://www.mhlw.go.jp/content/
12602000/001149098.pdf
令和 4 年度
https://www.mhlw.go.jp/wp/
hakusyo/roudou/21/dl/21-1.pdf

●令和 5 年度テーマ：持続的な賃上げに向けて

令和 5 年度では、「持続的な賃上げに向けて」がテーマになっています。

2022年の雇用情勢や賃金、経済等の動きや、わが国の賃金がこの四半世紀において伸び悩んだ理由を明らかにし

必読
「年次経済財政報告」は最新の調査結果の中より出題されている。左の概要は、令和 5 年度版の記述。最新版は「年次経済報告 内閣府」で検索すること

必読
労働経済の分析は毎回出題されている！

補足
詳細は「労働経済の分析」 p.20 を改めて確認しよう。

152

ています。また、賃上げが個々の企業・労働者や経済全体に及ぼす好影響のほか、企業の業績や価格転嫁状況等と賃上げの関係等について分析されています。さらに、政策が賃金に及ぼす影響として、最低賃金制度と同一労働同一賃金の効果についても分析しています。

◉令和4年度テーマ：労働者の主体的なキャリア形成への支援を通じた労働移動の促進に向けた課題

新型コロナウィルス感染症の影響が続く中でも、国内の経済社会活動は徐々に活発化し、雇用情勢には総じて持ち直しの動きがみられる一方で、転職者数が2年連続で減少するなど、労働市場の動きには課題が見られます。一人ひとりが自分の意志で仕事を選択できる環境を整え、外部労働市場を通じた労働力の需給調整機能を高めていくことが重要です。

こうした問題意識を踏まえ、今回の白書では、今後の労働市場を見据えつつ、労働移動の重要性や、主体的なキャリア形成を行うための環境整備とその課題が分析されています。

◔対策
令和4年度の「労働経済の分析」からは、労働移動の動向について問う正誤問題が出題されている（第23回）。

■ 厚生労働白書

厚生労働行政の現状や今後の見通しなどについて、広く国民に伝えることを目的とし、毎年発刊されているものです。2部構成になっています。

> https://www.mhlw.go.jp/wp/hakusyo/
> kousei/22/dl/zentai.pdf

◉令和5年度テーマ：第1部　つながり・支え合いのある地域共生社会

単身世帯の増加、新型コロナウィルス感染症の影響による、人々の交流の希薄化などを背景として複雑化・複合化する課題、制度の狭間にある課題（ひきこもりやヤングケ

アラーなど）が顕在化しました。

◉令和５年度テーマ：第２部　現下の政策課題への対応

子どもを産み育てやすい環境づくりや、働き方改革、女性、若者、高齢者などに関する各種課題の現状や見通しなどについて記載されています。

その他のさまざまな調査

◉就労条件総合調査

企業の労働時間制度、賃金制度等について総合的に調査し、我が国の民間企業における就労条件の現状を明らかにすることを目的として実施しています。

◉賃金構造基本統計調査

「賃金構造基本統計」の作成を目的とする統計調査であり、主要産業に雇用される労働者について、その賃金の実態を労働者の雇用形態、就業形態、職種、性、年齢、学歴、勤続年数、経験年数別等に明らかにする調査です。

◉毎月勤労統計調査

雇用、給与及び労働時間について、全国調査にあってはその全国的変動を毎月明らかにすることを、地方調査にあってはその都道府県別の変動を毎月明らかにすることを目的とした調査です。

◉賃金事情等総合調査

中央労働委員会が労働争議の解決に向けて行うあっせん、調停などの参考として利用するための情報を収集したものです。

◉就業構造基本調査

『就業構造基本統計』を作成するための統計調査であり、国民の就業及び不就業の状態を調査し、全国及び地域別の就業構造に関する基礎資料を得ることを目的とした調査です。

◉一般職業紹介状況（職業安定業務統計）

公共職業安定所における求人、求職、就職の状況（新規学卒者を除く。）を取りまとめ、求人倍率等の指標を作成することを目的とした調査です。

◉労働経済動向調査

景気の変動、労働力需給の変化等が、雇用、労働時間等に及ぼしている影響や、それらに関する今後の見通し、対応策等について調査し、労働経済の変化の方向、当面の問題等を迅速に把握することを目的とした調査です。

◉雇用動向調査

主要産業における入職・離職及び未充足求人の状況並びに入職者・離職者に係る個人別の属性及び入職・離職に関する事情を調査し、雇用労働力の産業、規模、職業及び地域間の移動の実態を明らかにすることを目的とした調査す。

◉雇用均等基本調査

男女の雇用均等問題に係る雇用管理の実態を把握し、雇用均等行政の成果 測定や方向性の検討を行う上での基礎資料を得ることを目的とした調査す。

◉若年者雇用実態調査

事業所における若年労働者の雇用状況、若年労働者の就業に関する意識など若年者の雇用実態について、事業所側、労働者側の双方から把握することにより、若年者の雇用に

🄸対策

これら調査については、それぞれがどんな調査なのかを把握しておこう。それぞれについて、正誤問題が出題されている（第22回）。

第2章

キャリアコンサルティングを行うために必要な知識

関する諸問題に的確に対応した施策の立案等に資すること
を目的とした調査す。

理解度Check 一問一答

1. 労働力調査の用語に関して、「就業者」とは、調査期間中に賃金、給料、諸
   手当、内職収入などの収入を伴う仕事を１時間以上した者のことをいう。

2. 有効求人倍率は、景気の動向とほぼ一致した動きを示す。

3. 労働力調査の用語に関して、「完全失業者」とは、「労働力人口」に占める、
   「完全失業者」の割合である。

4. 労働力調査の用語に関して、雇用者とは、会社、団体、官公庁又は自営
   業主や個人家庭に雇われて給料、賃金を得ている者で、会社、団体の役
   員も含まれる。 〇

5. 令和４年度労働力調査によると、労働力人口は２年ぶりに増加した。 ✕

6. 令和４年度労働力調査によると、完全失業者は179万人で、３年ぶりに
   減少した。 〇

7. 有効求人倍率を公表しているのは、雇用動向調査である。 ✕

8. 「令和４年度 年次経済財政報告」に記載された、就業者の属性の動向と
   して、2010年代は男性の正規雇用者・非正規雇用者は増加に転じる一
   方で女性の正規雇用者は減少、非正規雇用者は増加している。

9. 「令和4年度労働経済の分析」に記載された転職者数の動向について、2011年以降堅調に増加していたが、2020年のコロナウィルス感染症の影響により、2020年以降、大幅に減少を続けている。 〇

10. 「令和4年度労働経済の分析」に記載された入職者に占める転職入職者の年齢階級別割合のうち、「60歳以上」の年齢階級では長期的な減少傾向がみられたが、「34歳以下」の年齢階級では2007年以降緩やかに上昇している。 ×

解説

1. 設問の記載内容は「従業者」のことである。「就業者」とは従業者と休業者を合わせたものである。

5. 労働力人口は2年ぶりに5万人の減少が正解。

7. 有効求人倍率を公表しているのは一般職業紹介状況(職業安定業務統計)で、毎月公表されている。

8. 男性・女性ともに正規雇用・非正規雇用は増加を続けている。

10. 「60歳以上」の年齢階級では長期的な増加、「34歳以下」の年齢階級では2007年以降緩やかに減少している。

労働政策及び労働関係法令並びに社会保障制度の知識

この項では労働関連の法律や、社会保障の制度について学びます。この範囲からは、4問ほどの出題があります。

POINT

●各法律についてすべての詳細を覚える必要はありません。ここでは以下に関するポイントの記載をしています。
●1．法律
❶労働基準関係　❷女性関係　❸育児・介護休業法関係　❹職業安定関係　❺職業能力開発関係
❻その他労働関係法令
●2．社会保障制度
これらを把握しつつ、公開されている法律や社会保障制度を、過去問題をベースに読み込んでいくとよいでしょう。

労働基準法

　労働者の権利と労働条件を保護するための法律で、雇用主はこれらの基準を守る必要があります。また、正社員、アルバイトなど、すべての労働者に適用される法律です。

●**労働条件の明示**
労働者を採用するときは、次の労働条件を明示しなければならない（第15条1項）。
【必ず明示すべきこと】
＊①〜⑥は原則書面で交付
①契約期間
②期間の定めがある契約を更新する場合の基準に関すること
③就業場所、従事する業務に関すること
④始業・終業時刻、休憩、休日などに関すること
⑤賃金の決定方法、支払い時期などに関すること
⑥退職に関すること
⑦昇給に関すること
【定めをした場合明示すべきこと】

対策
労働基準法は過去問題でも頻出。賃金に関する問題（第23回、第22回）、全体的な知識を問う正誤問題（第21回）が出題。

①退職手当に関すること

②賞与に関すること

③食費、作業用品などの負担に関すること

④安全衛生に関すること

⑤職業訓練に関すること

⑥災害補償に関すること

⑦表彰や制度に関すること

⑧休職に関すること

❶労働時間

使用者は労働者に、休憩時間を除き、1日8時間を超えて、また、1週間につき40時間を超えて労働させてはならない。

❷賃金

賃金は**通貨**で、**直接**労働者に**全額**を支払う。毎月1回以上、**期日**を定めて支払う(賃金支払いの5原則)。

割増賃金：時間外労働、休日労働、深夜労働(午後10時～午前5時)

❸休憩、休日、有給休暇

● **休憩**：労働時間が6時間を超える場合…**45分以上**、8時間を超える場合…**1時間以上**

＊自由に利用させる

● **休日**：毎週少なくとも1日の休日。4週間を通じて4日以上。

● 有給休暇：業種、業態にかかわらず、雇用形態にかかわらず、一定の条件を満たした労働者に与える。雇い入れの日から通算して6か月勤務し、全労働日の8割以上出勤した労働者に10日間付与。**年5日の年休を取得させることが使用者の義務**(39条)。

● 育児休業、介護休業：出勤率の関係では出勤したものとみなす。

🔵補足

● 賃金は、労働者の同意があっても、最低賃金を下回ることはできない(最低賃金法4条)。最低賃金は都道府県ごとに定められている。

● 労働者が休憩中でも、電話や来客の対応を指示されている場合は労働時間となる場合がある。

● 雇い入れの日とは、試用期間を含む。

《適用除外》「事業の種類にかかわらず監督若しくは管理の地位にある者又は機密の事務を取り扱う者」。

＊役職名ではなく、職務内容、責任権限、勤務様態などの実態で判断する。

36協定

労働時間の上限を超えてまたは休日に働かせるには、あらかじめ労使協定（36協定）を結び、**所轄労働基準監督署**に届け出る必要がある。

〈36協定で定めることのできる時間外労働の上限〉

原則：**月45時間、年360時間**

臨時的の事情があり、労使が合意する場合：年6か月まで、月45時間を超えることができる。

いずれの場合においても、以下を守らなければならない。

- 時間外労働と休日労働の合計が月100時間未満。
- 時間外労働と休日労働の合計について、2、3、4、5、6か月それぞれの平均がすべて1か月あたり80時間以内。

❹雇用契約

この法律で定める**基準に達しない労働条件**はその部分について無効となる。その部分は、この法律の定める基準による。

❺就業規則

常時**10人以上**の労働者を使用する使用者は就業規則を作成し、行政官庁に届け出る。

❻解雇・退職

やむを得ず労働者を解雇する場合、**30日以上前**に予告するか、解雇予告手当（平均賃金の**30日以上**）を支払わなければならない（第20条）。業務上の傷病や産前産後による休業期間及びその後30日間は原則解雇できない（19条）。

対策
労働条件の変更に関する記述が選択肢として出題された（第24回）。

tips
解雇は客観的に合理的な理由を書き、社会通念上相当であると認められない場合は、無効となる（労働契約法16条）。

労働契約法

労働契約は、労働者と使用者の自主的な交渉の下で合意により成立し・変更されるという原則があります。労働者の雇用安定と労働条件の合意、契約の公平性を目的としています。

●**労働契約の基本ルール**

＊労働者と使用者双方が守らなければならない

● 労働契約の締結や変更に当たっては、労使の対等の立場における合意によるのが原則（第3条第1項）。

● 労働者と使用者は、労働契約の締結や変更に当たっては、均衡を考慮することが重要（第3条第2項）。

● 労働者と使用者は、労働契約の締結や変更に当たっては、仕事と生活の調和に配慮することが重要（第3条第3項）。

● 労働者と使用者は、信義に従い誠実に行動しなければならず、権利を濫用してはならない（第3条第4項・第5項）。

● 使用者は、労働契約の内容について、**労働者の理解を深めるようにする**（第4条第1項）。

● 労働者と使用者は、労働契約の内容（有期労働契約に関する事項を含む）について、できる限り書面で確認する（第4条第2項）。

● 使用者は、労働者の生命や身体などの安全が確保されるように配慮する（第5条）。

●**労働契約の変更**

労働者が働く中で、賃金や労働時間などの労働条件が変更になることもある。労働条件の変更をめぐってトラブルにならないように、契約の変更に関しては使用者と労働者で十分に話し合うことが重要である。

● 労働者と使用者が合意すれば、労働契約を変更できる（第8条）。

● 使用者が一方的に就業規則を変更しても、労働者の不

出典
（厚生労働省ホームページ「労働契約法のポイント」より）

tips

労働契約法では「不利益変更禁止の原則」があり、賃金などの就業規則の「不利益変更」がなされる場合は、労働者の受ける不利益の程度や変更の必要性、変更後の就業規則の内容の相当性、労働組合等との状況、その他の事象に照らして合理性が判断される

利益に労働条件を変更することはできない(第9条)。

- 使用者が、就業規則の変更によって労働条件を変更する場合には、次のことが必要になる(第10条)。

❶その変更が、以下の事情などに照らして合理的であること。

- 労働者の受ける不利益の程度
- 労働条件の変更の必要性
- 変更後の就業規則の内容の相当性
- 労働組合等との交渉の状況

❷労働者に変更後の就業規則を周知させること。

●**有期労働契約の締結**

「有期労働契約の締結、更新及び雇止めに関する基準」において、使用者は次のことを守る必要がある。

❶契約期間満了後の**更新**の有無などを明示する。

❷3回以上更新された契約や1年を超えて継続勤務している労働者の契約を更新しない場合、契約期間満了の30日前までに雇い止めを予告する。

❸労働者の求めに応じ、**雇い止めの理由**を明示する。

❹契約**更新**の場合、契約期間をできる限り長くするよう配慮する。

- 使用者は、やむを得ない事由がある場合でなければ、契約期間が満了するまでの間において、労働者を解雇することができない。(第17条第1項)
- 使用者は、有期労働契約によって労働者を雇い入れる目的に照らして、契約期間を必要以上に細切れにしないよう配慮しなければならない。(第17条第2項)

労働組合法

労働組合法は、労働者が主体となって自主的に労働条件の維持・改善や経済的地位の向上を目的として組織する団体で、この法律は、日本国憲法第28条では次の3つを保障しており、この労働三権を具体的に保障するための法律

対策
労働組合法に関する正誤問題が出題されている(第23回)。

です。

❶**団結権**：労働者が労働組合を結成する権利。

❷**団体交渉権**：労働者が使用者と団体交渉する権利。

❸**団体行動権（争議権）**：労働者が欲求実現のために団体で行動する権利。

● 労働組合に対し、使用者との間で「労働協約」を締結することができる。

● 使用者が労働組合及び労働組合員に対して不利益な取扱いをすることなどを「不当労働行為」として禁止している。

＊日本では、個別の企業ごとにつくられる企業別労働組合が中心。

●**不当労働行為**

❶労働組合加入や正当な労働組合活動を理由に**解雇**、降格、給料の引下げ、嫌がらせ等の不利益取扱いをする。

❷団体交渉を理由なく**拒否**。

❸労働組合結成・運営に対して**支配**、**介入**、組合運営の経費について経理上の**援助**をする。

❹労働者が労働委員会に**救済**を申し立て、労働委員会に関する手続において行った発言や証拠提出を理由に、不利益取扱いをする。

各法律の「労働者」の定義

労働基準法	職業の種類を問わず、事業又は事務所に使用される者で、賃金を支払われる者
労働契約法	使用者に使用されて労働し、賃金を支払われる者をいう。
労働組合法	職業の種類を問わず、賃金、給料その他これに準ずる収入によって生活する者（失業者含む）

労働安全衛生法

　職場における労働者の安全と健康を確保することと、快適な職場形成が目的です。

　特に、メンタルヘルス支援の中心となる、次に関する項目が、キャリアコンサルタントと深いかかわりがあります。

- 従業員の健康保持増進措置＝THP（トータル・ヘルス・プロモーション・プラン）
- 職場における心の健康づくり
- 職場復帰支援
- ストレスチェック制度
- 快適職場の形成

男女雇用機会均等法

　性別を理由とする差別の禁止を定めた法律で、女性労働者の妊娠、出産後の健康の確保等の措置の推進を目的としています。

❶雇用管理の各ステージにおける性別を理由とする差別の禁止

　募集・採用、配置・昇進・降格・教育訓練、一定範囲の福利厚生、職種・雇用形態の変更、退職の勧奨・定年・解雇・労働契約の更新について、性別を理由とする差別。

❷間接差別の禁止

　労働者の身長、体重、体力を要件とする採用。

- 労働者の募集若しくは採用、昇進又は職種の変更に当たって、転居を伴う転勤に応じることができることを要件とする。
- 労働者の昇進にあたり、転勤の経験があることを要件とする。

＊一方、雇用の場で男女労働者間に事実上生じている格差を解消することを目的として行う、女性のみを対

象とした取り扱いや女性を優遇する取り扱いは違法でない旨を規定している（<u>ポジティブアクション</u>・女性労働者に係る措置に関する特例〈第8条〉）。

❸婚姻、妊娠・出産等を理由とする不利益取扱いの禁止

- 婚姻、妊娠、出産を退職理由として退職の旨を定める。
- 婚姻を理由とする解雇。
- 妊娠、出産、産休取得、その他厚生労働省令で定める。理由による解雇その他不利益取扱いを禁止。
- 妊娠中・出産後1年以内の解雇は、事業主が、妊娠等が理由でないことを証明しない限り無効。

❹セクシュアルハラスメント対策

職場におけるセクシュアルハラスメント防止のために、雇用管理上必要な措置を事業主に義務づけている。

- 妊娠・出産等に関するハラスメント対策。

❺母性健康管理措置

妊娠中・出産後の女性労働者が保健指導・健康診査を受けるための時間の確保できるようにする。

女性活躍推進法

女性の職業生活における活躍の推進を目的とした法律です。

●一般事業主行動計画の策定

国、地方公共団体、常時雇用の労働者数が101人以上の大企業は女性が活躍できる行動計画を策定・公表・届け出をするよう義務付けています（令和4年4月1日に301人以上から101人以上の一般事業主に拡大され施行）。

策定・公表・届け出には次のステップで行われます。

- **ステップ1**：自社の女性の活躍に関する状況把握・課題分析。

用語
ポジティブアクション
固定的な男女の役割分担意識や過去の経緯より、営業職に女性がいない、管理職は男性が大半などの差が男女労働者の間に生じている場合差を解消しようという、個々の企業の取り組みのこと。

対策
一般事業主行動計画
一般事業主行動計画策定に関する記述について正誤問題が出ている（第23回）。

第2章

キャリアコンサルティングを行うために必要な知識

165

　さらに、常時雇用する労働者が301人以上の一般事業主
に対して、「**男女の賃金の差異**」が情報公表の必須項目と
なっています。

育児・介護休業法

　労働者が育児や介護を両立しながら働けるように支援す
ることを目的とした法律です。

● **育児休業**　＊性別問わず取得可能
　対象者：労働者
　期間：1歳の誕生日の前日までの間、労働者が希望す
　る期間、事業主への申し出により育児休業取得が可
　能。

● **出生時育児休業（産後パパ育休）**　＊育児休業とは別
　に取得可能
　対象者：男性労働者
　期間：子の出生後、8週間以内に4週間までの間の労
　働者が希望する期間。

● **育児休業給付**
　育児休業（出生時育児休業を含む）を取得し、受給資格
　を満たしていれば、原則として休業開始時の賃金の
　67％（180日経過後は50％）。

<table>
<tr><td colspan="2" align="center">**法定休暇について**</td></tr>
<tr><td>労働基準</td><td>年次有給休暇、産前産後休業、生理休暇</td></tr>
<tr><td>育児・介護休業法</td><td>育児・介護休業、子の看護休暇、介護休業</td></tr>
</table>

補足
男女の賃金の差異
常時雇用の労働者数が101人以上300人以下の一般事業主に対しては、情報公表項目が16（「男女の賃金の差異」もその1つ）ある中から、任意の1項目以上を公表する必要があるとしている。

用語
法定休暇
法律で定められている休暇。
特別休暇
企業独自に定められている休暇。

対策
休暇に関する正誤問題が出題されている。
例：有給かどうかの質問
　➡生理休暇は労働基準法で有給とするかどうかの定めはない。

労働施策総合推進法

　労働施策の総合的な推進、労働者の雇用の安定及び職業生活の充実等、多様な働き方を促進させることを目的としており、**働き方改革**の一環として改正されています。

　令和元年の改正時、職場における**パワーハラスメント**について、事業主に防止措置を講じることを義務付けました。

補足

正式名称は「労働施策の総合的な推進並びに労働者の雇用の安定及び職業生活の充実等に関する法律」。別名は「パワーハラスメント防止法」。

（雇用管理上の措置等）
第三十条の二　事業主は、職場において行われる優越的な関係を背景とした言動であって、業務上必要かつ相当な範囲を超えたものによりその雇用する労働者の就業環境が害されることのないよう、当該労働者からの相談に応じ、適切に対応するために必要な体制の整備その他の雇用管理上必要な措置を講じなければならない。
２　事業主は、労働者が前項の相談を行ったこと又は事業主による当該相談への対応に協力した際に事実を述べたことを理由として、当該労働者に対して解雇その他不利益な取扱いをしてはならない。

職業安定法

　労働者の募集や紹介、供給を規定する法律です

　労働者の雇用**安定**と職業選択の**自由**を促進することを目的としており、官民の職業紹介、指導機関において行う、就職や転職者に対する職業指導の内容を具体的に規定しています。

労働者派遣法

　労働者派遣事業者の**適正**な運営と、労働者の**保護**を目的とした法律です。

すべての労働者派遣事業は許可制となっており、派遣先の同一事業所に対する派遣期間は原則3年が限度、または同一の労働者を派遣先事業所における同一単位に対し、派遣期間3年が限度となります。

また、2020年には派遣先の労働者との**不合理な待遇差**が禁止されました。

若者雇用促進法

若者の職業選択、職業**能力**の開発、向上の支援に関する措置目的とした法律です。

労働条件や職場情報の積極的な提供をすることにより、新卒段階での**ミスマッチ**による早期離職の解消、労働関係法令違反のあった事業所を新卒者などに紹介することのないよう、ハローワークでの求人票を一定期間受け付けない仕組みづくり、若者の採用・育成に積極的で、若者の雇用管理の状況などが優良な中小企業に対する**ユースエール認定制度**が創設されています。

高齢者雇用安定法

少子高齢化の急速な発展と人口減少による経済社会の活力の維持という背景と**働く意欲**のある高齢者の能力を十分発揮できるよう高齢者が活躍出来る環境整備を目的とし、**70歳までの就業機会の確保**について、多様な選択肢と、事業主としての措置を制度化する各種義務を次のように設けました。

●高年齢者就業確保措置（義務）
❶65歳まで定年引き上げ。
❷65歳までの継続雇用制度の導入。
❸65歳未満の定年廃止。

対策
2021年4月1日施行。「改正高年齢者雇用安定法」以降の「義務」と「努力義務」を間違えないようにしよう！

●高年齢者就業確保措置（努力義務）

＊次の❶〜❺いずれかの措置を講ずる努力義務（令和３年４月１日施行）。

❶70歳までの定年引上げ。

❷70歳までの継続雇用制度の導入。

❸定年廃止。

❹希望するときは70歳まで継続的に業務委託契約を締結する制度導入。

❺希望するときは70歳まで継続的に社会貢献事業等に従事できる制度の導入。

■ 障害者雇用促進法

障害者の**職業生活**の自立と職業の安定を目的とした法律です。

職業リハビリテーションの推進（職業紹介など、障害者職業センター、障害者就業・生活支援センター）、障害者に対する差別の禁止、**合理的配慮**の提供義務、対象障害者の雇用義務に基づく雇用の促進などが盛り込まれています。

障害者の意欲に応じて、誰もが社会参加できる共生社会実現の理念のもとに障害者法定雇用率制度を定めており、従業員数が一定以上の事業主は、従業員数に占める障害者（身体・知的・精神）の割合を、**法定雇用率以上にする義務**があります。

障害者法定雇用率制度 ＊段階的引き上げ

	令和５年度	令和６年４月	令和８年７月
民間事業の法定雇用率	2.3%	2.5%	2.7%
従業員数	43.5人以上	40.0人以上	37.5人以上

国や地方公共団体の法定雇用率は令和５年度2.6%、令

出典
「障害者差別禁止指針」と「合理的配慮指針」
（厚生労働省ホームページより）

和6年度4月1日2.8%、令和8年7月1日から3.0%と引き上げられます。

●「障害者差別禁止指針」と「合理的配慮指針」

●障害者差別禁止指針

障害者雇用促進法に基づく「障害者に対する差別の禁止に関する規定に定める事項に関し、事業主が適切に対処するための指針。

ポイント

- すべての**事業主**が対象。
- 障害者であることを理由とする差別を禁止。
- 事業主や同じ職場で働く人が、障害特性に関する正しい知識の**取得**や**理解**を深めることが重要。
- 募集・採用、賃金、配置、昇進、降格、教育訓練などの項目で障害者に対する差別を禁止。

〈募集・採用における差別の例〉

- 障害者であることを理由として、障害者を募集または採用の対象から**排除**すること。
- 募集または採用に当たって、障害者に対してのみ**不利**な条件を付すこと。
- 採用の基準を満たす人の中から障害者でない人を**優先**して採用すること。

●合理的配慮指針

雇用の分野における障害者と障害者でない者との均等な機会もしくは待遇の確保または障害者である労働者の有する能力の有効な発揮の支障となっている事情を改善するために事業主が講ずべき措置に関する指針。

ポイント

- すべての**事業主**が対象。
- 合理的配慮は、個々の事情を有する障害者と事業主との相互理解の中で提供されるべき性質のもの。

〈募集・採用時、採用後における配慮の例〉

- 募集内容について、音声などで提供すること（**視覚障害**）。
- 面接を筆談などにより行うこと（**聴覚・言語障害**）。
- 机の高さを調節することなど作業を可能にする工夫を行うこと（**肢体不自由**）。
- 本人の習熟度に応じて業務量を徐々に増やしていくこと（**知的障害**）。
- 出退勤時刻・休暇・休憩に関し、通院・体調に配慮すること（**精神障害**ほか）。

職業能力開発促進法

労働者の職業能力の開発、向上を促進することにより、職業の安定と労働者の**地位**向上を図るとともに、経済、社会の発展に寄与することを目的としています。

職業能力の開発、向上の促進は労働者の職業生活設計に配慮しつつ、その職業生活の**全期間**を通じて段階的かつ体系的に行われることを基本理念としています。

働き方改革関連法

労働者がそれぞれの事情に応じた多様な働き方を選択できる働き方改革を総合的に推進する目的で、長時間労働、多様で柔軟な働き方、雇用形態に関わらない公正な待遇の確保等のための措置を講ずるため、関係法令を整備するための法律です。

◉長時間労働に関する関係法令
●労働基準法
●労働時間の上限規制
- 原則月45時間、年360時間。
- 臨時的な事情があり労使が合意する場合、
- 時間外労働年720時間以内

tips

キャリアコンサルタントに最も関係の深い法律（職業能力開発促進法）➡事業主が行う職業能力開発だけでなく、自発的に自らのキャリアについて考える環境を整えることが重要となっている。そこで、キャリアコンサルタントの重要性が広く認識され、活用が進んでいる。

- 複数月平均80時間以内(休日労働含む)
- 月100時間未満(休日労働含む)

*原則である月45時間を超えることができるのは年6か月まで。

● 高度プロフェッショナル制度の創設

高度の専門的知識等を有し、職務の範囲が明確で<u>一定の年収要件</u>を満たす労働者を対象として、労使委員会の決議及び**労働者本人の同意**を前提として、年間104日以上の休日確保措置や健康管理時間の状況に応じた健康・福祉確保措置等を講ずることにより、労働基準法に定められた労働時間、休憩、休日及び深夜の割増賃金に関する規定を適用しない制度。

● 年次有給休暇取得の義務化

10日以上の年次有給休暇が付与されている労働者に、年5日の有給休暇の取得を企業に義務づける。

● フレックスタイム制の改正

◉労働時間等設定改善法

1日の勤務終了後、翌日の出社までの間に、一定時間以上の休息時間(インターバル)を設けることで、働く方の生活時間や睡眠時間を確保するものです。

労働時間等設定改善法(例)

図 11時間の休息時間を確保するために始業時刻を後ろ倒しにする場合

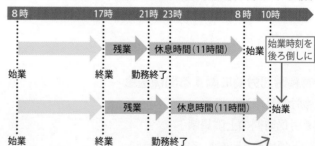

*「8〜10時」までを「働いたものとみなす」方法などもあります。

●同一賃金同一労働に関する関係法令

●パートタイム・有期雇用労働法

　パートタイム労働者や有期雇用労働者が、正社員との**待遇格差**を是正し、不合理な**待遇差**をなくすための法律。

- 有期雇用労働者への均衡待遇義務を規定
- 説明義務の強化

●労働者派遣法

　均衡待遇義務を規定、説明義務の強化を行うことで、正規雇用労働者と非正規雇用労働者の待遇差の是正を図るものです。労働法体系と、労働政策の領域について次のようにまとめています。

用語
パートタイム労働者
１週間の所定労働時間が、「通常の労働者」に比べて短い労働者。

用語
有期雇用労働者
期間の定めのある労働契約を締結している労働者。

用語
通常の労働者
正規雇用労働者(正規社員)、フルタイム労働者(無期雇用)。

労働法体系

領域	法律	担当行政
労働条件に関する法律 法源：憲法第27条2、3項(勤労条件の基準の法廷、児童の酷使禁止)	労働基準法 最低賃金法 労働安全衛生法 労働者災害補償保険法 労働契約法 (使用者と被用者との労働契約、労働条件、採用、退職などの個別労働関係の領域)	労働基準監督署など労働基準行政
雇用・労働市場に関する法律 法源：憲法第27条1項(勤労の権利)、同第22条1項(職業選択の自由)及び、『国民経済の均衡ある発展・完全雇用の達成』という政策目標	労働施策総合推進法(旧雇用対策法) 職業安定法 雇用保険法 職業能力開発促進法 労働者派遣法 若者雇用促進法 高齢者雇用安定法 障害者雇用促進法	ハローワーク、職業訓練施設など職業安定行政、能力開発行政
労使関係に関する法律 法源：憲法第28条(団体兼、団体交渉権、団体行動権)	労働組合法 労働関係調整法 (労働組合の結成、運営、労使の団体交渉ルールなど個別的集団的労働関係の領域)	労働委員会などの労使関係行政

労働契約に関する主な制度

労働契約の基本原則	労働契約の締結や変更の原則	●労使の対等の立場 ●就業の実態に応じて、均衡を考慮 ●仕事と生活の調和に配慮 ●誠実に行動、権利を濫用ない	労働法
労働契約の締結	労働条件の明示	使用者が労働者を採用するときは、賃金・労働時間その他の労働条件を書面などで明示	労働基準法
		労働者と使用者が労働契約を結ぶ場合に、使用者が、合理的な内容の就業規則を労働者に周知させていた場合、就業規則で定める労働条件が労働者の労働条件になる	労働契約法
	契約期間	契約期間に定めのある労働契約（有期労働契約）の期間は、原則として上限は3年。なお、専門的な知識等を有する労働者、満60歳以上の労働者との労働契約については、上限が5年	労働基準法
		使用者は、有期労働契約によって労働者を雇い入れる場合は、その目的に照らして、契約期間を必要以上に細切れにしないよう配慮	労働契約法
労働契約の変更		●労働者と使用者が合意をすれば、労働契約を変更できる ●合意による変更の場合でも、就業規則に定める労働条件よりも下回ることはできない ●使用者が一方的に就業規則を変更しても、労働者の不利益に労働条件を変更することはできない。 就業規則によって労働条件を変更する場合には、内容が合理的であることと、労働者に周知させることが必要	労働契約法
労働契約の終了	解雇の有効性	●解雇は、客観的に合理的な理由を欠き、社会通念上相当であると認められない場合、権利を濫用したものとして無効 ●契約期間に定めのある労働者については、やむを得ない事由がある場合でなければ、契約期間が満了するまでの間において労働者を解雇することができない ●契約の形式が有期労働契約であっても、当該契約が以下のaまたはbのいずれかに該当し、労働者が当該契約の更新の申込みをしたとき場合であって、使用者が当該申込みを拒絶することが、客観的に合理的な理由を欠き、社会通念上相当であると認められないときは、雇止めは認められず、従前と同一の労働条件で、当該契約が更新される	労働契約法

（次ページに続く）

| | | a 過去に反復して更新されたことがあるものであって、その雇止めが無期労働契約の解雇と社会通念上同視できると認められるもの
b 労働者において、有期労働契約の契約期間満了時にその有期労働契約が更新されるものと期待することについて合理的な理由があると認められるもの | |
| | 解雇予告手当 | やむを得ず解雇を行う場合でも、30日前に予告を行う 予告を行わない場合には解雇予告手当（30日分以上の平均賃金）を支払う | 労働基準法 |

社会保障制度について

社会保険制度とは、国民の安心や安定を支える**セーフティネット**です。

社会保険（年金・医療・介護・雇用・労災）、社会福祉（児童・母子及び父子並びに寡婦・高齢者・障害者）、公的扶助（生活保護）、保健医療・公衆衛生から成り立っています。

国民年金・厚生年金

公的年金は、**20**歳以上**60**歳未満のすべての方が加入する**国民**年金（＝基礎年金）と、会社員・公務員などが加入する**厚生**年金の2階建構造になっています。

年金の構造

2階部分		厚生年金	
1階部分	国民年金（基礎年金）		
	第1号被保険者 20歳以上60歳未満の農業者、自営業者、学生、無職の人など	第2号被保険者 会社員・公務員など	第3号被保険者 第2号被保険者に扶養されていて、年収130万円未満の20歳以上60歳未満の配偶者

労働者災害補償制度（労災保険）

　労働者災害補償保険法に基づき、業務上、通勤時の労働者の負傷、疾病、障害死亡などに対して保険給付を行い、被災労働者の**社会復帰**の促進や被災労働者・遺族の**援護**、労働者の安全、衛生の**確保**等を図ることを目的としています。

その費用は、原則として**事業主**の負担する保険料によってまかなわれています。

　原則として1人でも労働者を使用する事業は、業種の規模の如何を問わず、すべてに適用されます。なお、労災保険における労働者とは、「職業の種類を問わず、事業に使用される者で、賃金を支払われる者」をいい、労働者であればアルバイトやパートタイマー等の雇用形態は関係ありません。

　保険給付には、次のようなものがあります。

❶療養（補償）等給付、休業（補償）等給付、傷病（補償）等年金：療養のために休業する場合。

❷障害（補償）等年金、障害（補償）等一時金：障害が残った場合、程度に応じて支給。

❸介護（補償）等給付：常時または臨時介護を要する場合。

❹遺族（補償）等年金、遺族（補償）等一時金、葬祭料等：被災者が死亡した場合。

雇用保険制度

　労働者の生活や雇用の安定、就職の促進のため、失業等給付を支給するものです。財源は、労働者と事業主が負担する保険料と国費から成り立ってします。

❶労働者が**失業**してその所得の源泉を喪失した場合、労働者について**雇用**の継続が困難となる事由が生じた場合及び労働者が自ら職業に関する**教育訓練**を受

けた場合及び労働者が子を養育するための**休業**をした場合に、生活及び雇用の安定並びに就職の促進のために失業等給付及び育児休業給付を支給。

❷失業の予防、雇用状態の是正及び雇用機会の増大、労働者の能力の開発及び向上その他労働者の福祉の増進を図るための<u>二事業</u>を実施する、雇用に関する総合的機能を有する制度。

介護保険制度

高齢者の介護を社会全体で支え合う仕組みで、基本的な考えとして、次のようなものがあります。

● **自立支援**：高齢者の自立を支援する。
● **利用者本位**：多様な修礼から保健医療サービスや福祉サービスを総合的に受けられる。
● **社会保険方式**：給付と負担の関係が明確。
● **財源**
  公費…50%、保険料…50%
● **被保険者**
  第1号被保険者：65歳以上の者。介護保険サービスは、原因を問わず、要支援・要介護状態となったときに受けることができる。
  第2号被保険者：40歳から60歳の医療保険加入者。介護保険サービスは、末期がんや関節リウマチ等の廊下による病気が原因で要支援・要介護状態となったときに受けることができる。

補足
雇用保険二事業
①雇用安定事業と、②能力開発事業のこと。

出典
（厚生労働省ホームページ「介護保険制度の概要」）

対策
介護保険制度
介護保険制度について正誤問題が出題されている（第21回）。

1．労働基準法では、同法で定める労働基準に達しない労働条件はその契約自体が無効となる。　

2．労働基準法では、使用者は毎週少なくとも2日の休日を与えなければならない。　×

3．労働基準法では使用者が労働者を法定の労働時間を超えて労働させる場合、あらかじめ36協定を労使間で締結し、労働基準監督署長に提出しなければならない。　◯

4．「労働基準法」「労働契約法」「労働組合法」における労働者の定義として、失業者も含まれる。　

5．「男女雇用機会均等法」の間接差別の禁止に関する内容について、労働者の昇進にあたり、転勤の経験があることを要件とすることは禁止とされている。　◯

6．「女性活躍推進法」では、女性が育児や介護を両立しながら働けるように支援することを目的にした法律である。　

7．「育児・介護休業法」における、育児休業は、1歳の誕生日の前日までの間、希望する期間男女労働者が取得できる。　◯

8．「育児・介護休業法」における出生時育児休業（産後パパ育休）は、子の出生後、8週間以内に4週間までの間の労働者が希望する期間取得が可能である。　◯

9．「高齢者雇用安定法」における高年齢者就業確保措置で、70歳までの定年引上げは義務となっている。　

10．高度プロフェッショナル制度の高度の対象者の一定の年収要件とは、1,075万円以上であることである。　◯

11. 「労働基準法」による有期労働契約の期間は一律最大５年までとなる。 ✕

12. 労働者災害補償制度（労災保険）は、10人以上の労働者を使用する事業主に加入が義務付けられている。 ✕

第2章

キャリアコンサルティングを行うために必要な知識

解説

1. 労働基準に達しない部分の契約が無効になる。

2. 少なくとも１日の休暇を与えなければならないが正しい。

4. 「労働組合法」のみ失業者が含まれる。

6. 設問の記述内容は「育児・介護休業法」の労働者全体に関する記述である。「女性活躍推進法」は女性活躍の基本原則を定めることを目的としている。

8. 記述の通り。育児休業とは別に取得が可能である。

9. 70歳までの定年引上げは努力義務である。

11. 原則３年である。専門的な知識等を有する労働者、満60歳以上の労働者との労働契約については、上限が５年である。

12. １人でも労働者を使用する事業は、業種の規模を問わず、すべてに適用される。

07

学校教育制度及び
キャリア教育の知識

学校教育制度の中でのキャリア教育のあり方や、初等中等教育から高等教育に至るまでの
さまざまな知識を学んでいきます。この範囲からは、2〜3問出題されています。

POINT

- ●教育基本法や学校教育法に基づき、学校種やそれぞれの目的について解説します。
- ●キャリア教育とはどのようなものか把握しましょう。
- ●職場体験・インターンシップの目的や時期などを理解します。
- ●各学校種での応募書類はどのようなものを活用するのかを学びます。
- ●参考資料を読みましょう（出題される傾向が高いもの）：今後の学校におけるキャリア教育・職業教育のあり方について（答申）、教育振興基本計画、学校基本調査など。

教育に関する法律

◉教育基本法

　人格の完成を目指して教育を行い、どのような人間を育てることを**根本的な目的**とすべきかを規定し、それらを実現するために次の5つの目標を規定しています。

一　幅広い知識と教養を身に付け、真理を求める態度を養い、豊かな情操と道徳心を培うとともに、健やかな身体を養うこと。

二　個人の価値を尊重して、その能力を伸ばし、創造性を培い、自主及び自律の精神を養うとともに、職業及び生活との関連を重視し、勤労を重んずる態度を養うこと。

三　正義と責任、男女の平等、自他の敬愛と協力を重んずるとともに、公共の精神に基づき、主体的に社会の形成に参画し、その発展に寄与する態度を養うこと。

四　生命を尊び、自然を大切にし、環境の保全に寄与する態度を養うこと。

五　伝統と文化を尊重し、それらをはぐくんできた我

が国と郷土を愛するとともに、他国を尊重し、国際社会の平和と発展に寄与する態度を養うこと。

上記の5つの目標に加え、次の「生涯学習の理念」を「教育の機会均等」についても覚えておきましょう。

生涯学習の理念：生涯にわたってあらゆる機会、場所で学習することができる社会の実現の規定（第3条）。

教育の機会均等：教育の機会均等について規定するとともに、障害のある者が十分な教育を受けられるよう、教育上必要な支援を講ずべきことを規定（第4条）。

●教育振興基本計画

教育基本法第17条に基づき、教育基本法に示された理念の実現と、教育振興に関する施策の総合的・計画的な推進を図るための**政府**として策定する計画です。この計画を定め、**国会**に提出する必要があります。

出典

教育振興基本計画
（文部科学省「新たな教育振興基本計画（概要）令和5年度～9年度」より。下図の詳細はホームページを参照）

新たな教育振興基本計画【概要】（令和5年度～9年度）

我が国の教育をめぐる現状・課題・展望

教育の普遍的な使命：学制150年、教育基本法の理念・目的・目標（不易）の実現のための、社会や時代の変化への対応（流行）

教育振興基本計画は予測困難な時代における教育の方向性を示す**羅針盤**となるものであり、教育を社会を牽引する駆動力の中核を担う営み

【社会の現状や変化】
・新型コロナウイルス感染症の拡大 ・ロシアのウクライナ侵略による国際情勢の不安定化 ・VUCAの時代（変動性、不確実性、複雑性、曖昧性） ・少子化・人口減少や高齢化
・グローバル化・地球規模課題 ・DXの進展、AI・ロボット・グリーン（脱炭素） ・共生社会・社会的包摂 ・精神的豊かさの重視（ウェルビーイング） ・18歳成年・こども基本法 等

第3期計画期間中の成果

・（初等中等教育）国際的に高い学力水準の維持、GIGAスクール構想、教職員定数改善
・（高等教育）教学マネジメントや質保証システムの確立、連携・統合のための体制整備
・（学校段階横断）教育費負担軽減による進学率向上、教育研究環境整備や耐震化 等

第3期計画期間中の課題

・コロナ禍でのグローバルな交流や体験活動の停滞 ・不登校・いじめ重大事態等の増加
・学校の長時間勤務や教師不足 ・地域の教育力の低下、家庭を取り巻く環境の変化
・高度専門人材の不足や労働生産性の低迷 ・博士課程進学率の低さ 等

次期計画のコンセプト

2040年以降の社会を見据えた持続可能な社会の創り手の育成
・将来の予測困難な時代において、未来に向けて**自らが社会の創り手**となり、課題解決などを通じて、**持続可能な社会**を維持・発展させていく
・社会課題の解決を、経済成長と結び付けて**イノベーション**につなげる取組や、一人一人の**生産性向上等**による、**活力ある社会**の実現に向けて「**人への投資**」が必要
・Society5.0で活躍する、主体性、リーダーシップ、創造力、課題発見・解決力、論理的思考力、表現力、チームワークなどを備えた人材の育成

日本社会に根差したウェルビーイング（※）の向上
・多様な個人それぞれが幸せや生きがいを感じるとともに、**地域や社会**が幸せや豊かさを感じられるものとなるための教育の在り方
・幸福感、学校や地域でのつながり、利他性、協働性、自己肯定感、自己実現等が含まれ、協調的幸福と獲得的幸福のバランスを重視
・**日本発の調和と協調**（Balance and Harmony）に基づくウェルビーイングを発信

※身体的・精神的・社会的に良い状態にあること。短期的な幸福のみならず、生きがいや人生の意義などの将来にわたる持続的な幸福を含む概念。

今後の教育政策に関する基本的な方針

①グローバル化する社会の持続的な発展に向けて学び続ける人材の育成
・主体的に社会の形成に参画、持続的社会の発展に寄与
・「**主体的・対話的で深い学び**」の視点からの授業改善、大学教育の**質保証**
・探究・STEAM教育、文理横断・文理融合教育等を推進
・グローバル化の中で**留学等国際交流**や大学国際化、外国語教育の充実、SDGsの実現に貢献するESD等を推進
・**リカレント教育**を通じた高度人材育成

②誰一人取り残されず、全ての人の可能性を引き出す共生社会の実現に向けた教育の推進
・子供が抱える困難が多様化・複雑化する中で、個別最適・協働的な学びの一層の充実やインクルーシブ教育システムの推進による**多様な教育ニーズへの対応**
・支援を必要とする子供の**長所・強み**に着目する視点の重視、**多様性**、**公平・公正・包摂性**（DE&I）ある**共生社会の実現**に向けた教育を推進
・ICT等の活用による学び・交流機会、アクセシビリティの向上

人生100年時代に**複雑化する生涯**にわたって**自己実現**する学習者

③地域や家庭で共に学び支え合う社会の実現に向けた教育の推進
・持続可能な地域コミュニティの基盤形成に向けて、公民館等の社会教育施設の機能強化や**社会教育人材**の養成と活躍機会の拡大
・コミュニティ・スクールと地域学校協働活動との一体的推進、家庭教育支援の充実による学校・家庭・地域の連携強化
・**生涯学習**を通じた自己実現、地域社会への貢献等により、**当事者**として地域社会の担い手となる

④教育デジタルトランスフォーメーション（DX）の推進

DXに至る3段階（電子化→最適化→新たな価値(DX)）において、第3段階を見据え、第1段階から第2段階への移行の着実な推進

GIGAスクール構想、情報活用能力の育成、校務DXを通じた働き方の深化、教師のICT活用指導力の向上等、教育DX人材の育成等を推進

教育データの標準化、基盤的ツールの開発・活用、**教育データの分析・利活用**の推進

デジタルの活用と併せてリアル（対面）活動も不可欠、学習場面等に応じた最適な組合せ

⑤計画の実効性確保のための基盤整備・対話

学校における働き方改革、処遇改善、指導・運営体制の充実の一体的推進、ICT環境の整備、経済状況によらない学びの確保

NPO・企業等多様な担い手との連携・協働、安全・安心で質の高い教育研究環境等の整備、児童生徒等の安全確保

各関係団体・関係者（子供を含む）との対話を通じた計画の策定等

（次ページに続く）

今後の教育政策の遂行に当たっての評価・投資等の在り方

教育政策の持続的改善のための評価・指標の在り方

・客観的な根拠を重視した教育政策のPDCAサイクルの推進　　　　　・データ等を分析し、企画立案等を行うことのできる行政職員の育成
・調査結果（定量・定性調査）に基づく多様な関係者の対話を通じた政策・実践の改善　・教育データ（ビッグデータ）の分析に基づいた政策の評価・改善の促進

教育投資の在り方

「人への投資」は成長の源泉であり、成長と分配の好循環を生み出すため、教育の効果的投資を図る必要。未来への投資としての教育投資を社会全体で確保。
公教育の再生は少子化対策や経済成長実現にとっても重要であり、取組を推進する。

●教育費負担軽減の着実な実施及び更なる推進　　　　●各教育段階における教育の質の向上に向けた環境整備
　・幼児教育・保育の無償化、高等学校等就学支援金による授業料支援、高　　・GIGAスクール構想の推進、学校における働き方改革、処遇改善、指導・運営体制の充実、教師
　等教育の修学支援新制度等による教育費負担軽減を着実に実施　　　　　の育成支援の一体的推進
　・高等教育の給付型奨学金等の多子世帯や理工農系の学生等の中間層への　・国立大学法人運営費交付金・私学助成の適切な措置、成長分野への転換支援の基金創設
　拡大　等　　　　　　　　　　　　　　　　　　　　　　　　　　　　・リカレント教育の環境整備、学校施設・大学キャンパスの教育研究環境向上と老朽化対策　等

OECD諸国など諸外国における公財政支出など教育投資の状況を参考とし、必要な予算について財源を措置し、真に必要な教育投資を確保

●学校教育法

　教育基本法に基づいた、学校教育制度の基本を定めた法律です。この法律でいう「学校」とは、幼稚園、小学校、中学校、義務教育学校、高等学校、中等教育学校、特別支援学校、大学および高等専門学校の学校種のことをいいます。

　学校体制系は、小学校６年、中学校３年、高等学校３年、大学４年の「６・３・３・４」制となっています。

●学校教育法に基づく新たな学校種

● **中等教育学校**：中学と高等学校を一貫して行う学校。中高一貫校。

● **義務教育学校**：小学校・中学校の義務教育を一貫して行う学校。

● **専門職大学**：専門職業人の養成を目的とする高等教育機関。大学制度の中に位置づけられる。

●学習指導要領

　全国どの地域で教育を受けても、一定の水準の教育が受けることができるよう、文部科学省が学校教育基本法に基づき、各学校でカリキュラムを編成する際の基準を定めたものです。小中高ごとに教科などの目標、教育内容を大まかに規定しています。

　およそ、10年に１度改定されます。

●学習要領の変遷

● **1989年**：生活科を小学校１・２年で導入、高等学校

家庭科の男女必修化

● **2008・09年**：外国語活動を小学校5・6年で導入

● **2015年**：道徳の特別教科化

新学習指導要領では、**キャリア教育**について小学校段階から明記されています。そこには、

> 「**小、中、高等学校共通の総則**：児童（生徒）が学ぶことと自己の将来とのつながりを見通しながら、社会的・職業的自立に向けて必要な基盤となる資質・能力を身に付けていくことができるよう、**特別活動**を要としつつ各教科等の特質に応じてキャリア教育の充実を図ること」

と記されています。

加えて、中学校と高等学校には、それぞれ、次のように記されています。

> 「**中学校**：その中で生徒が自らの生き方を考え、主体的に進路を選択することができるよう、学校の教育活動全体を通じ、組織的かつ計画的な進路指導を行うこと」

> 「**高等学校**：その中で、生徒が自己の在り方生き方を考え主体的に進路を選択することができるよう、学校の教育活動全体を通じ、組織的かつ計画的な進路指導を行うこと」

2011年中央教育審議会答申での言及

● 学校と社会および学校間の円滑な接続を図るためのキャリア教育を、小学校段階から、発達段階に応じて行う必要がある。

● キャリア教育実施にあたり、家庭、地域と連携し、体験的な学習を重視する必要がある。

● キャリア教育は、学校ごとに目標を設定し、教育課程（カリキュラム）に位置づけ、計画的に行う必要がある。

用語

特別活動（学級活動）

①学級・学校における生活づくりへの参画。

②日常生活や学習への適応と自己の成長及び健康安全。

③一人ひとりのキャリア形成と自己実現。

●対策

今後の学校におけるキャリア教育・職業教育の在り方について(答申)より、キャリア教育で育成すべき力「基礎的・汎用的能力」の内容に関する正誤問題が出題されている(第23回)。

　キャリア教育とは、一人ひとりの社会的・職業的自立に向け、必要な基盤となる能力や態度を育てることを通して、**キャリア発達を促す教育**です。

　職業教育とは、職業に従事するために必要な知識、技能、能力を育てる教育です。

　キャリア教育と職業教育の方向性を考えるうえでの重要な視点は、下記の通りです。

❶仕事をすることの意義や、幅広い視点から職業の範囲を考えさせる指導を行う。

❷社会的・職業的自立、社会・職業への円滑な移行に必要な力を明確化する。

「社会的・職業的自立、社会・職業への円滑な移行に必要な力」の要素

●補足

基礎的・基本的な知識・技能：教科を中心とした教育活動を通して中核的に修得されるべきもの。

基礎的・汎用的能力：キャリア教育がその中心として育成すべき能力。さまざまな教育活動を通して育成。

論理的思考力、創造力：基礎的・基本的な知識・技能や専門的な知識・技能の育成と相互に関連させながら育成するもの。

意欲・態度：児童生徒一人一人がさまざまな学習経験などを通じて個人の中で時間をかけて自ら形成・確立するもの。

勤労観・職業観等の価値観：児童生徒一人ひとりがさまざまな学習経験などを通じて個人の中で時間をかけて自ら形成・確立するもの。

専門的な知識・技能：職業教育を中核として育成するもの。

(出典：文部科学省「社会的・職業的自立、社会・職業への円滑な移行に必要な力」について)

　上の図は、「キャリア教育と職業教育の方向性を考える上での重要な視点」の❷の要素を図示したもので、土台である❶基礎的・基本的な知識・技能の上に❷基礎的・汎用的能力、❸論理的思考力・創造力、❹意欲・態度および勤労観・職業観などの価値観という柱が立ち、❺専門的な知識・技能を支えています。

中でも重要なのは、**❷基礎的・汎用能力**です。これは、仕事に就くことに焦点を当て、実際の行動として現れるという観点から「人間関係形成・社会形成能力」「自己理解・自己管理能力」「課題対応能力」「キャリアプランニング能力」という4つの項目に整理されています。

●❷基礎的・汎用的能力を構成する4項目

● 人間関係形成・社会形成能力

多様な**他者**の考えや立場を理解し、相手の意見を聴いて**自分**の考えを正確に伝えることができる。**自分**の置かれている状況を受け止め、役割を果たし、**他者**と協力・協働して社会に参画し、今後の社会を積極的に形成することができる力。

● 自己理解・自己管理能力

自分が「できること」「意義を感じること」「したいこと」について、社会との**相互関係**を保ちつつ、今後の自分自身の可能性を含めた肯定的な理解に基づき**主体的**に行動する。同時に自らの思考や感情を律し、かつ、**今後の成長**のために進んで学ぼうとする力。

● 課題対応能力

仕事をするうえでのさまざまな**課題**を発見・分析し、適切な計画を立ててその**課題**を処理し、解決することができる力。

● キャリアプランニング能力

「働くこと」の意義を理解し、自らが果たすべきさまざまな立場や役割との関連を踏まえて「働くこと」を位置付け、多様な生き方に関するさまざまな情報を適切に取捨選択・活用しながら、自ら主体的に判断して**キャリア**を形成していく力。

キャリア教育と進路指導の関係

キャリア教育が就学前段階から初等中等教育・高等教育

（出典）
キャリア教育と進路指導
（文部科学省ホームページより）

（対策）
資料を読もう！
参考資料：「インターンシップを始めとする学生のキャリア形成支援に係る取組の推進に当たっての基本的考え方」。また、文部科学省、厚生労働省及び経済産業省合意。

（出典）
キャリア・パスポートの様式例と指導上の留意事項
（文部科学省ホームページより）

を貫き、また学校から社会への移行に困難を抱える若者（若年無業者など）を支援するさまざまな機関において実践されるものであるのであるのに対して、進路指導は、中学校・高等学校に限定される教育活動です。

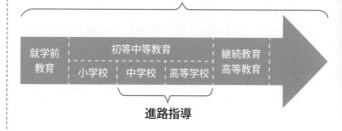

補足

最新情報チェック！
令和5年度から、大学生等のインターンシップの取り扱いが変更になっている。ここでは、令和6年度卒（令和7年3月卒業・修了する）学生が、令和5年度に参加するインターンシップから適用されるものを記載している。

キャリア・パスポート

キャリア・パスポートとは、児童生徒が、小学校から高等学校までのキャリア教育に関わる活動全体について、**特別活動**の学級活動及びホームルーム活動を中心として、自らの学習状況やキャリア形成を見通したり振り返ったりできるポートフォリオのことです。

それにより、児童生徒は、自己評価を行うとともに、主体的に学びに向かう力を育み、自己実現につなげます。教師は、その記述をもとに対話的にかかわることによって、児童生徒の成長を促し、系統的な指導に役立てます。

対策

新規高等学校卒業予定者の応募書類に関する出題がされている（第22回）。

学校における職場体験・インターンシップ

大学などでの学修（学びを修めること）と社会での経験を結びつけることで、学修の理解が深まるだけでなく、学習意欲の喚起、職業意識の醸成などにつながります。

大学などにおけるインターンシップを始めとするキャリア形成支援は、産学協働で取り組むべきであり、4つの類

型があります。

大学などにおけるキャリア形成支援

類型	タイプ1	タイプ2	タイプ3	タイプ4
名称	オープン・カンパニー	キャリア教育	汎用的能力・専門活用型インターンシップ	高度専門型インターンシップ
目的	個社や業界に関する情報提供・PR	働くことへの理解を深めるための教育	就業体験を通じて、学生にとっては自らの能力の見極め、企業にとっては学生の評価材料の取得	就業体験を通じて、学生にとっては実践力の向上、企業にとっては学生の評価材料の取得
特徴	職場体験を必須とせず、「インターンシップ」と称さない。		職場体験が必須。「インターンシップ」と称す。	

これら4つの類型は学生のキャリア形成支援にかかる取り組みであり、採用活動ではありません。学生は採用選考活動の開始時期以降、改めて採用選考のためのエントリーが必要になります。

一定基準を満たすインターンシップ、タイプ3（汎用的能力・専門活用型インターンシップ）で取得した学生情報を、広報活動、採用活動の開始時期以降に限り、使用可能です。

学生情報の活用例

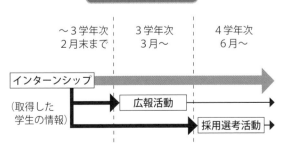

（活用例）　広報活動開始以降：企業説明会の案内送付など
　　　　　　採用選考活動開始以降：採用基準プロセスの一部免除など

（出典）
（厚生労働省ホームページ「公正な採用選考の実施について」より）

（補足）
最新の資料を読もう！
ここでは、令和4年度調査結果について記している。

（対策）
在学者数の人数についての正誤問題が出題されている（第21回）。それぞれの教育機関での増減を把握しておくとよい（第22回）。

（出典）
学校基本調査
（文部科学省ホームページより）

一定の基準とは

- **就業体験要件**：実施期間の半分を超える日数を就業体験に充当。
- **指導要件**：職場の社員が学生を指導し、学生にフィードバックを行う。
- **実施期間要件**：汎用能力活用型は5日間以上。専門活用型は2週間以上。
- **実施時期要件**：卒業・修了前年度以降の長期休暇期間中。
- **情報開示要件**：学生情報を活用する旨等を募集要項などに明示。

新規卒業予定者の募集・採用

公正な採用選考を実施するためのポイントとして、下記の4つが挙げられています。

❶適性・能力に基づいた採用基準の**明確化**。
❷適性・能力を**客観的**に評価する選考方法。
❸公正な採用選考を実行する**社内体制**の確立。
❹応募用紙の指定。

- **新規中学校卒業予定者**：職業相談票(乙)
- **新規高等学校卒業予定者**：全国高等学校統一用紙
- **新規大学等卒業予定者**：指定なし。厚生労働省が示す、「新規大学等卒 業予定者用標準的事項の参考例」を参考にした応募社用紙(履歴書、自己紹介書)または「厚生労働省履歴書様式例」の使用
- ＊独自で作成の際は就職差別につながる恐れのある事項を含めない。

学校基本調査

学校に関する基本的事項を調査し、学校教育行政上の基礎資料を得ることを目的に、毎年実施しています。

> 補足
>
> **学校基本調査の対象となる学校種・施設**
> - 幼稚園
> - 幼保連携型認定こども園（認定こども園）
> - 小学校
> - 中学校
> - 義務教育学校(小中一貫校)
> - 高等学校
> - 中等教育学校(中高一貫校)
> - 特別支援学校
> - 短大を含む大学
> - 高等専門学校(高専)
> - 専修学校
> - 各種学校

調査項目は、学校数、在学者数、教職員数、学校施設、学校経費、卒業後の進路状況などです。

試験対策として、細かい数字は過去問題に出題の傾向はありませんが、前年より増加しているのかどうかを把握しておくとよいでしょう。

ここでは、令和5年度結果について、在学者数、教員数、卒業後の状況などについて、詳しく見ていきましょう。

◉在学者数

ここでは令和5年度学校基本調査の各学校種の在学者数の詳細を記しています。最後に教員数と合わせて増減表を記載していますので、試験対策として、増減の把握を中心に学習してみましょう。

◉初等中等教育機関、専修学校・各種学校

- 幼稚園は84万2千人で、前年度より8万1千人減少。
- 幼保連携型認定こども園は84万3千人で、前年度より2万2千人増加し、**過去最多**。
- 小学校は605万人で、前年度より10万2千人減少し、**過去最少**。

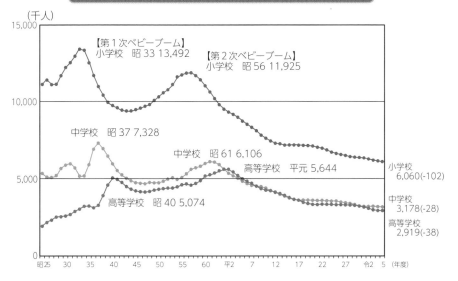

各学校段階の在学者数推移（初等中等教育機関、専修学校・各種学校）

（千人）

15,000

【第1次ベビーブーム】
小学校 昭33 13,492

【第2次ベビーブーム】
小学校 昭56 11,925

10,000

中学校 昭37 7,328

中学校 昭61 6,106

高等学校 平元 5,644

5,000

高等学校 昭40 5,074

小学校
6,060(-102)

中学校
3,178(-28)

高等学校
2,919(-38)

0

昭25　30　35　40　45　50　55　60　平2　7　12　17　22　27　令2 5 （年度）

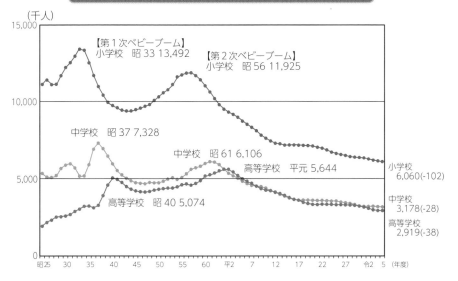

補足

（文部科学省「学校基本調査・各学校段階ごとの在学者数の推移より）

下表のように、第1次・第2次のベビーブーム期に出生した子どもたちが在学者数に反映されている。
- 第1次ベビーブーム
　：昭和22〜24年
- 第2次ベビーブーム
　：昭和46〜49年

第2章

キャリアコンサルティングを行うために必要な知識

- 中学校は317万8千人で、前年度より2万8千人減少し、過去最少。
- 義務教育学校は7万6千人で、前年度より8千2百人増加し、**過去最多**。
- 高等学校は291万9千人で、前年度より3万8千人減少。
- 中等教育学校は3万4千人で、前年度より5百人増加し、**過去最多**。
- 特別支援学校は15万1千人で、前年度より2千7百人増加し、**過去最多**。
- 専修学校は60万8千人で、前年度より2万8千人減少。うち高等課程は3万3千人で、前年度より5百人減少。
- 各種学校は10万8千人で、前年度より前年度より6千1百人増加。

各学校段階の在学者数推移（高等教育機関）

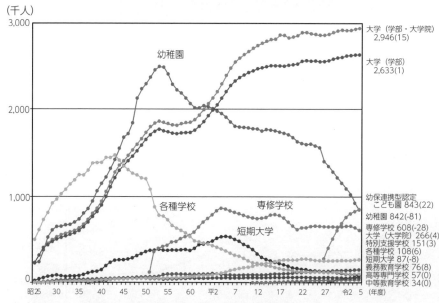

（注） 1 （ ）内の数値は、前年度からの増減値（単位：千人）である。
　　　 2 特別支援学校は、平成18年度以前は盲学校、聾学校及び養護学校の計である。
　　　 3 大学（学部・大学院）には、学部学生、大学院学生のほか、専攻科・別科の学生、科目等履修生等を含む。

●高等教育機関

- ●大学全体（学部・大学院）の在学者数は294万6千人で、前年度より1万5千人増加し、過去最多。
  - うち学部263万3千人で、前年度より4千2百人増加し、過去最多。
  - 大学学部の女子学生は120万4千人で、前年度より3千3百人増加し、過去最多。
- ●短期大学学生数は8万7千人で、前年度より8千人減少。
- ●高等専門学校学生数は5万7千人で、前年度より2百人減少。
- ●専門学校生徒数は55万5千人で、前年度より2万6千人減少。

●在学者数と教員数の増減について

ここでは、試験対策として在学者と教員数の増減をまとめていますので、把握しておくようにしましょう。

在学者数と教員数の増減について

区分	増減	備考
初等中等教育機関、専修学校・各種学校		
幼稚園	減	
認定こども園	増	過去最多
小学校	減	過去最少
中学校	減	過去最少
義務教育学校	増	過去最多
高等学校	減	
中等教育学校	増	過去最多
特別支援学校	増	過去最多
専修学校	減	
教員数	減	過去最少
高等教育機関		
大学（全体）	増	過去最多
大学学部の女子学生	増	過去最多
大学学部全体に占める女子学生の割合	増	過去最高維持

（次ページに続く）

◯補足

高等学校卒業者の進学率は、過年度卒を含んでいます。

◯対策

卒業後の状況においても、細かな数字が出てきているが、半数以上いるかどうかや、増減を中心に覚えておくようにしよう。

● **女性管理職の割合：過去最高**

　ここでいう管理職とは、校(園)長、副校(園)長、教頭、学長、副学長の数です。

◉卒業後の状況（進学・就職率）

● **高等学校卒業者**

● 高等教育機関(大学(学部)・短期大学(本科)入学者、高等専門学校4年在学者及び専門学校入学者)への進学率は83.8%で、前年度と同率(**過去最高**)。

● 大学(学部)・短期大学(本科)進学率は60.4%で、前年度より1.5ポイント上昇し、**過去最高**。

　大学(学部)進学率は56.6%で、前年度より1.7ポイント上昇し、**過去最高**。

● 専門学校進学率(過年度卒を含む)は22.5%で、前年度より1.5ポイント**低下**。

● **大学(学部)卒業者**

● 大学院等への進学率は、12.4%(前年度より0.6ポイント上昇)。

● 卒業者に占める就職者の割合は、74.5%(前年度より0.3ポイント上昇)。

● **修士課程修了者**

● 大学院等への進学率は、10.3%(前年度より0.2ポイント上昇)。

● 修了者に占める就職者の割合は、76.1%(前年度より0.3ポイント上昇)。

● **博士課程修了者**

　修了者に占める就職者の割合は、69.3%(前年度より0.9ポイント上昇)。

いじめ対策や不登校に関する法律・資料

ここからは、いじめ対策や不登校に関する法律や資料について紹介します。

まだ学科試験には出題されていませんが、キャリアコンサルタントとして知っておく必要のある情報であり、今後出題される可能性がありますので、目を通しておきましょう。

ポイント

- 義務教育の段階における普通教育に相当する教育の機会の確保等に関する法律（教育機会確保法）
- 不登校児童生徒への支援の在り方について（通知）
- 家庭の支援の仕組みについて
- いじめ防止対策推進法

出典
（文部科学省「不登校児童生徒への支援の在り方について（通知）」より）。

義務教育の段階における普通教育に相当する教育の機会の確保等に関する法律（教育機会確保法）

総則（第1条～第6条）

・目的

教育基本法及び児童の権利に関する条約等の趣旨にのっとり、不登校児童生徒に対する教育機会の確保、夜間等において授業を行う学校における就学機会の提供その他の義務教育の段階における普通教育に相当する教育の機会の確保等を総合的に推進。

・基本理念

1　全児童生徒が豊かな学校生活を送り、安心して教育を受けられるよう、学校における環境の確保。

2　不登校児童生徒が行う多様な学習活動の実情を踏まえ、個々の状況に応じた必要な支援。

3　不登校児童生徒が安心して教育を受けられるよう、学校における環境の整備。

4　義務教育の段階の普通教育に相当する教育を十分
　　に受けていない者の意思を尊重しつつ、年齢又は
　　国籍等にかかわりなく、能力に応じた教育機会を
　　確保するとともに、自立的に生きる基礎を培い、
　　豊かな人生を送ることができるよう、教育水準を
　　維持向上。

5　国、地方公共団体、民間団体等の密接な連携。
　　国の責務、地方公共団体の責務、財政上の措置等
　　について規定。

不登校児童生徒等に対する教育機会の確保等
（第8条〜第13条）

国及び地方公共団体は、以下の措置を講じ、又は講
ずるよう努める。

1　全児童生徒に対する学校における取組への支援に
　　必要な措置。

2　教職員、心理・福祉等の専門家等の関係者間での
　　情報の共有の促進等に必要な措置。

3　不登校特例校及び教育支援センターの整備並びに
　　それらにおける教育の充実等に必要な措置。

4　学校以外の場における不登校児童生徒の学習活
　　動、その心身の状況等の継続的な把握に必要な措
　　置。

5　学校以外の場での多様で適切な学習活動の重要性
　　に鑑み、個々の休養の必要性を踏まえ、不登校児
　　童生徒等に対する情報の提供等の支援に必要な措
　　置。

夜間等において授業を行う学校における就学の機会
　　の提供等（第14条・第15条）

1　地方公共団体は、夜間等において授業を行う学校
　　における就学の機会の提供等を講ずる。

2　都道府県及び区域内の市町村は、1の事務の役割
　　分担等を協議する協議会を組織することができ
　　る。

　　構成員：（1）都道府県の知事及び教育委員会
　　　　　　（2）都道府県内の市町村長及び教育委員会
　　　　　　（3）民間団体等

不登校児童生徒への支援の在り方について（通知）

不登校児童生徒への支援に対する基本的な考え方

（1）支援の視点

不登校児童生徒への支援は、「学校に登校する」という結果のみを目標にするのではなく、児童生徒が自らの進路を主体的に捉えて、社会的に自立することを目指す必要があること。また、児童生徒によっては、不登校の時期が休養や自分を見つめ直す等の積極的な意味を持つことがある一方で，学業の遅れや進路選択上の不利益や社会的自立へのリスクが存在することに留意すること。

（2）学校教育の意義・役割

特に義務教育段階の学校は、各個人の有する能力を伸ばしつつ、社会において自立的に生きる基礎を養うとともに、国家・社会の形成者として必要とされる基本的な資質を培うことを目的としており、その役割は極めて大きいことから、学校教育の一層の充実を図るための取組が重要であること。また、不登校児童生徒への支援については児童生徒が不登校となった要因を的確に把握し、学校関係者や家庭、必要に応じて関係機関が情報共有し、組織的・計画的な、個々の児童生徒に応じたきめ細やかな支援策を策定することや、社会的自立へ向けて進路の選択肢を広げる支援をすることが重要であること。さらに、既存の学校教育になじめない児童生徒については、学校としてどのように受け入れていくかを検討し、なじめない要因の解消に努める必要があること。
また、児童生徒の才能や能力に応じて、それぞれの可能性を伸ばせるよう、本人の希望を尊重した上で、

場合によっては、教育支援センターや不登校特例校、ICTを活用した学習支援、フリースクール、中学校夜間学級(以下、「夜間中学」という)での受入れなど、さまざまな関係機関等を活用し社会的自立への支援を行うこと。

その際、フリースクールなどの民間施設やNPO等と積極的に連携し、相互に協力・補完することの意義は大きいこと。

(3)不登校の理由に応じた働き掛けや関わりの重要性

不登校児童生徒が、主体的に社会的自立や学校復帰に向かうよう、児童生徒自身を見守りつつ、不登校のきっかけや継続理由に応じて、その環境づくりのために適切な支援や働き掛けを行う必要があること。

(4)家庭への支援

家庭教育は全ての教育の出発点であり、不登校児童生徒の保護者の個々の状況に応じた働き掛けを行うことが重要であること。また、不登校の要因・背景によっては、福祉や医療機関等と連携し、家庭の状況を正確に把握した上で適切な支援や働き掛けを行う必要があるため、家庭と学校、関係機関の連携を図ることが不可欠であること。その際、保護者と課題意識を共有して一緒に取り組むという信頼関係をつくることや、訪問型支援による保護者への支援等、保護者が気軽に相談できる体制を整えることが重要であること。

家庭への支援の仕組みについて

教育委員会の不登校相談担当への相談
　学校生活の悩みの相談や、学校内外の学びの場や
　相談機関を紹介。

〈紹介・接続先〉

(1)保護者の会

不登校児童生徒を持つ保護者同志が、情報交換を行ったり、不安・悩みを共有できたりする。

出典

学齢期

満6歳に達した日の翌日以後における最初の学年の初めから、満12歳に達した日の属する学年の終わりまで。義務教育課程。

出典

(文部科学省「いじめ防止対策推進法」より)。

（2）教育支援センター

一人一人に合わせた個別学習や相談等を行う。公共施設の中にあることが多く、利用料は基本的に無料。各地域の教育委員会が開設している。

（3）フリースクールなど

学校や教育支援センター以外の、日中の時間帯に不登校の子供が学習をしたり、興味のあることに取り組んだりできる場所。一定の要件を満たせば、在籍校での出席認定や成績評価の対象になる。

（4）不登校特例校（学びの多様化学校）

学校に行きづらい生徒児童のための、通常の学校より授業時間数が少ないなど、柔軟に学ぶことができる学校（小・中・高等学校など）。

（5）夜間中学

<u>学齢期</u>を過ぎた人が夕方から夜にかけて通う中学校のこと。学齢生徒についても、一定の要件を満たせば、在籍校での出席認定や成績評価の対象になる。

（6）学校内の専門家など

- ●**校内教育支援センター**：学校には行けるけれど自分のクラスには入れないときや、少し気持ちを落ち着かせてリラックスしたいときに利用できる、学校内の空き教室などを活用した居場所。

- ●**スクールカウンセラー**：児童生徒の心のケアや、ストレスへの対処法心理の専門家（公認心理師や臨床心理士など）。

- ●**スクールソーシャルワーカー**：児童生徒やその保護者に福祉・医療的な支援が必要な場合に、福祉の窓口につないだり、手続きの補助などをしたりする福祉の専門家（社会福祉士や精神保健福祉士など）。

いじめ防止対策推進法
総則

補足

いじめ防止対策推進法は、社会総がかりでいじめの問題に向き合い、対処していくための基本的な理念や体制を定めており、いじめの対応を組織的に実施していくため、学校や地方公共団体に、新たな組織などを設置することや、いじめによる重大事故の対処のあり方などについて規定している。

〈ポイント〉
①いじめの積極的な認知と早期の組織的対応。
②いじめ防止対策推進法に基づく適切な重大事態対応。
③いじめの未然防止。

1 「いじめ」を「児童生徒に対して、当該児童生徒が在籍する学校＊に在籍している等当該児童生徒と一定の人的関係にある他の児童生徒が行う心理的又は物理的な影響を与える行為(インターネットを通じて行われるものを含む)であって、当該行為の対象となった児童生徒が心身の苦痛を感じているもの」と定義すること。

＊小学校、中学校、高等学校、中等教育学校及び特別支援学校(幼稚部を除く)

2 いじめの防止などのための対策の基本理念、いじめの禁止、関係者の責務等を定めること。

基本的施策・いじめの防止等に関する措置

1 学校の設置者及び学校が講ずべき基本的施策として

(1)道徳教育等の充実、

(2)早期発見のための措置、

(3)相談体制の整備、

(4)インターネットを通じて行われるいじめに対する対策の推進を定めるとともに、国及び地方公共団体が講ずべき基本的施策として

(5)いじめの防止等の対策に従事する人材の確保等、

(6)調査研究の推進、

(7)啓発活動について定めること。

2 学校は、いじめの防止などに関する措置を実効的に行うため、複数の教職員、心理、福祉などの専門家その他の関係者により構成される組織を置くこと。

3 個別のいじめに対して学校が講ずべき措置として

(1)いじめの事実確認、

(2)いじめを受けた児童生徒又はその保護者に対する支援、

（3）いじめを行った児童生徒に対する指導又はその保護者に対する助言について定めるとともに、いじめが犯罪行為として取り扱われるべきものであると認めるときの所轄警察署との連携について定めること。

4　懲戒、出席停止制度の適切な運用などその他いじめの防止などに関する措置を定めること。

重大事態への対処

1　学校の設置者又はその設置する学校は、重大事態に対処し、及び同種の事態の発生の防止に資するため、速やかに、適切な方法により事実関係を明確にするための調査を行うものとすること。

2　学校の設置者又はその設置する学校は、1の調査を行ったときは、当該調査に係るいじめを受けた児童生徒及びその保護者に対し、必要な情報を適切に提供するものとすること。

3　地方公共団体の長など＊に対する重大事態が発生した旨の報告、地方公共団体の長などによる1の調査の再調査、再調査の結果を踏まえて措置を講ずることなどについて定めること。

　＊公立学校は地方公共団体の長、国立学校は文部科学大臣、私立学校は所轄庁である都道府県知事

1. 教育振興基本計画とは、学校教育基本法に基づき、5年ごとに計画されるものである。

2. 採用選考時における応募用紙は自由な書式で応募が可能である。

3. キャリア教育は高等学校から学校ごとの目標を設定し、就職に向けて、必要となる能力を育てていく教育である。

4. 今後の学校におけるキャリア教育・職業教育の在り方（答申）によると、社会的・職業的自立、社会・職業への円滑な移行に必要な力に含まれる要素は、❶基礎的・基本的な知識・技能、❷基礎的・汎用能力、❸論理的思考力、創造力、❹意欲・態度及び価値観。❺専門的な知識・技能、である。

5. 進路指導は、中学校・高等学校に限定される教育活動である。 ○

6. 「キャリア・パスポート」は児童生徒が自ら記入し、採用試験に応募書類として活用することができる。 ○

7. インターンシップは令和5年度より、学部生の場合、大学3年次3月より実施することができる。 ×

8. 新規中学・高等学校卒業予定者が求人の応募をする際は指定の書式がある。 ○

9. 令和4年度学校基本調査によると、大学学部の女子学生は増えている。 ○

解説

1. 教育基本法に基づき、政府として策定する計画である。詳細は令和5年6月閣議決定されている、教育振興基本計画を参照（https://www.mext.go.jp/content/20230615-mxt_soseisk02-100000597_01.pdf）。

2. 新規中学校卒業予定者・新規高等学校卒業予定者に関しては書式がそれぞれ定められている。新規大学卒業予定者は推奨されている書式がある。詳細は、公正な採用選考を目指して（厚生労働省・都道府県労働局・ハローワーク：https://kouseisaiyou.mhlw.go.jp/system.html）。

3. キャリア教育は幼児期から高等教育まで、体系的に学校ごとの目標を設定し、進めていくものである。

6. 「キャリア・パスポート」は児童生徒の振り返りや、自己評価を行うとともに、主体的に学びに向かう力を育み、自己実現につなげていくものである。

7. インターンシップは〜3年次2月末までである。3学年次3月より企業説明会等の広報活動が可能となる。

8. 新規中学校卒業予定者は職業相談票（乙）、新規高等学校卒業予定者は、全国高等学校統一用紙を使用する。詳細は、「公正な採用選考を目指して」を参照（https://kouseisaiyou.mhlw.go.jp）。

9. 令和4年度は過去最高の在籍者数である。
詳細は、令和4年度学校基本調査（https://www.mext.go.jp/b_menu/toukei/chousa01/kihon/kekka/k_detail/1419591_00007.htm）。

08 | メンタルヘルスの知識

ストレスに関する知識を始め、メンタルヘルス対策における法令や精神疾病などの知識を学んでいきます。この範囲からは2問出題されています。

POINT

- ●ストレスにはどのような種類があるのか、また、仕組みについて学びましょう。
- ●職場でのメンタルヘルス対策での3つの予防と4つのケアについて理解します。
- ●心の健康問題により休職した労働者の職場復帰の流れについて覚えておきましょう。
- ●精神疾病の種類や症状について学習します。
- ●参考資料を読みましょう：労働者の心の健康の保持増進のための指針、心の健康問題により休業した労働者の職場復帰の手引、自殺白書、など。

---

tips

メンタルヘルスの背景

近年の急速な産業経済の発達、グローバル化によって、企業は組織改編や人事労務管理などの変革などを急速に進め、その結果として労働者個人の負荷の増加や人間関係など職場におけるストレスが増えてきており、キャリアコンサルティングとは密接なかかわりがある。

ストレスについて

　ストレスとは外界からの刺激（ストレッサー）のことをいいます。それを受けることで歪み（生理反応）が生じるのです。ストレッサーの種類には次のようなものがあります。

❶物理的：暑さ、寒さ、騒音、紫外線、放射線など。

❷化学的：排気ガス、悪臭、薬物、毒物など。

❸生理的：飢餓、運動、外傷、手術、感染（ウィルス）、過労、疾病、障害など。

❹心理的：恐怖、怒り、不安、不満、葛藤、緊張など。

●職場で起きるストレスの原因

❶作業内容、方法

- ●仕事の負担が大きすぎるもしくは少なすぎる。
- ●長時間労働、休憩がとれない。
- ●仕事上の役割や責任が不明瞭。
- ●労働者の知識、技術、技能が生かされない。
- ●単純作業ばかり。
- ●労働者の自由や裁量権がない。

❷職場組織

- ●上司や同僚からの支援、相互交流がない。

- 職場の意思決定に参加する機会がない。
- 昇進や将来の技術、知識獲得についての情報がない。

❸職場の物理化学的環境

- 貴金属や有機溶解などの暴露。
- 換気、照明、騒音、温熱。
- 作業レイアウトや人間工学的環境。

　ストレッサーが個々の諸能力を超えると、ストレス反応（ストレイン）が発生します。ストレッサーをどのように認知し、状況を評価し、対処していくかによって、「よいストレス」にも「悪いストレス」にもなります。

例 周囲の要求にこたえようとする（会社の目標など）。

　これ自体がストレスになるが、要求にこたえようと目標に向かって意欲的に努力を重ね、適応力が向上していく。

職場でのメンタルヘルス・マネジメント

●「労働者の心の健康の保持増進のための指針」
（＝メンタルヘルス指針　平成27年改正）

　この指針は、事業場において、事業者が講ずる「労働者の心の健康」の保持増進のための措置が適切かつ有効に実施されるよう、メンタルヘルスケアの原則的な実施方法について定めるものです。

　事業者が、各事業所の実態に即し、安全衛生委員会などで調査審議を行い、「心の健康づくり計画」を実施する必要があり、実施にあたり、メンタルヘルス不調に関して、次の**3つの予防**が円滑に進められる必要があります。この3つの予防は、1次予防から3次予防まで、3段階に分かれています（次ページの表参照）。

出典
（厚生労働省ホームページ「職場における心の健康づくり」より）

第2章

キャリアコンサルティングを行うために必要な知識

メンタルヘルスの不調に関する３つの予防

1次予防 （未然防止）	●ストレスチェック制度の活用や職場環境の改善 ●**健康管理**：定期健康診断 ●**快適な職場の構築**：作業環境の管理や適正な作業量の管理など物理的なもの ●**教育研修**：従業員向け（セルフケア研修など）と管理者向け（ラインによるケアに関する研修）、ストレスコーピング （対処）自己管理の方法の援助
2次予防 （早期発見）	●職場不適応者の早期発見と対策 ●メンタルヘルス・サービスの充実
3次予防 （職場復帰支援）	●疾病の管理 ●復職の支援

用語

ストレスコーピング

ストレスがかかった際に、うまく対処しようとする方法のこと。たとえば、雨がストレッサーだとしたら、それを対処するのは傘（コーピング）になる。

　３つの予防が円滑に進められるために、４つのケアが継続的かつ計画的に行われることが重要です。

４つのケア

心の健康づくり計画の策定

４つのケア

①労働者による、セルフケア

事業者は労働者に対して、次に示すセルフケアが行えるように教育研修、情報提供を行うなどの支援をすることが重要。
●ストレスやメンタルヘルスに対する正しい理解
●ストレスチェックなどを活用したストレスへの気付き
●ストレスへの対処

②管理監督者による、ラインによるケア

●職場環境等の把握と改善
●労働者からの相談対応
●職場復帰における支援、など

③産業医・衛生管理者による、事業場内産業保健スタッフによるケア

セルフケア・ラインケアが効果的に実施されるよう、労働者と管理監督者に対する支援を行うとともに、次に示す心の健康づくり計画の実施に当たり、中心的役割を担うことになる。
●具体的なメンタルヘルスケアの実施に関する企画立案
●個人の健康情報のの取り扱い
●事業場外資源とのネットワークの形成やその窓口
●職場復帰における支援、など

（次ページに続く）

204

> **④事業場外資源によるケア**
>
> - 情報提供や助言を受けるなど、サービスの活用
> - ネットワークの形成
> - 職場復帰における支援、など

📎**出典**
厚生労働省ホームページ「労働安全衛生法に基づくストレスチェック制度実施マニュアル」より)

◉ストレスチェック制度

平成27年施行の安全衛生法の一部改正に基づき、ストレスチェック制度が導入されています。

- **目的**：労働者のメンタルヘルス不調の未然防止(一次予防)
- **実施義務**：常時50人以上の労働者を使用する事業場。
- **対象**：すべての労働者(メンタルヘルス不調で受検の負担が大きい等の理由がある場合は除く)。

◉職場復帰支援

(改定「心の健康問題により休業した労働者の職場復帰支援の手引き」)

心の健康問題で休業している労働者が円滑に職場復帰するため、厚生労働省は、職場復帰支援の手引きを作成しています(三次予防)。

職場復帰支援の流れ

第1ステップ	病気休業開始及び休業中のケア
	労働者が病気休業期間中に安心して療養に専念できるよう、 〈情報提供などの支援〉 ● 傷病手当金などの経済的な保障 ● 不安、悩みの相談先の紹介 ● 公的または民間の職場復帰支援サービス ● 休業の最長(保障)期間等　など
第2ステップ	主治医による職場復帰可能の判断
	休業中の労働者から事業者に対し、職場復帰の意思が伝えられると、事業者は労働者に対して主治医による職場復帰が可能という判断が記された診断書の提出を求める。 　必ずしも職場で求められる業務遂行能力まで回復しているとは限らないため、産業医等が精査した上で採るべき対応を判断し、意見を述べることが重要。

(次ページに続く)

第3 ステップ	職場復帰の可否の判断及び職場復帰支援プランの作成
	職場復帰を支援するための具体的プラン(職場復帰支援プラン)を作成
第4 ステップ	最終的な職場復帰の決定
第5 ステップ	職場復帰後のフォローアップ
	事業場内産業保健スタッフなどによるフォローアップを実施し、適宜、職場復帰支援プランの評価や見直しを行う。

健康づくりのための睡眠指針

　健康日本21のなかで、睡眠について設定された目標に向けて具体的な実践を進めていくため、「健康づくりのための睡眠指針」を策定しています。

睡眠12か条

1. よい睡眠で、からだもこころも健康に。
   - 睡眠は、食事、運動、飲酒、喫煙などの他の生活習慣と同様に人間の健康と深く関係している。
   - 不眠が抑うつなどのこころの不健康につながる。
   - よい睡眠で事故を防止する：日本における研究では、居眠り事故は、他の原因の事故に比べて死亡事故につながりやすい。
2. 適度な運動、しっかり朝食、ねむりとめざめのメリハリを。
   - 定期的な運動や規則正しい食生活はよい睡眠をもたらす。
   - 朝食はからだとこころのめざめに重要。
   - 睡眠薬代わりの寝酒は睡眠を悪くする。就床前の喫煙やカフェイン摂取を避ける。
3. よい睡眠は、生活習慣病予防につながります。
   - 睡眠不足や不眠は生活習慣病の危険を高める。
4. 睡眠による休養感は、こころの健康に重要です。
   - 眠れない、睡眠による休養感が得られない場合、こ

出典
(厚生労働省ホームページ「健康づくりのための睡眠指針」より)

用語
健康日本21
21世紀における国民健康づくり運動。
＊国民の健康の増進の総合的な推進を図るための基本的な方針(厚生労働省)。

ころの SOS の場合あり 。

5. **年齢**や**季節**に応じて、昼間の眠気で困らない程度の睡眠を。

- ●睡眠時間は、食欲や気分とともに、季節により変動することが示されている。
- ●夜間に実際に眠ることのできる時間は、成人してから加齢により徐々に短くなる。
- ●歳をとると徐々に早寝早起きの傾向が強まり朝型化する。

6. よい睡眠のためには、**環境**づくりも重要です。

7. **若年**世代は夜更かし避けて、体内時計のリズムを保つ。

- ●休日に遅くまで寝床で過ごすと夜型化を促進。
- ●朝目が覚めたら日光を取り入れる。

8. **勤労**世代の疲労回復・能率アップに、毎日十分な睡眠を。

- ●日中の眠気が睡眠不足のサイン・睡眠不足は結果的に仕事の能率を低下させる、蓄積すると回復に時間がかかる 。

9. **熟年**世代は朝晩メリハリ、昼間に適度な運動でよい睡眠。

10. **眠く**なってから寝床に入り、**起きる**時刻は遅らせない。

11. **いつもと違う**睡眠には、要注意。

- ●眠っても日中の眠気や居眠りで困っている場合は専門家に相談。

12. 眠れない、その苦しみをかかえずに、**専門家に相談**を。

- ●薬剤は専門家の指示で使用。

補足

健康づくりのための睡眠指針に関する資料より、正誤問題が出題されている(第21回)。資料を読み、各条項がどのような内容なのか、目を通しておくとよい。

自殺対策白書（令和5年度）

自殺対策基本法により、毎年国会に提出する必要がある年次報告書です。

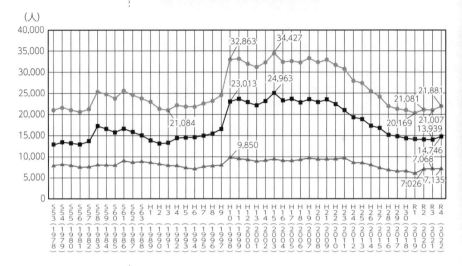

自殺者数の推移（自殺統計）

（人）

出典

（厚生労働省「令和5年版自殺対策白書・自殺統計でみた自殺者数の年次推移」より）

- 総数：令和2年は11年ぶりに総数が増加に転じて2万1,081人となった後は2万1千人台で推移、令和4年は2万1,881人。
- 男女別：記表に見られる通り、男性の自殺者数は女性を大きく上回って推移。
  男性は平成22年以降以降、令和3年まで12年連続で減少していたが、令和4年に13年ぶりに増加した。
  女性は、平成10年は最多の9,850人。その後は緩やかな減少傾向にあったが、令和2年に7,026人と2年ぶりに増加した後、令和4年まで3年連続増加した。

原因・動機（全体）

1位	健康問題	9,860人	前年より減少
2位	経済・生活問題	3,376人	前年より増加
3位	家庭問題	3,200人	前年より増加

●**新型コロナウィルス感染症の感染拡大下の自殺**

●**令和2年と令和3年の全自殺者数**

感染拡大前5年平均自殺者数と比較して、それぞれ514人、784人減少。しかし、男女別に見ると、男性自殺者数は令和2年に884.2人、令和3年に1159.2人減少している。

●**女性自殺者数**

令和2年に370.2人、令和3年に375.2人増加（自殺

対策

「令和4年版自殺対策白書」より、自殺者数の推移や動機などについて正誤問題が出題されている（第23回）。状況のほか、新型コロナウイルス感染拡大下の自殺の動向の分析などが盛り込まれており、全体を読んでおきたい。

者数の集計で感染拡大前5年平均の自殺者数を利用
しているため、人数が小数点第一位まで表示)。

＊全体の数は減少しているが、男性の自殺者の減少が
　牽引している。

●「〜19歳」「20〜29歳」における自殺者数の増加
　20代女性では、「新型コロナウィルスが流行する前と
　比較して、孤独を感じることが多くなった」と回答し
　た割合が65%。

◀補足
新型コロナウィルス感染症の感染拡大下の自殺に関しては、令和5年度自殺対策白書に触れられていないため、令和4年度の情報を載せている。

主な精神疾患

精神病性障害：精神的な障害

●うつ病

●症状：抑うつ気分、興味や喜びの喪失、気力や食欲低下、睡眠障害、疲れやすい、罪責感、思考力や集中力の低下。几帳面でまじめな人がなりやすい。

●治療法：薬物療法や心理療法（認知行動療法、対人関係療法）の併用。

●統合失調症

●症状：妄想、幻覚、感情の平板化、思考の貧困、引きこもりなど。

●治療法：抗精神病薬による薬物療法、患者・家族への心理教育、社会復帰療法（生活技術訓練、作業療法、デイケアなど）。

本人の自覚が乏しく症状が悪化しやすい。

神経症：不安や恐怖が主な症状

●不安障害

●種類と症状

パニック障害：パニック発作（突発的な心身の症状）が中心。広場恐怖を伴うものとともなわないものがある。動悸、発汗、震え、呼吸困難、胸部の苦しさ、めまい、現実感消失、不安感、恐怖感。

社会不安障害

- 広場恐怖(外出恐怖)。強い不安に襲われたときにすぐに逃げられない、また、発作が起きた際に助けを求められないことに恐怖、不安を抱く。
- 社会恐怖。人前で恥をかくような行動を恐れる。赤面、視線、表情、醜形恐怖。

強迫症

- 強迫観念。反復的志向、持続的志向、衝動。
- 強迫行為。反復行動が駆り立てられる(手を何度も洗うなど)。その行動は苦痛緩和などが目的だが、過剰である。

全般性不安障害(特定のものがない)

- 過剰な不安と恐怖が6か月以上持続。
- イライラ、落ち着かない、集中力欠如、疲れやすい、睡眠障害など。

急性ストレス反応(障害)

- 生死にかかわる身の危険に迫る経験をした。体験から2日以上4週間以内に症状が出ている。
- 解離性の症状。

外傷後ストレス障害(PTSD)

- 生死に関わる、身の危険に迫る経験をした。自律神経症状。
- 無感動、回避、フラッシュバック。
- 1か月以上症状が持続、社会的、職業的に障害となる。

身体表現性障害、解離性障害など

- 心理的葛藤により、不安、恐怖、脅迫、不定愁訴など心因性の機能障害で器質的障害の所見が見られないもの。
- 原因は心理的ストレスのほか、生物学的要因の関与も考えられている。
- ●治療法:抗不安薬などの薬物療法、心理療法の併用。

●不適応による障害

●適応障害

- ●症状:ストレス因子がはっきりしている。ストレス因子に触れてから3か月以内に情緒的、行動面の症状

が見られる。

● 適応に失敗した結果生じる反応で、原因には、心身疾患や性格上の問題、突然の事件や事態急変など適応できない環境から離れると改善することがある。

◉パーソナリティ障害
●人格障害
● **症状**：認知、感情、行動様式など、人格が歪んで偏っているために、適切な判断・行動や感情抑制ができず、社会生活や対人関係を円滑に営めない。本人も苦しむのはもちろん、周囲の人も苦しめられることが多い。

● **治療法**：薬物療法、心理療法では改善が見られず長期間症状が続くことが多い。

理解度Check 一問一答

1．ストレスの種類には、物理的、化学的、生理的、心理的なものがある。 　○

2．ストレスコーピングとは、ストレス反応のことである。 　×

3．「労働者の心の健康の保持増進のための指針」による、事業者が講ずるべき次の3つの予防とは、段階的に未然防止、早期発見、職場復帰支援である。 　○

4．ストレスチェック制度はストレスを抱え、メンタルヘルス不調のある従業員に対して行うものである。 　×

5．改定 「心の健康問題により休業した労働者の職場復帰支援の手引き」による、職場復帰支援の流れによると、人事部等の管理部門が復帰の判断を行う。 　×

解説

2．ストレスコーピングは、ストレス対処の方法。ストレス反応は、ストレイン。

3．記述の通りで、一次予防：未然防止、二次予防：早期発見、三次予防：職場復帰支援である。

4．ストレスチェック制度は、労働者のメンタルヘルス不調の未然防止のために行うもの。

5．の復帰の判断は主治医である。

ここでは生涯発達の中でも、中高年期に関することを学んでいきます。この範囲からは、
1〜2問出題されています。

POINT

● 実際の試験の正誤問題の選択肢の中には、「01 キャリアに関するの理論」で学んだ発達段階に関する記述が入っていることもあり、混同しやすい部分があるかもしれません。既出の理論家の内容が出題されても慌てず、学習に取り組みましょう。

● エリクソン・レヴィンソン・スーパーは頻出ですので必ず把握しておくようにしましょう、。

出典

「働く人の心理学」(岡田昌毅、 ナカニシヤ出版)

補足

アイデンティティには、2つの特徴がある。

① 斉一性：自分が固有な存在であるという感覚。「私はほかの誰とも違う自分自身であり、私は1人しかいない」という自信。

② 連続性：過去の自分と今の自分を同じ自分として捉えること。「今までの私もずっと私であり、今の私もそしてこれからの私もずっと私であり続ける」という確信。

対策

中高年期のライフステージとライフキャリアについて、正誤問題が出題されている(第19回・第21回・第22回)。エリクソンの発達課題は暗記しよう。

エリクソン(Erikson,E.H.)の発達理論

エリクソンは、アイデンティティ(自我同一性)の概念を作り上げた人です。アイデンティティとは、自分自身の定義のようなもので、職業・キャリアはアイデンティティの重要な要素となります。概念を提唱した背景は、自我の総合的機能や、子どもが社会的場面の中で発達していく側面を強調し、それぞれの発達段階において成長に役立つ要素と発達的危機の克服に焦点をあてたことにあります。つまり、「アイデンティティ」とは、青年期の危機を示す言葉であるとともに社会的な一個人の存在全体を示す概念で、自己を社会の中に位置づける問いかけに対して、肯定的かつ、確信的に答えることがアイデンティティ確立を示す重要な要素であるとされます。

アイデンティティの概念を中心に、エリクソンは人生の生涯発達を心の中核部分の積み重ねの変化としてとらえ、8つの段階に分け、次ページのような図式に表しました。乳児期の「基本的信頼」を基盤に、「自律性」「自発性」「勤勉性」といった新しい中核が作り上げられていきます。そして、青年期において形成された「アイデンティティ」を基盤とし、続いて成人期において「親密性」、「世代性」が主たる発達課題とされ、人生の最終的な発達課題を「統合性」としています。

エリクソンの発達図式

老年期							総合性 対 絶望
成人期						世代性 対 停滞	
成人前期					親密性 対 孤立		
青年期	時間的展望 対 時間的拡散	自己確信 対 自意識過剰	役割実験 対 否定的アイデンティティ	達成期待 対 労働麻痺	アイデンティティ 対 アイデンティティ拡散	性的アイデンティティ 対 性的アイデンティティ拡散	指導性と服従性 対 権威の拡散	イデオロギーへの忠誠 対 理想の拡散
学童期			勤勉性 対 劣等感					
幼児期後期		自発性 対 罪悪感						
幼児期前期	自律性 対 恥、疑惑							
乳児期	基本的信頼 対 不信							

　各段階には、対極的な2つの課題がせめぎ合っており、心のバランスが保たれています。この心のバランスが崩れた状態を「**危機(crisis)**」と呼び、対として表れています。斜めに配置されているのが発達段階、中央に横方向に配置されているのは各発達段階のテーマが、青年期にはどのように表れているかを表しています。たとえば、乳児期の「基本的信頼 対 不信」は、青年期には、将来に対して展望を抱けるかどうかとして現れ、幼児期の「自律性 対 恥、疑惑」は、青年期には自分に自信を感じるのか、自信がなく他者の目を気にするかという問題として現れます。

●発達課題

　各発達段階について詳しく説明します。各段階における課題を乗り越えることで、獲得できるものについても併せて触れていきます。

tips

エリクソンの発達図式は、「個体発達分化の図式」ともいわれる。この発達段階全体のことを、「ライフサイクル(人生周期)」という

暗記

8つの発達課題は暗記しておこう。

●乳児期:「基本的信頼」対「不信」
  獲得できるもの:希望
- 自分が大切にされている存在であろうという自己信頼の獲得(基本的信頼)。
- 不信が基本的信頼を上回るような場合は、他人も自分自身も信じることのできない傾向になる(不信)。

●幼児期前期:「自律性」対「恥、疑惑」
  獲得できるもの:意思
- 自分で自分の心身をコントロールできる(自律性)。
- 自分の心身のコントロールに失敗すると、恥の感覚や自分の力への疑いが強まる。厳しすぎるしつけや、ルーズなしつけが恥や疑惑を強める場合がある(恥、疑惑)。

●幼児期後期:「自発性」対「罪悪感」
  獲得できるもの:目的
- 社会的なルールに沿って自分のしたいことを表現できるようになる。このルールは親との関係中で取り入れられる(自発性)。
- 失敗した、など、うまくいかないと罪悪感が体験されやすくなる(罪悪感)。

●学童期:「勤勉性」対「劣等感」
  獲得できるもの:有能感
- 学校でさまざまなことを学び、他者との付き合いが急激に増える時期。自分に何ができるのか、勤勉の感覚を身につける(勤勉性)。
- これらがうまくいかないと劣等感が強まる(劣等感)。

●青年期:「アイデンティティ」対「アイデンティティ拡散」
  獲得できるもの:忠誠性

- アイデンティティが形成される時期であり、以降の発達段階の基盤となる部分。取捨選択しながら自分がどのような人間かを確立していく内的作業が生じる（アイデンティティ）。
- 多大なエネルギーを要し、選択を回避しアイデンティティの問題を先延ばしにしてしまうと、アイデンティティの拡散（自分のアイデンティティが定まらない）が起きる。結果職業選択などができないなどの問題が生じる（アイデンティティ拡散）。

●成人前期：「親密性」対「孤立」
獲得できるもの：愛

- 親密性とは、自分が何かを失うのではないかという不安を持つことなく、自分と他者のアイデンティティを融合し合う能力で、結果、配偶者を選択することを可能にする。職業においては、社会の中で他者との適切な関係を培い、仕事を通じて社会的責任を果たし、キャリアを築いていく（親密性）。
- これらがうまくいかないと、職場不適応などの要因となる。親密性の課題につまずき、青年期の発達課題の不完全さが露呈、アイデンティティ拡散につながる（孤立）。

●成人期：「世代性」対「停滞」
獲得できるもの：世話

- 次の世代を育てていくための関心、指導、確立。親として子育てをすることや、職業場面では後輩の育成指導の役割を担う（世代性）。
- この時期は社会的な役割として大きな変化がある時期であり、現在の役割への不安と同時に、これまでの役割の喪失に対する悲哀感を伴う（停滞）。
  それにより、活動の停滞が起き、自分の世界に閉じこもってしまう。アイデンティティの再体制下の失敗と

いう危機に遭遇するが、これは、自己確立のプロセスであり、乗り越えることで、安定期の意識が生まれる。

● 老年期：「統合性」対「絶望」
獲得できるもの：英知

● 親としての役割が終わり、職業は退職する時期で、新しい役割や活動に向けて再方向づけをする。これまでの人生の肯定的・否定的な部分を統合して受け入れる時期。死を迎えることができるかどうかが課題となる時期（統合性）。

● これがうまくいかないと、死への恐怖、後悔、自己嫌悪など絶望にとらわれる（絶望）。
この危機を乗り越えられたとき、本当の意味でのアイデンティティが達成されたことになる。

レヴィンソン（Levinson,D.J.）の発達理論

レヴィンソンは、中年期男性を対象に個人の生活史（ライフ・ヒストリー）についてインタビュー調査をし、人生の発達期は約25年続く4つの発達期を繰り返し、それぞれの間には移行段階である過渡期があり、徐々に進んでいくと考えました。

その人生の発達段階を4つの季節（四季）にたとえました。4つの発達段階とは次の通りです。

レヴィンソンの4つの発達段階

	児童期と青年期（0〜22歳）
春	家族、周りの大人に保護され、社会に順応する時期。自我の目覚めにより他者の視点を意識し始める。精神的な変化と、身体的な変化が起こる。
	成人前期（17〜45歳）
夏	身体的特徴が定まる。思考力や問題解決力はピークになる。仕事や私生活で一定の地位に就く。

（次ページに続く）

秋	**中年期（40〜65歳）** 成人期と比べ、体力が低下し、意欲や気力も穏やかになる。
冬	**老年期（60歳以降）** 仕事面では定年により、第二の人生が始まり、人生の最終段階として生活し始める。

レヴィンソンは、成人の心理的発達は**生活構造**の安定期（築かれる時期）と、**過渡期**（変わる時期）が交互に現れ、進んでいくと考えました。それぞれの段階の重なる部分を次の表のように、3つの「**過渡期**」としています。この時期は、内的・外的さまざまな理由から安定の基盤となる生活構造を修正しなければならなくなる時期です。

用語
生活構造
ある時期におけるその人の生活の基本的パターンないし計画のこと。

用語
過渡期
2つの発達期を結び、何らかの連続性を持たせる発達上の期間。約5年。

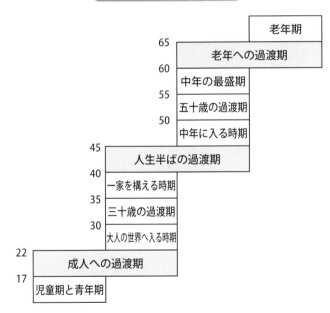

レヴィンソンの発達図式

	老年期
65	老年への過渡期
60	中年の最盛期
55	五十歳の過渡期
50	中年に入る時期
45	人生半ばの過渡期
40	一家を構える時期
35	三十歳の過渡期
30	大人の世界へ入る時期
22	成人への過渡期
17	児童期と青年期

●各段階の過渡期の課題

レヴィンソンは、3つの過渡期には直面する課題があると主張しています。

●成人への過渡期（17〜22歳）

対策
人生半ばの過渡期の主要課題4つが選択肢の中に出ている（第19回）。

- **課題**：無力感（アパシー）と離人感（自分が自分ではない感覚）。
- **特徴**：未成年から成人へ変化するタイミング。未熟な精神性があり、そのことで親へ反抗したり、人間関係においても繊細な時期。

●人生半ばの過渡期（40〜45歳）
- **課題**：次の４つの両極の対立と向き合うことが、成人前期から中年期への移行期の個性化（模索・葛藤をしながら自分らしく生きること）の課題であるとした。
  ①**若さと老い**…体力は落ちるが、新しい挑戦ができる年齢
  ②**破壊と創造**…人生を肯定するために創造的でありたいと願う一方、これまでの人生の中で故意でなくても誰かを傷つけてしまった経験（破壊）がある。この両者の対立を抱えながらよりよく生きること。
  ③**男らしさと女らしさ**…男らしさとは、気合い、根性などの強いイメージ、女らしさとは、優しさや包容力。男性も40代以降は優しさや包容力が芽生えてくる。
  ④**愛着と分離**…愛着とは、これまで築いてきた外とのかかわりで、それを減らして内面と向き合うのが分離という。愛着と分離は、自分の存在が今の場所から離れ、分離することを想像すること。
- **特徴**：過去を振り返り、自分と向き合う時期。人生の中で達成できたことや、失敗したことを自問自答する時期で、それらに対して意味や価値を見出さなければならない時期。自分なりの納得感のある答えを出す必要がある時期。

●老年への過渡期（60歳〜）
- **課題**：死を受容し、新たな生きがい・希望を獲得する
- **特徴**：体力的な衰えを感じる時期。健康面で悩みを抱

えることも多くなる。死が少しずつ近づいていることを実感。ここでどう過ごすかで、人生への絶望感や苦しさを軽減できる。

スーパー（Super,D.E.）の理論（維持期以降）

ここでは、「キャリアの理論」で触れたスーパーの理論の中で、特に維持期（中年期）以降のライフステージとその課題について触れていきます。

● 維持期（45歳〜）
- 職業の世界で築いた地位を維持する時期。向上期にある若手との競争から、現在の地位を守る。
- 課題：自らの限界を受容する。働き続ける上で新たな問題を明らかにする。本質的な行動に焦点を当てる。獲得した地位や利益を保持する。

● 離脱（解放）期（65歳〜）
- 身体的、精神的な力量が下降する。場合によっては、リタイアの時期。有給の仕事から離れ、余暇、ボランティア、趣味などを楽しむ。
- 課題：職業外の役割を開発する。良い退職地点を見いだす。常々やりたいと思っていたことをやる。労働時間を減らす。

岡本祐子の理論

エリクソンやレヴィンソンが、階段を昇るような発達段階を想定しているのに対して、岡本祐子は、発達過程は同一主題を反復的に繰り返し、らせん式に繰り返すのではないかとして、「アイデンティティのラセン式発達モデル」を提唱しました。

そして、研究の結果、中年期や現役引退期の再体制化の

対策
スーパーの発達段階初期に関しては、「キャリアに関する理論」 **p.48** を参照。

対策
スーパーは中年期以降の段階に関して出題されている（第19回・第21回・第22回・第23回）。「キャリアに関する理論」の項と合わせて各段階は把握しておくとよい。

対策
岡本祐子の発達モデルに関する記述が選択肢として出題されている（第21回）。中年期や現役引退期のアイデンティティの心理的変化は、他の理論のライフサイクルにおける危機期のプロセスの特質と類似する、ということを覚えておこう。

対策
マーシャの理論はアイデンティティ・ステイタスに関する正誤問題が出題されている（第20回）。

tips
アイデンティティ・ステイタスは、生涯発達をとらえるうえでは、その後も変化する可能性があることがわかってきている。
→**ウォーターマン（Waterman,1982）**
青年期から成人前期への移行期に見られるアイデンティティ・ステイタスの変化岐路を検証し、アイデンティティ発達の連続的パターンモデルを提示している。

プロセスが、ライフサイクルにおける他の危機期のプロセスの理論の特質と類似していることや、青年期から中年期におけるアイデンティティ・ステイタス（マーシャにより提唱。後述）の発達経路が変動的であることを示し、「アイデンティティ再体制化のプロセス」を明らかにしています。

アイデンティティ再体制化とは、

心身の変化の認識に伴う危機
→自分の再吟味・再方向付けへの模索
→軌道修正・軌道転換→アイデンティティ再達成

といった心的変化のプロセスであり、アイデンティティ発達のきっかけであると考えられています。

マーシャ（Marcia,J.E.）の理論

マーシャはアイデンティティ形成の時期に関して、次のような段階を想定しています。

- 青年期前期（12〜16歳）：脱構築化
- 青年期中期（15〜19歳）：探求と再構成化
- 青年期後期（18〜22歳）：強化

また、これら青年期でアイデンティティの「危機に直面したか」、と「積極的にかかわったか」の有無により、次の4つのアイデンティティ形成の在り方を分類しており、それをアイデンティティ・ステイタスと呼びます。

❶アイデンティティ達成

危機を経験し、積極的関与もしている。幼児期からの在り方について確信がなくなり、いくつかの可能性について本気で考えた末、自分自身の解決に達して、それに基づいて行動している。自分自身の選択に責任を持っている。

❷モラトリアム

危機を現在経験している最中。積極的関与はしようとしているが曖昧。選択肢に迷っており、不確かさを克服しようとしている。

❸予定アイデンティティ

危機の経験をしていないが、積極的関与をしている。自分の目標と親の目標の間に不協和がない。融通の利かなさが特徴。

❹アイデンティティ拡散

危機を経験している場合としていない場合がある。両者ともに積極的関与はしていない。自分自身の人生の選択について責任を持った主体的な選択ができない。

アイデンティティ達成の様態

アイデンティティ・ステイタス	危機	積極的関与
アイデンティティ達成	経験した	している
モラトリアム	その最中	しようとしている
予定アイデンティティ	経験していない	している
アイデンティティ拡散	経験した	していない

＊**危機**：自分を見つめ直し、再構築する転機でもある。
＊**積極的関与**：目標に向かって努力すること。夢中になること。傾倒すること。

対策
おさらい
発達段階を思い出してみよう！
● スーパー　　5段階
● エリクソン　8段階
● レヴィンソン 4段階

キャリアコンサルティングを行うために必要な知識

1．エリクソン（Erikson,E.H.）が老年期の発達課題として示した危機は、世代性対停滞である。

2．エリクソン（Erikson,E.H.）は、成人期を四季に例えた「ライフサイクル」に焦点をあて、4つの発達期を経て、安定期と過渡期が交互に現れ、徐々に進んでいくと考えました。

3．レヴィンソン（Levinson,D.J.）は中年期の女性を対象に面接調査を行い、成人の発達プロセスをまとめた。

4．レヴィンソン（Levinson,D.J.）は、発達段階を、青年期、成人前期、中年期、老年期の4つに分け人生を四季にたとえた。 ×

5．レヴィンソン（Levinson,D.J.）は中年期から老年期への移行期を、「人生半ばの過渡期」と呼んだ。 ×

6．マーシャ（Marcia,J.E.）の提唱したアイデンティティ・ステイタスの「モラトリアム」は、いくつかの選択肢について迷っているところで、その不確かさを克服しようと一生懸命努力している。 ○

7．スーパー（Super,D.E.）の発達段階の維持期の特徴は、職業の世界で築いた地位を維持する時期である。 ○

8．岡本祐子の提唱する、アイデンティティ再体制化とは、自己の在り方が根底から問い直される危機期に経験される、危機→再体制化→再生　の心的変化のプロセスである。 ○

9．マーシャ（Marcia,J.E.）は、人生の発達期を4つの季節にたとえ、春・児童期と青年期、夏・成人前期、秋・中年期、冬・老年期、とした。 ×

10．スーパー（Super,D.E.）の離脱（解放）の課題は、職業外の役割を開発する、労働時間を減らすなどがある。 ○

解説

1. 老年期の危機は、統合性対絶望である。

2. エリクソンではなく、レヴィンソンに関する記述である。

3. レヴィンソンは中年期の男性を対象に面接調査を行ったが正しい。

4. 児童期が抜けている。正しくは、発達段階を、児童期と青年期、成人前期、中年期、老年期の4つに分け人生を四季にたとえた。

5. 「人生半ばの過渡期」は、成人前期から中年期への移行期である。

9. レヴィンソンに関する記述である。マーシャはアイデンティティ形成のプロセスに関して提唱しており、青年期を、青年期前期、青年期中期、青年期後期という3つの段階を提唱した。

10 人生の転機の知識

ここでは転機（トランジション）について学んでいきます。この範囲からは、1〜2問出題されています。

POINT

- ●ここで頻出の理論家はシュロスバーグとブリッジズです。以下の2つについて必ず押さえておきましょう。
- ●①シュロスバーグ：転機のタイプや転機を乗り越えるための資源（4つのS）、転機への対処方法。
- ●②ブリッジズ：転機のプロセスの特徴（転機は何かの「終わり」から始まっている）。

シュロスバーグ（Schlossberg,N.K.）の理論

シュロスバーグは、キャリア発達は転機（トランジション）の連続であると考え、転機のプロセスの理解と対処方法について焦点を当てました。

転機とは、出来事が起きること、予期した出来事が起きないことによって引き起こされる変化のことをいいます。また、経験している本人が、「これが転機だ」と考えることによって初めて転機となるものです。

シュロスバーグは、転機を理解するための構造は、次の3つ部分からなっていると主張しています。

❶転機（トランジション）へのアプローチ
❷対処のための資源（リソース）を活用する
❸転機に対処する

❶転機（トランジション）へのアプローチ

●転機の3つのタイプ（どのような転機か）

1. 予測していた転機（anticipated transitions）
   例 学校を卒業する、就職する、結婚する、子どもが生まれる

2. 予測していなかった転機（unanticipated transitions）
   例 失業する、離婚する、事故に逢う

3. 期待していたものが起こらなかった転機（non-

対策

シュロスバーグは連続して必ず出題されている（第19回〜23回）。転機の3つのタイプ、4Sシステム、プロセスは必ず把握しておこう。

---

tips

出来事が起きること、予期した出来事が起きないことによって引き起こされる変化とは？下記の変化が起きたことを転機といいます。

1. 役割：人生の役割のうちどれかがなくなる、大きく変化する
2. 関係：大切な人との関係が強くなる、希薄になる
3. 日常生活：学生から社会人になる、など、あらゆる日常生活の変化
4. 自分自身に対する見方：自己概念が影響を受ける

event transitions)

> 例 志望校に入れない、就職が見つからない、結婚相手が見つからない、子どもが授からない、など

● **転機のプロセス**

転機のプロセスは「始まり→最中→終わり」がある。1つの転機が新たな転機を生み出し、永続的に続くものであり、このプロセスを繰り返しながら、それぞれの転機は次第に生活の一部に統合され続けていくものである。また、その人の転機が今どのプロセスにいるのかを見極めることが重要である。

❷**対処のための資源（リソース）を活用する：４Ｓシステム（Situation,Self,Supports,Strategies）**

転機のタイプやプロセスに関係なく転機を乗り越えるための資源は何があるか。

● **Situation（状況）：自分自身の現在の状況の分析、評価**

何が転機をもたらしたか、タイミングのよし悪し、早いか遅いか、基幹は長く続きそうか、自分でコントロールできる部分はあるか、この転機は前向きなものか、後ろ向きか、など。

● **Self（自己）　自分自身の人生の見通し、価値観、興味やスキル、仕事の経験**

変化への対処に関係する個人の特徴（性、年齢、人生段階、健康状態、民族性など）、変化対処に関係のある心理的資源。ものの見方は楽観主義か、自己効力感、精神性、回復など。

● **Supports（支援）**

友人、家族、民間・公的機関のサービスなど、どのくらいの支援が得られる可能性があるかまた、今までの支援システムは今回の転機で変化はあったか。

● **Strategies（戦略）**

ストレス解消を行っているか、課題に応じて戦略を変えながら対処できそうか。

❸転機に対処する：資源を強化する

　転機を乗り越えるための戦略を立て、資源（❷と同じ
4S）を強化していく。

ブリッジズ(Bridges,W.)の理論

　ブリッジズの転機のプロセスは、シュロスバーグと異な
り、「終わる時期」からスタートしているところが特徴です。
転機とは、「古い状況から抜け出し、過渡期のどっちつか
ずの混乱を経験し、そこから新しい状況へ向かって再び前
進し始めることだ」と考え、次のようなプロセスを示しま
した。

ブリッジズの理論

終焉　何かが終わる時期

中立圏　混乱や苦悩の時期

開始　新しい始まりの時期

終焉：今まで慣れ親しんだ社会的な文脈からの離脱、ア
イデンティティの喪失、その人の世界がもはや現実では
ないとの覚醒、方向感覚の喪失などを経験すること（進
学、就職、異動、結婚、失業など）。

中立圏：古い生き方と新しい生き方の間の空白地帯のこ
と。転機をどのように受け入れていくかという問題に直
面し、一時的な喪失状態に耐える時期。今までと違う見
方で世界を見たり理解したりする変容体験、深刻な空虚
感が経験される。

開始：かつての人生の局面を抜け出し、新たな始まりを
迎える時期。社会的に見ると、離脱状態から帰還し、そ

こで得られた洞察や考えを形にしたり、行動に移したりすることを意味する。

　ブリッジズは、これらのプロセスからなる転機の特徴を4つの法則にまとめています。

❶転機の始めのころは、新しいやり方であっても昔の活動に戻っている。

❷すべての転機は、何かの「終わり」から始まる。外的にも、内的にも、新しいものを手に入れる前に、古いものを手放す。

❸自分自身の「終わり」のスタイルを理解することは有益だが、誰でも心のどこかでは人生がそのスタイルに左右されているという考えに抵抗する

❹まず何かの「終わり」があり、次に「始まり」がある。その間に重要な空白期間、休養期間が入る

対策

この範囲の出題として、過去には、スーパーのマキシサイクル・ミニサイクル(各発達段階における移行期)に関する出題もあった(第22回)。 p.51 でそれらについて触れているので、合わせて確認しておくとよいだろう。

第2章

キャリアコンサルティングを行うために必要な知識

理解度Check　一問一答

1．シュロスバーグ(Schlossberg,N.K.)のいう3つの転機のタイプとは、予測していた転機、予期せぬ転機、期待していたのに起きなかった転機である。　

2．シュロスバーグ(Schlossberg,N.K.)は、4Sは、転機を乗り越えるためのスキルであると提唱している。　

3．ブリッジズ(Bridges,W.)の唱える転機のプロセスは、終焉→中立圏→開始である。　◯

解説

2．4Sは転機を乗り越えるためのリソース(資源)である。Situation, Self, Supports, Strategies ——これらは転機を乗り越える能力に影響を及ぼすものである。

ここでは、労働者の属性ごとの課題について学んでいきます。この範囲からは2～3問の出題があります。

POINT

- 若者、障害者、高齢者、女性をはじめ、最近はLGBTや病気等治療の両立支援に関する出題も見られます。
- 最近では、就労支援に関する出題傾向が見られ、各属性ごとの状況や、支援について、各種公的資料に目を通しておくようにしましょう。

出典

（厚生労働省および独立行政法人高齢・障害・求職者雇用支援機構ホームページより）

対策

就業支援のプロセス

このステップに分けているのは、ステップごとに支援の目標や内容が異なり、連携する関係機関も異なるため。

対策

「令和4年度版 就労支援ハンドブック」より障害者支援に関する正誤問題が出題されている（第21回）。
就業支援のプロセスやインテーク、アセスメントの進め方やポイントなど資料に目を通しておこう。

用語

CSR：Corporate Society Responsibility
企業が担う社会的責任のこと。

労働者の属性ごとの特徴や課題・支援

　誰もが働きやすい世の中にするために、障害者、若者、女性、中高年、外国人への支援をはじめ、昨今では治療と仕事の両立支援やＬＧＢＴへの支援など、固有なニーズを持つ人たちへの支援が求められています。各属性の特徴、課題や支援について追って学んでいきます。

障害者

　昨今、障害者の就業意欲が高まるとともに、企業においてもCSRへの高まりや、戦力化できる人材層であることの認識を背景に、積極的に障害者雇用に取り組む企業が増えています。

　実際に、雇用・就労の施策として、次のような制度が挙げられます。

- 障害者雇用促進制度

　「障害者雇用促進法」においては、民間企業に対し、障害者雇用率の達成を求めている（法律・法定雇用率に関してはp.169参照）。

- 障害者雇用給付金制度

　「障害者雇用促進法」では、障害者雇用率制度に加え、障害のある人の雇用に伴う事業主の経済的負担を調

整するとともに、障害のある人の雇用を容易にし、社会全体として障害のある人の雇用水準を引き上げるため、障害者雇用納付金制度を設けている。この制度は、障害者雇用率未達成の民間企業からは納付金を徴収するとともに、一定水準を超えて障害者を雇用している民間企業に対して、障害者雇用調整金、報奨金を支給している。

それでは、障害者を対象とした就業支援のプロセスについて見ていきましょう。このステップは、一般的には次の図の❶→❷→❸のステップを踏みます。

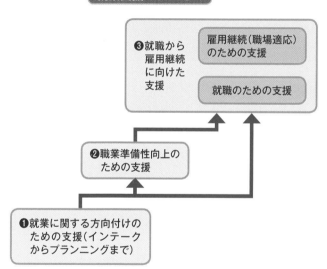

就業支援のプロセス

❸就職から雇用継続に向けた支援

雇用継続（職場適応）のための支援

就職のための支援

❷職業準備性向上のための支援

❶就業に関する方向付けのための支援（インテークからプランニングまで）

では、上の図の❶→❷→❸の就業支援プロセスについて、より細かく解説していきます。

❶職業に関する方向づけのための支援

職業に関する方向付けのための支援は、さらに3つのステップに分けられており、①インテーク、②アセスメント、③プランニングとなります。

①インテーク：受理面談。主訴の確認の場。

②アセスメント：職業評価。面接、調査関係機関などからの情報収集。

③プランニング：支援計画の策定（アセスメント結果を総合して利用者の目標設定）。

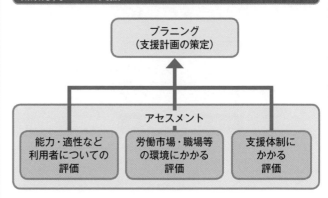

職業方向づけの支援（「アセスメントとプランニング」のイメージ）

tips

利用者（支援対象者）の課題については環境との関連性を視野に入れて把握することが必要であることから、アセスメントの内容には、能力・適正など利用者評価、労働市場・職場等の環境にかかる評価、支援体制にかかる評価も含まれる。

補足

職業準備性

個人の側に職業生活を始めたり再開するために必要な条件が用意されている状態。職業前訓練は、職業前の事前準備ということになるが、職業準備性向上は就職するまでの条件に限定されるわけではない。

❷職業準備性向上のための支援

● **職業能力開発**：段階的かつ体系的に職業に必要な技能や知識を習得するための職業訓練。

実施場所は、公共職業能力開発施設である、「職業能力開発校」「職業能力開発大学校・職業能力開発短期大学校（ポリテクカレッジ）」「職業能力開発促進センター（ポリテクセンター）」など。

● **職業前訓練**：職業生活に必要な働く意欲、体力、体制、危険への対応などの訓練。地域障害者職業センターの職業準備支援、障害者総合支援法における就労移行支援、就労継続支援、医療機関における作業療法の一環としての訓練など。

❸就職から雇用継続に向けた支援

● 職場開拓、職業紹介、職場定着支援（職場適応指導）、起業支援。

● 各種支援メニュー、各種助成措置活用。ハローワー

クを中心に支援展開。

● 関係の深い人や、上司、同僚が日常的に支援。

◉職業リハビリテーション

　障害をもっているため職業に就くことが困難になっていたり、維持していくことが難しくなっている人にも、職業を通じた社会参加と自己実現、経済的自立の機会を作り出していく取り組みです（日本職業リハビリテーション学会）。

> 「障害者の雇用の促進等に関する法律」　抜粋
> （職業リハビリテーションの原則）
> 第八条　職業リハビリテーションの措置は、障害者各人の障害の種類及び程度並びに希望、適性、職業経験等の条件に応じ、総合的かつ効果的に実施されなければならない。
> 2　職業リハビリテーションの措置は、必要に応じ、医学的リハビリテーション及び社会的リハビリテーションの措置との適切な連携の下に実施されるものとする。

◉障害者手帳について

　障害者手帳は、身体機能に一定の障害がある人に交付されるもので、出典元の厚生労働省ホームページには注意書きとして、次のように記されています。

> 「障害者手帳は、身体障害者手帳、療育手帳、精神障害者保健福祉手帳の3種の手帳を総称した一般的な呼称です。
> 制度の根拠となる法律等はそれぞれ異なりますが、いずれの手帳をお持ちの場合でも、障害者総合支援法の対象となり、様々な支援策が講じられています。
> また、自治体や事業者が独自に提供するサービスを受けられることもあります。」

tips

職業リハビリテーションの対象者
法に基づく障害者手帳の所持者に限らず、身体的、知的、精神的な理由により援助が必要と思われる人はすべて含む。
障害者法定雇用率の算定の対象は、障害者手帳、療育手帳、精神障害者保健福祉手帳をもつ人のみ。
＊法定雇用率については、労働政策及び労働関係法令ならびに社会保障制度の知識の「障害者雇用促進法」を参照。

💬 **出典**

障害者手帳について
(厚生労働省ホームページより)

障害者手帳について

	身体障害者手帳	療育手帳	精神障害者保健福祉手帳
根拠	身体障害者福祉法（昭和24年法律第283号）	療育手帳制度について（昭和48年厚生事務次官通知）＊通知に基づき、各自治体において要綱を定めて運用。	精神保健及び精神障害者福祉に関する法律（昭和25年法律第123号）
交付主体	●都道府県知事 ●指定都市の市長 ●中核市の市長	●都道府県知事 ●指定都市の市長 ●児童相談所を設置する中核市の市長	●都道府県知事 ●指定都市の市長
障害分類	●視角障害者 ●聴覚・平衡機能障害者 ●音声・言語・そしゃく障害 ●肢体不自由（上肢不自由、下肢不自由、体幹機能障害、脳原性運動機能障害） ●心臓機能障害 ●じん臓機能障害 ●呼吸器機能障害 ●ぼうこう・直腸機能障害 ●小腸機能障害 ●ＨＩＶ免疫機能障害 ●肝臓機能障害	●知的障害	●統合失調症 ●気分（感情）障害 ●非定型精神病 ●てんかん ●中毒精神病 ●器質性精神障害（高次脳機能障害を含む） ●発達障害 ●その他の精神障害
所持者数	4,910,098人（令和３年度福祉行政報告例）	1,213,063人（令和３年度福祉行政報告例）	1,263,460人（令和３年度衛生行政報告例）

●障害者の就労支援機関

　障害者雇用促進法に基づき、職業リハビリテーションの推進として、職業紹介や、就業、生活支援に関する支援機関がある。

❶**ハローワーク（全国544箇所）**：障害者の態様に応じた職業紹介、職業指導、求人開拓。

❷**地域障害者職業センター（全国47箇所＋５支所）**：障

害者職業カウンセラーによる障害者に対する職業評価や職業準備支援、事業主に対しては障害者雇用に関する専門的な支援。

● **障害者就業・生活支援センター（全国338箇所）**：身近な地域で就業面、生活面の一体的な相談、支援、事業主からの雇用管理の相談。

◉障害特性・職業的課題と配慮
●身体障害の特性・支援ポイント

身体障害者とは、身体障害者福祉法の別表に揚げる身体上の障害がある18歳以上の者であって、都道府県知事から身体障害者手帳の交付を受けている者をいいます。

障害部位や障害の現れ方、原因、発症時期、知覚障害、痛みなど随伴する障害の有無、補装具の有無により特性が異なります。

●肢体不自由

部位、程度がさまざまで、疾病と外傷、先天的なもの、後天的なものがある。

• **脳性まひ**：運動障害、姿勢異常。精神的緊張が強まると脳性まひ特有の症状である不随意運動などが起こりやすくなるため、リラックスできるような環境づくりが大切。

• **脊髄損傷**：事故などで脊髄のある部分が圧迫骨折したり、脊髄腫瘍、脊髄炎などの病気により脊髄のその部分から下の機能が失われた状態。就労環境を車いす使用で対応可能なものにする。

●視覚障害

視力を失った人、両眼の矯正視力の和が0.04以下の人、視力以外にも視野欠損、視野狭窄、色覚異常、眼球運動異常を伴っている場合など、さまざま。ルーペなどの補助具で独力で読書可能な人や、歩行時、白杖や盲導犬を用いなければ歩行困難な人もいる。

視覚障害者の雇用にあたり、職務内容そのもののほか、

通勤やコミュニケーションの配慮が必要。

● 聴覚・言語障害

まったく聞こえない人（ろう者）、大きな音でもわずかに響きを感じる人（難聴者）など。聞き取る力のほか、話す言葉の明瞭さや言語能力などにも違いがある。コミュニケーション手段は口話（読唇＋発語）、手話、筆談など。難聴者は補聴器を利用することもある。コミュニケーションの困難さから疎外感を感じることもあり、健常者が普段何気なく取り入れている情報が入らないといった情報障害が生じていることに留意する。情報障害は、常識の欠如、気が利かないなど誤解されたりすることがある。

● **知的障害の特性・支援ポイント**

「知的障害福祉法」には、知的障害の定義に関する条文がなく、法律上の定義が明確でありません。療育手帳は、独自の施策として各都道府県それぞれの判断基準により発行されています。

「障害者の雇用の促進等に関する法律」における知的障害者は、原則として療育手帳を所持している人または地域障害者職業センターにおける、知的障害者判定により判定された人です。

知的機能より、職場における作業能力やコミュニケーションなどの面でさまざまな課題が生じますが、一人ひとり異なるもので、社会的、環境的条件や支援、配慮の有無、程度との相互関係の中で変わりうるものであることに十分留意します。

● **精神障害の特性・支援ポイント**

精神障害（または精神疾患）という言葉は、使用する人の立場や状況によって異なった概念で使われることがあり、このことが精神障害の理解を難しくしている要因の一つともなっているようです。ここでは、2つの視点から説明し

ていきます。

❶医学的な視点からの精神障害の概念

精神科における治療の対象となる疾患（病気）すべてを含む概念として「精神障害」が使われる。医学的概念では、「精神障害」と「精神疾患」は同等の意味を持つものといえる。

主な精神疾患：統合失調症、躁うつ病、精神作用物質（アルコール、シンナーなど）

❷福祉及びリハビリテーション概念としての精神障害（者）

「障害及び社会的障壁により継続的に日常生活又は社会生活に相当の制限を受けるもの」（「障害者基本法」第二条）であり、精神障害のために生活能力が低下し、日常生活や社会生活に支障をきたした者のこと。これらの者が福祉およびリハビリテーションの対象となる。医学的な視点からの精神障害（者）の概念よりは狭い。

●発達障害の特性（次ページ図表参照）

発達障害者支援法における定義の第二条では、「自閉症、アスペルガー症候群その他の広汎性発達障害、学習障害、注意欠陥多動性障害、その他これに類する脳機能障害であってその症状が通常低年齢において発現するもの」と定義されています。

●自閉スペクトラム症（ASD）

社会コミュニケーション、対人的相互反応における継続的欠陥がある（言葉の遅れ、オウム返し、会話が成り立たないなど言語コミュニケーションの障害）、行動、興味、または活動の限定された反復的な様式（視線を合わせたり身振りを真似するなど他者と興味関心を共有できない）といった特徴が2つ以上ある場合、自閉スペクトラム症が疑われます。

第2章 キャリアコンサルティングを行うために必要な知識

> **⚑用語**
> **発達障害**
> これまで、広汎性発達障害、自閉症、アスペルガー症候群などさまざまな名称で呼ばれていたが、2013年のアメリカ精神医学会（APA）の診断基準（DSM-5）の発表以降、自閉スペクトラム症（ASD：AutismSpectrum Disorder）としてまとめて表現するようになっている。

発達障害の特性

●言葉の発達の遅れ
●コミュニケーションの障害
●対人関係・社会性の障害
●パターン化した行動、こだわり

知的な遅れを伴うこともある

それぞれの障害の特性

自閉スペクトラム症（ASD）

広汎性発達障害

アスペルガー症候群

注意欠如多動症（ADHD）

●不注意（集中できない）
●多動・多弁（じっとしていられない）
●衝動的に行動する（考えるより先に動く）

●基本的に、言葉の発達の遅れはない
●コミュニケーションの障害
●対人関係・社会性の障害
●パターン化した行動、興味や関心の偏り
●（言語の発達に比べて）不器用

学習障害（LD）

●「読み・書き・計算」などの能力が、全体的な知的発達に比べて極端に苦手）

＊この他に、トゥレット症候群や吃音（症）なども発達障害に含まれる。

出典
（発達障害情報・支援センターホームページを改変）

tips
ここで登場している、障害などを表す用語は、キャリアコンサルタント学科試験で出題されるものおよび一般的なものを用いている。

　五感過敏、鈍感、不器用さが目立つ、集中が困難、多くの刺激の中から必要な刺激を選択できない（注意障害）、言語発達に遅れはないが言語使用には障害がある、感情表現など言葉に出さない表現の意味を読み取ることが難しいなど、症状の表れ方はさまざまです。

　また、知的障害に明らかな遅れはなく、「コミュニケーション」（言語発達）の障害があまり見られない場合は「アスペルガー症候群」と呼ぶこともあります。

●広汎性発達障害

　自閉スペクトラム症の他、まれな遺伝性の神経発達障害であるレット症候群、小児期崩壊性障害、特定不能の広汎性発達障害を含む総称として、広汎性発達障害という用語も使われる。

●学習障害（LD）

　全体的な知的発達の遅れがないにもかかわらず、読み書き能力や計算能力等学習面の能力に限定的な障害がある場合です。

●注意欠如多動症（(ADHD)

　ケアレスミスが多い、注意力散漫、落ち着きがない、じっとしていられない（多動性）、せっかち、後先を考えずに突然飛び出す（衝動性）、などの特性です。

◉発達障害者の支援のポイント

●アセスメント

　それぞれの障害により程度や現れ方などが多様で、一人ひとり異なるため、本人や家族、支援者が発達障害としての認知面、行動面の課題を把握し、職業評価などのアセスメントをします。

　アセスメントは、障害の自己理解を進めることになり、本人のみならず、家族や支援者が方向性を見立てていくうえで重要です。

●訓練と結果のフィードバック

　職業経験が少ない人もいるため、個別面接や模擬的な職場環境や集団場面での訓練、職場体験などの機会を設け、自己理解や、必要な知識、スキルの基盤を築きます。訓練、経験とともに、進捗に応じたフィードバックをします。相談、フィードバックの方法として、図にする、書いてまとめる、などの工夫して示します。

＊情報をまとめたり、周囲の状況と照らし合わせて選択をすることが困難で混乱してしまうことがあるためです。

◉リハビリテーション・カウンセリング

　リハビリテーション・カウンセリングは、身体、精神、

tips

ハローワークに、発達障害者の就労支援などの十分な経験を有する「発達障害者雇用トータルサポーター」（2023年度71人）を配置し、発達障害者に対するカウンセリングや就職に向けた準備プログラム、企業や支援担当者に対する発達障害者の雇用や定着に必要なノウハウの提供などを推進している（参考：令和5年度厚生労働白書）

社会的な障害の影響を最小限にとどめ、社会参加を促すための支援のことです。その基本的な考え（理念）として、次のようなものがあります。

❶カウンセリング、コーディネート（障害者本人を対象にする場合）

障害により否定的になった自己像を現実に即して肯定的に再統合化したり、達成が困難となった場合将来目標を現実に即して達成可能な目標に再構築（カウンセリング）。また、障害により機能低下した職務遂行技能・能力を回復、復旧させたり、代替の技能の再学習をして仕事や職場の求める能力と調整（コーディネート）する。

❷コンサルテーション（家族、学校、同僚、地域生活、仕事、文化、政治、経済的状況などのさまざまな集団や環境を対象とする場合）

対象者本人の現有する能力でも対応できるように環境要件そのものを再構築する。

❸ケースマネジメント（支援を提供する専門家やその他の人たちを対象とする場合）

提供される支援の内容が対象者本人のニーズに答え得るように調整する。

若者・女性・中高年

個人のキャリア形成は、次のキャリア形成の6ステップから構成されており、キャリア・コンサルティングはこれらステップにおける個人の活動を援助するものです。

❶自己理解

❷仕事理解

❸啓発的経験

❹意思決定

❺方策の実行

❻新たな環境への適応

（以上、キャリア・コンサルティング技法等に関する調査研究報告書の概要〈平成13年厚生労働省〉）

ここでは各属性の課題と、支援、またステップ別の支援について細かく説明します。

●若者

●傾向

不本意に非正規雇用で働く若者や、正社員として在職しているが、安易な**離職願望**などを有している人が対象。

●課題

- 仕事や企業に関する研究不足が、**離職**につながる可能性が高い。
- 勤続１年未満の早期**離職**がその後のキャリアに与えるマイナスの影響。

●支援

- 幅広い職業・業界の**知識**や企業情報、労働に関する**知識**などを若者が理解する支援。
- **在職**しながら能力開発や再就職をするための支援（早期**離職**のデメリットを促す）。

●ステップ別の支援

- 失敗経験などにより自尊心が傷ついたり、自己評価の低い者への配慮が求められ、自尊心の回復や信頼関係の構築の後、経験の棚卸しや学習歴、資格等を確認し、相談者が自己の行動特性に対して、適切な自己評価を行えるように支援する（**自己理解**）。
- 仕事や企業に関する研究不足が離職につながる可能性が高いことを認識し、幅広い職業・業界の知識や企業情報、労働に関する知識等を若者が理解するように支援する（**仕事理解**）。
- 正社員への登用を希望する若年契約社員に対しては、現企業に登用される方策や課題、必要な能力開発について整理し、実施を促す（**方策の実行**）。

対策

若者向けの課題と必要な支援について正誤問題が出ている。選択肢中には、別の属性についての記述もあり、１つの属性を把握するというよりは、それぞれの属性・課題について把握できるようにしておきたい（第21回）。

対策

若年者雇用の現状と若者雇用対策の推進について、合わせて把握し、各種資料の確認をしておこう。

〈若年者雇用の現状〉

2022年には15〜24歳の完全失業率が4.4％、25〜34歳については3.6％である。2022年３月卒業者の就職率は次の通り。

- 大卒者：95.8％。前年と同水準だが、新型コロナ影響受ける前の2020年３月と比べると2.2ポイント低下。
- 高卒者：97.9％。前年と同水準で、高い水準を保っている。

新卒応援ハローワークなどにおいては、学校などと密に連携しながら、新卒者などの求人確保やきめ細かな就職支援を実施するとともに、既卒者および中途退学者の新卒枠での応募機会の拡大および採用・定着の促進を図っている（出典「令和５年度厚生労働白書」）。

- 自ら考え、行動することを促す、自尊心に配慮する、コミュニケーションを高める支援をする、視野を広げる、キャリアや職業生活を計画する支援、組織に対しては、環境づくりの支援、個人に対しては、入職前の仕事理解の支援や入職後の職場トラブルの対応に関する情報提供などの支援する（**新たな環境への適応**）。

●女性

●傾向
出産・育児と仕事の**両立**に困難を有しているが対象。

●課題
- さまざまな**役割**を一人で抱え込んで息詰まる傾向にある。
- **自己理解**の不足。

●支援
- 思い込み、不安の払拭、考え方を**柔軟**にする支援。
- 丁寧な棚卸しによる能力や強みを**再認識**する支援。

●ステップ別の支援
- 配偶女性における男女の家事・育児分担に関する認知を確認し、必要ならば思い込みの払拭や考え方を柔軟にする支援をする（**自己理解**）。
- 資格取得等を伴う自己啓発は就職や就労に一定の効果があるため、プロセス内の選択肢として対象者とともに検討する（**啓発的経験**）。
- 有配偶女性の場合、「都合のよい時間に働く」という条件が、正規雇用などの雇用形態条件よりも優先順位が高い現状があることを認識したうえでの支援（**意思決定**）が必要。

●中高年

●傾向
キャリアチェンジを余儀なく迫られている人や、何

●対策

女性の雇用の現状と推進などについて合わせて把握し、各種資料の確認と、法律をおさらいしておこう。
〈女性の雇用の現状〉
労働力調査（基本集計）によると、2022年の労働力人口は3096万人（前年比16万人増）であった。
＊労働力調査の用語詳細に関しては **p.146** 参照。
〈女性の活躍推進〉
男女雇用機会均等対策の推進 **p.164**。女性活躍推進法に基づいた一般事業主行動計画の策定 **p.165** など（出典「令和5年版厚生労働白書」）。

らかの**キャリア形成**上の課題に直面している人が対象。

●**課題**

- **新たな環境**への適応。
- 役職定年を迎える人はその1、2年前から**モチベーション**が下降する人が多い。
- 雇用延長者が単にお金を貰うために働くと、さまざまな問題が生じる。

●**支援**

- **キャリアチェンジ**をポジティブにとらえることができない中高年に対して自己理解を促し、自己効力感を高める支援。

●**ステップ別の支援**

- 中高年者は60歳を区切りとした意向の変化があることを理解して支援する（**自己理解**）。
- 「**自己適性志向**」を満たすことは年代問わず重要な視点であり、中高年者ならではの自己分析・自己理解を促す支援する（**自己理解**）。
- 経験・能力の棚卸と活用イメージの検討、経済面を踏まえたライフプランニングなどを行う（**意思決定**）。
- 就職支援機関からの情報のみならず、同僚や知人など、人脈（人的資源）に対する棚卸やネットワーキングを促す（**方策**）。
- 中高年ならではの職業スキル表一覧を作成し、個々人毎に職業スキルを再構築します（**新たな環境への適応**）。
- 同企業内での雇用継続の場合には、職務に対するさまざまな質の変化が起こることを想定して、意識変革を促す支援する（**新たな環境への適応**）。

（出典：平成29年度「労働者等のキャリア形成における課題に応じたキャリア・コンサルティング技法の開発に関する調査・研究事業 報告書」）

対策

高齢者の雇用の現状と生涯現役社会の実現について、併せて把握し、各種資料の確認と、法律をおさらいしておこう。

〈高齢社の雇用の現状〉

「高年齢者等の雇用の安定等に関する法律」では、高年齢者雇用確保措置として、①65歳までの定年引上げ、②定年の定めの廃止、または③65歳までの継続雇用制度の導入を義務付けている（詳しくは **p.168** 参照）。高年齢者雇用確保措置は21人以上規模企業の99.9％で、高年齢者就業確保措置は21人以上規模企業の27.9％で実施済み。

〈「生涯現役社会」の実現〉

- 企業における高齢者の就労促進
- 高齢者が地域で働ける場や、社会を支える活動ができる場の拡大

（出典「令和5年版厚生労働白書」）

用語

自己適性志向

仕事の内容に興味があり、能力・個性・資格を生かせる仕事を選ぶこと。

キャリアコンサルティングを行うために必要な知識

治療と仕事の両立支援

　治療と仕事の両立支援とは、それまで健康だった人が病気にかかり、治療が必要になったときに、**事業場**が、適切な就業上の措置や治療に対する配慮を行い、治療と職業生活が両立できるようにするための支援です。

　その取り組みとして、厚生労働省は、事業者、人事担当者、産業医、保健師看護師等の産業保健スタッフや労働者本人、家族、医療関係者など、支援に関わる方を対象に、**「事業場における治療と仕事の両立支援のためのガイドライン」**をまとめています。

🫖 **出典**
（厚生労働省ホームページ「令和5年3月版 事業場における治療と仕事の両立支援のためのガイドライン」より）

●両立支援を行うにあたっての留意事項

❶安全と健康の確保

　就労により疾病の憎悪や再発が生じないよう、就業場所の変更、作業の転換、労働時間の短縮、深夜業の回数の減少などの適切な就業上の**措置**や治療に対する**配慮**を行うことが就業の前提。

❷労働者本人の取り組み

　主治医の指示などに基づき、**治療**を受けること、服薬すること、適切な生活習慣を守る。

❸労働者本人の申し出

　労働者本人から**支援**を求める申し出がなされたことを端緒に取り組む。本人からの申し出が行いやすい環境を整備する。

❹治療と仕事の両立支援の特徴を踏まえた対応

　労働者本人の**健康**状態や**業務遂行**能力も踏まえた就業上の措置等が必要。

❺個別事例の特性に応じた配慮

❻対象者、対応方法の明確化

　事業場の状況に応じて、事業場内ルールを**労使の理解**を得て制定するなど、治療と仕事の両立支援の対象者、対応方法などを明確にしておく。

👆 **対策**
「事業場における治療と仕事の両立支援のためのガイドライン」からは傾向としてほぼ毎回出題されている（過去5年）。必ず目を通しておこう

❼個人情報の保護

❽両立支援にかかわる関係者間の連携の重要性

　事業場の関係者、医療機関関係者、地域で**事業者**や**労働者**を支援する関係機関、関係者の連携。

●両立支援の進め方

❶両立支援の検討に必要な情報（**事業者**が治療と仕事の両立支援を検討するに当たって、参考となる情報）を収集する。

- 症状、治療の状況。
- 退院後または通院治療中の就業継続の可否や、就業上の措置、配慮に関する意見。

❷両立支援を必要とする**労働者**から情報提供を受ける。

❸治療の状況等に関する必要に応じた**主治医**からの情報収集を行う。

❹就業継続の可否、就業上の措置及び治療に対する配慮に関する**産業医等**の意見聴取を行う。

❺休業措置、就業上の措置及び治療に対する配慮を検討し**実施**する。

●事業場における現状と課題

- 健康診断に基づく健康管理やメンタルヘルス対策など、さまざまな取り組みが行われてきたが、近年では厳しい経営環境の中でも、労働者の健康確保や疾病・障害を抱える労働者の活用に関する取り組みも推進されている。

- その一方で、治療と仕事の両立支援の取り組み状況は事業場によってさまざまであり、支援方法や産業保健スタッフ・医療機関との連携について悩む事業場の担当者も少なくない。

🔖補足

〈疾病を抱える労働者〉

疾病を理由として1か月以上連続して休業している従業員がいる企業の割合は、
- メンタルヘルス　38％
- がん　21％
- 脳血管疾患　12％

（出典「治療と職業生活の両立等支援対策事業」〈平成25年度厚生労働省委託事業〉）。また、仕事を持ちながらがんで通院している者は32.5万人いた（出典「平成22年国民生活基礎調査」）。

〈現状と課題〉

従業員が私傷病（業務外で発生したケガや病気）になった際、当該従業員の適正配置や雇用管理などについて、89.5％の企業が対応に苦慮したと回答。苦慮した内容は「病気や治療に関する見通しがわからない」が60.2％、次いで「復職可否の判断が難しい」が51.9％であった（東京都　平成26年実施がんの就労等に関する実態調査）（出典「事業場における治療と仕事の両立支援のためのガイドライン」）。

LGBT支援

誰もが働きやすい職場環境を実現していくことが重要な課題となっています。

性的指向・性自認に関する社会の関心の高まりを背景として、「職場におけるダイバーシティ推進事業報告書」でさまざまな現状が報告されています。

LGBTは、L（レズビアン）、G（ゲイ）、B（バイセクシュアル）、T（トランスジェンダー）の頭文字です。

出典

（厚生労働省ホームページ「職場におけるダイバーシティ推進事業報告書」より）

対策

「職場におけるダイバーシティ推進事業報告書」より出題されている（第19回、第22回）。とくに、「職場と性的指向・性自認をめぐる現状」の章からの出題が中心となっているが、この資料は目を通し、概要をつかんでおくとよい。

LGBTに関する用語

性的指向 （恋愛または性愛がいずれの性別を対象とするか）	自身と異なる性別の人を好きになる人、自分と同じ性別の人を好きになる人、相手の性別を意識せずにその人を好きになる人などがいる。また、誰にも恋愛感情や性的な感情をもたない人もいる
性自認	自己の性別についての認識
トランスジェンダー	生物学的・身体的な性、出生時の戸籍上の性と、性自認が一致しない人

身体的な性と性自認が一致せず、困難を抱える場合に対して、医学的な診断の結果、**性同一性障害**と診断されることがあります。日本では、**性同一性障害者の性別の取扱いの特例に関する法律**により、**性同一性障害者**であって一定の条件を満たす者については、性別の取扱いの変更の審判を受けることができるようになっています。

tips

誰もが働きやすい職場環境を実現していくことが重要な課題となっている。性的指向・性自認に関する社会の関心の高まりを背景として、「職場におけるダイバーシティ推進事業報告書」でさまざまな現状が報告されている。キャリアコンサルタントは、性的指向や、性自認をめぐる現状を十分把握し、性的マイノリティ当事者が抱える困難への理解、またそれらに対する支援を知っておく必要がある。

●性的マイノリティ当事者が抱える困難

●周囲の人に頼れない、職場内外に相談先がない。相談窓口や機関が存在していても、担当者の理解度や**アウティング**されることをおそれて、相談しづらいなどの心理的な障壁がある。

●**カミングアウト**の難しさ。差別やハラスメントを受ける可能性から、他人に伝えないことが多い。そのた

め、性的指向や性自認を偽る、または隠すように振る
舞わなければならない場面が日常的に発生している。

● ハラスメント被害に遭いやすい。本人の意思に反し
て配置転換、退職推奨を受けるなど。結果、適応障害、
離職などの事例がある。

● トランスジェンダーが職場で「自認する性別」として
ふるまい、仕事をしたいと考えていても、それを阻
むような慣行、環境がある。

> 例 本名から連想される性別や見た目の性別が一致し
> ないこと、書類上の性別と見た目の性別が一致し
> ないことなどから、差別につながる。物理的な面
> では、トイレなどの職場環境で、「自認する性別」
> のトイレを使えないことがストレスになる。健康
> 診断の受診時、更衣室や、検査項目で男女が分か
> れる場面など、男女の区分に直面しやすい機会が
> ある。

● 求職時、いじめを受けた経験や希死念慮、不登校に
なった経験が多い傾向にあるという指摘もあり、そ
うしたことが背景となって、アルバイトや無業が多
いといった雇用形態上の特徴に影響している可能性
がある。またロールモデルがいないことや当事者が
職業観を養う機会がないため、自己否定的な考えを
持ちやすくなっている。

外国人への支援

　グローバル化が進む中、我が国の経済活動、国際競争力
の強化のためには、国内人材の最大限の活用は言うまでも
なく、加えて、高度な技術や専門的知識を有する外国人材
の活用が重要な課題となってきています。

● 深刻化する人手不足への対応としての取り組み

　生産性の向上や国内人材の確保のための取り組みを行っ

用語
アウティング
本人の同意なく、その人の
性的指向や性自認に関する
情報を第三者に暴露するこ
と。

用語
カミングアウト
自ら当事者であることを周
囲に伝えること。

出典
（法務省ホームページ・出入
国在留管理庁「外国人材の受
入れ及び共生社会実現に向
けた取り組み」より）

ても、なお人材を確保することが困難な状況にある産業上の分野に限り、「一定の専門性・技能を有し、即戦力となる外国人」を受け入れるため、就労が認められるこれまでの在留資格に加えて、次の2つの在留資格が平成30年に創設されました。

- **特定技能1号**：特定産業分野に属する相当程度の知識または経験を必要とする技能を要する業務に従事する外国人向けの在留資格。
  在留者数：188,790人（令和5年9月末現在、速報値）
- **特定技能2号**：特定産業分野に属する熟練した技能を要する業務に従事する外国人向けの在留資格。
  在留者数：21人（令和5年9月末現在、速報値）
- **特定産業分野**：介護、ビルクリーニング、素形材・産業機械・電気電子情報関連製造業、建設、造船・舶用工業、自動車整備、航空、宿泊、農業、漁業、飲食料品製造業、外食業（介護分野以外は特定技能2号でも受入れ可）。

●事業主の雇入れ・離職時の届け出義務

外国人を雇用する事業主には、外国人労働者の雇入れや離職の際に、その氏名、在留資格などについて、ハローワークへ届け出ることが義務づけられています。

- **対象となる外国人**：日本の国籍をもたない人で、在留資格が「外交」「公用」以外の人。

1. 障害者の就労支援のプロセスは、職業に関する方向づけのための支援→就職のための支援→職場定着・雇用継続のための支援のステップで行われる。

2. 障害者の就労支援のプロセスのうち、職業に関する方向づけのための支援は、3ステップあり、①インテーク、②アセスメント、③プランニングに分けられる。

3. 職業に関する方向づけのための支援におけるプランニングのステップでは、本人の職場経験に基づいた能力適正の評価のみをもとに支援計画の策定を行っていく。

4. 職業リハビリテーションの対象者は、障害者手帳と療育手帳を持っている人である。

5. 障害者法定雇用率の算定の対象は障害者手帳、療育手帳、精神障害者保健福祉手帳を持つ人が対象になる。

6. 自閉スペクトラム症(ASD)の特徴として、般的な知的発達に遅れはないのに、読む、書く、計算するなどの特定の能力を学んだり、行ったりすることに著しい困難がある。

7. リハビリテーション・カウンセリングは、身体、精神、社会的な障害の影響を最小限にとどめ体系的に行われる支援である。

8. 「平成29年度 労働者等のキャリア形成における課題に応じたキャリア・コンサルティング技法の開発に関する調査・研究事業 報告書」によると、若者は、キャリアチェンジを余儀なく迫られていたり、何らかのキャリア形成上の課題に直面しているため、新たな環境への適応に課題があり、キャリアチェンジをポジティブにとらえられる支援が必要である。

9. 「事業場における治療と仕事の両立支援のためのガイドライン」において、事業者は、治療と仕事の両立支援に取り組むに当たっての基本方針や具体的な対応方法等の事業場内ルールを作成し、患者となった本人から相談があった際に共有できるようにする。

10. アウティングとは本人の同意なく、その人の性的指向や性自認に関する情報を第三者に暴露することである。 〇

解説

1. 職業に関する方向づけのための支援→職業準備性向上のための支援→職場から
   雇用継続に向けた支援である。なお、職場から雇用継続に向けた支援のなかに、
   「就職のための支援→職場定着・雇用継続のための支援」が含まれている。

3. 支援対象者の課題については環境との関連性を視野に入れて把握することが必
   要であることから、アセスメントのステップでは、能力・適正など利用者評価、
   労働市場・職場等の環境に係る評価、支援体制に係る評価を総合的にし、それ
   らをもとにプランニング（支援計画の策定）する。

4. 職業リハビリテーションの対象者は、身体的、知的、精神的な理由により援
   助が必要と思われる人はすべて含む（参考URL：http://vocreha.org/about/
   about.php）。

6. 設問の記述内容は、学習障害（LD）の特徴である。自閉スペクトラム症（ASD）
   は、社会コミュニケーション、対人的相互反応における継続的欠陥がある、行
   動、興味、または活動の限定された反復的な様式が2つ以上ある（情動的、反
   復的な身体の運動や会話、固執やこだわり、極めて限定され執着する興味、感
   覚刺激に対する過敏さまたは鈍感さ、など）（https://www.e-healthnet.mhlw.
   go.jp/information/heart/k-03-005.html：e-ヘルスネット〈厚生労働省〉）。

8. 設問の記述内容は中高年に関する記述である。若者は不本意に非正規雇用で働
   く若者や正社員として在職している一方で、安易な離職願望等を有しているも
   のがおり、在職しながら能力開発や再就職をするための支援などの必要がある。

9. すべての労働者に周知することで、両立支援の必要性や意義を共有し、治療と
   仕事の両立を実現しやすい職場風土を醸成する。

10. 記述の通り。カミングアウトは、自ら当事者であることを周囲に伝えることで
    ある。

第3章

キャリアコンサルティングを
行うために必要な技能

キャリアコンサルタントとして実際の場面で使えるよう、身につけておくべき技能や理論です。ここからは1～2問の出題があります。

POINT

● カウンセリングを行うにおいて、キャリアコンサルタントはさまざまな技能を駆使してクライエント（相談者）の課題や問題を把握し、解決に近づきます。クライエントもさまざまなので、誰にでも通用する唯一の絶対的な技法はありません。

● カウンセリングのアプローチは大別すると、感情的、認知的、行動的の3種がありますが、キャリアカウンセリングはこれらのすべてを包括して行うことから、「包括的・折衷的」なカウンセリングといえます。ここでは「コーヒーカップ・モデル」、「マイクロカウンセリング」、「ヘルピング」、そして「システマティックアプローチ」を学びます。

◆用語

言語的コミュニケーション
● 受容
● 繰り返し（言い換え）
● 明確化（感情や意味の意識化）
● 支持
● 質問（閉ざされた質問…YesまたはNoで答えられる質問、開かれた質問…Yes, Noでは答えられない質問）

非言語的コミュニケーション
● 視線
● 表情
● ジェスチャー
● 声の質や量
● 席のとり方
● 言葉遣い
● 服装・身だしなみ

國分康孝の「コーヒーカップ・モデル」

カウンセリングのプロセスを図解するとコーヒーカップの断面図に見えることから、提唱者の國分康孝が「コーヒーカップ・モデル」と名付けました。

カウンセリングのプロセスを初期、中期、後期の3ステップに分け、「言語的・非言語的コミュニケーションを通してクライエントの行動の変容を試みる人間関係」です。

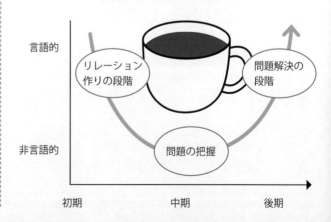

コーヒーカップ・モデル

言語的 ─ リレーション作りの段階 ／ 問題解決の段階

非言語的 ─ 問題の把握

初期　　中期　　後期

●各段階の内容

● **初期** リレーション作りの段階。クライエントとの関係構築期。言語的スキルを用いて信頼関係を作る(**ラポール**の形成)。

● **中期** 問題の把握。問題の核心をつかむ段階では、非言語的スキルも用いて自己探索をする。

● **後期** 問題解決の段階。言語的・非言語的だけでなく、具体的かつ総合的な行動を伴った**処置**を行う。

コーヒーカップモデルでは、カウンセリングを「言語的コミュニケーション・非言語的コミュニケーションを通して、行動の変容を試みる人間関係」と定義します。

その柱は「**行動変容**」「**コミュニケーション**」「**人間関係**」の3点になります。ここでいう「行動変容」とは、クライエントとカウンセラーの良好な人間関係を通して、多くの行動可能性からより良い行動をクライエントが主体的に選択することをいいます。

リレーションをつくり、問題を把握したのちに、**処置**を行います。**処置**には、**コンサルテーション**(クライエントに対して、異なる専門職の人たちが連携・協力して、より効果的な援助活動を行うこと)や**具申**(クライエントが所属する集団の責任者や管理者に対してアドバイスしたり、専門知識を情報提供すること)、**リファー**(自分ではない、他の専門家に紹介すること)、**ケースワーク**(問題を抱えたクライエントに対して適切な支援を提供し、自立的に生活できるようにすること)、**スーパービジョン**(カウンセラーが先輩やより上位のカウンセラーに意見を求めること)などがあります。

アイビー(Ivey,A.E.)の「マイクロカウンセリング」

カウンセリングの理論家であるアイビー(アイビイという表記もある)が、多くのカウンセリングには共通したパ

ターンがあることに気づき、これを分類して三角形の「マイクロ技法の階層表」にしたものです。

●4つの技法

❶かかわり行動　クライエントの話を「聴く」姿勢で、クライエントとのラポール形成に必須。
4つのポイントがある。

- **視線**　必ずしも直視がいいとは限らない。
- **身体言語**　前かがみの姿勢など体位の取り方や、<u>はげまし</u>のジェスチャー。
- **言語的追跡**　クライエントの話の主題を変えない。
- **声の調子**　声の高さや早さなど。

❷かかわり技法　言語レベルの傾聴で、クライエントの心の枠組み(考え方や認識している内容)に寄り添ったものであること。

技法として、開かれた質問・閉ざされた質問、はげまし、<u>言い換え</u>、<u>要約</u>、感情の反映(「あなたは〇〇と思っているのですね」、意味の反映(意味、意図、価値の明確化。「それはあなたにとって大切なことなのですか?」)。

❸積極技法　能動的に関わりながら相手の問題解決を促す技法。かかわり技法では得られない積極的な技法により、効果的な態度変容を求めることもある。

- **指示**　カウンセラーが指示を与え、問題解決への選択肢を提案する。
- **論理的帰結**　クライエント自ら決断できない場合に、ある選択肢を選ぶとどんな結果が予想できるか、別の選択肢ではどうなるか、想定される帰結を具体的に検討する。
- **自己開示**　カウンセラー自身の個人的な経験等をクライエントに告げること。
- **フィードバック**　クライエントに対して非審判的で具体的な事実にもとづき、クライエントが他者から

どう見えているかを示す。クライエントの自己探求を促す。

❹**技法の統合**　さまざまな技法を適切に組み合わせて用い、コミュニケーションをスムーズに進めながら問題を解決する。各技法を十分に習得した後、マイクロ技法を統合し、クライエントの発達投階や面接の進み具合に応じ使い分ける。

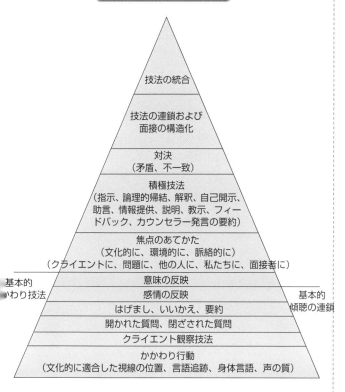

マイクロ技法の階層表

技法の統合

技法の連鎖および
面接の構造化

対決
（矛盾、不一致）

積極技法
（指示、論理的帰結、解釈、自己開示、
助言、情報提供、説明、教示、フィー
ドバック、カウンセラー発言の要約）

焦点のあてかた
（文化的に、環境的に、脈絡的に）
（クライエントに、問題に、他の人に、私たちに、面接者に）

意味の反映

感情の反映

はげまし、いいかえ、要約

開かれた質問、閉ざされた質問

クライエント観察技法

かかわり行動
（文化的に適合した視線の位置、言語追跡、身体言語、声の質）

基本的
かかわり技法

基本的
傾聴の連鎖

◖出典
マイクロ技法の階層表
『マイクロカウンセリング』
（A.E.アイビー著、福原真知子訳、川島書店）

カーカフ（Carkhuff,R.R.）の「ヘルピング」

カーカフによって提唱されたカウンセリング・モデルです。カウンセラーを「ヘルパー」、クライエントを「ヘルピー」と呼びます。

3つの特徴があります。

● 「折衷・統合型」アプローチ。洞察思考の技法と行動変容思考の技法を統合したもの。
● 援助のプロセスを４段階に設定し、それぞれの段階でどの技法を使用するかを具体的、段階的に示した。
● カウンセリングを一般の人でも使えるよう方式化した。

●４つの段階（事前段階〜第３段階）

❶ 事前段階（かかわり技法） ラポールの形成。心の準備。４つの技法がある（かかわりへの準備、親身なかかわり、観察、傾聴）。

❷ 第１段階（応答技法） 言葉による応答の繰り返しによってヘルピーの現在地を明らかにし、**自己探索を**目指す。３つの技法がある（事柄への応答、感情への応答、意味への応答）。

❸ 第２段階（意識化技法） ヘルピーの目的地（どんな状態になりたいか）を明らかにし、**自己理解を**促進する。４つの技法がある（意味、問題、目標、感情の意識化）。

❹ 第３段階（手ほどき技法） 目標達成のための**計画を立てて実行（行動化）**する。５つの技法がある（目標の明確化、行動計画の作成、スケジュールと強化法の設定、行動化の準備、各段階の検討・振り返り）。

❺ 援助過程の繰り返し ヘルピーの反応や行動結果を評価し、援助を繰り返す。

システマティック・アプローチ

この技法は、学科試験に出題されるだけでなく、実技試験や実務においてとくに使用する技法なので、詳しく解説します。

日本のキャリアコンサルティングにおいて、体系的なアプローチとして知られてきたモデルです。カウンセラーとクライエントの間に信頼関係を築き（ラポール、リレーショ

用語
❶事前段階
　● ヘルパー
　　…かかわり技法
　● ヘルピー
　　…参加・参入
❷第１段階
　● ヘルパー
　　…応答技法
　● ヘルピー
　　…自己探索

❸第２段階
　● ヘルパー
　　…意識化技法
　● ヘルピー
　　…自己理解

❹第３段階
　● ヘルパー
　　…手ほどき技法
　● ヘルピー
　　…行動

ン）、目標を定めて行動計画を立て、その方策の実行をカウンセラーが支援するシステムです。

❶カウンセリングの開始

カウンセラーとクライエント間の信頼関係を作る。

❷問題の把握

問題を明確にし、カウンセラーとクライエント相互で確認する。

❸目標の設定

最終目標を決定し、具体的な方策や行動を策定する。

❹方策の実行

意思決定、学習、自己管理。

❺結果の評価

方策を実施できたか、目標を達成できたか。

❻カウンセリングの終了

成果と変化を相互で確認し、未達成であれば再度のカウンセリングも可能。

用語

目標の設定

カウンセラーとクライエントの共同作業による。また、クライエントが目標（問題の解決）に向かって進むことを確認する。

目標設定はクライエントの思考を方向づけ、行動を援助するものであるから。

方策の実行

方策とは、目標を達成するための行動計画のこと。システマティックアプローチのプロセスの中核。

システマティックアプローチの流れ

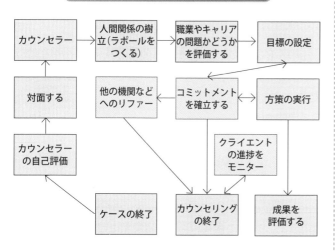

出典

システマティックアプローチの流れ

『キャリアコンサルティング 理論と実践 6訂版』（木村周・下村英雄、一般社団法人 雇用問題研究会）

　システマティック・アプローチには、いくつかのポイントがあります。それは「目標の設定」「方策の実行」「成果の評価」の3点です。

●目標の設定

　具体的な目標を設定し、クライエントがこれに向かって**自己をコミット（責任を持って取り組む、結果を約束する）する**という確認をしたのち、カウンセラーとクライエントがこれを共有します。

　これによって、クライエントの考えを方向づけることになり、行動を援助することにつながります。また、動機づけにもなります。さらに、目標があることにより、カウンセリングの進展、つまり「開始時との違いや進歩」を確認することができ、どの状態になればクライエントがカウンセリングを終了しても良いと判断できるのかがわかるようになります。

　具体的にはまず、**目標達成のためのターゲット**を作ります。早期に達成が可能な目標を立ててカウンセリングを進めることで、クライエントは初期段階から達成感を得ることができるようになります。

　次に、カウンセラーが「クライエントの問題解決を自分が援助できるか」を検討します。他に最適なカウンセラーや機関があると判断した場合には、そちらへ**リファー（紹介）**します。

　「クライエントが**目標達成への意欲**をしっかりと持っているか」を確認することが大事です。そこに不安があったり、達成した場合にデメリットがあると考えていることもあるので、これを明らかにしておかないとカウンセリングが進展しません。**目標を達成して得られるメリットとデメリット**を検討する必要があります。

　意欲が確認できたら**契約書・同意書**を作成します。これは「**行動契約**」という手法で、成し遂げたい行動を書き出して、出来たときと出来なかったときの約束をすることで決断を具体的な形にして行動を促すものです。約束（目標）を文字として視覚化することで、話し言葉で交わした聴覚的な情報だけでなく、視覚的な情報としてもインプットできるという利点があります。

●方策の実行

　方策とは、方策を実行するための**行動計画**のことをいいます。最終的な目標と、現在からそこに至るまでのターゲットをつなげ、実行するものです。クライエントによって内容や実行方法が異なるため、クライエントの理解や意欲が必要であり、カウンセラーにとっては、もっともその力量が試されるタームでもあります。クライエントの現状と最終目標の間の隔たりをどう埋めるかが方策であり、カウンセラーの仕事です。

　目標設定において、クライエントの抱える問題を解決する**最終的な目標**を設定したのち、**目標達成のためのターゲット**を作り、そこに至るまでの**具体的な行動（ステップ）**を決めて、これを実行に移します。

　行動の主体はクライエントですが、カウンセラーもこれを援助します。<u>この３つ（目標、ターゲット、ステップ）は左図のような階層構造にあり</u>、これを文字・文章にしたものが契約書・同意書です。

> 例 **目標**…………就職する
> 　　**ターゲット**…今後１か月間は活動に専念する
> 　　**ステップ**……３日後までに求人票のリストアップ
> 　　　　　　　　　５日後までに履歴書・職務経歴書の完成
> 　　　　　　　　　７日後までに３社以上のエントリー

　カウンセラーの援助としては、**情報の収集や提供**もあります。情報提供の原則は、クライエント自身が情報を得る方法を教えることですが、それが困難な場合には情報の入手の仕方や、カウンセラーが情報そのものを伝えることもあります。

　クライエントにとって否定的な情報は、クライエントが自ら気付けるようにします。カウンセラーはあくまでも一般的な情報をクライエントに与え、本人が現状と目標を評価・検討することによって現実的なものとするようにさせることにつとめます。

（補足）
3つの関係の階層構造

目　標
↑
ターゲット
↑
ステップ
↑
ステップ

（補足）
否定的な情報
ニーズに合わない、問題解決を困難にしている性格や習慣、高望みなど。

クライエントの意欲を高めるように援助するのも、カウンセラーの役割です。達成可能なサブターゲット(すぐに出来そうな下位のターゲットに分割する)を立てることにより達成感を味わってもらう、努力を褒めたり勇気づけるなど、言語的・心理的な指示を与えます。

●結果の評価

　システマティックアプローチでは、各段階で評価が行われますが、カウンセリングの終結にあたって、全体を評価します。その評価の中心は**クライエントの成長**です。「現在どんな状態にあるか」「どんな行動をとったか(開始時と終了時の行動の比較)」「目標が達成されたか」「さらなるカウンセリングが必要か」「カウンセリングを終結させて良いか」などを見ます。

　また、評価は**カウンセラー自身**のためにも行われます。「全体的に達成できたか」「達成は部分的か」「出来なかった場合はその理由」など、今後の学習と成長に役立てるために行います。

　その他に、**第三者**(企業など組織、機関や関係者)のためにも評価は行われます。キャリアカウンセリングは組織の中で行われることが多いので、クライエントの変化を客観的に評価し、今後に役立てます。

1．ラポールはコンサルティングの初期段階で形成することが大切であるので、このためであるなら長い時間をかけても構わない。　✕

2．クライエントとカウンセラーが共同で目標を策定し、これを実現するための行動計画を立てて実行することを、方策の実行という。　〇

3．ヘルピングの技法は「かかわり技法」「応答技法」「意識化技法」「手ほどき技法」の4段階である。　〇

4．コーヒーカップ・モデルでは、面接初期にリレーション作りをし、面接中期に問題把握、面接後期に問題解決の段階とプロセスをふむが、このうち問題解決の段階は言語的スキルのみを用いて行われる。　✕

解説

1．ラポールの形成は大切だが、これだけのために時間を費やすのではなく、相談場面を次の段階につなげながらラポールを形成していくのが望ましい。

2．方策の実行とは、クライエントが立てた行動計画を実行することをいう。キャリアコンサルタントはその進捗を確認し、問題があれば計画を修正したり支援する。

3．ヘルピングの4段階と、マイクロカウンセリングの4技法（かかわり行動、かかわり技法、積極技法、技法の統合）と混同しないように気をつけたい。

4．面接後期の問題解決の段階では、言語的・非言語的スキルだけでなく、具体的かつ総合的な行動を伴った処置を行う。

02 基本的な技能
②グループアプローチの技能

グループを対象としてキャリアコンサルティングを行う場合の技能や理論です。ここからは1〜2問の出題があります。

グループアプローチの原則

　グループアプローチにおいては、目的の達成のために以下のような**6つの原則**が機能している必要があります。

❶メンバーの**相互作用**（双方向のコミュニケーション）。

❷目標をメンバーが共通のものとして**共有**している。

❸メンバーの行動を規定する**基準**がある。

❹メンバーには役割があり、**役割には特定の機能がある**。

❺メンバーは**個人的特徴**を行使し合う。

❻グループは、**個人のニーズを満足させる**よう行動する。

　グループアプローチとグループキャリアカウンセリングに大きな違いはありませんが、後者では「教育や職業に関する知識や情報を用いること」「行動計画を立てることまでを目的とすること」「キャリア意識や適応を促すこと」が異なります。

　また、グループキャリアカウンセリングの意義として、「個別カウンセリングより多くの事例からフィードバックを得られること」や、「他の参加者の話を聞くことで情報を自分のものとすることができること」「個別よりも楽しさがあったり、多様性を求めることができること」などが挙げられます。

<補足>

❷目標の決定はグループ自身が決める場合があれば、外部によって決められる場合もある。

❸行動は、基準によって報酬（称賛）を得ることもあれば、罰せられる（批判）こともある。

❺個人的特徴…英語表記では「interpersonal attraction」で、「対人魅力」や「人間関係における魅力」のこと。

さまざまなグループアプローチの手法

グループアプローチには、以下のような手法が編み出されています。

◉エンカウンター・グループ(Encounter group)

「ベーシック・エンカウンター・グループ」や「非構成的エンカウンター・グループ」とも称されます。

ロジャーズ(Rogers,C.R.)が、それまでのカウンセリングは指示的なアプローチであるとして、**非指示的なアプローチ手法**として開発しました。進め方や話題を決めず、方向づけもせずに、参加メンバーが思いつくまま自由に話し合います(フリートーク)。

これは、人の心理的な成長と、対人関係におけるコミュニケーション能力の向上をねらいとしたものです。

<u>ファシリテーター</u>(進行役)が置かれ、参加メンバー間に信頼関係が生まれるよう配慮しながら、心理的に安全な雰囲気を保つための必要最小限の介入をします。

参加メンバー間に親密な関係が生まれやすいという利点はありますが、フリートークのため、参加メンバーに<u>心的外傷</u>を与えかねない発言や展開になる可能性もあるため、進行役であるファシリテーターには、高いカウンセリング能力と倫理観が求められます。

◉構成的グループ・エンカウンター
(SGE：Structured Group Encounter)

國分康孝(コーヒーカップモデルの提唱者)が開発しました。エンカウンター・グループと違い、あらかじめ用意されたプログラム(**エクササイズ**)を体験しながら、作業や対話を続けます。その後、エクササイズを通じて気づいたことをメンバーで振り返って、感情や思考、行動を共有する**シェアリング**を行います。

その目的は、メンバー間での「ふれあい(本音の交流、

（用語）
エンカウンター(encounter)
「出会い」の意味。

（用語）
ファシリテーター
ファシリテーターは参加メンバーの一人でもある。そのフィードバックは、自分の気持ちを伝えるという形で行われ、プロセスの解釈や注釈を行うものではない。

（用語）
心的外傷
深い心の傷。トラウマ。これにより生じた心身の障害をPTSD(心的外傷後ストレス障害)という。

tips
SGEの2本柱はエクササイズとシェアリングで、エクササイズはこれまでに多くのプログラムが開発されている。

リレーションの形成）」と「**自己発見**（自己および他者の独自性や固有性、他者は気づいているが自分は気づいていないことを知ること）」にあります。

SGEには「本音（あるがままの自分）の気づき」「SGE体験の構成」「シェアリング」という3つの原理があります。

SGEでは、エンカウンターグループのファシリテーターと違い、<u>リーダー</u>が主導権を発揮することが求められ、必要に応じて**介入**を行う場合もあります。

エクササイズの実施にあたって、リーダーに必要な知識やスキルには、下記のようなものがあります。

❶カウンセリング理論に関する知識とスキル

SGEの理論が独立して存在しているわけではないので、多種の理論をグループに適宜取り込む。

❷リーダーシップ

私的感情交流を促すものと、公的役割関係を促進するものとの2つを兼備していることが望ましい。

❸エクササイズ（心理教育的な体験学習）

課題を介して、自己開示するのがSGEの特徴。<u>6つのねらい</u>と、<u>3つの側面</u>を刺激するようにエクササイズを使用する。

❹インストラクション

エクササイズのねらいや内容や留意点を説明したり、ルールを徹底させたりすること。例として実演するのも可。

❺シェアリング

メンバー間で体験を共有させる。共感的理解により受容的態度を育てる。解釈や分析や批判はしない。

❻抵抗への予防

SGEでは<u>3つの抵抗</u>が起きる場合がある。

❼介入

メンバーが権利を守れない（言いたくないのに言わされる、など）場合やルールが守られていない場合に、能動的に介入して正しい方向に軌道修正する。

補足

リーダーは、ふれあいと自己発見の2つを、同程度のレベルを保ちながら並行して進める。
メンバーが権利を守れない場合や、ルールが守られない場合などに、グループ行動を軌道に乗せるため能動的に介入する。

補足

6つのねらい
自己理解、自己受容、自己表現、感受性、信頼体験、役割体験。

補足

3つの側面
感情、思考、行動。

補足

3つの抵抗
特定の感情へのとらわれ（劣等感、うぬぼれなど）、特定の思考へのとらわれ（男とは男らしく、など）、特定の行動へのとらわれ（貧乏ゆすりなど）。

◉ソーシャルスキルトレーニング

（SST：Social Skills Training）

認知行動療法の一種として位置づけられています。周囲の人たちと適切に関わる能力を身につけるため、対人行動における不適切な言動を修正・改善するための技法です。大人だけでなく子どもたちにも有効とされているため、学校や児童発達支援などでも使われています。

その手法の1つである**基本訓練モデル**は、次のように進行していきます。

❶課題と場面の設定
❷ロールプレイング
❸<u>正のフィードバック</u>
❹ロールプレイング（上記❸を踏まえてのもの）
❺次の課題の設定

◉ Ｔグループ（Training Group）

レヴィンにより提唱され、「人間関係トレーニングの原点」『グループアプローチの基礎』と言われています。対人感受性や対人関係を学び（参加者自身だけでなく、他のメンバーの行動や集団行動について理解を深め）、**人間的成長**を得るための手法です。

基本は8〜10人のメンバーと2人のトレーナーによって構成されますが、他に数人のオブザーバーが参加することもあります。車座に座って90分程度の時間で自由に話し合い、これを繰り返します。宿泊研修（1週間程度）の形態をとります。

◉サイコドラマ（心理劇）（psychodrama）

ヤコブによって行われるようになった、筋書きのない即興劇です。集団で行う精神療法として最も古い技法の1つです。自分自身で気づいていない心の問題の気づきや心的葛藤が整理されたり、自発性や創造性が促進されたりすることにより、**自己理解**や**自己洞察**をもたらします。

用語
❸正のフィードバック
よかった点を指摘し、さらによくするにはどうしたらよいかを話し合う。基本は「肯定する（褒める）」こと。

tips
技法開発の端緒は、レヴィンが参加した討議において、「今ここ」で起きている現象に対する認知と解釈が各メンバーで異なり、これが時間とともに変化していくことを通してグループが成長していく姿を発見した。

tips
ドラマは監督の指示に従って進み、途中で演者の役割を交替させたりすることで、相手の立場に立つことや、自分の変化が相手にも影響することを学習する（役割交替法）。

サイコドラマは、次のように進行していきます。

❶ ウォーミングアップ(リラックスとドラマの主題探し)

❷ ドラマ(即興でドラマを作り、参加メンバーは演じたり観客になったりする)

❸ シェアリング(メンバー間で感想を語りあい、問題に直面したり内面を洞察したり、他者と共感する)

◉ セルフヘルプ・グループ(SHG：Self Help Group)

自助グループともいいます。同じ問題や障害・困難などの悩みを抱えた人どうしが自発的につながり、問題を分かち合って相互に援助することで、自己の回復を図るものです。専門家の手にグループの運営を委ねず、当事者が主体となって運営します。

メンバーは対等な立場で集まっているので、孤立感を覚えることなく、安心して感情を吐露して気持ちを整理することができます。また、グループの人が回復していくことで、自らの希望になるといった効果があります。

[補足]
SHGには、アルコール・薬物依存の人々のグループ、犯罪被害者のグループなどがある。

[補足]
専門家(治療者や指導者と言った立場の人)を置かず、あくまでも自助を基本とする。

1. エンカウンターグループでは、まずファシリテーターがテーマを設定し、参加メンバーはこれについて思いつくまま自由に話し合う。 ✕

2. ソーシャルスキルトレーニング（ＳＳＴ）は、認知行動療法の１つと位置づけられている。 ○

3. Ｔグループは、10名程度のメンバーが車座に座り、自由に90分程度の時間で話し合い、気づきを得ることで人間的成長を果たし、行動へと活用するものである。 ○

4. セルフヘルプ・グループとは、同じ悩みを抱えた人たちが集まって相互に援助し合うことを通じて自己の回復を図る、自助グループをいう。 ○

解説

1. エンカウンターグループでは、進め方や話題を決めず、方向づけもせずに参加メンバーが思いつくまま自由に話し合う（非指示的なアプローチ手法）。あらかじめ用意されたプログラムを体験しながら作業や対話を続けるのは、構成的グループ・エンカウンター。

2. 認知行動療法の「認知」とは、考え方や、物事の自分なりの受け取り方のことで、認知行動療法は頑なになってしまった考え方や行動を解きほぐし、柔軟に考えたり行動したりできるようにするもの。ＳＳＴはこれに分類されるものと位置づけられている。

3. Ｔグループの進行は、問題文の通り。参加者相互の自由なコミュニケーションにより気づきを得、人間的成長を得て、適切な行動へと活用する。

4. セルフヘルプ・グループは、自助が原則であり、治療者や指導者は置かない。

キャリアシートとは「ジョブカード」「履歴書」「職務経歴」などのことをいいます。ここからは1～2問の出題があります。

POINT

● キャリアコンサルティングの始点は、2001年の職業能力開発促進法の改正といっていいでしょう。その後、労働者のキャリア形成促進のための支援としてキャリアコンサルティング技法の開発やキャリア支援人材の育成などが掲げられました。

● キャリアコンサルティングにおいては、まず労働者の職業経験や習得した能力を客観的に明らかにすることが必要とされました。

● 厚生労働省が推進する「ジョブ・カード制度」は2008年に創設され、現在は対象を労働者に限定しない（学生、求職者、在職者等、対象を拡大）「新ジョブ・カード制度」（2015年）として運用されています。

ジョブ・カード制度

個人のキャリアアップや、多様な人材の円滑な就職などを促進することを目的として、ジョブ・カードを「**生涯を通じたキャリア・プランニング**」および「**職業能力証明**」のツールとして、キャリアコンサルティングなどの個人への相談支援のもと、求職活動や職業能力開発などの各場面において活用する制度です。

◉活用方法や目的

ジョブ・カードは求職者や在職者、学生など、幅広い人の求職活動やキャリア形成に役立てることができます。具体的な活用方法や目的を挙げてみましょう。

> **補足**
> ジョブ・カードは、個人が生涯にわたって活用できるツール。

> **tips**
> キャリア形成の視点から、「過去・現在の自分」を吟味し、キャリア・プランを立てることに役立てる。

> **補足**
> ジョブ・カード自体は、必ずしも求人への応募書類として利用できるものではないことに注意（履歴書・職務経歴書とは違う）。
> ジョブ・カードをもとにすることで、応募書類やエントリーシートが書きやすくなる。

ジョブ・カードの活用法

求職者にとって	これまでのキャリアや経験から得たこと、活かせる能力・強みなどを整理し、今後のキャリアを考えるためのツール。ジョブ・カードの作成で**目標が明確**になり、履歴書や職務経歴書も、より充実したものとなる

（次ページに続く）

在職者にとって	経験から得たこと、活かせる能力・強みなどを整理し、今後のキャリアを考えるためのツール。社内での**キャリア形成**やキャリア選択の場面で役立つ
学生にとって	自分自身を理解し、将来のキャリア（職業人生）を明確にし、どうすれば良いのかを考えるためのツール。就職活動で自分の言葉で**自己アピール**できるようになる。就職活動の際の応募書類に活用することも可能
企業にとって	社内のキャリア形成の課題解決に活用。**人材育成**や**人事評価**に役立てる
学校にとって	学生の**キャリア教育**や就職活動の指導に活用。職業生活の起点となる効果的なキャリア教育の機会において、学生が自分自身を理解し、将来を考える場面で役立てる

◉ジョブ・カードの様式

　職業能力開発促進法には「国は職務経歴等記録書の様式を定め、その普及に努めなければならない」とあるため、ジョブ・カードは様式が決められています。また、その内容や記載者によって数種類に分かれています。

● **様式1　キャリア・プランシート**

　　　　　　（様式1－1と1－2があり、1－1は職業経験のある人用、1－2は職業経験のない人や学卒者用）目標とする職種、働き方、習得・向上すべき能力などを実現するための「職業生活設計」を記載する。

● **様式2　職務経歴シート**

　　　　　　経歴の棚卸を記載する。正社員・契約社員などの雇用形態にかかわらず、「業務経験のすべて」を記載する。

● **様式3　職業能力証明シート**

　　　　　　（様式3－1は免許や資格、3－2は学習歴・訓練歴、3－3は訓練成果・実務成果）「職業能力を証明する」ためのもの。

出典

（厚生労働省提供「マイジョ
ブ・カード」サイトより）
ジョブ・カードの様式につ
いては、106〜120ページ参
照。

作成するには

　ジョブ・カードは厚生労働省のサイトからダウンロード
できます。また、ウェブサイト「マイジョブ・カード」が公
開されており、オンライン上でジョブ・カードを作成・管
理することができます。また、マイナポータルからシング
ルサインオンできるほか、ハローワークインターネット
サービスやjob tag（職業情報提供サイト「日本版O-NET」）

様式1−1（表・本人記入）　キャリア・プランシート（就業経験がある方用）

（第1面）

様式1−1　キャリア・プランシート（就業経験がある方用）

年　　　月　　　日現在

ふりがな		生年月日	
氏名			
ふりがな		電話	
連絡先	〒	メールアドレス	

価値観、興味、関心事項等
（大事にしたい価値観、興味・関心を持っていることなどを記入）

強み等
（自分の強み、弱みを克服するために努力していることなどを記入）

将来取り組みたい仕事や働き方等
（今後やってみたい仕事（職種）や働き方、仕事で達成したいことなどを記入）

これから取り組むこと等
（今後向上・習得すべき職業能力や、その方法などを記入）

その他
（以上から、自己PRやキャリアコンサルティングで相談したいことなどを自由記入）

と連携し、登録情報の活用や、職業情報やキャリア形成に役立つ情報取得もできます。

　ジョブ・カードの情報は個人が所有して管理し、その提出や選択は本人の意思に基づいて行われます。

　「マイ・ジョブカード」には「キャリア・プラン作成補助シート」が掲載されています。これは、キャリア・プランシートを作成するために過去の職業人生を振り返り、価値観や強み・弱みを知り、自己理解を深めるために役立たせるものです。

様式1－1（裏・キャリアコンサルティング実施者記入）

（第2面）

キャリアコンサルティング実施者の記入欄

キャリアコンサルティングの実施日時、キャリアコンサルティング実施者の所属、氏名等

実施日時：	所属：	氏名：
電話番号：		登録番号：

実施日時：	所属：	氏名：
電話番号：		登録番号：

実施日時：	所属：	氏名：
電話番号：		登録番号：

（注意事項）
1　「連絡先」欄には、連絡を希望する住所やメールアドレス等を記入してください。
2　「価値観、興味、関心事項等」欄、「強み等」欄、「将来取り組みたい仕事や働き方等」欄、「これから取り組むこと等」欄、「その他」欄のいずれかに記入した場合には、記入年月日を記入してください。
3　教育訓練関係の助成金申請の書類として活用する場合には、「キャリアコンサルティング実施者の記入欄」に、当該教育訓練の必要性に係るコメントを記入してください。
4　記入しきれないときは、適宜枠の幅の拡大等を行って記入してください。
5　本シートは、電子的方式、磁気的方式その他人の知覚によっては認識することができない方式で作られる記録であって、電子計算機による情報処理の用に供されるものをもって作成することができます。
6　必要があるときは、各欄を区分し、または各欄に所要の変更を加えることその他所要の調整を加えることができます。

キャリア・プラン作成補助シートの内容

学生・求職者用

第1面　自分の個性・性格（学生・求職者）
【A‐1】自分の個性・性格
【A‐2】自分の個性を表現する特徴的な言葉

第2面　自分が大事にしたい価値観、心に残る経験・出来事
【B‐1】仕事を選ぶ上でのこだわり（大事にしたい価値観）
【B‐2】自分のこだわり（大事にしたい価値観）に影響を与えた心に残る経験・出来事
【B‐3】価値観、興味、関心事項など

第3面　自分の強みと弱み（学生、求職者）
【C‐1】自分の「強味」と「弱み」
【C‐2】伝えたい自分の強みと改善したい自分の弱み
【C‐3】強みなど

第4面　将来取組みたい仕事や働き方（学生、求職者）
【D‐1】将来取組みたい仕事や働き方など

在職者用

第1面　過去の人生（職業人生）の経験・出来事を振り返る（在職者）
【A‐1】ライフラインチャート
【A‐2】社会人になって仕事を始めてから（前職も含め）、自分に影響を与え、印象に強く残っている経験・出来事

第2面上段　自分が大事にしたい価値観（在職者）
【A‐3】仕事を選ぶ上でのこだわり（大事にしたい価値観）
【A‐4】価値観、興味、関心事項など

第2面下段・第3段上段　自分の強みと弱み（在職者）
【B‐1】自分の「強味」と「弱み」
【B‐2】生かしたい自分の強みと改善したい自分の弱み
【B‐3】強みなど（自分の強み、弱みを克服するために努力していること）

第3面下段　周囲からの期待・プライベートに関して留意するべき事項（在職者）
【C‐1】周囲からの期待
【C‐2】プライベートに関して留意するべき事項

第4面上段・中段　これから取り組むこと、行動計画（在職者）
【D‐1】将来取り組みたい仕事や働き方など
【D‐2】これから取り組むことなど

第4面下段　その他（在職者）
【D‐3】その他

1．在職者がジョブ・カードを作成することにより、職業キャリアの目標が明確になり、社内でのキャリア形成に役立つ。

2．求職する際に、ジョブ・カードは応募書類として利用できる。

3．労働者が今後のキャリアについてコンサルティングを受ける際には、ジョブ・カードを使用して行ったほうが、キャリアが整理されているため取り組みやすい。

4．ジョブ・カードはキャリアプランニングの用に使用するもののため、企業が人事評価に役立てるにはそぐわない。 ×

解説

1．ジョブ・カードは、労働者の能力や強みなどを整理し、今後のキャリアを考えるためのツール。社内でのキャリア形成やキャリア選択の場面で役立つ。

2．ジョブ・カード自体が応募書類として利用できるとは限らないので、履歴書と職務経歴書はジョブ・カードをもとに作成し、提出することが望ましい。

3．ジョブ・カードは、あらかじめ整理されているために、クライエントが自由に考えるよりもフィードバックを得やすく、自己理解が深まることが期待できる。

4．ジョブ・カードは、職業能力証明の用にも使用でき、企業の人事評価に役立てることができる。

> **注意**　基本的な技術　④相談過程全体の進行の管理に関する技術に関しては、次の相談過程において必要な技能と内容が重なるので、本書では独立した項目としては扱っていません。試験対策としては、**相談の流れ**（開始、問題の把握、目標の設定、方策の実行、結果の評価、終了）を把握しておくことが大事です。他には、次の用語を理解しておきましょう。
> ・リファー：**紹介**。自分以外の専門家を相談者に紹介すること。
> ・コンサルテーション：**照会**。他の専門家に助言を求めること。
> ・コラボレーション：**協働**。複数の専門家が協力して問題解決に取り組むこと。

第3章 キャリアコンサルティングを行うために必要な技能

271

相談場所の物理的な環境に関することや、初期段階でカウンセラーがなすべきことです。
ここからは0～1問の出題があります。

POINT

- 前項においては、キャリアカウンセラーが実際のカウンセリングにおいて駆使する、技術的な理論や手法を学びました。
- この項では相談過程における場面設定(物理的な環境やクライエントの心理的な環境を整えること)や、クライエントの自己理解に役立てるアセスメントツール(各種検査やテスト)、現在の職業・雇用や社会情勢を理解するための資料・統計についてと、相談場面でカウンセラーが留意すべき態度などについて学びます。
- この項(①～③)は学科試験において、全50問のうちの終盤に(問40前後から)10問程度の出題があります。

物理的環境の整備

　キャリアカウンセラーは、クライエントが落ち着いてカウンセリング(面談)に臨めるように、室内の環境を整えます。

●部屋

- 個室が望ましいが、確保できない場合はパーテーションなどで区切り、外の人に覗かれたりクライエントが外に視線を向けたりしないようにする(プライバシーの確保)。
- 人の出入りが激しい場所を避け、静かな環境の場所にする。
- 音の出る機器(電話や時計など)は進行を妨げる場合があるので除外しておく。
- 空調にも気を配り、適温にしておく(しばらく人がいなかった場所の冷房は寒すぎることもある)。

補足
面談中に電話などを取り次がないように、関係者に伝えておくのもよい。

●カウンセラー自身

- 服装や髪形などは清潔感のある適切な装いにする。
- 備品(書類、筆記用具等)をあらかじめ揃えておく。
- 開始・終了の時間をクライエントと共有し、これを守る(1回60〜90分程度を複数回実施するのが望ましい)。
- 座る場所は真正面ではない方がよい(やや斜め前)。

心理的な環境の整備(必要な親和関係〈ラポール〉の形成)

カウンセラーがまず初めに行わなければならないのは、クライエントとの間に信頼関係(ラポール、リレーション)を築くことです。カウンセリングの成功のカギはカウンセラーの**基本的態度**によるとも言われています。

基本的態度とは、下記のロジャーズの3原則に求めることができます。

ロジャーズの3原則
❶受容的態度(無条件の肯定的関心)

クライエントの考え方や価値観などに条件をつけたり(自分の価値観で判断しない)否定したりしないで、**まずは受け止めること**。クライエントの存在を受容する(話の内容を肯定することではないことに注意)。

❷共感的理解

クライエントの内面や感情を、**自らもそうであるかの**ように感じ取り、理解し、共感すること。

❸自己一致または純粋性

カウンセラー自身が**心理的に安定**しており、自己の感情や思考をありのままに受容していること。

補足

面談が長くなりそうであれば、続きを別の日程にして複数に分けたほうがよい。空いた期間がクライエントの考える時間になり、気づきをもたらすこともある。

補足

ロジャーズはグループアプローチの手法の1つである「エンカウンターグループ」の開発者

補足

受容的態度の応答例

「仕事を辞めたい」というクライエントの言葉に対しては、

×「では辞めましょう」
と内容を肯定するのではなく、

○「辞めたいと思っているんですね」
と言葉を受け入れる。

ラポールを形成しながら、クライエントとカウンセラーが**協働**して目標や問題に取り組む同盟的な関係を作ります。

- **カウンセラーは守秘義務を順守**することを伝える。

- カウンセラーの**役割を明確**にし、支援の内容を伝える(できないことは約束しない。できる範囲を伝える)。

- キャリアカウンセリングの結果として到達する**目標について同意**し、確認し合う。この目標は固定的なものではなく、必要に応じて変更することもある(カウンセラーとクライエントのかかわりの中で決まっていく)。

- カウンセラーがクライエントの課題に対し、自らの専門性では十分に対応できないと判断した場合には、適した他のカウンセラーに**リファー**することも基本的態度の1つ。

1. クライエントのカウンセリングを受ける目的を見極めることが大切である。

2. 信頼関係を築くためには、カウンセラーの経験や技量に関わらず、クライエントの目標の達成のための援助をコミットしなければならない。

3. クライエントが目標に向けて自らをコミットしていない段階では、キャリアコンサルティングを進めることはできない。

4. あらかじめ設定していた終了時間になってもクライエントの目標が定まらなかったので、時間を延長してカウンセリングを続けた。 ✕

解説

1. クライエントとカウンセラーは共同理解のもと、結果として到達する目標について同意し、確認し合うために、クライエントの目的を見極める。

2. すべての事項に関して高い専門性を持って臨むことのできるカウンセラーばかりではないので、カウンセラー自身が自らのできる分野や範囲を自覚し、できない場合はほかのカウンセラーにリファーすることも基本的態度。

3. キャリアカウンセリングの結果として到達する目標について、クライエントとカウンセラーが同意し、確認し合うことが大切である。

4. 若干の時間延長は必ずしも間違いとは言えないが、最初に約束した時間を守るのも基本的態度の1つではある。また、カウンセリングは複数回に分けることで、次回までの間にクライエントが気づきを得る機会となることもある。

第3章 キャリアコンサルティングを行うために必要な技能

将来のキャリアを合理的に選択するためには、自分自身について理解することが大切です。ここでは
そのための手法を学びますが、特に検査（アセスメント）に関する出題が多く、2問程度が出ています。

POINT

- クライエントの自己理解を促すためのアセスメントツール（検査、テスト）の出題が1問あります。とくにGATB（厚生労働省編　一般職業適性検査）とVRT（職業レディネス・テスト）は頻出ですのでしっかり押さえておきましょう。キャリアインサイトも必須です。
- 他に、自己理解に関する語句の説明や、意義についての出題もあります。この項からは2～3問が出題されます。

自己理解の意義

　クライエント個人が自分自身を理解するための諸活動を**自己理解**といいます。これは、自分のあるがままを知る、個人の行為です。自己の個性を知ることだけでなく、環境（学校や会社など組織中で置かれた立場や、求職・雇用・失業などの状況）を含めたうえでの理解が自己理解を深めます。また、職業活動は長く続くため、自己とキャリアの関係は継続的に変化し、その都度選択が行われます。

　キャリアコンサルタントがクライエントを理解することは、**自己理解を支援**することです。希望や適性、保有している能力（専門知識・技術など）、強みや弱みなどを踏まえたうえで、クライエントが主体的に自身のキャリアを構築できるように支援します。

自己理解の方法

　方法には大別して**観察法、検査法、面接法**の3種があり、それぞれも細かく何種かに分別されています。どのような内容かを理解し、その特徴をつかんでおきましょう。

● 観察法

　自己理解の客観性を高めるために、他者（カウンセラー）からのフィードバックを得るものです。これを行う場合、カウンセラーは主観（<u>ハロー効果</u>、<u>包装効果・論理的過誤</u>、<u>寛容効果</u>、先入観など）が入らないように注意します。また、科学的、論理的に観察し、記録します。

- **自然的観察法**：人為的な操作を加えないで、自然な事態の中で行動を観察し、記録する方法。
- **用具的観察法**：検査や調査を用いて観察し、記録する方法。
- **実験的観察方法**：場面や状況を設定したり、条件を統制あるいは変化させて観察し、記録する方法。

● 検査法

　キャリアコンサルティングで使用される検査には、大別して2種類（＋これらを組み合わせたもの）があります。

　1つは**能力的側面**を理解するためのもので、学力検査、適性検査、知能検査などがこれにあたります。

　もう1つは**パーソナリティの側面**を理解するためのもので、性格検査、興味検査、進路適性検査などがこれに該当し、価値観や態度、志向性を理解するための検査（職業レディネス・テスト…ＶＲＴなど）もあります。また、いくつかの検査を組み合わせたもの（**バッテリー方式**）もあります。

　検査を実施するにあたり、次の点に留意する必要があります。

- 検査の限界を認識する。
- 目的と対象に応じた妥当性と信頼性の高い検査を選ぶ。
- 検査の目的をクライエントに理解させる。
- 結果について拡大解釈をしない。
- フィードバックを行い、自己理解を促す。
- 今後のコンサルティングのために記録し保管する。

用語

ハロー効果
一部の事象だけで全体を判断すること。

包装効果・論理的過誤
ある特徴があるのなら、この特徴もあるはずだ、とすること。

寛容効果
甘く判断しがちになる傾向。

補足

人為的な操作を加えない
日常の自然に起こる事象をあるがままに観察する。

補足

検査・テスト
①能力的側面
②パーソナリティの側面・性格、興味、進路適性・価値観、態度、志向性
③バッテリー方式

第3章

キャリアコンサルティングを行うために必要な技能

❶厚生労働省編　一般職業適性検査（GATB）

- **概要**：多様な職業分野で仕事をするうえで必要とされる、9つの適正能を測定する検査。制限時間内にできるだけ早く正確に回答する最大能力検査。個別でも集団でも実施できる。適性のうち、能力に関する特徴を把握できる。15種類の検査（11種類の紙筆検査と4種類の器具検査）からなる。

- **対象**：13歳以上45歳程度。

- **目的**：進路指導、職業指導（13領域40適性職業群の所要適性能基準と、個人の適性能得点を照合することによって、幅広く適職を吟味することができる）。

GATBで測定される9つの適性能とその内容

適性能	内容
G…知的能力	一般的な学習能力。
V…言語能力	言語の意味およびそれに関連した概念を理解し、それを有効に使いこなす能力。言語相互の関係および文章や句の意味を理解する能力。
N…数理能力	計算を正確に早く行うとともに、応用問題を推理し、解く能力。
Q…書記的知覚	言葉や印刷物、伝票類を細部まで正しく知覚する能力。文字や数字を直観的に比較弁別し、違いを見つけ、あるいは校正する能力。文字や数字に限らず、対象を素早く知覚する能力。
S…空間判断力	立体形を理解したり、平面図から立体形を想像したり、考えたりする能力。物体間の位置関係とその変化を正しく理解する能力。青写真を読んだり、幾何学の問題を解いたりする能力。
P…形態知覚	実物あるいは図解されたものを細部まで正しく知覚する能力。図形を見比べて、その形や陰影、線の太さや長さなどの細かい差異を弁別する能力。
K…運動共応	眼と手または指を共応させて、迅速かつ正確に作業を遂行する能力。眼で見ながら、手の迅速な運動を正しくコントロールする能力。

（次ページに続く）

用語

9つの適正能

知的能力、言語能力、数理能力、書記的知覚、空間判断力、形態知覚、運動共応、指先の器用さ、手腕の器用さ。

出典

GATBで測定される9つの適性能とその内容

（「厚生労働省編 一般職業適性検査手引 改訂2版」より）

F …指先の器用さ	速く、しかも正確に指を動かし、小さいものを巧みに取り扱う能力。
M…手腕の器用さ	手腕を思うままに巧みに動かす能力。物を取り上げたり、置いたり、持ち替えたり、裏返したりするなどの手腕や手首を巧みに動かす能力。

❷職業レディネス・テスト（VRT）

- **概要**：各回答者の自己ペースで実施させる紙筆検査（回答時間の個人差が大きいと予想される場合は、問題文の読み上げ式を採用してもよい）。ホランドによって類型化された**6つの職業領域**への興味・自信と**3方向の日常行動特性**から、職業興味と職務遂行に関する自信、基礎的志向性の特徴がわかる。

  - **職業志向性**　　A検査（職業興味）
  　　　　　　　　　　C検査（職務遂行の自信度）
  - **基礎的志向性**　B検査（対情報、対人、対物）

- **対象**：中学生・高校生。場合によっては大学生も可。
- **目的**：自己理解を深め、職業選択に対する考え方を学習させる教材。

❸VRTカード

- 「職業レディネス・テスト（VRT）」の職業興味と職務遂行の自信度に関する項目を1枚ずつ、計54枚のカードに印刷したキャリアガイダンスツール。54枚のカードに書かれている仕事内容への興味や、その仕事を行うことについての自信を判断していくことで、**興味**の方向や**自信**の程度がわかる。

- 利用者が自らVRTカードの職務内容の記述または職業名を見て、その仕事をやってみたいかどうかの興味や上手くできるかどうかの自信で分類し、職業への興味や方向性を測定する。他に、対話式でカウンセラーとクライアント（教師と生徒）が1対1で行う実施方法も可。

用語

6つの職業領域
現実的、研究的、芸術的、社会的、企業的、慣習的。

3方向の日常行動特性
対情報、対人、対物。

第3章 キャリアコンサルティングを行うために必要な技能

● ホランドによるＶＰＩの日本版。160の具体的な職業に関する興味や関心への回答から、**6つの興味領域**に対する興味の程度と**5つの傾向尺度**（心理的傾向）に対する、個人の特性を測定する。

● **対象**：短大生、大学生以上。

❺キャリアインサイト

● 利用者自身がコンピュータを使いながら、職業選択に役立つ**適性評価**、適性に合致した職業リストの参照、**職業情報の検索**、キャリアプランニングなどを実施できる総合的なキャリアガイダンスシステム。ハローワークなどに導入されている。

用語

6つの興味領域
現実的、研究的、芸術的、社会的、企業的、慣習的。
＊前ページ「6つの職業領域」と同じ。

5つの傾向尺度
自己統制、男性－女性、地位志向、稀有反応、黙従反応。

出典

キャリアガイダンスシステム
（独立行政法人労働政策研究・研修機構・キャリア・インサイト(統合版)「3. 構成と内容」より）

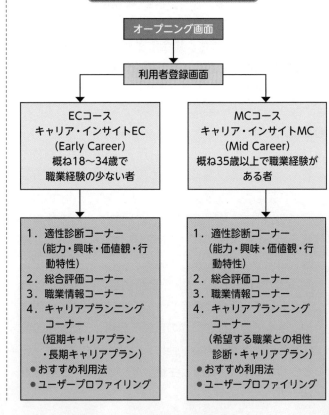

キャリアガイダンスシステム

オープニング画面

↓

利用者登録画面

ECコース キャリア・インサイトEC (Early Career) 概ね18～34歳で 職業経験の少ない者	MCコース キャリア・インサイトMC (Mid Career) 概ね35歳以上で職業経験が ある者
1. 適性診断コーナー 　（能力・興味・価値観・行 　　動特性） 2. 総合評価コーナー 3. 職業情報コーナー 4. キャリアプランニング 　　コーナー 　（短期キャリアプラン 　　・長期キャリアプラン） ● おすすめ利用法 ● ユーザープロファイリング	1. 適性診断コーナー 　（能力・興味・価値観・行 　　動特性） 2. 総合評価コーナー 3. 職業情報コーナー 4. キャリアプランニング 　　コーナー 　（希望する職業との相性 　　診断・キャリアプラン） ● おすすめ利用法 ● ユーザープロファイリング

❻OHBY(オービィ)カード

- 職業理解と自己理解を同時に深めるカード式職業情報ツール。職業を48枚の必要最小限のカードにまとめたものを見ることで自分の興味や関心を知り、知っておくべき必要最小限の職業情報を得る。その職業の大まかな特徴が分かり、自分がどのような職種や産業に関心があるのかを知る。
- 1対1のカウンセリング場面で使用する方法、グループ形式で使用する方法、学校の授業で使用する方法など、場面や対象者によってさまざまな形で活用できる。

❼クレペリン検査(内田クレペリン検査)

- 作業検査法と呼ばれる心理検査。簡単な計算を継続的に行い、作業量から能力面の特徴を、作業曲線と誤答から性格や行動面の特徴を把握するもの。

❽面接法

- キャリアコンサルティングにおける面接の場面で、クライエントを直接理解する方法。自己理解のための面接には**キャリアカウンセリング型**と**評定面接型**があるが、この2つは特徴が異なる。

  例えば、キャリカウンセリング型の焦点は「自己キャリアに関して個人を援助する」ことであり、その情報は「個人＞組織」の形態になる。それに対し、評定面接での焦点は「組織にとっての労働者の潜在的価値の決定」であり、情報は「組織＞個人」である。

> **tips**
>
> OHBYカードの表面には、ある職業の写真やイラストが配置されており、裏面にはその職業の説明が書かれている。

第3章

キャリアコンサルティングを行うために必要な技能

> **補足**
>
> **キャリアカウンセリング型と評定面接型の「結果」の違い**
> - キャリアカウンセリング型
>   個人が目標、手段等を確立し、次の段階のキャリアに進む援助をする。
> - 評定面接型
>   雇用または解雇、昇進または異動の勧告。
>   有用なキャリアに関する情報の提供、など。

1．VRTカードはカウンセラーとクライエントが一対一で対話しながら使用し、結果をカウンセラーからフィードバックするものなので、クライエントが自らカードを分類して結果を検討するものではない。

2．厚生労働省編 一般職業適性検査(GATB)は、類型化された6つの職業領域への興味・自信と3方向の日常行動特性から、職業興味と職務遂行に関する自信度や基礎的志向性を測定する検査である。

3．自己理解の1つの方法である観察法は、自己理解の客観性を高めるためにフィードバックを得るもので、自然的観察法、用具的観察法、実験的観察法などがある。

4．クレペリン検査は、被験者の職業への興味や方向性を測定するもの。 ✕

解説

1．どちらの使い方も自己理解のためのツールの使い方として正しい。

2．設問の説明は、職業レディネス・テスト(VRT)のもの。厚生労働省編 一般職業適性検査は、9つの適正能を測定する検査。適性のうち、能力に関する特徴を把握できる。15種類の検査(11種類の紙筆検査と4種類の器具検査)からなる。

3．自然的観察法、用具的観察法、実験的観察法の3種の観察法の内容もしっかり把握しておきたい。

4．クレペリン検査は、受検者の能力面と、性格や行動面の特徴を総合的に測定する心理検査。

相談過程において必要な技能
③仕事の理解の支援

進路やキャリア・ルートを選択するためには、職業の種類やその内容について理解することが大切です。職業だけでなく産業や事業所、また経済や雇用状況についても理解する必要があります。出題は1～2問です。

POINT

● 職業情報を得るためのツールには、「職業情報提供サイト（愛称job tag）」「ハローワークインターネットサービスなどがあります。
● 大学生などのインターンシップの取り扱いが変わり、「学生のキャリア形成支援に係る取り組み」であって「採用活動ではない」とされました。

職業情報を得るためのツール

　キャリアコンサルティングにおいて基本となる情報は、職業、産業、事業所の3情報です。職業は仕事を通じた人間活動で、産業は一定の場所（事業所）で行われる経済活動です。

　キャリアを考える際、最終的に選択するのは「仕事そのもの＝**職業**」です。職業の定義は「個人が行う仕事で、**報酬**を伴うか、または報酬を目的とするものをいう」（総務省「日本標準職業分類」一般原則）と定義されています。

　報酬を伴うことが要素になっていますが、家業に従事している家族従事者の場合は職業とみなされます。一方、ボランティア活動は職業ではなく、違法行為や公序良俗に反する行為、**受刑者の仕事**も職業とみなされません。職業情報を調べるためのツールはいくつかあります。どのようなものがあるか知っておきましょう

◉厚生労働省編職業分類

　令和4（2022）年に改訂され、現在は大分類15、中分類99、小分類440になり、細分類は廃止されました（表は次ページ参照）。

補足
受刑者の仕事＝刑務作業
刑法に規定された懲役刑を執行する場として、刑事施設に拘置して行わせる所定の作業。生産作業、社会貢献作業、職業訓練および自営作業の4種類がある。

補足
厚生労働省編職業分類
この分類を利用して、職業情報を検索できるようになっている。

出典

厚生労働省編職業分類
（独立行政法人労働政策研
究・研修機構・第5回改定
厚生労働省編職業分類「職業
分類表 改定の経緯とその内
容」より）

厚生労働省編職業分類

大分類		中分類	小分類
2022年改定			
01	管理的職業	3	6
02	研究・技術の職業	8	40
03	法務・経営・文化芸術等の専門的職業	9	26
04	医療・看護・保健の職業	8	27
05	保育・教育の職業	4	17
06	事務的職業	11	33
07	販売・営業の職業	5	36
08	福祉・介護の職業	3	17
09	サービスの職業	7	43
10	警備・保安の職業	5	9
11	農林漁業の職業	3	14
12	製造・修理・塗装・製図等の職業	15	95
13	配送・輸送・機械運転の職業	8	32
14	建設・土木・電気工事の職業	5	24
15	運搬・清掃・包装・選別等の職業	5	21
（計）	15	99	440

●職業情報提供サイト（日本版O-NET。愛称job tag）

「ジョブ」（職業・仕事）、「タスク」（仕事の内容を細かく分解したもの、作業）、「スキル」（仕事をするのに必要な技術・技能）等の観点から職業情報を「見える化」し、**求職者等の就職活動や企業の採用活動**等を支援するWebサイトです。

就業経験のない方や再就職先を探している方が、どんな職業があるのかを探したり、その職業ではどんな仕事内容・作業が一般的に行われ、どんなスキルや知識を持った方が働いているのか調べたりすることができます。

学生のキャリア形成を支援する方、求職者への職業相談・職業紹介を行う方、企業内の人材活用に取り組む方に活用していただける様々な機能も搭載されています。

（job tagのホームページより抜粋）

サイトは大きく分けて4つの項があり、それぞれ「適職を知る」「職業を検索する」「業種・職種を知る」「企業向け支援ツール」となっています。未就業者や求職者の「自己理解」のための支援ツール（職業適性テストや職業能力チェック）、職業検索、業種や職種の説明など個人のためのページだけでなく、企業側の利用も想定されています。

◉ハローワークインターネットサービス

求職者が求人情報を検索できるだけでなく、ハロートレーニング（職業訓練）を探したり、全国のハローワークで開催される面接会やセミナー情報を検索したりすることもできます。基本として24時間利用できます。

求職者または求人者がマイページを開設することもでき、求職者が情報を検索する際の条件や、求人情報を保存しておくことも可能です。

雇用保険の申請に必要な求職申し込みの仮登録を、自宅パソコンから行うこともできます。

●職務分析

職業情報を作成するためには「職務分析」が必要です。「職務分析」とは、職務に含まれている仕事の内容と責任（**職務の作業内容**）と、その職務に要求される能力（**職務遂行要件**）の調査と分析をし、記述することです。

●職務の作業内容

作業手順・作業周期、他の職務との関係や差異、困難度、責任の度合いなど。

●職務遂行要件

遂行に最低必要な条件、成功に有利な条件、労働者に及ぼす精神的あるいは肉体的負荷、作業環境など。

補足

職業検索では「仕事の内容」で検索できるだけでなく、「保有免許や資格」から検索したり、「スキル・知識」から検索したりもできるように作られている（このサイトに関する出題が増えているので、サイトを訪問してチェックしてみることをお勧めする）。

●職業情報伝達の種類

　職業理解のためには、その職業について下記のような情報を広く集めることが必要です。

●印刷物・出版物

　リーフレット、インターネットによるものなど。

●視覚情報

　映像と音声によるもの。

●シミュレーションによる情報

　ゲームや教材など。

●職業人への面接や実習・体験学習

　職場訪問、体験入学、アルバイト、<u>インターンシップ</u>など。

●コンピュータ支援システムによる情報

　前出の「職業情報提供サイト」など。

◖補足

インターンシップ
令和5年度から大学生などのインターンシップの取り扱いが変わった。「学生のキャリア形成支援に係る取組であって、採用活動ではない」として、4つに類型化された。労働局のホームページにリーフレットが掲載されているので目を通しておこう。

1．ボランティア活動は労働力の提供であるので、職業として理解されている。　✕

2．ハローワークインターネットサービスを利用できるのは、ハローワークの窓口が利用できる時間に限られている。　✕

3．職務分析とは、職務の作業内容と職務遂行要件の調査と分析をし、記述することである。　○

4．職業情報提供サイト（日本版O‑NET、job tag）は就職を希望する学生や求職者に対する職業情報を提供するものであるので、企業が利用することは想定していない。　✕

解説

1．ボランティア活動は職業ではない。報酬を伴うことが職業の要素になっており、例外として、家業に従事している家族従事者の場合は職業とみなされる。

2．基本的に24時間利用可能。マイページと雇用保険関係手続支援機能は、システムメンテナンスのため利用できない時間がある。

3．職務分析とは、職務に含まれている仕事の内容と責任（職務の作業内容）と、その職務に要求される能力（職務遂行要件）の調査と分析をし、記述することである。

4．企業向け支援ツールもあり、求人を受け付ける際のツールなどで活用できる。

第3章　キャリアコンサルティングを行うために必要な技能

●前項までに学習した、②自己理解、③仕事の理解を基礎とした次のステップである「目標の最終決定（職業選択や意思決定）の直前段階での支援」について学びます。

POINT

●前項までに学習した、②自己理解、③仕事の理解を基礎とした次のステップである「目標の最終決定（職業選択や意思決定）の直前段階での支援」について学びます。

自己啓発の支援

　最終的な選択や意思決定をする前に、実際にその職業を体験することを支援します。インターンシップやトライアル雇用がこれにあたります。

●トライアル雇用

　職業経験の不足などから就職が困難な求職者等を**原則3か月間試行雇用**することにより、その適性や能力を見極め、期間の定めのない雇用への移行を目的とした制度。労働者と企業がお互いを理解した上で無期雇用へ移行することができるため、ミスマッチを防ぐことができる。

意思決定の支援

　意思決定のプロセスは、**人間関係を作る段階**（ラポール）と、**意思決定**する段階に分かれます。

　ラポールの段階では、カウンセラーとクライエントが協力して意思決定しようとする関係性を作ります。

　意思決定の段階では、理想的な意思決定を目指し、次のようなプロセスをたどると良いとされています。目標を具体的かつ小さなステップに分けることで、早い段階から達成感が得られる利点もあります。

補足

トライアル雇用制度を利用するためには、一定の要件を満たす必要がある。ハローワークや雇用関係給付金の取り扱いに係る同意書を労働局に提出している職業紹介事業者でも紹介ができる。採用した企業は助成金の支給を受けることも可能

- 目標の利点の確認。
- 目標に至る行動計画(プラン、ステップ)の検討。
- ステップごとのメリット・デメリット、コスト、実現可能性の検討。
- 検討のための情報収集と、その活用。
- 専門家の意見や技術的援助を求める。
- 選択した行動の準備。予想される困難や危険に対する対策の用意。

  意思決定の方策のプロセスは下記のようになります。
- 選択肢を並べる。
- その選択肢を吟味する。
- 選択肢の中から1つを選ぶ。
- 選択実行のコミットをする。

方策の実行の支援

　就職や進学、キャリアルートの選択や能力開発などの、クライエントが決定した目標を実行するよう援助することです。方策とは、**行動計画**のことです。

　カウンセラーは行動計画の進捗状況をチェックし、問題があれば話し合い、修正の必要があれば支援します。

　その支援は、次のステップによって行われます。
- 方策のうち、適切な1つを選択する(意思決定する)。
- プロセスをクライエントに説明する。方策の内容や目的、メリット・デメリット、すべきことなど。(方策の変更も可能。クライエントの状況や欲求、価値観に合わない場合などは、変更する)
- 具体的な行動をとることをカウンセラーとクライエント間で約束する。文書としての契約書をかわすこともある。
- ステップを、クライエントが自らの責任で実行する(行動の主体はクライエント)。
- チェックする。

補足

複数の選択肢の中から適切なものを選ぶ際には「比較評価表」を作って検討するとわかりやすい。
「選択肢」と「評価軸(メリットなど)」を置き、それぞれの評価を記載して比べる。

	A社	B社	C社
通勤	○	△	△
給与	△	○	×
－	○	△	○
－	○	○	△
－	△	×	○

1．目標設定に関しては、具体的かつ進捗や結果を測定できるものであることが望ましい。　　○

2．目標の達成によって、どんなメリットを得ることができるかをクライエントに考えてもらう。　　○

3．方策の実行に関しての主導権は、クライエントにある。　　○

4．トライアル雇用の試用雇用期間は、原則として3か月間である。　　○

解説

1．設問の通り。たとえば、「○月△日までにハローワークで求人票を見て、応募したい求人を2つリストアップする」のような、具体的に可能で客観的に結果を測定できるものが望ましい。

2．ステップごとのメリットやデメリットは、設定時にしっかりと理解し、クライエントとカウンセラーで共有しておく。

3．設問の通り。クライエントが主体となって行動し、カウンセラーは支援をする側である。

4．設問の通り。トライアル雇用に関しては他に、その目的や助成金の支給要件などを覚えておく。

08 相談過程において必要な技能
⑦新たな仕事への適応の支援 ⑧相談過程の総括

出題範囲表では2項目に分かれていますが、出題数と問われる点を勘案して1つの項にまとめます。⑦⑧を合わせて1～2問の出題が予想されます。

POINT

● 新たな仕事への適応の支援では、目標を達成して、クライエントの仕事が決まった後、また就いた後のフォローを行います。
● 相談過程の総括では、クライエントとキャリアコンサルタントが過程を評価した後、合意に基づいてコンサルティングを終了します。

新たな仕事への適応の支援

　仕事が決まって就業するまでの間、クライエントが不安にならないようフォローします。就職先の職務内容や賃金条件、就業環境などを再度確認し、不安や心配を解消します。

　就業後に**リアリティ・ショック**(理想と現実の差にギャップを感じ、衝撃を受けること)により、モチベーションが低下したり、最悪の場合は離職に至ったりすることもあります。新たな仕事にクライエントがついた後も<u>モニター</u>し、成長を支援することが必要なこともあります。

相談過程の総括

　最後の段階が成果の評価です。その内容は次の2つです。

❶成果の評価

　立てた目標の**達成度**を、クライエントとカウンセラーで客観的に確認し、両者で共有します。もし達成が不十分であるとなった場合は、両者で同意のもと、より詳細な計画を立てるために追加の面談を実施することもあります。

　カウンセリングの終了は、**クライエントの同意**を得て行われます。経過の中で達成したことを振り返り、成果を

（補足）
リアリティ・ショック4つの要因
● 仕事内容のギャップ
● 対人関係のギャップ
● 他者能力とのギャップ
● 人事評価とのギャップ

（用語）
モニター
一定期間、一定の方法でクライエントをフォローすること。

第3章 キャリアコンサルティングを行うために必要な技能

クライエントに実感してもらうことも大事です。

　ケース記録は整理し、保存しておきましょう。

❷コンサルティングの評価

　ケースの結果や手段、スキルの行使などについて、自己および他人による客観的な評価を行います。

- 具体的な結果…成果。目標の達成度。その理由など。
- 質的な側面…クライエントの心理的な成果など。
- 時間的枠組み…全体の総時間や、面談回数など。
- システマティックアプローチ…ステップに従った支援ができたか、効果的な方策が取れたか、など。

理解度Check　一問一答

1．面談の評価は、キャリコンサルタント自身が行うと認知バイアスがかかるので、避けたほうがよい。　**×**

2．面談の評価は、ケースを共有して他のキャリアコンサルタントに行ってもらう方法がある。　**○**

3．相談の終結は、相談過程を振り返りながら評価し、クライエントと相談を終えることの合意を形成する。　**○**

4．モニター活動において、就業中の労働者と面談した結果、精神保健上の問題を持つ可能性があったので、労働者の所属企業の産業医に対し、労働者の同意を得てリファーした。　**○**

解説

1．コンサルティング（面談）の評価はコンサルタント自身が行う。これに第三者（他のコンサルタントなど）の評価が加わることがある。目標の達成度の評価は、クライエント（相談者）とコンサルタントで行う。

2．設問の通り。クライエントの同意を得て面談場面を録音したものを参考にスーパーバイズしてもらったり、ケースを会議で共有して評価してもらったりする。

3．相談の終結には、クライエントの同意が必要である。

4．コンサルタントの専門外であって適切な援助ができない問題の場合は、然るべき専門家にリファー（紹介）することが望ましい。

第4章

キャリアコンサルタントの
倫理と行動

キャリアコンサルタントの倫理と行動のまとめ

この章は、出題範囲表では下記の5項目(小項目も含めると10項目)に分かれていますが、出題数と問われる点を勘案して1つの項にまとめました。この章全体での出題は4問前後です。

POINT

●キャリアコンサルタントの役割や持つべき意識、自己研鑽についての項です。
　①キャリア形成及びキャリアコンサルティングに関する教育並びに普及活動
　②環境への働きかけへの認識及び実践
　③ネットワークの認識及び実践
　④自己研鑽及びキャリアコンサルティングに関する指導を受ける必要性の認識
　⑤キャリアコンサルタントとしての倫理と姿勢
●キャリアコンサルタントとしての「あるべき姿」を前提にして問題文をじっくりと読めば、自ずと正解にたどりつけるはずです。
●『キャリアコンサルタント倫理綱領』は何度も読み、しっかりと理解を！

キャリア形成及びキャリアコンサルティングに関する教育並びに普及活動

　「第11次職業能力開発計画(2021年度〜2025年度)においては、企業の人材育成の支援、労働者の主体的なキャリア形成を支援する人材育成戦略を基本的な方向としています。

　このなかで中心となっているのは「**労働者の自律的・主体的なキャリア形成**支援」です。キャリアプランの明確化を支援するとともに、労働者が職業能力の向上を企業任せにするのではなく、自ら意識して**リスキリング**やスキルアップを図る必要があるとしています。

●**労働者のキャリア形成支援へのさまざまな施策**

● 企業への**セルフ・キャリアドック**の導入支援。

● 夜間・休日、オンラインを含めた労働者個人がキャリアコンサルティングを利用しやすい**環境の整備**。

● キャリアコンサルタントの**専門性**の向上や専門家とのネットワークづくりの促進。

● 企業の人材育成の取組への提案等に向けた**専門性**の

用語

自律
自分で定めた規律や規範に従って行動すること。自主性。

自立
他に頼らず独り立ちすること。独立。

向上。

　また、労働市場インフラの強化も計画の中にあります。雇用のセーフティネットとしての公的職業訓練や職業能力の評価ツール等の整備を進めます。

◉労働市場インフラの強化
- 地域訓練協議会等を通じた産業界や地域の訓練ニーズを反映した**職業訓練の推進**、産学官が連携した地域コンソーシアムの構築・活用促進。
- 技能検定試験・認定社内検定の推進、ホワイトカラー職種における職業能力診断ツールの開発、日本版O－NETとの連携。
- ジョブ・カードの活用促進。
- デジタル技術も活用した在職者・離職者、企業などへの情報発信の強化。

　誰もが活躍できる全員参加型社会の実現のため、すべての者が少しずつでもスキルアップできるよう、個々の特性やニーズに応じた支援策を講じます。

◉全員参加型社会の実現に向けた職業能力開発の推進
- 企業での非正規雇用労働者の**キャリアコンサルティングや訓練の実施**、求職者支援訓練の機会の確保。
- 高齢期を見据えたキャリアの棚卸の機会の確保、中小企業などの中高年労働者を対象とした訓練コースの提供。
- 障害者の特性やニーズに応じた訓練の実施、キャリア形成の支援。
- 就職氷河期世代、外国人労働者など就職等に特別な支援を要する方への支援。

環境への働きかけへの認識及び実践

キャリアコンサルタントの相談対象は個人(クライエント)ですが、その目標達成や問題解決に当たっては、クライエント個人への相談援助だけでは困難な場合があります。

その場合には、環境(会社・所属部署・上司・メンバー・問題解決に関連する人事部門や健康管理部門や法務部門などの職場関係、外部の専門家、家族など)に働きかけることも必要です。問題点を指摘したり、改善提案を行ったりすることもあります。

このときには、**守秘義務**を順守することが大切で、企業に働きかける前に**クライエントの同意**を得ることが必要なこともあります。

ネットワークの認識及び実践

前項の「環境への働きかけ」を実践するには、キャリコンサルタントが多様なネットワークを持っていることが必要になります。企業内の部門(管理監督者、人事、産業保健スタッフ、労働組合など)だけなく、**外部機関へのリファー(紹介)**も考えられます。

労働者が個人でメンタルヘルスも含めた悩みを相談したい場合は、厚生労働省のサイトに『**こころの耳相談**』があり、ここで各種相談窓口を案内しています。相談内容によって細分化されており、仕事に関する相談、キャリアに関する相談、職場のハラスメントに関する相談、生活に関する相談、こころの健康に関する相談、DVや性暴力に関する相談、自殺を考えてしまうほどつらい方向け、外国語で相談したい方、こども向け相談窓口の案内まであり、電話だけでなく、メールやSNSでも相談を受け付けています。

これらの問題は、キャリアコンサルタントとの面談場面でクライエントから発露される場合もあります。問題解決

出典
『こころの耳相談』
(厚生労働省提供「働く人のメンタルヘルス・ポータルサイト こころの耳」より)

するには環境への働きかけのほか、自らの専門性を超えていると判断した場合には、ほかのコンサルタントや外部機関へのリファー（クライエントの同意が必要）を選択することもありますので、積極的な**ネットワークの構築**が求められます。

全国のハローワーク（さまざまな状況の求職者が相談できる窓口）

●障害者関連窓口　●マザーズハローワーク
●外国人雇用サービスセンター　●新卒応援ハローワーク
●わかものハローワーク（おおむね35歳未満対象）
●就職氷河期世代専門窓口
●生涯現役支援窓口（おおむね60歳以上）など

◉メンタルヘルスを含めた健康関連

（産業保健総合支援センター〈さんぽセンター〉独立行政法人労働者健康安全機構）

　全国47の都道府県で、産業医、産業看護職、衛生管理者等の産業保健関係者を支援するとともに、事業主等に対し職場の健康管理への啓発を行うことを目的としている。

◉労働災害や安全衛生関連

（中央労働災害防止協会〈中災防〉）

　事業主の自主的な労働災害防止活動の促進を通じて、安全衛生の向上を図り、労働災害を防止することを目的としている。安全で健康・快適な職場づくりの支援をしている。

■自己研鑽及びキャリアコンサルティングに関する指導を受ける必要性の認識

　相談内容の複雑化や高度化に対応するために、キャリアコンサルタントは活動領域に応じた**専門性を深める**ことが必要です。また、コンサルタント上位者による指導を受ける（**スーパービジョン**）などして自己研鑽し、実践力の向上に努めなければなりません。

出典
産業保健総合支援センター
（独立行政法人労働者健康安全機ホームページより）

出典
中央労働災害防止協会
（中央労働災害防止協ホームページより）

キャリアコンサルタントとしての倫理と姿勢

「キャリアコンサルタントの使命は、相談者のキャリア形成上の問題・課題の解決とキャリアの発達を支援し、もって組織および社会の発展に寄与すること」です。その使命を果たすための基本的な事項が『キャリアコンサルタント倫理綱領』として定められています。

第1章は、キャリアコンサルタントが自らを律する「基本的姿勢・態度」、第2章が相談者等との関係で遵守すべき「職務遂行上の行動規範」です。

キャリアコンサルタントとして、とても大事な基本的な事項ですので、倫理要領はすべてに目を通して、しっかりと理解してください。

キャリアコンサルタント倫理綱領のまとめ

第1章

- キャリアコンサルタントは人間尊重を基本理念とし、誠実に職務を遂行する。
- 国家資格有資格者としての責任と自覚を持って法令順守に努める。
- 公正な態度で、相談者の利益を第一義として職務遂行する。
- 自らも自己研鑽に努め、相談者の利益のために他の専門家の協力も求める。
- 守秘義務を負い、プライバシーの保護に留意する。

第2章

- コンサルティングの実施にあたり、相談者に対して目的や範囲、守秘義務等の必要な事項を説明し、理解を得る。
- 相談者の利益のために、自己の専門性の範囲を超える場合はリファーする。
- 相談者の自己決定権を尊重する。
- キャリアコンサルタントと相談者は対等な立場であり、その役割を超える関係にならないようにする。
- 問題解決にあたっては周囲の環境への働きかけも意識する。

キャリアコンサルタント倫理綱領（全文）

平成28年４月１日 特定非営利活動法人キャリアコンサルティング協議会

前文

キャリアコンサルタントは、労働者の職業の選択、職業生活設計又は職業能力の開発及び向上に関する相談に応じ、助言及び指導を行うことを職務とする。キャリアコンサルタントの使命は、相談者のキャリア形成上の問題・課題の解決とキャリアの発達を支援し、もって組織および社会の発展に寄与することである。その使命を果たすための基本的な事項を「キャリアコンサルタント倫理綱領」として定める。全てのキャリアコンサルタントは、本倫理綱領を遵守するとともに、誠実な態度と責任感をもって、その使命の遂行のために職務に励むものとする。

第1章 基本的姿勢・態度

（基本的理念）

第1条 キャリアコンサルタントは、キャリアコンサルティングを行うにあたり、人間尊重を基本理念とし、個の尊厳を侵してはならない。

2　キャリアコンサルタントは、キャリアコンサルティングが、相談者の生涯にわたる充実したキャリア形成に影響を与えることを自覚して誠実に職務を遂行しなければならない。

（品位の保持）

第2条 キャリアコンサルタントは、キャリアコンサルタントとしての品位と誇りを保持し、法律や公序良俗に反する行為をしてはならない。

（信頼の保持・醸成）

第3条 キャリアコンサルタントは、常に公正な態度をもって職務を行い、専門家としての信頼を保持しなければならない。

2　キャリアコンサルタントは、相談者を国籍・性別・年齢・宗教・信条・心身の障害・社会的身分等により差別してはならない。

3　キャリアコンサルタントは、相談者の利益をあくまでも第一義とし、研究目的や興味を優先してキャリアコンサルティングを行ってはならない。

（自己研鑽）

第4条 キャリアコンサルタントは、キャリアコンサルティングに関する知識・技能を深める、上位者からの指導を受けるなど、常に資質向上に向けて絶えざる自己研鑽に努めなければ ならない。

2 キャリアコンサルタントは、組織を取り巻く社会、経済、環境の動向や、教育、生活の場にも常に関心をはらい、専門家としての専門性の維持向上に努めなければならない。

3 キャリアコンサルタントは、より質の高いキャリアコンサルティングの実現に向け、他の専門家とのネットワークの構築に努めなければならない。

（守秘義務）

第5条 キャリアコンサルタントは、キャリアコンサルティングを通じて、職務上知り得た事実、資料、情報について守秘義務を負う。但し、身体・生命の危険が察知される場合、又は法律に定めのある場合等は、この限りではない。

2 キャリアコンサルタントは、キャリアコンサルティングの事例や研究の公表に際して、プライバシー保護に最大限留意し、相談者や関係者が特定されるなどの不利益が生じることがないように適切な措置をとらなければならない。

（誇示、誹謗・中傷の禁止）

第6条 キャリアコンサルタントは、自己の身分や業績を過大に誇示したり、他のキャリアコンサルタントまたは関係する個人・団体を誹謗・中傷してはならない。

第2章 職務遂行上の行動規範

（説明責任）

第7条 キャリアコンサルタントは、キャリアコンサルティングを実施するにあたり、相談者に対してキャリアコンサルティングの目的、範囲、守秘義務、その他必要な事項について十分な説明を行い、相談者の理解を得た上で職務を遂行しなければならない。

（任務の範囲）

第8条 キャリアコンサルタントは、キャリアコンサルティングを行うに

あたり、自己の専門性の範囲を自覚し、専門性の範囲を超える業務の依頼を引き受けてはならない。

2　キャリアコンサルタントは、明らかに自己の能力を超える業務の依頼を引き受けてはならない。

3　キャリアコンサルタントは、必要に応じて他の分野・領域の専門家の協力を求めるなど、相談者の利益のために、最大の努力をしなければならない。

（相談者の自己決定権の尊重）

第9条 キャリアコンサルタントは、キャリアコンサルティングを実施するにあたり、相談者の自己決定権を尊重しなければならない。

（相談者との関係）

第10条 キャリアコンサルタントは、相談者との間に様々なハラスメントが起こらないように配慮しなければならない。また、キャリアコンサルタントは相談者との間において想定される問題や危険性について十分配慮してキャリアコンサルティングを行わなければならない。

2　キャリアコンサルタントは、キャリアコンサルティングを行うにあたり、相談者との多重関係を避けるよう努めなければならない。

（組織との関係）

第11条 組織との契約関係にあるキャリアコンサルタントは、キャリアコンサルティングを行うにあたり、相談者に対する支援だけでは解決できない環境の問題や、相談者の利益を損なう問題等を発見した場合には、相談者の了解を得て、組織への問題の報告・指摘・改善提案等の環境への働きかけに努めなければならない。

2　キャリアコンサルタントは、キャリアコンサルティングの契約関係にある組織等と相談者との間に利益が相反するおそれがある場合には、事実関係を明らかにした上で、相談者の了解のもとに職務の遂行に努めなければならない。

雑則（倫理綱領委員会）

第12条 本倫理綱領の制定・改廃の決定や運用に関する諸調整を行うため、キャリアコンサルティング協議会内に倫理綱領委員会をおく。

2　倫理綱領委員会に関する詳細事項は、別途定める。

附則　この綱領は平成20年9月1日より施行する。
　　　この綱領は平成25年10月1日より改正施行する。
　　　この綱領は平成28年4月1日より改正施行する。
　　　この綱領は平成29年8月1日より改正施行(※)する。
　　　(※職業能力開発促進法の改正に基づく協議会の名称変更)

出典（特定非営利活動法人キャリアコンサルティング協議会）

理解度Check　一問一答

1．キャリアコンサルティングのためのスーパービジョンとは、過去の事例を再検討し、よりよい解決のための方策を自ら深く考察するものである。　×

2．クライエントと面談した結果、メンタルヘルス上の問題を抱えている可能性が認められたので、クライエントの同意を得て所属企業の産業医にリファーした。　○

3．キャリアコンサルタントは守秘義務を負い、職務上知り得た事実については、いかなる場合でもクライエント以外の者に知らせてはならない。　×

4．面談によって勤務シフトの組み方に課題があることを把握したが、企業の制度に言及することはキャリアコンサルタントの役割ではない。　×

5. 組織との契約関係にあるキャリアコンサルティングにおいて、クライエントと組織の利益が相反する場合には、相談者個人の利益を優先しなければならない。

6. コンサルティングの場において、クライエントの友人も交えたプライベートな催しへの誘いを受けたので、信頼関係を深めるために参加することとした。

7. キャリアコンサルタントの能力向上を目的とした、コンサルタントが集う勉強会において、クライエントの同意を得たうえで個人が特定されない範囲で情報を開示し、相談事例について意見を交わした。

8. クライエントとの面談中に、前回の面談では確認できなかった自傷行為と思しき外傷に気づいたので、人事担当者に報告のうえ、産業医にリファーした。 ◯

9. メンタルヘルスの不調で休業した労働者が職場復帰する際には、原則として元の職場に復帰する。 ◯

解説

1. スーパービジョンは、自分が行っているコンサルティングに対して、より経験豊かなコンサルタントや上位資格者である「キャリアコンサルティング技能士」などから指導を受けること。指導する側はスーパーバイザー、指導を受ける側はスーパーバイジー。

2. カウンセラーが自分よりも専門性の高い、問題解決に相応しい他の専門家を紹介する際は、クライエントの同意を得ることが必要。また、自らのネットワークをあらかじめ広げておくことにより（この場合は企業の産業医）迅速に対応することができる。

解説

3. 以下の「倫理綱領（守秘義務）第5条」による。
   倫理綱領（守秘義務）
   第5条　キャリアコンサルタントは、キャリアコンサルティングを通じて、職務上知り得た事実、資料、情報について守秘義務を負う。但し、身体・生命の危険が察知される場合、又は法律に定めのある場合等は、この限りではない。

4. 問題解決に当たっては、環境に働きかけて改善提案を行うこともキャリアコンサルタントに期待される役割の1つである。

5. 倫理綱領第11条にある、組織との関係。事実関係を明らかにしたうえで、相談者のもとに職務の遂行に努めなければならない。

6. 倫理綱領第10条にある「多重関係」に該当するので、これを避けなければならない。相談援助、カウンセリングの場を離れての交流は多重関係とされる。

7. 倫理綱領第5条にある。事例や研究の公表に関しては、プライバシー保護に最大限留意し、適切な措置をとらなければならない。

8. 倫理綱領第5条にある守秘義務の例外条件。『身体・生命の危険が察知される場合、又は法律に定めのある場合等は、この限りではない。』

9. 新しい環境がストレスの原因となることもあるので、原則として元の職場への復帰が望ましい（なにもなければその部署に勤務し続けているはず）。ただしメンタル不調の原因が職場にある場合は（業務内容、人間関係、ハラスメントなど）この限りではない。

第5章

理解を深める参考資料

ここまでに学習した理論や技法を、人物別（50音順）に再編集しました。学習終盤の総まとめや確認のためにお使いください。なお、テキスト本文に解説のない人物（理論・技法）も掲載しています。過去問題での出題頻度を★の数で表しています（小★なし〜★★★大）。

アイビー(Ivey,A.E.) ★★

＊「アイビイ」表記もある

対策
アイビーのマイクロカウンセリングは「カウンセリング技法」の項で解説している。実際の試験では、問35〜40あたりでの出題が予想される。

　既存のさまざまなカウンセリングに見られる共通のパターンを分析し、「マイクロ技法の階層表」を発表した。現在はカウンセリングの基本モデルとして知られる、折衷的アプローチ。

　階層表（三角形の図）がそのまま出題されることはまずないと思われるが、内容についてはしっかりと理解しておきたい。

◉4つの技法

❶かかわり行動

クライエントの話を「聴く」こと。クライエントとの承認や関係の構築に寄与する。

- 視線　● 身体言語　● 言語的追跡　● 声の調子

❷かかわり技法

クライエントの枠組み（考え方や理解）に沿った、言語レベルの傾聴。

- 開かれた質問と閉ざされた質問　● はげまし
- 言い換え　● 要約　● 感情の反映　● 意味の反映
- クライエント観察技法

❸積極技法

カウンセラーが能動的に関わりを行うことで、クライエントの問題解決を促す。

● 指示　● 論理的帰結　● 自己開示　● フィード
バック

● 他に、解釈、情報提供、教示、要約などがある。

❹技法の統合

いろいろな技法を組み合わせて適切に用いる。

統合というのは、「積極技法」と「かかわり技法」を同時
に実施する、という意味ではないので間違えないよ
うに。

アドラー(Adler,A.) ★

心理学者。「自己啓発の父」と呼ばれる。

アドラー心理学では、個人心理学を構築し、人は目的
のもとに生きているという「目的論」を唱える(原因論を否
定)。

個人の行動は過去に起因しているものではなく、未来を
どうしたいという目的に起因して行動を選択している(自
分で決めている)とする。

●トラウマ(無意識)の否定

「過去のトラウマが、自分にこんな決断をさせた」という
原因論を否定している。その行動は過去(トラウマ)が決め
たのではなく、トラウマを理由とするのは本来の目的を隠
しているだけで、無意識や環境のせいにしても問題は解決
しないと考える。

アルダーファー(Alderfer, C.P.) ★

ERG理論の提唱者。マズローの欲求5段階説をベース
に、モチベーションや職務満足に関する論を提唱した。

欲求の段階は次の3段階で構成されているとする。

E(Exstence)………存在。人として存在するため
の低次元欲求。

用語

解釈
クライエントに新しい観点
を与えること。

情報提供、教示
カウンセラーの考えや情報
を提供すること。

要約
カウンセラーの発言を要約
してつたえること。

対策
キャリア、カウンセリング
に関する理論の項。出題さ
れるなら前半(問20くらいま
で)の可能性が高い。

対策
キャリア、カウンセリング
に関する理論の項。出題さ
れるなら前半(問20くらいま
で)の可能性が高い。

第5章 理解を深める参考資料

R（Relatedness）…人間関係。身近な人々との関係を良好に保ちたいという欲求。

G（Growth）…………成長。人生や生活に生産的な成長を願う欲求。高次欲求。

●マズローの説との違い

●マズロー

高次欲求を求めるのは、低次な欲求が満たされた場合だとした。

●アルダーファー（マズローの条件を必須としない）

欲求が満たされたら高次の欲求と同次のより強い欲求が生まれ、欲求が満たされていないときには、より強い同次の欲求と低次の欲求が生まれるとした。

つまり、3つの要求は共存すると考えた（同時存在性）。

ウィリアムソン（Williamson,E.G.）

心理学者。パーソンズの理論に対する批判を受け、これを発展させて「特性因子カウンセリング」として理論化した。「不確かな選択」や「間違った選択」も診断すべき問題とした。

次の3つを一体として行われる。カウンセリング、テストの実施と解釈、職業情報の利用が特徴。

●6つのステップ

❶分析

主観的・客観的方法（心理検査など）でクライエントの情報を集める。

❷統合

クライエントの強み、弱みなどの特性や問題を明確化する。

❸診断

問題点を洗い出し、個人の特徴と職業や進路などを比

較して原因を見つける。

❹予後

問題から予測される結果と適応の可能性を判断して、可能な選択肢を示唆する。

❺処置

カウンセリングを実施し、今後の行動についての指導助言をする。

❻フォローアップ

経過を観察し、必要であれば上記のステップを繰り返すなどしてサポートする。

ウォルピ(Wolpe,J.) ★

精神科医。行動療法の一種である**系統的脱感作法**を考案した。<u>レスポンデント条件付け</u>(古典的条件付け)に基づき、逆制止(リラックスすることで不安や恐怖を打ち消す方法)により、刺激に対する過剰な感受性を段階的に弱める訓練法。

手順は次の通り。

❶恐怖階層表作成…恐怖心を覚える対象や場面などを0から100の点数で評価する。

❷弛緩訓練…斬新的弛緩法などによってリラクゼーションを行う。

❸脱感作…恐怖度の低い対象や場面を想起し、恐怖の程度を述べる(慣れたら徐々に程度を上げる)。

上記の②と③を繰り返し行うことで、順次恐怖度の高い対象や場面へと脱感作(恐怖や不安を感じないように変化させる)を行う。

エリクソン(Erikson,E.H.) ★★

心理学者。自我同一性(アイデンティティ)を得るには、青年期に試行錯誤を繰り返して、将来を考察する時間的な

対策
キャリア、カウンセリングに関する理論の項。出題されるなら前半(問20くらいまで)の可能性が高い。

用語
レスポンデント条件付け
刺激によって誘発されるのがレスポンデント行動。レスポンデント条件付けは、刺激と刺激を時間的に接近させて呈示することによって、その関係を学習させる条件づけの方法。『パブロフの犬』の実験が有名。

対策
ライフステージ及び発達課題の知識の項。出題率は高く、試験問題中盤(問25〜30)あたりでの出題が予想される。

余裕が必要であるとした。これをモラトリアム（心理・社会的な猶予期間）とする。

●ライフサイクル理論（心理・社会的発達理論）

自我の発達を、次の8つの段階に区分した。

発達段階	年齢	時期	導かれる要素	心理的課題	関わる人	例
1	0〜2	乳児	希望	信頼vs不信	母親	授乳
2	2〜4	幼児	意思	自律性vs恥、疑惑	両親	トイレができる、服を着る
3	4〜7	児童	目的	積極性vs罪悪感	家族	探検、道具使用、芸術表現
4	7〜12	学童	有能感	勤勉性vs劣等感	地域、学校	スポーツ、部活動、仲間意識
5	13〜19	青年	忠誠心	同一性vs同一性の拡散	仲間、手本	社会的関係、学業
6	20〜39	成人	愛	親密性vs孤独	友人、恋人	仕事、恋愛、育児
7	40〜64	壮年	世話	生殖性vs停滞性	家族、同僚	仕事（管理職）、親として
8	65以上	老年	賢さ	自己統合vs絶望	人類	人生への感謝

■ エリクソン（Erikson,M.H.）

臨床心理学者。精神科医。「治療に抵抗するクライエントなどいない。柔軟性にかけるセラピストがいるだけだ」と言い、クライエントや家族の問題状況によって、異なる百人百様のアプローチを行った。

●ブリーフ・セラピーの特徴

質問法のうち、スケーリング・クエスチョンやミラクル・クエスチョンが用いられる。「問題解決と解決の構築は異なる」という主張に基づく。

● スケーリング・クエスチョン

クライエントの見解や予測などを0から10の尺度で回答してもらう質問。「最悪のときを1、最高のときを10とすれば、今のあなたはどれくらいですか？」

● ミラクル・クエスチョン

非現実的な質問をクライエントにすること。「奇跡が

補足

ここで解説しているのは「ミルトン・エリクソン」。前述した8つの発達段階のエリクソンは「エリク・エリクソン」。

tips

手法・スキルがエリクソンによって体系化・理論化されなかったため（すべての臨床がクライエントに応じたオーダーメイドだった）、マニュアルのようなものが存在しない。

起こり、あなたの問題がすべて解決したとします。その場合、あなたはその奇跡が起こったことをどんなことから気づきますか?」

■ エリス(Ellis,A.)★★

臨床心理学者。論理療法の創始者。

◉ エリスのABC理論

感情は出来事や事実からではなく、**信念**によって生まれるとする。不快感は非論理的な**信念**(イラショナルビリーフ)によってもたらされるとし、これを持つクライエントには反論を行って論理的な**信念**に変化させ、効果を得ることを目的とする。

A…Activating Event(出来事)
B…Belief(信念)
C…Consequence(感情、結果)
D…Disputing(反論)
E…Effects(効果)

対策
キャリア、カウンセリングに関する理論の項。出題されるなら前半(問20くらいまで)の可能性が高い。

■ カーカフ(Carkhuff,R.R.)★★

ヘルピングの提唱者。ヘルピングは内面的成長技法(非指示的)で、クライエント(ヘルピー)の内面的成長と行動を目指す(アイビーは積極技法)。

対策
カウンセリング技法の項。問35〜40あたりでの出題が予想される。

◉ ヘルピングの段階(プロセス)

❶事前段階(かかわり技法)

ラポールの形成。

❷第1段階(応答技法)

ヘルピーの現在地を明らかにし、自己探索を目指す。

❸第2段階(意識化技法)

ヘルピーの目的地を明らかにし、自己理解を促進する。

❹第3段階（手ほどき技法）

　目標達成のための計画を立てて実行（行動化）する。

❺援助過程の繰り返し

　ヘルピーの反応や行動結果を評価し、援助を繰り返す。

■ ギンズバーグ（Ginzberg,E.）★

対策

キャリアに関する理論の項。
出題されるなら問10くらい
までの可能性が高い。

職業的発達理論の提唱者。

● 職業選択は生涯を通して行われる。

● 職業選択のプロセスは後戻りも可能（可逆的）。

　ただし、時間や経費の損失を被る。

● 職業選択は個人的要因と現実的要因の最適化のプロ
　セスである。

職業選択の発達プロセスは次の3段階であるとした。

❶空想期（〜11歳）

❷試行期（11〜17歳）

❸現実期（17〜20歳代前半）

■ グラッサー（Glassor,W.）★

対策

カウンセリングに関する理
論の項。
出題されるなら問10〜20く
らいの可能性が高い。

現実療法（Reality therapy）の創始者。選択理論をベー
スにしたカウンセリングのアプローチの一つ。人が動機づ
けられるのは外からの刺激ではなく、内側（本人の意思）か
らであるとした。これを基本的欲求として、次の5つを挙
げている。

● **生存の欲求**………食べる、寝るなど身体的欲求。

　　　　　　　　　　「安全・安定」「健康」

● **愛・所属の欲求**…人間関係を求める欲求。

　　　　　　　　　　「愛」「所属」

● **力の欲求**…………勝利や承認への欲求。

　　　　　　　　　　「貢献」「承認」「達成」「競争」

● **自由の欲求**………好きなようにしたいという欲求。

「解放」「変化」「自分らしさ」

● 楽しみの欲求……新しいこと、学びや楽しみの欲求。
「ユーモア」「好奇心」「学習・成長」
「独創性」

クランボルツ (Krumboltz,J.D.) ★★★

教育心理学者。計画的(計画された)偶発性理論を提唱。

1. 職業選択に及ぼす4つの要素

社会的学習理論(心理学者・バンデューラの理論)からのアプローチとして、人は学習し続ける存在で、それにより新しい行動を獲得したり変化させたりするとした。その中で、職業選択に影響を及ぼす4つの要素を挙げている。

❶遺伝的特性・特別な能力(先天的資質)

❷環境的状況・環境的出来事

❸学習経験

❹課題接近スキル(課題解決のために、目標や評価分析、情報収集、代替案の検討などを行う)

2. 計画的(計画された)偶発性理論
(Planned Happenstance Theory)

キャリアは偶然の出来事によって左右されることが多く、それを前向きにとらえて活かせるように取り組むことが重要だとし、そのために必要なスキルを5つ挙げている。

❶好奇心…新しい学習の機会を求める。

❷持続性…努力し続ける。

❸柔軟性…新しいことや変化を取り入れる。

❹楽観性…「やればできる!」とポジティブに。

❺冒険心…結果を恐れず、初めの一歩を踏み出す。

対策

キャリアに関する理論の項。問10くらいまでに出題される可能性が高い。

tips

クランボルツの「5つのスキル」と、サヴィカスのキャリア・アダプタビリティ「4つの次元」を混同しないように気をつけよう。

國分康孝(Kokubu, Y.)★★

　心理学者。カウンセリングモデルの一つである**コーヒー
カップ・モデル**を提唱。また、構成的グループエンカウ
ンターの普及を主導した。

1．コーヒーカップ・モデル

　カウンセリングのプロセスを初期、中期、後期の３ステッ
プに分け、言語的・非言語的コミュニケーションを通して
クライエントの行動の変容を試みる人間関係をつくる。

● **初期**…リレーション作りの段階。ラポールの形成。

● **中期**…問題の把握。自己探索をする。

● **後期**…問題解決の段階。具体的かつ総合的な処置。

2．構成的グループエンカウンター
（SGE：Structured Group Encounter）

● **構成的**……………枠(時間、グループ、エクササイズ、
　　　　　　　　　　　　ルール)を設定して実施する。

● **グループ**…………集団体験で学ぶ。

● **エンカウンター**…本音で人間関係を構築する。

　SGEの原理３つは「本音(あるがままの自分)の気づき」
「シェアリング」。

　リーダーが必要に応じて**介入**を行う場合もある。

　あらかじめ用意されたプログラム(**エクササイズ**)を体
験しながら作業や対話を続け、その後にエクササイズを通
じて気づいたことをメンバーで振り返ることで感情や思
考、行動を共有するシェアリングを行う。

　メンバー間での「**ふれあい**(本音の交流、リレーション
の形成)」と「**自己発見**(自己および他者の独自性や固有性、
他者は気づいているが自分は気づいていないことを知る)」
を目的とする。

■ コクラン(Cochran,L.)★

心理学者。キャリア構築理論。カウンセリングにナラティブ・アプローチ(narrative：語り、物語)を導入した先駆者と言われている。

語りの有効性について言及し、物語が人・機動力・機会・意味・仲間・場所・出来事といった要素を統合または構成する手段であると指摘している。

以下のようなテーマの**インタビュー**を通じて、クライエントのナラティブ・ストーリーを強化していく手法。

❶ライフライン…人生を上下行する曲線で描写。

❷ライフチャプター…自叙伝の各時期に章名をつける。

❸成功体験のリスト化

❹家族の布置…家族の特徴や違いを確認。

❺ロールモデル…尊敬する人と自分の共通点や相違点。

❻人生における早期の記憶

対策

カウンセリングに関する理論の項。
第16回学科試験で初登場した理論家。今後の出題動向に注意したい。

■ サヴィカス*(Savickas,M.L.)★★★

＊「サビカス」表記もある

21世紀のキャリア理論といわれる、キャリア構築理論の提唱者。元ノースイースト・オハイオ医科大学教授(家族・コミュニティ学専攻)。

対策

キャリアに関する理論の項。
早い段階での出題が予想される。

◉キャリア構築理論

●3つの重要概念

❶職業的パーソナリティ

キャリア能力、価値観、興味。

❷キャリア・アダプタビリティ(キャリア適合性)

人と環境を徐々に適合させていく。4つの次元が存在する(関心、統制、好奇心、自信)。

❸ライフテーマ

仕事や行動の意味、解釈はキャリアストーリーを語

ることで整理し、再構成する。

＊キャリア・アダプタビリティの「４つの次元」

tips

サヴィカスのキャリア・アダプタビリティ「４つの次元」と、クランボルツの「５つのスキル」を混同しないように気をつけよう。

- **キャリア関心**

  未来に向けたキャリアへの関心。将来に備える。
- **キャリア統制**

  キャリア構築において、未来の統制責任は自らにあると自覚する。
- **キャリア好奇心**

  職業について能動的に探索する。
- **キャリア自信**

  成功のイメージを持って挑戦する。

対策

「キャリア構築インタビュー」は頻出問題。

◉キャリア構築インタビュー

（CCI：Career Construction Interview）

キャリアを考える際の手掛かりにするための５つの質問。

❶子どもの頃に憧れたり、尊敬していた人について

考え方や行動の規範となる人物。

❷普段読んでいる本や雑誌、観る映画やＴＶ番組やサイト

興味のある環境や活動。

❸本や映画・ドラマなどで好きなストーリー

現在から未来に向けて転機となるストーリー。

❹好きな言葉、名言や格言

自分自身への戒めや忠告。

❺幼きとき、３〜６歳の頃に起きた３つのストーリー

転機をどのような視点でとらえているか。人は過去を語るとき、無意識のうちに現在の価値観で物事を見てしまうもの。

対策

キャリアに関する理論の項。問15あたりまででの出題が予想される。

ジェラット (Gelatt,H.B.) ★★

意思決定理論。活動前期では左脳的といわれる「客観的・

合理的な意思決定の理論」を、後期には右脳的といわれる「積極的不確実性（肯定的不確実性）」を提唱した。

●前期理論：客観的・合理的な意思決定

　複数の選択肢がある場合に合理的な意思決定を行うには、次の3段階があると説いた。選択肢の結果を予測し、何が望ましいか自分にとっての価値を整理したうえで、どう決めるかの基準を定める。

第1段階　予測システム

　　　　　選択可能な行動とその結果の予測を行う。客観的な評価と選択肢の合致具合を判断する。

第2段階　評価システム

　　　　　予測される結果を価値観に沿って評価する。

第3段階　決定（基準）システム

　　　　　可能な選択肢を目的や目標に照らし合わせて評価し、基準に合っているものを選択する。

　＊主観的可能性

　　第2段階の評価システムにおいて陥りがちな誤り。

　＊主観的な思い込み

　　「自分の興味に近い選択肢こそが、望ましい選択肢」と評価してしまうこと。

●後期理論：積極的不確実性

　生涯にわたり、安定したキャリアを描くことが難しい社会的背景では、その変化や不確実性による非合理も肯定的にとらえ、ロジカル思考だけでなく直感や夢や創造性も含めて意思決定していくことが必要だと主張。

tips

意思決定理論の提唱者には、ジェラットの他、ティードマンやヒルトンがいる。

第5章

理解を深める参考資料

対策
キャリアに関する理論の項。
問15あたりまででの出題が
予想される。

tips
職業的発達理論はギンズバーグが提唱したが、その後にスーパー（もともとギンズバーグの研究員の一員）が提唱。近年になって新しい発達理論が提唱された。ナラティブ・アプローチは1980年代後半から提唱され始めた。

ジェプセン*（Jepsen,D.A.）★

＊「ジェップセン」表記もある

職業的発達理論、キャリア構築理論。ナラティヴ・アプローチ（narrative。語り・物語）は、人々の語りや物語を通してキャリア構築に迫る実践方法。

キャリアはノンフィクションの**仕事経験**小説であるとし、小説や物語と共通する以下の要素で構成される。

❶キャリアには、著者がいる。

❷キャリアは、時の経過とともに進展する。

❸キャリアは、ある場所を舞台として展開する。

❹キャリアには、主役と脇役が登場する。

❺キャリアには筋書きがある。筋書きには「問題の発生」「解決方法」「主役の行動」という3つの要素が必要である。

❻キャリアには、いかんともしがたい障壁、重大な事故が必ず伴う。

シャイン（Schein,E.H.）★★★

組織心理学。組織内キャリア発達理論。

◉外的キャリアと内的キャリア

● **外的キャリア**…経験した仕事の内容や実績、組織内の地位など、客観的キャリア。

● **内的キャリア**…職業生活における歩みや動きに対する自分なりの意味付け。内的キャリアは外的の基礎となる主観的キャリア。

◉組織の三次元モデル（キャリア・コーン）

外的キャリアを3方向の観点で表現したもの。

❶組織の垂直方向：職位や職階を上がる（下がる）。

❷水平方向：職能での異動（例・企画部から営業部）。

対策
キャリアに関する理論の項。
問15あたりまででの出題が
予想される。

❸中心に向かう：その職のエキスパート（部内者化）。

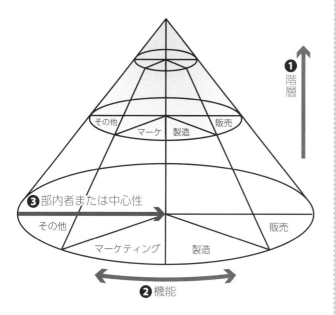

◖出典◗
シャインのキャリア・コーン
（『経営組織』金井壽宏、日経
文庫より）

◉キャリア・アンカー（anchor … 錨）

　個人のキャリアを船にたとえ、これを繋ぎとめるアンカーとしての役割の**才能・能力**、**動機・欲求**、**価値**などの自己概念。自身が持つキャリア・アンカーを知ることが、キャリアの方向性を明らかにする上で有効であるとした。

　キャリア・アンカーは8つに分類されている。

❶専門・職種別コンピテンス
❷全般管理コンピテンス
❸自律と独立
❹保障、安定
❺起業家的創造性
❻奉仕・社会献身
❼純粋な挑戦
❽生活様式

◉キャリア・サイクル

　組織内のキャリア段階的発達を9段階にまとめている。

第5章

理解を深める参考資料

第１段階：成長・空想・探索期(0～21 歳)

第２段階：仕事世界へのエントリー期(16～25歳)

第３段階：基礎訓練期(16～25 歳)

第４段階：キャリア初期の正社員資格(17～30歳)

第５段階：正社員資格、キャリアの中期(25歳以降)

第６段階：キャリア中期の危機(35～45歳)

第７段階：キャリア後期(40歳～引退)

　　　　　　指導者(リーダー。マネジメント層)または

　　　　　　非指導者(非リーダー。スペシャリスト層)

第８段階：衰え及び離脱(40歳～引退)

第９段階：引退

◉３つのライフサイクル

❶生物学的・社会的サイクル(実年齢)

❷仕事キャリアサイクル(就職、転職、異動、昇進など)

❸家族関係サイクル(結婚、出産、子の進学など)

▌シュロスバーグ(Schlossberg,N.K)★★★

　心理学者。元全米キャリア開発会長。キャリア開発を年齢や発達ではなく、人生における**転機**(transition)に注目し、個人の出来事(就職・結婚・解雇・病気など)への**対処**によりキャリア形成がなされると提唱した。

▶対策

キャリアに関する理論の項。問15あたりまででの出題が予想される。

◉人生の転機(イベントとノンイベント)

❶-a：**イベント** … 予期していた転機。

　　　　　　　　　　進学、就職、結婚など。

❶-b：**イベント** … 予期していなかった転機。

　　　　　　　　　　事故、病気、解雇など。

❷：**ノンイベント**…期待していた出来事が起きなかった。

　　　　　　　　　　昇進できない、結婚できないなど。

◉転機の対処法(4S)

　転機を乗り越えるための４つのリソース(資源)

❶Situation（状況）

❷Self（自己）

❸Support（支援）

❹Strategies（戦略）

スキナー（Skinner,B.F.）★

心理学者。行動分析学。

◉オペラント条件付け

スキナー箱（スキナーボックス）による実験により、特定の状況下で自発的または道具を使って行ったことに対して報酬（または罰）を与えることにより、その行動を起こす頻度を強化（弱化）させる学習反応。

● 強化すると行動が増える。

● 弱化させると行動が減る。

これを「強化理論（Principles of Reinforcement）」とした。

対策
カウンセリングに関する理論の項。問15あたりまででの出題が予想される。

用語
スキナー箱
ネズミを入れた箱にバーがあり、ネズミがそれを押すと餌が得られる仕掛けがある。

スーパー（Super,D.E.）★★★

教育・心理学者。キャリア発達理論。特定因子理論（人と仕事のマッチング理論）と自己概念理論（自分の主観と他者の客観的視点を融合させた自己イメージ）を統合することで、キャリア（職業）発達理論を構築できると考えた。

キャリアを「ライフ・ステージ」と「ライフ・ロール」の2つの視点で考察。ライフ・ステージは人生を5つの発達段階に整理し、段階ごとに発達課題に取組むことで人間的な成長につながるというもの。ライフ・ロールはキャリアを人生におけるそれぞれの時期で果たす「役割（ロール）」の組み合わせであるとした。

成人期以降のキャリア成熟は個別性が高く、多様な方向性をもつという概念をキャリア・アダプタビリティと名づけた。

対策
キャリアに関する理論の項。問15あたりまででの出題が予想される。

tips

キャリア・アダプタビリティは前述のサヴィカスに受け継がれ、キャリア構築理論が発展した。

第5章

理解を深める参考資料

　理論の主軸となるべき10の命題を示したが、その後に12、14と増え、現在では「14の命題」とされている。

対策
とりあえずは、スーパーの命題は現在「14ある」と覚えておこう。

資料
「14の命題」参考文献
『新版 キャリアの心理学』(渡辺三枝子編、ナカニシヤ出版)

❶パーソナリティ(価値観、自己概念など)と能力は人によって異なる。

❷人によって違う職業に適性を示す。

❸職業によって必要なパーソナリティや能力が異なり、人は自分に合った職業を選ぶ。

❹人の職業に対する興味や生活環境や自己概念は社会で学びながら変化しながら形成され、青年期後期～晩期にかけて安定していく。

❺自己概念は成長・探索・確立・維持・解放を繰り返しながら形成されていく。

❻到達した職業レベルをキャリアパターンといい、経験や能力、教育レベル、与えられた機会などによって決定する。

❼ライフステージにおいて環境の要求に対処できるかは、個人の備えに左右される。

❽キャリア成熟は職業的発達の程度を意味する。社会的観点では、年齢に応じて期待される課題と実際に起こる課題から定義され、心理学的観点では、そのときに存在する課題の解決のために必要なスキルと保有スキルを比較して定義される。

❾ライフステージの各段階で能力や自己概念を発達させることで成長が促される。

❿キャリア発達とは、職業的自己概念を発達させて実現していくプロセスをいう。

⓫個人や社会の要因や、自己概念と現実の統合と妥協は、役割を演じて他者の客観的評価を受けることで学習していく。

⓬職業や生活上の満足は、個人の能力・欲求・価値・自己概念などを表現する場の多さで決まる。満足感は経験を積んで成長し、良いと思える仕事や生活に身

を置いているかどうかで決まる。

⓭仕事で得る満足は、自己概念をどれだけ具現化できたかに比例する。

⓮仕事と職業はパーソナリティ構成の焦点となる。仕事が偶発的な人もいる。仕事以外(家庭や趣味)が中心となる人もいる。

それは周りの環境や社会的伝統(性別におけるステレオタイプ・人種的民族偏見)がどの役割を重視するのかの重要な決定要因になる。

◉5段階のライフ・ステージ

ある段階における課題を解決することが発達であるとする。キャリア発達は、暦年齢に関連した予測可能な発達課題、あるいは年齢との関係を持たず不連続で予測不能な適応課題によって促される。

ステージ全体を通してはマキシ・サイクル、発達段階の移行期にはミニ・サイクルがある。

〈職業選択の段階〉

❶**成長期**(～14歳)……児童期、青年前期

❷**探索期**(15～24歳)…青年前期、青年中期
　　　　　　　　　　…青年中期、成人前期

〈職業適応の段階〉

❸**確立期**(25～44歳)…成人前期～30歳前後
　　　　　　　　　　…30歳前後～40代中盤

❹**維持期**(45～64歳)…40代中盤～退職

❺**下降期または解放期**(65歳～)

◉6つのライフ・ロール

キャリアは人生におけるそれぞれの時期で果たす役割(ロール)がある。役割には、子ども、学習する人、余暇人、市民、労働者、家庭人の6つがあり、複数の役割の経験を果たす中で確立されるとする。

tips
役割には6つの他に、配偶者、親、年金生活者の3つを加えて9つとする説もある。

●ライフ・キャリア・レインボー

ライフ・ステージとライフ・ロールを図式化したもの。

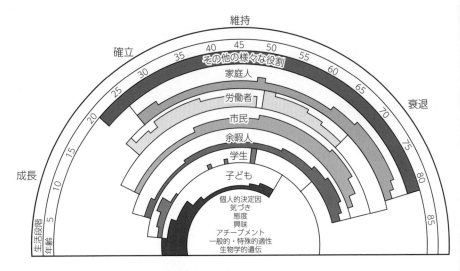

―ある男性のライフ・キャリア―

スーパーが「22歳で大学を卒業」「卒業後すぐに就職」「26歳で結婚」「27歳で一児の父に」「47歳で1年間社外研修」「57歳で両親死去」「67歳で退職」「78歳で妻死去」「81歳で本人死去」というある男性のライフ・キャリアを概念図に表したもの。

（出典：文部科学省「中学校・高等学校進路指導資料第1分冊」〈平成4年〉）

セリグマン(Seligman,M.E.P.)

tips
ポジティブ心理学は、1998年にセリグマンが提唱した、比較的新しい心理学テーマ。

　心理学者。**ポジティブ心理学の父**。人生を充実したものにするため、仕事や生活でやりがいや生きがいをより感じ、幸せに生きるための科学を追求する。

●ウェル・ビーイング理論

　心理的な幸福や、満足度を増大させることを目的とする。高めるための5つの要素(PERMA)がある。

❶ポジティブな感情(Positive Emotion)

幸福度の指標。希望、喜び、愛、誇り、娯楽、感謝、など。

❷エンゲージメント（Engagement）

目の前のことに完全に集中すること。フロー状態*。

❸人間関係（Positive Emotion）

周囲の人たち全体との相互作用。他者から評価されること。

❹意義・意味（Meaning）

人生の目的を持つこと。

❺達成（Accomplishments／Achievements）

やり遂げること。熟達。

＊フロー状態

フローの心理状態とは、活動に完全に吸収されるほど、目の前の仕事に没頭・集中してしまうこと。チャレンジとスキルが適切なバランスであるときに生じることが多い。スポーツなどで「ゾーンに入った」などと呼ばれる状態に近い。

参考

フローについては、1990年に心理学者のチクセントミハイが著作『フロー体験』を発表した。

◉強みとしての特性

セリグマンとクリストファー・ピーターソンによって提唱された。強みは才能や能力ではなく、そのものが持つ特性であるとした。大分類で6つ（知恵と知識、勇気、人間性、正義、節制、超越性）、これらがさらに細分化されて、全部で24の項目がある。

ソーンダイク（Thorndike,E.L.）

心理学者。試行錯誤説。

◉猫の問題箱

❶中にある紐を引くと扉が開く箱に、猫を入れる。

❷箱の外に餌を置く（刺激状況）。

❸猫は餌を取りたいが、そのままでは取れない（誤反応）。

❹偶然に紐を引くと扉が開く（正反応）。

対策

カウンセリングに関する理論だが、出題される可能性は低い。ただし、この説が、前述したスキナーの行動療法・オペラント条件付けにつながっている。

❺猫は餌をとることができる。

この行為を繰り返すことで、早く正反応に達するようになる。

■ ティードマン（Tiedman,D.V.）★

意思決定理論。意思決定のプロセスを大事にする。

対策
キャリアに関する理論。

〈予期の段階〉は次の４つ
❶探索……選択肢を増やす。
❷結晶化…選択肢の中から実現可能なものを取り出す。
❸選択……目的に合わせた選択肢を選ぶ。
❹明確化…選択したものを実行すべく具体化する。
〈実行の段階〉は次の３つ
❶導入……選択した行動を起こす。
❷変革……行動により新たな発見や方策を身に着ける。
❸統合……目的を達成する。

■ ニコルソン（Nicholson,N.）★

心理学者。キャリア構築理論。**キャリア・トランジション４サイクル・モデル**を提唱。キャリアの転機（transition）は、４つのサイクルの循環モデルとしてとらえた。

対策
キャリアに関する理論。

❶準備……新しい世界に入る準備段階。
❷遭遇……その部署で現実の状況や課題に遭遇する。
❸適応……徐々に環境や人間関係、仕事に慣れていく。
❹安定化…慣れて落ち着く。

このモデルは、サイクルを一巡すると次の新たな「準備段階」に戻る、という特性を持つ。

■ ハー（Herr,E.L）★

心理学者。社会的構造理論。

職業選択には**家族**の与える影響が重要な規定要因としてあると指摘している。

❶**家族**は、その構成員の職業的知識を拡大または限定するような経験を促進するファシリテイターである。

❷**家族**は、その構成員の職業的行動を形成する偶然の出来事や期待の強化システムである。

❸**家族**は、その構成員の社会的経済的地位をもたらす調達者である。

📝**対策**
キャリアに関する理論。

ハヴィガースト(Havighurst,R.J.) ★

教育学者。**発達課題**の提唱者。人の成長には課題があるが、それは多くの人に共通のものであるとし、6つの段階があると提唱した。

📝**対策**
発達課題の知識の項、第2章
09 **p.212** を参照。

📝**用語**
発達課題
それぞれの発達段階で達成・適応・克服しておくことが望ましい課題。

◉6つの発達段階と課題

❶**乳・幼児期**…生存のための成長。

❷**児童期**………社会生活への適応。

❸**青年期**………経済的・精神的な独立。

❹**壮年期**………集団(家庭、組織・会社、社会)の形成。

❺**中年期**………社会的責任の遂行。

❻**老年期**………終活(人生の終わりのための活動)。

ハウス(House,R.)

教育学者。リーダーシップ条件適応理論の提唱者。リーダーシップの本質は「メンバーがゴールを達成するために、どのようなパスを通せば良いのかを示すこと」という考えに基づき、リーダーシップのスタイルを次の4つに分類した(パス・ゴール理論)。

❶**指示型**…課題が明確ではない、メンバーの経験値が低い。

❷**支援型**…課題や指揮系統が明確、信頼関係の構築優先。

❸**達成型**…メンバーの能力が高く、自立している場合。
❹**参加型**…決定を下す前にメンバーの提案を活用。

■ ハーシー(Hersey,P.)

リーダーシップ論。ブランチャードと共に、シチュエーション・リーダーシップ理論(**SL理論**、または状況対応型リーダーシップ理論)を提唱した。ハーズバーグの二要因理論に関連し、条件適合理論の2つの概念を説明するためにSL理論を打ち出した。

対策
出題の可能性は高くない。

部下の成熟度を4段階($S1 \sim S4$)で評価し、これにリーダーシップのありかたの2軸(援助的と指示的)でとらえて分類する。

部下の成熟度が低いと指示的行動(仕事志向)的なリーダーシップが望ましく、部下の成長につれて援助的行動(人間関係志向)を強くするのが望ましいとする。

■ ハーズバーグ(Herzberg,F.)★

臨床心理学者。**二要因理論**(動機付け・衛生理論)を提唱。職務満足(あるいは不満足)を引き起こす要因に関する理論で、これら(満足と不満足)は別の要因によりもたらされるものであるとした。

対策
カウンセリングに関する理論。

ある要因が満たされれば満足し、その要因が不足すれば満足度が下がるのではなく、「満足度が上がる要因」があり、それとは別の「不足すると不満足になる要因」があるとする理論。

●**動機付け要因**(充足によって職務満足度が上がる要因)

仕事の達成感、達成の承認、仕事そのもの、責任、昇進、成長の可能性。

これらが満たされないと満足感は得られないが、不足だからといって、不満足が生じるものではない。

●衛生要因(不満足を感じさせる要因)

会社の方針・方策・管理体制、作業・労働条件、報酬(給与・賞与)、人間関係。

衛生要因の改善は不満足を減少させるが、満足を生むものではない。

■ パーソンズ(Parsons,F.) ★★

米国・ボストンで初の職業指導事務所を設立。「職業指導の父(創始者)」といわれる。特性因子理論(マッチング理論)を提唱した。

●特性因子理論

- ● 特性…個人の適性、能力、資質、興味、希望など。
- ● 因子…仕事に求められる資質や能力、条件など。

職業選択には**特性と因子を適合させること**が重要であるとした(適材適所。たとえば「丸い釘は、丸い穴に」)。

●これを達成するための7つの要素

❶個人資料の記述

❷自己分析

❸選択と意思決定

❹カウンセラーによる分析

❺職業についての概観と展望

❻推論とアドバイス

❼選択した職業への適合(の援助)

特性因子理論は個人差の研究や**一般職業適性検査**(GATB:General Aptitude Test Battery)の開発などに活用され、キャリアガイダンスにおいて重要な役割を果たしている。

以下のような批判もある。

- ● 適合性に重きを置き過ぎているマッチング。
- ● 人は環境によって成長や発達をするのに、その時点

> tips
> 特性因子理論は、キャリアに関する理論。

> ❗対策
> **一般職業適性検査**
> (第Ⅲ章・2-②「自己理解の支援」の項にて解説)
> 9つの「適性能(知的能力、言語能力、数理能力、書記的知覚、空間判断力、形態知覚、運動共応、指先の器用さ、手腕の器用さ」を測定。

対策

パーソンズの理論に対する批判を受け、これを発展させて「特性因子カウンセリング」として理論化したのがウィリアムソン。「不確かな選択」や「間違った選択」も診断すべき問題とした。

対策

スキナーの「オペラント条件付け」との違いを明確にしておこう。

補足

ゲシュタルト崩壊

「ゲシュタルト」は全体の形や姿の意味。同じ文字を長い間または繰り返し見続けていると文字としての形のまとまりがなくなって、各部分がバラバラに見えるようになったり、文字を認識できなくなることは「ゲシュタルト(形)が崩れてしまう」現象で、認知心理学の用語。

でのマッチングという視点しかない。

● 職業選択の現実的な視点は、必ずしも合理的ではない。情緒的や無意識的な要素に左右されることもあり得る。

パブロフ (Pavlov,I.)

生理学者。行動主義心理学の基本理念、古典的条件づけ(**レスポンデント条件付け、反射的条件付け**またはパブロフ型条件づけ)。

犬に餌を与える前には必ずベルの音を聞かせていると、次第にベルの音を聞くだけで唾液を分泌するという条件反射の研究観察による。

パールズ (Perls,F.S.) ★★

精神科医。人間性心理学。**ゲシュタルト療法**の提唱者。Gestalt(ドイツ語)はものの姿や形・格好の意味。

●ゲシュタルト療法

クライエントの問題や悩みは、過去の経験が十分に消化されていない未完結の状態であることから存在しているとする。

よって、過去にとらわれず「今、ここ」での気づきを得て全体の形(ゲシュタルト)を形成する心理療法。グループワークショップにて実施されることが多い。

技法としては**エンプティ・チェア**(空の椅子)または**ホット・シート**(自分が座る椅子)がある。『**想像上の他者(過去に関わりのあった重要な人物)**』と『**もう一人の自分**』をイメージしたロールプレイング形式のワーク。

椅子を2つ用意する。片方に自らが座り、もう片方には誰も座っていないが、話したい相手がいると仮定して思いのたけを全て吐き出す。次に空席に移動し、自分が思いを

吐き出した相手の立場になって、空席に自分が座っているとイメージして言葉を発する（1人2役を演じる）。

『過去の深刻なトラウマ（心的外傷）となっている他者』を相手にしたり、『自分が十分に話したいことを話せないような苦手意識のある相手』との対話で行うことが多く（椅子に座る相手は父親や母親、親友や恋人であることが多い）、**『自分にとって重要な意味を持つ相手』**である。

■ バーン(Berne,E.) ★

精神科医。心理療法理論である、交流分析(TA：Transactional Analysis)の提唱者。

◉交流分析

「今、ここ」を重視し（「ゲシュタルト療法」と同じ）、対人関係ではクライエント自身の自我状態と相手の自我状態との組み合わせで捉える。自我状態は3つ（P＝ペアレント、A＝アダルト、C＝チャイルド）に分類され、状況や相手に応じてこれを表現している。

❶基本的心構え

交流分析の目指す場所は『双方OK』な関係づくり。

I am OK, You are OK. 自己肯定・他者肯定	I am not OK, You are OK. 自己否定・他者肯定
I am OK, You are not OK 自己肯定・他者否定	I am not OK, You are not OK. 自己否定・他者否定

❷構造分析

自我の状態が普段の生活の中で「Parent（親）」「Adult（大人）」「Child（子ども）」の3分類のうち、どれが優位であるかを分析する。親と子どもはさらに2つに分

tips
自分がP，C，Aのどの自我になりやすいかを可視化したものが「エゴグラム」。日本で開発されたものには「東大式エゴグラム(TEG)がある」。

類される。

- ●「厳格な父親」(理想主義)
- ●「養護的な母親」(奉仕主義)
- ●「大人」… 合理的で客観性に優れる
- ●「自由な子ども」(純粋、積極性、好奇心)
- ●「従順な子ども」(順応性、協調性、気遣い)

これらのうち、どのキャラクターが強いかを分析する。

❸交流分析

自分がどの自我状態で、相手のどの自我状態にメッセージを発しているかを明らかにする。人間関係とコミュニケーションを改善することを目的とする。

❹ゲーム分析

不快なコミュニケーションのパターンを分析し、意識せずに非生産的なやり方で相手を操作したり、相手に反応している傾向に気づき、その修正を図る。

❺脚本分析(ここに至って心理療法となる)

人生を物語に見立て、「今、ここで」脚本を意識的に建設的なものに書き換え、生きやすい人生にする。

ハンセン(Hansen,L.S.) ★★★

心理学者。キャリア概念・理論である統合型人生設計（ILP：Integrative Life Planning)の提唱者。

●ライフ・キャリア

キャリアとは仕事だけでなく、家庭における役割や社会における役割など、人生における役割のすべてを盛り込んだ包括的な概念とした。またキャリア形成も個人のニーズだけでなく、社会的ニーズも視野に入れて考えるべきと主張し、キャリアを構成する人生における役割には、4つの要素（4L）が統合されなければならないとした。

- ❶Labor(労働)
- ❷Learning(学習)

❸Love（愛）

❹Leisure（余暇）

●6つの重要課題

統合的生涯設計を、具体的な課題として表したもの。

❶グローバルな状況を変化させるために、「なすべき仕事」を探す

（自分に合う仕事を探すだけでなく、社会における問題を解決するためになすべき仕事に取り組む）

❷人生を意味ある全体像の中に織り込む

（仕事だけでなく、他の役割や社会性にも目を向ける）

❸家族と仕事の間を結ぶ

（男女が平等のパートナーとして協力し合う）

❹多元性と包括性を大切にする

（性別、年齢、言語、宗教、人種などさまざまな違いを認識し、多角的な視点で評価できるようにする）

❺個人の転機と組織の変革にともに対処する

（自分だけではなく、組織や家庭における変化の担い手となる）

❻精神性、人生の目的、意味を探求する

（より大きな社会やコミュニティへの貢献は、統合的人生設計を支える概念となる）

■ バンデューラ（Bandura,A.）★★

心理学者。社会的学習理論（モデリング理論）の提唱者。それまでは、学習が自身の経験を前提としていたのに対して、他の個体の行動を観察することによっても成り立つとした。

●社会的学習理論

学習者が直接体験するだけではなく、他者の行動を観察して模倣すること（モデリング）でも学習効果があると実験

▶補足

ハンセンは「4L」をキルト（パッチワーク）にたとえ、それぞれが縫い合わされて統合され、大きな布になることで意味のある全体になるとした（スーパーは「ライフ・キャリア・レインボー（虹）」にした）。

▶出典

各項目の解釈は、『キャリアの心理学』（渡辺三枝子、ナカニシヤ出版、2018年）を参考にしている。

（ボボ人形実験）により実証した。人は他者の言動を観察するだけでも学習するという理論が実証され、社会的学習理論による学習は、良い行動だけでなく、悪い行動も学習されるとなった。

● **モデリングの４つの過程**

❶ **注意過程**

　モデリング対象に注意を向ける。

❷ **保持過程**

　対象の言動を取り込み、覚える。

❸ **運動再生過程**

　覚えた言動を模倣する。

❹ **動機づけ過程**

　その言動を行い、強化する*。

＊強化…行動の自発頻度が増加すること。**オペラント条件付け**。

● **自己効力感**

　「自分はできる、やれる」と自己を信じること。

● **自己効力感を高める４つの要素。**

❶ **成功体験**…自分が体験した直接の成功

❷ **代理経験**…他人の経験を見聞した疑似体験

❸ **言語的説得**…言動による励ましや説得

❹ **情緒的喚起**…生理的・感情的な高まり

■ ピービィ*（Peavy,R.V.）

＊「ピーヴィー」表記もある

　心理学者。「人は、人生を通して常に改訂されている首尾一貫したライフ・ストーリーを持つべきである」という発達論的アプローチをとる。傾聴を重視したソシオダイナミック・カウンセリングを提唱した。

●ソシオダイナミック・カウンセリング

　人と環境が相互作用する（構成主義的アプローチ）ライフ・スペースを明らかにする手法でカウンセリングを行った。

　必要なスキルとして「**対話的な傾聴**」を提唱。その要素は次の3つ。

❶心の平安

　受け入れ可能な、自分自身を客観視できる多次元的な状態。

❷友好関係

　カウンセラーの第一の目的はクライエントとの信頼関係を構築することであり、問題解決はその次。

❸変容的学習

　信念や経験を再評価する。これまで当然だとしていたことを、包括的なもの、特殊なもの、開かれたもの、情緒的に変化可能なものなどに変え、行動の正当性を証明するような信念や意見を形成する。

📖補足
伝統的なキャリア理論では、客観的なデータと論理的、合理的なプロセスを重視する。

ヒルトン(Hilton.T.J.)★

　心理学者。研究者・フェスティンガーが提唱した「認知的不協和理論」（相容れない2つの認知をもつと不協和になるが、これを低減して協和状態にする、という心理学の理論）を、**意思決定理論**に適用した。

●認知的不協和理論

　前提（個人が持つ自己概念、希望、期待、職業観など）と、外部から入ってくる**情報**の間に**不協和（不一致）**がある場合に、これを解消するための情報収集をしたり、不協和を解消する方策を探索する過程（認知を変える、行動を変える、行動の評価をし直す、協和的になる新しい情報を加える、など）を、不協和がなくなるか、耐えられる程度に低減されるまで繰り返してから、意思決定がなされるとする。

📋対策
同じく意思決定理論を提唱した、ジェラットの「積極的不確実性」と、ティードマンの理論との相違を確認しておこう。
意思決定理論のプロセスを重視する理論家といえば、ジェラット、ティードマン、ヒルトンの3人である。

■ ビアーズ(Beers,C.W.)

心理学者。精神衛生運動家。

カウンセリングの三大源流と言われる３つの社会運動のうち、精神衛生運動の活動を始めた。現在のメンタルヘルス活動につながっている。

●三大源流
❶職業指導運動(パーソンズ…職業指導の父)
❷教育測定運動(ソーンダイク)
❸精神衛生運動(ビアーズ)

補足
❷教育測定運動は、ヴント(実験心理学の父)が個人の能力や適正・資質を正しく把握するには客観的な測定技術が必要だとし、ソーンダイクがこれを数量的に評価する方法を徹底的に進めた。ビネーは知能検査を開発し、ⅠＱの概念を導入した。

■ フィードラー*(Fiedler,F.E.)

*「フィドラー」表記もある

心理学者。組織心理学者で、リーダーシップ理論のコンティンジェンシー理論を提唱した。

●コンティンジェンシー理論(条件適応理論)
すべての状況に適応され得る唯一無二の普遍的なリーダーシップスタイルは存在しないとし、有効なリーダーシップスタイルは、状況に応じてスタイルを変化させるものだとした。
❶リーダーと組織のメンバーの人間関係
❷仕事の程度
❸権限の強さ
の３要素次第で、成果を発揮できるリーダーシップは異なると主張する。

補足
リーダーシップ理論には、行動理論、二次元理論、状況理論の３種があり、フィードラーのコンティンジェンシー理論は状況理論に属する。ハウスのパス・ゴール理論も状況理論に分類される。

■ フランクル(Frankl,V.E.)★

精神科医。実在療法、ロゴセラピーの創始者。

ユダヤ人であるフランクルがナチスドイツのアウシュビッツに収容されるも、奇跡的に生還した体験を綴った『夜

と霧』を発表した。ここで述べている**コペルニクス的転回**（価値観の主客転換）が彼の技法（逆説志向と脱反省）につながっている。

●**ロゴセラピーの基本理念**

●**自由な意思**

自分の意思で行動を決める。

●**意味への意思**

人生に意味を与えたいという意思。

●**人生の意味**

どんな状況・人生にも意味があり、そこで成すべきことがある。

▶**補足**
コペルニクス的転回
「この先の人生に期待があるのか（期待を失っている）」
　↓〈転回〉
「人生は私に何を期待しているのか（を考え、その使命を果たそう）」

ブリッジズ（Bridges,W.）★★★

＊「ブリッジス」表記もある

心理学者。「トランジション（転機）」を迎えた際の考察において**心理的な変化**に着目したトランジション理論を提唱。状況や環境が変わるときには**心理的な変化**が起きるとし、これを3段階に分類した。この理論は現在において、キャリアコンサルティングや看護の分野などで主に活用されている。

●トランジション理論

❶終焉（何かが終わる）

何かとのつながりや行いが、**終わることから始まる**と考える。強制的な終了であれ、自分の意思による終了であれ、慣れ親しんだ関係や役割、環境に変化があることは心理的な苦痛や負担を負う（アイデンティの喪失、混乱、空虚）。気持ちを切り替えることが大切。

❷中立圏（ニュートラル・ゾーン）

終焉を迎えて負った心理的な苦痛を、受け入れるための時間。新しい何かを模索して迷い、立ち止まっている状態。変化にどう対応すべきか定まっていな

▶**対策**
トランジション（転機）理論の提唱者には下記の人物がいる。それぞれの理論の違いを把握しておきたい。
● ブリッジズ
● シュロスバーグ
● ニコルソン
● レヴィンソン
ブリッジズの理論は、「終わりから始まる」のが肝。

第5章 理解を深める参考資料

い段階。

自分と向き合い、この時期を乗り越えるための手法として、ブリッジズは次の6つを挙げている。

- 1人になれる時間と場所を確保する。
- 浮かぶさまざまな思いを書きとめる。
- 自叙伝を書く(これまでの生き方を振り返る)。
- 本当にやりたいことを考える。
- 自分の死亡記事を書く(心残りなことは何かを知る)。
- 通過儀礼(一人旅に出るなど、自分自身と対話する)。

❸開始(何かが始まる)

新たな始まりに対して生まれる心理的な抵抗(不安や恐怖)があったり、周囲の反対など外的な抵抗もあったりするが、これらに適切に対処する。

ブルースティン(Blustein,D.L.)

教育心理学者。社会正義論のキャリアコンサルティングの第一人者。

社会正義はキャリア支援の理論としては比較的新しい概念。キャリア支援の対象は「非主流の集団に属している人」、「社会の辺縁に置かれている人」、「容易にはガイダンスや支援を受けられない人」など。少数派や非主流の人たち、社会の仕組みや経済状況などによって苦しんでいる人たちへの支援にこそ力を注いでいこうとするもの。

アメリカの研究者であるブルースティンは、キャリア支援にとって最も重要な要因は『社会階層』だと述べ、労働者階級や貧困層では特に問題になり、最もパーニシャス(致命的)な影響を与えると指摘する。

著書『忘れられた半分の声:学校から職業への移行における社会階層の役割』(2002)では、「労働者階級や貧困層(忘れられた半分)には、目標や計画を立て自己実現に取り組むといった、社会階層の上位層では当然のこととして認

<hr>

対策

ブルースティンの理論そのものの問題が出る可能性は、現時点でさほど高くないと考える。日本におけるキャリアコンサルティングの教科書的な存在である『キャリアコンサルティング 理論と実際』(木村周、下村英雄)でも6訂版・令和4年で初登場。今後に注視したい理論家。『忘れられた半分の声』は既出。

識されていることが共有されていない」と指摘した。

　例えば「職業の意味」を上位階層・下位階層の若者それぞれに聞くと、上位階層の者は「自分の能力にあった仕事をすることが重要で、やりたいキャリアの領域で最大限の能力を活かすことが、自分にとっての成功だ」と回答したのに対し、下位階層の者は「お金」と回答した。

　ブルースティンは「忘れられた半分」への具体的な実践として、多文化キャリアカウンセリング、文化的背景に配慮した目標設定のほか、スキル開発、構造化されたグループ支援、メンタルヘルスとキャリアの統合、批判的意識などを指摘した。

フロイト(Freud,S.)

　教育心理学者。精神分析理論の創始者。心にはクライエント自身が気づいていない**無意識**の領域があるとし、問題解決にはその背後にある無意識を知ることで新たな自己理解を深め、症状の改善や悩みの解決を目指す。人の行動には無意識が影響しているとした。

　この考えを基礎に、「局所論」「構造論」「（リビドー）発達理論」「防衛機制（適応論）」を提唱した。

◉局所論

　人の意識は3つの領域でなるとした。

❶意識

　今現在の認識している領域。

❷前意識

　通常は意識していないが、きっかけがあれば意識したり、思い出そうとすれば思い出せる領域。

❸無意識

　自分の意思では思い出せない領域。

◉構造論

　心は3層からなる構造の心的装置であるとした。

補足

ブルースティンを代表とする社会正義論は、従来のキャリアコンサルティングが、スーパーのキャリア発達理論に代表される「アメリカ白人男性ホワイトカラー」を中心に行われてきたのではないか、という批判から発展している。

❶自我（エゴ）

現実原則。イドと超自我の調整機能。

❷イド（エス）

快楽原則。無意識的な本能欲求。

❸超自我（スーパーエゴ）

道徳原則。ルール、秩序。

●発達理論

性的本能に基づく衝動を**リビドー**と名付け、人格の発達段階をリビドーの向けられる対象で説いた。

- **乳児期**………口唇期
- **幼児期前期**…肛門期
- **幼児期後期**…男根期（エディプス期）
- **児童期**………潜在期
- **思春期**………性器期

●防衛機能（適応論）

トラウマや受け入れがたい感情を意識しないで済むように、自我の働きによって無意識に抑え込んでいる働きのこと。

- **投影**…認めたくない自分の悪い所や感情などを、相手に映し出してしまうこと。
- **同一化**…周囲の人の考えや行動で、自分に良いと思える所を取り入れていくこと。
- **否認**…ネガティブな周囲の刺激や事実に対して、気付かないように避けること。
- **反動形成**…自分の思いとは反対の言動を取ること。
- **置き換え**…自分の欲求を満たすために、欲求を向ける相手や表現を別のものに置き換えること。
- **退行**…受け入れがたい状況に直面できず、自我の発達が逆戻りしてしまうこと。
- **知性化**…欲求を直接行うのではなく、知的活動に置き換えたり、知的活動を通して欲求を表現したりす

補足

フロイトの没後は娘のアンナ・フロイトや、メラニー・クラインたちが防衛機制の在り方や種類などについて、理論を発展させた。

ること。

- **合理化**…もっともらしい理由をつけて正当化し、自分を納得させること。
- **抑圧**…受け入れがたい感情や欲求、記憶などを、無意識に抑え込んで気付かないようにしたり、忘れてしまうこと。
- **昇華**…本能的な欲求や衝動を、社会的に認められる活動や目標に置き換えること。
- **隔離**…思考と感情や、行動と感情を切り離すこと。
- **転換**…不満や苦悩、軋轢を身体行動に置きかえること。

ブロンフェンブレナー（Bronfenbrenner,U.）

　教育心理学者。社会的な環境変化が人の発達の変化に繋がるという概念を提唱し、人間の発達プロセスは個人と環境の相互作用によって形成されるとした。

◉生態学的システム論

　自分に近い順から波紋のように広がりを見せる、4つの社会システムがあるとする。

❶マイクロシステム

　本人、家族、仲間など直接接している人や環境。

❷メゾシステム

　直接に接してはいないが影響を受ける人や環境。地域社会や学校など。

❸エクソシステム

　地域社会、家族の友人・学校・職場。

❹マクロシステム

　国、文化、社会制度、法律。

出典
『キャリアコンサルティング理論と実際』（木村周・下村英雄）では5訂版で初登場の理論。

第5章

理解を深める参考資料

■ ベック(Beck,A.T.) ★

医学者。精神科医。**認知療法**の提唱者。人の認知が行動や感情に影響を与えているとし、思考のパターンや考え方の癖を修正することを目標とする。認知療法の概念には、「自動思考」「スキーマ」「**認知の歪み**」がある。

対策
認知行動療法のうち、同じ認知的アプローチでも、
● エリス(ABC理論)は「論理療法」
● ベックは「認知療法」
である。
「行動療法」のスキナー、「現実療法」のグラッサーも合わせて、違いを覚えておこう。

◉スキーマ

これまでの人生で育った環境や生活の中で形成されている、「○○でなければならない」「△△であるべきだ」のような信念のこと。無意識化されている。

スキーマのために自動思考が起きたり、認知の歪みが発生したりする。

◉自動思考

自分の意思に関係なく、非論理的・不合理な感情が自然に湧き上がってくること。

◉認知の歪み

● **全か無か**(分極化)
極端な二者択一思考(0か100か)。

● **過度の一般化**(選択的抽出)
些細な出来事を過度に一般化する(不良生徒が少数いるだけで「あの学校は素行が悪い」)。

● **肯定的側面の否認**
悪い側面だけを選択的に取り上げ、肯定的側面は無視する。

● **破局的な見方**
わずかな困難から、最悪な不幸や結末を考え決めつける。

● **恣意的な推論**
根拠がないのに、あることを信じたり判断したりする。

● **誇張と矮小化**

実際よりも高く評価したり、軽視する。

● 自己関連付け

無関係のことを自分に関連付けて判断する。

■ ホランド(Holland,J.L.) ★★★

心理学者。第二次大戦時は軍の面接官として従事していた経験から、一人ひとりの職業経験には規則性があり、規則性はタイプ別に分類できると推察。キャリア形成は個人のパーソナリティと取り巻く環境の相互作用により成り立つとし、これが一致した仕事をすることで満足を得られるとの「**職業選択理論**」を提唱した。

現在の適職適性診断(職業レディネス・テスト、ＶＰＩ職業興味検査など)はこの理論に基づいている。

◉ ６角形モデル

人のパーソナリティと環境は、どちらも６つのタイプに分類することができる。

六角形上で距離が近いほど心理的類似性が高く**一貫性**があり、離れているほど(対極)**一貫性**がない。

特定のタイプの数値は高いが他のタイプの数値が低い状態を**分化**といい、逆にすべての値が高いか低い状態のことを**未分化**という。

❶ Realistic現実的

物や道具、機械などを対象とした、秩序立った、体系化された操作を伴う活動を好む傾向。

❷ Investigative研究的

物理学、数学、生物学など、実証的、体系的、創造的に研究する活動を好む傾向。

❸ Artistic芸術的

芸術的、音楽的、言語的素材を扱うことが必要な、あいまいで、自由で、創造性のある活動を好む傾向。

❹ Social社会的

対策

職業選択、指導の理論にはさまざまなものがあるので、次の理論家は内容の違いも含めて確実に抑えておきたい

● パーソンズ
● ハー
● バンデューラ
● ホランド
● ロー

第5章

理解を深める参考資料

暗記

それぞれの頭文字からRIASEC(リアセック)と覚える。順番が大事。

教育、治療や啓蒙のような対人関係の活動を好む傾向。

❺ Enterprising企業的

目標の達成や利益を目的とした他者との交渉を伴う活動を好む傾向。

❻ Conventional慣習的

資料やデータを秩序的、体系的に扱うことを必要とする活動を好む傾向。

tips

自分のコードと職場のコードのマッチングを重視するのは、スーパーの理論である、「人は仕事を通して自己概念を表現しようとする」と同じ趣旨。

●スリー・レター・コード

六角形モデルの6つの分類の中から3つを使って性格を表したものがスリー・レター・コード。その人物がとくに得意としていること、興味・関心をもっているものの上位3つのパーソナリティタイプの頭文字を、値が高いものから順に並べたもの。

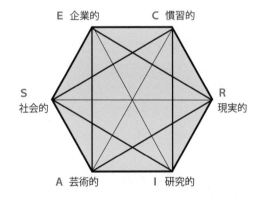

補足
スリー・レター・コードは全部で120種類になる。

出典
職業興味検査(厚生労働省職業情報提供サイト(日本版O-NET)と、職業レディネス・テスト(VRT：Vocational Readiness Test)(独立行政法人労働政策研究・研修機構)

●職業興味検査(VPI:Vocational Preference Inventory)

スリー・レター・コードにより自分自身のパーソナリティを知り、世の中の職業がどの類型であるかがわかれば最適な職業選択ができると考えたホランドは、**職業分類事典(DOT)**を作成し、そこに職業と適合性の高いスリー・レター・コードを分類した。

このホランド理論に基づいた自己理解のためのツールがVPIであり、キャリアガイダンス等で使用されている。

■ ホール (Hall,D.T.) ★★

組織行動学。昇進や昇給で成功を図るのが伝統的なキャリア・モデルだが、個人が主体的に持続的な自己成長をなしとげることが現代のキャリアの成功だとした。キャリアは生涯を通じた経験・学習・アイデンティティなどのプロセスであり、変化の激しい現在では依存的でも独立的でもない、相互依存的な人間関係の中で学び続けることで変幻自在(Protean)なキャリアを築けるとする。

対策
ジェラットの「積極的不確実性」との違いを明確にしておこう。

◉プロティアン(変幻自在)キャリア

キャリアは組織によってではなく、個人によって形成されるものであり、キャリアを営むその人の欲求に見合うようにその都度方向転換するものとした。

●プロティアンキャリアを形成する2つの要素

● アイデンティティ(Identity)
自分自身の価値観や能力をどう評価しているか。価値観や能力への自己理解。自我同一性。

● アダプタビリティー(Adaptability)
変化に適応するためのスキルとモチベーション。アダプタビリティは「適応コンピテンス×適応モチベーション」(掛け算)なので、どちらかが0だと、解答は0になってしまう。

●伝統的キャリアとの比較

	プロティアン・キャリア	伝統的キャリア
主体者	個人	組織
核となる価値観	自由、成長	昇進、権力
移動の程度	高い	低い
重要な目的	心理的成功	地位、給与
重要な態度側面	仕事満足感、自尊心	組織コミットメント、他者評価

(次ページに続く)

第5章

理解を深める参考資料

出典
「Hall2002」(渡辺三枝子著「新版キャリア心理学」149ページ)

重要なアイデン ティティ	自分は何がしたいのか	私は何をすべきか
重要な アダプタビリティ	自分の市場価値はどれ くらいか	組織で生き残ることは できるか

■ ホワイト（White,M.）★★

　家族療法。ナラティブ・セラピーの一種である「外在化技法」を提唱した。クライエントの持つ問題を外在化するために問題に名前をつけたり、自分と問題を切り離すことで解決を図る技法。「問題が問題であって、人や人間関係が問題ではない」とした。

補足

ナラティブ・アプローチといえばサヴィカス（試験で頻出の理論家）。キャリア構築理論はインタビューで語られるライフテーマを重視。ホワイトのナラティブ・セラピーをベースにした技法。

◉外在化技法

　クライエントが持つドミナント・ストーリー（問題が染み込んだストーリー）をオルタナティブ・ストーリー（問題から解放されたストーリー）へと書き換えることによって、クライエントにとって意味のあるストーリーを語れるように支援する。

■ マクレガー（McGregor,D.M.）

　心理学者・経営学者。著書において提唱した「ＸＹ理論」は行動科学、人間行動理論を代表するもので知られる。

◉Ｘ理論・Ｙ理論

　人間に対する本質的な見方を２つの異なる理論で対比。

補足

Ｘ理論・Ｙ理論は、マズローの「欲求段階説」を基にした理論。

● Ｘ理論

「人は怠け者であり、労働と責任を嫌い、自発的に働くことはしない」とする。

マズローの欲求５段階説の低次欲求（生理的欲求・安全の欲求・社会的欲求）を多く持つ人の行動モデル。

● Ｙ理論

「人間は生まれつき条件さえ整えば、外的動機付けが
なくても承認や自己実現などの内的欲求によって自
ら働こうとし、自分らしさを発揮しようとする」とし
た。内発的動機付けに視点を置いたもの。

■ マクレランド（McClelland,D.C.）★

　心理学者。過去の成功体験や取り組み方に焦点をあてた
実証研究から、成功体験のある者にはいくつかの共通の動
機があることを確認し、動機づけ理論（モチベーション理
論）のひとつである、**達成動機理論**を提唱した。

◉3つ（＋1つ）の動機・欲求

　当初は3つの動機があると提唱したが、後に1つが追
加されている。

❶達成の動機・欲求

　目標を達成し、成功したいとするもの。

❷権力（支配）の動機・欲求

　他人を動かしたい、影響を及ぼしたいとするもの。

❸所属（親和）の動機・欲求

　良好・親密な人間関係を結び、集団の一員でいること
を求めるもの。

❹回避の動機・欲求

　失敗を恐れ、第一線で活躍することを望まないもの。

■ マズロー（Maslow,A.H.）★

　心理学者。動機づけやモチベーションに関し、それま
での主流だった行動主義や精神分析（パブロフ、スキナー、
フロイトなど）とは異なり、人間の意識や欲求を基にした
欲求階層説（欲求5段階説あるいはマズローの法則）を提
唱した（次ページ図参照）。

tips

マクレランドがこの論
をビジネスの場面に応
用したものが「コンピ
テンシー」の概念。職務
上の行動特性、性格特
性や行動パターンによ
るもの。

第5章

理解を深める参考資料

補足
- 行動主義の代表
  パブロフ、スキナー
- 精神分析の代表
  フロイト

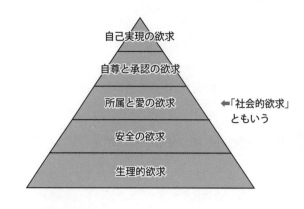

←「社会的欲求」ともいう

◉5段階の欲求

- **自己実現の欲求**：自らの可能性の実現。
- **自尊と承認の欲求**：権威や地位、尊重されたい。
- **所属と愛の欲求**：認められたい、愛されたい。
- **安全の欲求**：安全、安定。
- **生理的欲求**：睡眠や食欲。

補足

マズローが「下位欲求が満足して初めて上位の欲求を発する」としたのに対して、アルダーファーのERGモデルでは、欲求は共存するとした。

　この5段階は不可逆なものであり、一つ下の欲求が満たされて初めて上位の欲求が表れるとした。

　これらの欲求は、性質の違いから、次のようにも分類される。

❶成長欲求と欠乏欲求
- **成長欲求**：自己実現の欲求
- **欠乏欲求**：自尊と承認の欲求、所属と愛の欲求、安全の欲求、生理的欲求

❷精神的欲求と物質的欲求
- **精神的欲求**：自己実現の欲求、自尊と承認の欲求、所属と愛の欲求
- **物質的欲求**：安全の欲求、生理的欲求

三隅二不二（じゅうじ（じふじ））(Misumi,J.)

　心理学者。集団力学の研究者で、組織の人間的側面を科

学的な視点でとらえた。

　リーダーシップは、目的達成能力(Performance)と集団維持能力(Maintenance)で構成されているとし、そのタイプを４つに分類した「ＰＭ理論」を提唱した。

●ＰＭ理論

　Ｐ機能は目的達成機能(Performance function)で、組織の目標達成や問題解決をする働き。Ｍ機能は集団維持機能(Maintenance function)で、組織内の人間関係を良好に保ち、組織の雰囲気作りをする。

<table>
<tr><td rowspan="2">高

Ｐ
（目標達成）

低</td><td>**Ｐm型**
目標は達成できるが、組織をまとめる力に欠ける。</td><td>**ＰＭ型**
両方の能力が備わり、組織をまとめながら目標を達成できる、理想的なリーダータイプ。</td></tr>
<tr><td>**pm型**
目標を達成する力も集団をまとめる力も弱く、リーダーにふさわしくない。</td><td>**pＭ型**
集団をまとめる力はあるが、目標を達成できない。</td></tr>
<tr><td></td><td colspan="2">M（集団維持）　　　　高</td></tr>
</table>

■ メイヤー(Meier,S.T.)

　心理学者。著書『サクセスフル・カウンセリング―成功するカウンセリングのための40のポイント』において、カウンセリングを実施する場所の物理的環境を整えることがカウンセリングを成功させるための条件の一つであるとした。

- 適切な服装
- 相談者との間に物を置かない
- 静かな場所
- 電話など音の鳴るものの電源を切る
- 開始・終了時間を守る
- 必要な備品を用意しておく

補足

リーダーシップ理論には、
- 行動理論
- 二次元論
- 状況理論

の３分類があり、三隅の「ＰＭ理論」はこの中の二次元論に分類される。
ハウスの「パス・ゴール理論」や、フィードラーの「コンティンジェンシー」、ハーシーの「SL理論」は、状況理論に分類される。

tips

着席の際には90〜120度の角度をつけたり、プライバシー保護やクライエントの集中力を削ぬようクローズドな空間で実施したりするという、環境整備も有効。

第5章　理解を深める参考資料

森田正馬（まさたけ）(Morita,M.)

　医学者。精神科医。神経症・不安症に対する独自の精神療法である森田療法を開発した。現在では統合失調症の治療にも応用されており、不安や症状を排除しようとする気分や感情にとらわれる(はからい)をやめ、自分がやるべきことを素直に実行すること(あるがまま)によって、神経症・不安障害を克服することを目的とする。

◉森田療法

　治療期間を4段階に設定し、順に経て克服を目指す。

❶絶対臥褥期（ぜったいがじょくき）

　生活行動以外の活動をせず、終日横たわる。

❷軽作業期

　軽作業を行い、活動欲の発生を促す。

❸作業期

　共同作業で達成感を得る。

❹社会生活準備期

　社会復帰の準備期間。

ユング(Jung,C.G.)

　精神医学者、心理学者。心理学の三大巨匠の一人と評され、ユング心理学(分析心理学)は臨床心理学の分野で認知されている。

　キャリアコンサルタント試験においては分析心理学より、ライフサイクル論、**人生の正午**が範囲となる。

◉ライフサイクル論

　人の一生を太陽の動きに例え、日の出から日没までの4つの時期(少年期、成人前期、中年、老人)に分けた。時期が変わるときを「転換期」とし、とくに太陽が真上に来る中

🔴補足
心理学の三大巨匠
● フロイト
● アドラー
● ユング

年期への転換を人生最大の危機である「人生の正午」とし、これまでを振り返り、これからを考える時機とした。

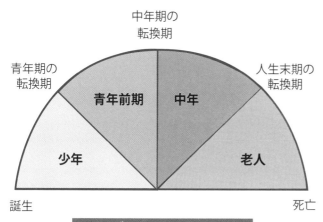

ユングのライフサイクル論

中年期の
転換期

青年期の
転換期

人生末期の
転換期

青年前期　**中年**

少年　**老人**

誕生　　　　　　　　　　死亡

吉本伊信（Yoshimoto,I.）

僧侶（浄土真宗）。浄土真宗に伝わる「身調べ（断食・断眠・断水という厳しい条件下で自分の行為を振り返るもの）」を基とした**内観療法**を完成させる。内観療法は精神医学・心理療法として応用されている。

●内観療法

これまでの人生で深くかかわった人（家族、教師、職場の先輩など）に「してもらったこと」「して返したこと」「迷惑をかけたこと」を思い出す。

この行為によって他者の視点による意識を獲得し、新たな自己発見をし、周囲の人々からの愛情に感謝できるようになる。その結果として情緒が安定し、思いやりが生まれ、対人関係が好転し、本来の自己を取り戻す。

対策
前述の森田正馬の「森田療法」との違いを明確にしておく。

ラザルス (Lazarus,R.S.) ★

　心理学者。心理学的ストレスに焦点を当てたストレス理論を提唱した。ストレスの原因を探したり、考え方を変えることによってストレスを解消する、**ストレスコーピング**を構築した。

tips

ハンス・セリエ(生理学者)が論文で「ストレス学説」を発表し、初めて人に対してストレスという言葉を用いた(元来は機械工学用語で「圧力を加えたときの反発力」をいう)。

◉ストレスの発生プロセス

❶ストレッサー

　ストレスの原因の存在・発生。

❷評価

　そのストレスが有害か無害であるかを判別し、自分がそれに対処できるかどうかを判断する。

❸ストレス反応

　評価の結果生じる心理的・肉体的な反応。必ずしもマイナスの影響があるとは限らない(適度な緊張感が気分を高揚させ、よいパフォーマンスを生むこともある)。

◉2種類のコーピング(cope…対処する)

❶問題焦点型

　ストレッサーそのものを問題とし、これを解決しようとするもの。

❷情動焦点型

　問題に対する自分自身の受け止め方、感情的な反応を精神的アプローチで緩和・制御するもの。

レヴィン(Lewin,K.) ★

　心理学者。社会心理学の父と呼ばれる。人間の行動変容は、パーソナリティか環境のいずれか、またはその相互作用によって引き起こされるとし、B＝ f (P，E)の式 [B (人間の行動)、P (人)、E (環境)]で表した。人は置かれ

ている環境に基づき目標達成のための行動を選択するとした。

◉周辺人・境界人（マージナルマン・marginal man）

青年期を、児童期と成人期との中間で、子どもの集団にも大人の集団にも属さない社会的に不安定な存在とし、周辺人・境界人（マージナルマン）と名付けた。

◉Tグループ（トレーニング・グループ）

参加者相互の自由なコミュニケーションによる集団療法、人材育成訓練方法であるTグループを提唱した。

（補足）
Tグループはベーシック・エンカウンター・グループ（ロジャーズ）の基礎となった。

■ レヴィンソン（Levinson,D.J.）★★★

＊「レビンソン」表記もある

心理学者。社会心理学や発達心理学の研究を進め、過渡期、中年の危機（人生半ばの過渡期）、4つの発達段階に分けたライフサイクル理論などを提唱した。

◉ライフサイクル理論

人生を四季に例え、発達段階（ライフサイクル）は4つの発達期があり、安定期（約25年）と安定期の間は5年の過渡期（トランジション、キャリアの転機）があるとした。

● 4つの発達期（安定期）
　❶春（児童期、青年期）
　❷夏（成人前期）
　❸秋（中年期）
　❹冬（老年期）

● 3つの過渡期
　Ⅰ（発達期❶❷の間。成人への過渡期）
　Ⅱ（❷❸の間。**中年の危機・人生半ばの過渡期**）
　　現在の自分を振り返り、自己と向き合う時期。達成してきたこと・出来なかったことを自問自答す

（補足）
中年の危機で直面する、相反する感情は下記の4つ。
「若さ」と「老い」
「男らしさ」と「女らしさ」
「創造」と「破壊」
「愛着」と「分離」

第**5**章

理解を深める参考資料

る時期。

Ⅲ（❸❹の間。老人への過渡期）

ロー（Roe,A.）★

　心理学者。マズローの欲求段階説を元に、幼児期に作られる価値感がキャリア選択の決定に影響を与えるとした。親の養育態度、援助や関わり方（心理的影響や、子の親からの欲求充足度）によって子どものパーソナリティが異なり、将来の職業選択に影響する。

●親の養育態度（３分類）による子どもの傾向

親の類型	養育態度	子どもの職業選択の傾向
❶情緒型（Emotional）	過保護・過剰要求	条件が合えば報酬のよい職業を選択する。
❷拒否型（Avoidance）	拒否・無関心	人間関係よりも金銭的な満足感を重視。科学や機械に関連する職業を選択する。
❸受容型（Acceptance）	愛情豊かに受容	人および物のバランスが取れた職業を選択する。

ロジャーズ（Rogers,C.R.）★★★

　臨床心理学者。集団心理療法として開発した**ベーシック・エンカウンター・グループ**はグループ・アプローチの基本となっている。

●来談者（クライエント）中心療法

　それまで主流となっていたカウンセリングは指示的であると否定し、来談者の「**自己実現**しようとする意思」を大事にし、来談者主導で課題にアプローチする。

● カウンセラーの基本的態度（パーソナリティ変化の必要にして十分な６つの条件）

大前提として、**ラポール**（心のつながり）が形成されていること。

❶2人の人が心理的な接触を保っている。

❷クライエントは不一致な状態にあり、心理的に傷つきやすく不安な状態にある。

❸セラピストは**自己一致**している状態で、安定し統合されており、ありのままの自分でいられる。

❹セラピストはクライエントに**無条件の肯定的配慮**を経験している（**受容**）。

❺クライエントの見方・感じ方の枠組みに**共感的理解**をしており、クライエントに伝える努力をしている。

❻セラピストの共感的理解と無条件の肯定的理解をクライエントに伝えることが、最低限度達成されている。

官公庁から発表される資料等

厚生労働省などから発信される、経済や雇用に関するものや職業能力開発についての分析や数値等の統計資料です。問1〜2あたりで問われることが多いですが、この統計を基にして他の設問で引用されることもあります。

労働経済の分析（通称『労働経済白書』）

　毎年、厚生労働省が作成、公表する「労働経済の分析」（通称『労働経済白書』）の「令和5年版」は、令和5（2023）年9月29日に発表されました。この資料からの出題は非常に多いので、しっかりと**概要**までは目を通して理解しておきましょう。

　厚生労働省のホームページには「分析テーマ」と「白書のポイント」があり、その他に**概要**と**本文**があります。**本文**は膨大な量になり、キャリアコンサルタント試験での出題はさほど多くないため、すべて精読するのは労力が見合いませんが、ポイントだけはしっかりと押さえておきたいところです。

◉分析テーマと白書のポイント
〜分析テーマは「持続的な賃上げに向けて」〜（引用）

　厚生労働省は、本日（発表の日）の閣議で「令和5年版　労働経済の分析」（労働経済白書）を報告しましたので、その内容を公表します。

　労働経済白書は、一般経済や雇用、**労働時間**などの現状や課題について、統計データを活用して分析する報告書で、今回で74回目の公表となります。

　今回の白書では、「持続的な賃上げに向けて」をテー

マとして分析を行いました。第Ⅰ部では、令和4
(2022)年の雇用情勢や賃金、経済等の動きをまとめ
ています。また、第Ⅱ部では、わが国の賃金がこの
四半世紀において伸び悩んだ理由を明らかにすると
ともに、賃上げが個々の企業・労働者や経済全体に及
ぼす好影響のほか、企業の業績や価格転嫁状況等と
賃上げの関係等について分析しました。さらに、政
策が賃金に及ぼす影響として、最低賃金制度と同一
労働同一賃金の効果についても分析しています。

白書の主なポイント

- 1990年代後半以降、わが国の一人あたり名目賃金が
  伸び悩んだのは、①名目生産性が他国と比べて伸び悩
  み、②パートタイム労働者の増加などにより一人あた
  り労働時間が減少し、③労働分配率が低下傾向にあっ
  たことが背景にある。

- 詳細に分析すると、企業の利益処分の変化、**労使間
  の交渉力**の変化、**雇用者の構成変化**、**日本型雇用慣
  行**の変容、**労働者のニーズの多様化**などが影響した
  可能性が考えられる。

- 賃上げは、企業にとっては、「求人への応募を増やす」
  「離職率を低下させる」などの効果が、労働者にとって
  は、「仕事の満足度を高める」などの効果がある。また、
  経済全体では「消費や生産等を増加させる」効果があ
  る。

- 最低賃金の引上げは、最低賃金近傍だけではなく、賃
  金水準が中位に位置するパートタイム労働者にも効
  果が及ぶ可能性がある。また、同一労働同一賃金の
  施行は、正規と非正規雇用労働者の時給差を10%程
  度縮小させる等の効果があった可能性がある。

対策
第Ⅰ部は全編に目を通して
おこう。

補足
下記2つの政策の効果
- 最低賃金制度
- 同一労働同一賃金

補足
賃金伸び悩みの要因3つ。
①生産性の伸び悩み
②パートタイム労働者の増
　加(労働時間の減少)
③労働分配率の低下
＊労働分配率
　企業が生み出す付加価値
　のうち、人件費に振り分
　けられた割合。(他は企業
　の内部留保、賃貸料、税
　金など)

用語
- 労使交渉力
- 雇用構成の変化
- 日本型雇用慣行
　→終身雇用の変容
- 労働者ニーズの多様化

第5章

理解を深める参考資料

357

●概要

　ここに掲載するのは「令和５年版 労働経済の分析」の「概要」です。毎年更新されるので、内容は厚生労働省のＨＰに目を通してください。

出典

概要は「厚生労働省　令和○年版　労働経済の分析　概要」で検索。

「労働経済の分析」のポイント①

補足

●人手不足感がコロナ前の水準まで戻りつつある。
●女性の雇用者数が増加。
●「宿泊業，飲食サービス業」「生活関連サービス業，娯楽業」が増加に転じた。
●賃上げの好影響について。

「令和5年版 労働経済の分析」のポイント①

【2022年の労働経済の推移と特徴】

○ 我が国の雇用情勢は、経済社会活動が徐々に活発化する中で持ち直している。雇用者数については、女性の正規雇用者数が堅調に増加したほか、「宿泊業，飲食サービス業」「生活関連サービス業，娯楽業」では減少から増加に転じた。（⇒3ページ）

○ 人手不足感はコロナ前の水準まで戻りつつある中、転職者は、「より良い条件の仕事を探すため」が牽引し、3年ぶりに増加に転じた。（⇒4ページ）

○ 名目賃金は全ての月で前年同月を上回り、民間主要企業の賃上げ率は、2.20％と4年ぶりに前年の水準を上回った。一方で、円安の進行等に伴う物価上昇により、実質賃金は減少した。（⇒5ページ）
　※ 実質賃金：前年比▲1.0%（2021年 +0.6%、2020年 ▲1.2%）

【賃金の現状と課題】

○ 賃金は、1970年から1990年代前半まではほぼ一貫して増加していたが、1990年代後半以降、それまでの増加トレンドから転換し、減少又は横ばいで推移している。（⇒6ページ）

○ 1990年代後半以降、物価の影響も考慮すると、一人当たりの実質労働生産性は他の主要先進国並みに上昇しているものの、実質賃金は伸び悩んでいる。我が国においては、労働時間の減少や労働分配率の低下等が賃金を押し下げている。（⇒7、8ページ）

○ 我が国の賃金の伸び悩みには、企業の利益処分、労使間の交渉力、雇用者の構成等の変化や、日本型雇用慣行の変容、労働者のニーズの多様化が寄与した可能性がある。（⇒9、10ページ）

【賃上げによる企業・労働者や経済等への好影響】

○ 賃上げは、企業にとっては、求人の被紹介確率を上昇させるとともに離職率を低下させる等の効果が、労働者にとっては、仕事の満足度を高める等の効果がある。（⇒11ページ）

○ 賃上げは、経済全体でみると、消費や生産等を増加させる効果がある。また、賃上げや雇用の安定は、希望する人の結婚を後押しする観点からも重要。（⇒12ページ）
　※ 全労働者の賃金が1％増加した場合に見込まれる効果：生産額 約2.2兆円、雇用者報酬 約0.5兆円

1

「労働経済の分析」のポイント②

補足

●転職した場合の賃金上昇期待度。

●正規雇用への転換で、キャリア見通しが改善し、自己啓発を実施する者が増加。

●「同一労働同一賃金」の実施により、正規・非正規雇用労働者の時給差を約10％縮小させ、非正規雇用労働者への賞与支給事業所割合を約５％上昇させた可能性がある。

「令和5年版 労働経済の分析」のポイント②

【企業と賃上げの状況について】

○ 売上総額や営業利益等が増加した企業や、今後増加すると見込む企業ほど、賃上げを行う傾向がある。（⇒13ページ）

○ 価格転嫁ができている企業ほど賃上げする傾向がある。価格転嫁できない理由は、「価格を引き上げると販売量が減少する可能性がある」が最多。（⇒13ページ）

【持続的な賃上げに向けて】

＜スタートアップ企業等の新規開業と賃金の関係＞（⇒14ページ）

○ ＯＥＣＤ諸国についてみると、開業率と労働生産性・賃金上昇には正の相関がみられる。

○ スタートアップ企業等における賃上げ率や、成長見通しは、創業15年以上の企業よりも高く、賃上げにも積極的な傾向がある。
　※ スタートアップ企業は、通常創業10年以内の非上場企業とされるが、データの制約から15年未満の企業について分析。

＜転職によるキャリアアップや正規雇用転換と賃金の関係＞（⇒15ページ）

○ 転職を経ると2年後に転職前と比べて年収が大きく増加する確率が高まる。

○ また、非正規雇用労働者が正規雇用に転換すると、年収が大きく増加するだけではなく、安定した雇用に移ることで、キャリア見通し、成長実感が改善し、自己啓発を行う者の割合も高まる傾向がある。

【政策による賃金への影響（最低賃金制度、同一労働同一賃金）】

○ 最低賃金が近年大きく上昇している中で、最低賃金近傍のパートタイム労働者割合は高まっている。最低賃金の引上げは、最低賃金＋75円以内のパートタイム労働者の割合を大きく上昇させ、時給が低い（下位10%）パートタイム労働者の賃金を大きく引き上げる可能性がある。（⇒16ページ）

○ 同一労働同一賃金の施行は、正規・非正規雇用労働者の時給差を約10％縮小させ、非正規雇用労働者への賞与支給事業所割合を約５％上昇させた可能性がある。（⇒17ページ）

2

Ⅰ. 労働経済の推移と特徴　雇用情勢の動向①

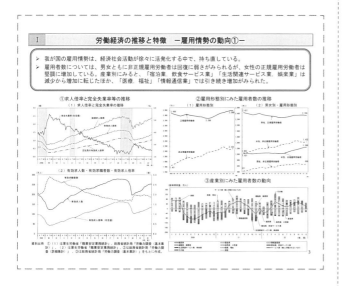

雇用情勢は持ち直しつつある。男女ともに非正規雇用労働者は回復に弱さがみられるが、女性の正規雇用労働者は堅調に増加している。

業種では、「宿泊業, 飲食サービス業」「生活関連サービス業, 娯楽業」は 減少から増加に転じ、「医療, 福祉」「情報通信業」では引き続き増加。

Ⅰ. 労働経済の推移と特徴　雇用情勢の動向②

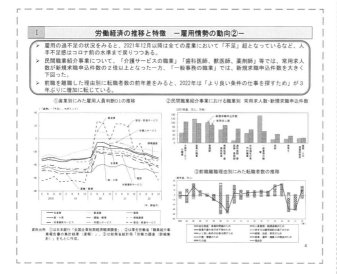

令和3(2021)年12月以降はすべての産業において「不足」超で、人手不足感はコロナ前の水準まで戻りつつある。

「介護サービスの職業」「歯科医師、獣医師、薬剤師」等では、常用求人数が新規求職申込件数の2倍以上。
「一般事務の職業」では、新規求職申込件数を大きく下回る。

前職を離職した理由別は「より良い条件の仕事を探すため」が3年ぶりに増加。

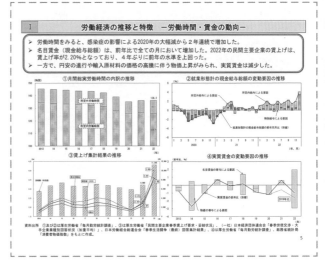

補足

令和4（2022）年の民間主要企業の賃上げ率は2.20%となり、4年ぶりに前年の水準を上回った。

円安の進行や輸入原材料の価格の高騰に伴う物価上昇が見られ、実質賃金は減少した。

補足

賃金については1990年代後半以降、それまでの増加トレンドから転換し、減少又は横ばいで推移。

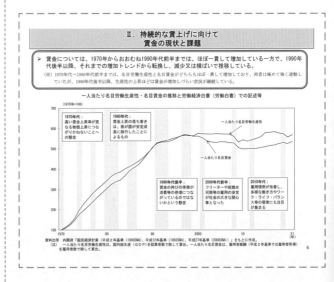

Ⅱ．主要先進国の賃金の動向

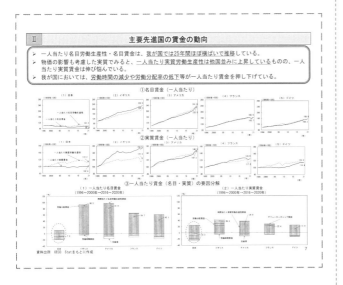

> Ⅱ　　　　　　　　　　　　　　主要先進国の賃金の動向

> ➢ 一人当たり名目労働生産性・名目賃金は、我が国では25年間ほぼ横ばいで推移している。
> ➢ 物価の影響も考慮した実質でみると、一人当たり実質労働生産性は他国並みに上昇しているものの、一人当たり実質賃金は伸び悩んでいる。
> ➢ 我が国においては、労働時間の減少や労働分配率の低下等が一人当たり賃金を押し下げている。

補足

日本の一人当たり名目労働
生産性・名目賃金25年間、
ほぼ横ばいで推移している。

物価の影響も考慮した実質
賃金では、一人当たり実質
労働生産性は他国並みに上
昇しているものの、一人当
たり実質賃金は伸び悩んで
いる。

Ⅱ．我が国において賃金が伸び悩んだ背景

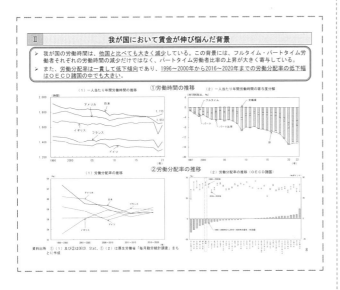

> Ⅱ　　　　　　　　　　　　我が国において賃金が伸び悩んだ背景

> ➢ 我が国の労働時間は、他国と比べても大きく減少している。この背景には、フルタイム・パートタイム労働者それぞれの労働時間の減少だけではなく、パートタイム労働者比率の上昇が大きく寄与している。
> ➢ また、労働分配率は一貫して低下傾向であり、1996～2000年から2016～2020年までの労働分配率の低下幅はOECD諸国の中でも大きい。

補足

日本の労働時間は、他国と
比べて大きく減少している。
その要因は、
● フルタイム・パートタイ
　ム労働者それぞれの労働
　時間の減少
● パートタイム労働者比率
　の上昇

労働分配率は一貫して低下
傾向で、平成28～令和2
(2016～2020)年までの労働
分配率の低下幅は、OECD
諸国の中でも大。

Ⅱ．我が国において賃金が伸び悩んだ理由①

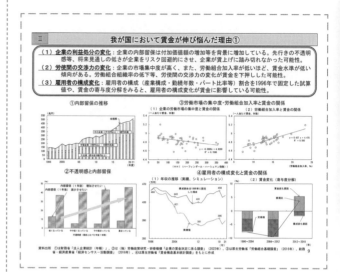

Ⅱ．我が国において賃金が伸び悩んだ理由②

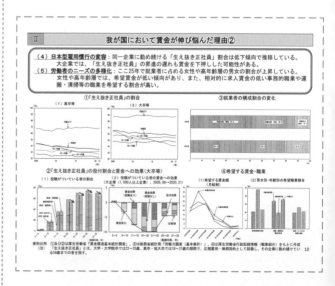

Ⅱ．賃上げによる企業や労働者への好影響（ミクロの視点）

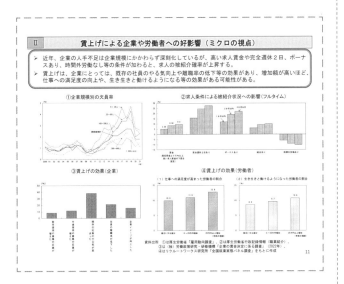

11

Ⅱ．賃上げによる企業や労働者への好影響（マクロの視点）

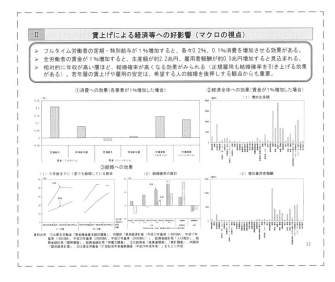

12

補足

求人への被紹介率は、高い求人賃金や完全週休2日、ボーナスあり、時間外労働なし等の条件が加わると上昇する。

賃上げは既存の社員のやる気向上や離職率の低下等の効果があり、増加額が高いほど、仕事への満足度や働き甲斐が上がる等の効果がある。

補足

フルタイム労働者の給与が1％増加すると消費を増加させる効果がある。
全労働者の賃金が1％増加すると、生産額が約2.2兆円、雇用者報酬が約0.5兆円増加する。

相対的に年収が高い層ほど結婚確率が高くなる（正規雇用も結婚確率を引き上げる）。
若年層の賃上げや雇用の安定は、希望する人の結婚を後押しする観点からも重要。

Ⅱ. 企業と賃上げの状況について（アンケート調査による分析）

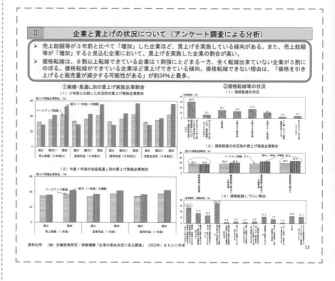

Ⅱ. スタートアップ企業等の新規開業と賃金の関係

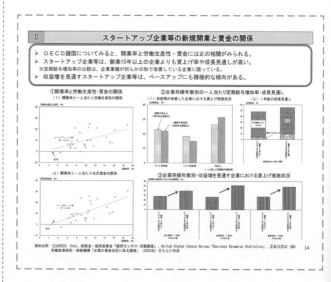

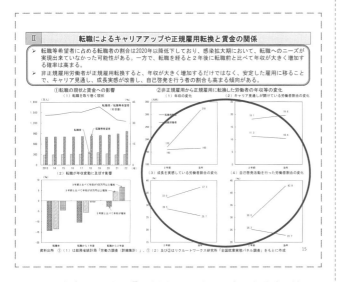

*赤丸で囲んだ「労働者の年収などの変化」に注目。

Ⅱ．政策による賃金への影響① 最低賃金引上げ

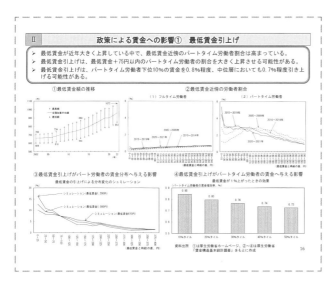

補足

＊このページはとくに要
チェック！

転職等希望者に占める転職
者の割合は令和2（2020）年
以降低下しており、転職へ
のニーズが実現出来ていな
かった可能性がある。

転職を経ると2年後に転職
前と比べて年収が大きく増
加する確率は高まる。

非正規雇用労働者が正規雇
用転換すると、年収が大き
く増加するだけではなく、
安定した雇用に移ることで、
キャリア見通しや成長実感
が改善し、自己啓発を行う
者の割合も高まる。

『同一労働同一賃金』
同一企業・団体における正
規雇用労働者(無期雇用フル
タイム労働者)と非正規雇
用労働者(有期雇用労働者、
パートタイム労働者、派遣
労働者)との間の待遇差の解
消を目指すもの。
※パートタイム・有期雇用
労働法(令和3(2021)年4
月1日より全面施行)、労働
者派遣法(令和2(2020)年
4月1より施行)

Ⅱ. 政策による賃金への影響②
同一労働同一賃金～雇用形態間の賃金差～

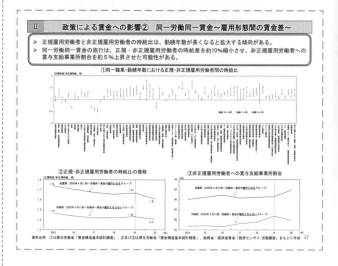

| Ⅱ | 政策による賃金への影響② 同一労働同一賃金～雇用形態間の賃金差～ |

➤ 正規雇用労働者と非正規雇用労働者の時給比は、勤続年数が長くなると拡大する傾向がある。
➤ 同一労働同一賃金の施行は、正規・非正規雇用労働者の時給差を約10%縮小させ、非正規雇用労働者への賞与支給事業所割合を約5％上昇させた可能性がある。

①同一職業・勤続年数における正規・非正規雇用者間の時給比

②正規・非正規雇用労働者の時給比の推移

③非正規雇用労働者への賞与支給事業所割合

資料出所 ①は厚生労働省「賃金構造基本統計調査」、②及び③は厚生労働省「賃金構造基本統計調査」、総務省・経済産業省「経済センサス-活動調査」をもとに作成 17

「本文」の目次

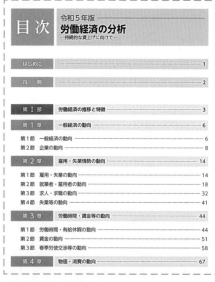

目次を見ると、大きく
第Ⅰ部 労働経済の推移と特徴
第Ⅱ部 持続的な賃上げに向けて
に分かれている。

●本文

第1章　一般経済の動向

　「第1章　一般経済の動向」では、コロナ禍から回復しつつあるGDPや企業の活動について触れています。詳細はインターネット上で公開されていますので、目を通しておいてください(*以下、「本文」に合わせた文体にしています)。

第2章　雇用・失業情勢の動向

　雇用情勢は、令和3(2021)年以降、感染拡大前と比べて求人数の回復に遅れがみられる産業もあるものの、経済社会活動が徐々に活発化する中で持ち直している。また、求人の回復基調が続く中で、女性や高齢者等の労働参加が着実に進展している。ただし、少子高齢化に起因する我が国の労働供給制約や経済社会活動の回復などに伴う人手不足の問題も再び顕在化しています。令和4(2022)年において、新規求人数は対前年でみて2年連続で増加し、年平均の**完全失業率**は前年差0.2%ポイント低下の**2.6%**、**有効求人倍率**は同0.15ポイント上昇の**1.28倍**となった。

　本章では、こうした令和2(2020)年から続く感染症の影響からの改善状況を含め、令和2(2020)年の雇用・失業情勢の動向について概観する。

求人倍率と完全失業率の推移

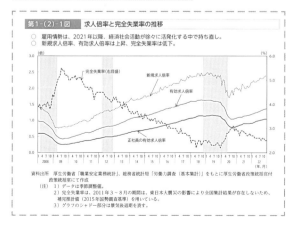

資料出所　厚生労働省「職業安定業務統計」、総務省統計局「労働力調査（基本集計）」をもとに厚生労働省政策統括官付政策統括室にて作成
（注）　1）データは季節調整値。
　　　　2）完全失業率は、2011年3～8月の期間は、東日本大震災の影響により全国集計結果が存在しないため、補完推計値（2015年国勢調査基準）を用いている。
　　　　3）グラフのシャドー部分は景気後退期を表す。

◁対策▷

「本文」では第1部のうち、とくに
第2章：雇用・失業情勢、
第3章：労働時間・賃金等の動向
をチェックしておきたい。

◁補足▷

この項に出てくる数値（完全失業率や有効求人倍率など）は、よく出題されている。具体的な数値だけでなく、前年との対比での増減も確認しておこう。

● 完全失業率2.6%
　（前年比－0.2）
● 有効求人倍率1.28倍
　（前年比＋0.15）
● 新規求人倍率2.26倍
　（前年比＋0.24）

●労働力の概況

令和4（2022）年の我が国の労働力の概況をみると、就業者は約6,700万人であり、就業率は約6割となっている。失業者は約200万人、働く希望はあるが求職活動はしていない就業希望者は約240万人であり、合計すると約440万人は働く希望はありつつも仕事に就けていない。これらの者の就業意欲がある者(就業者＋失業者＋就業希望者)約7,100万人に占める割合は6％程度であることから、我が国においては、就業意欲がある者の94％程度が実際に仕事に就いている状況にあることが分かる。就業者の内訳をみると、雇用者が約6,000万人と、就業者の大半を占めており、雇用者の中では、正規雇用労働者が約3,600万人と約6割、非正規 雇用労働者が2,100万人と約3割を占めている。

男女別に就業率をみると、男性は約7割、女性は約5割となっており、女性においては非労働力人口が男性に比べて1,000万人ほど多い状況である。女性の非労働力人口のうち、働く希 望はあるが求職活動はしていない就業希望者は失業者の2倍の約160万人となっており、女性においては、就業を希望している者のうち、多くが求職活動まで至っていないことが示唆される。

補足
- 就業率約6割
  （就業者約6,700万人、
  うち雇用者6,000万人）

雇用者のうち、
- 正規雇用労働者約5割
- 非正規雇用労働者約3割

- 男女別就業率
  男性約7割
  女性は約5割

我が国の労働力の概況（2022年）

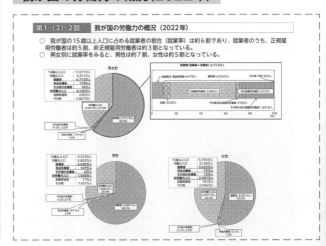

第1-(2)-2図　我が国の労働力の概況 (2022年)

◯ 我が国の15歳以上人口に占める就業者の割合（就業率）は約6割であり、就業者のうち、正規雇用労働者は約5割、非正規雇用労働者は約3割となっている。
◯ 男女別に就業率をみると、男性は約7割、女性は約5割となっている。

●労働力率、就業率、完全失業率

労働力率、就業率は平成24(2012)年以降、上昇傾向で推移しており、長期的な労働参加の進展がみられる。令和2（2022）年には感染症の影響により低下したものの、その後は2年連続で上昇している。

完全失業率は平成21(2009)年以降は低下傾向で、令和2（2020）年には感染症の影響により上昇したものの、令和4（2022）年は低下に転じた。

男女別・年齢階級別の労働力率の推移は女性や高齢者を中心に労働参加が進み、女性は全ての年齢階級、男性は55歳以上の年齢層において上昇傾向となっている。令和2（2020）年には感染症の影響により、女性に労働力率の停滞の動きがみられたが、令和3（2021）年以降回復し、令和4（2022）年には男性が同0.1％ポイント上昇の71.4％、女性が同0.7％ポイント上昇の54.2％となり、男女計では前年差0.4％ポイント上昇の62.5％となった。

◀補足

労働力率
労働力人口が15歳以上人口に占める割合のこと。

- 合計62.5％（前年比＋0.4）
- 男性71.4％（前年比＋0.1）
- 女性54.2％（前年比＋0.7）

労働力に関する指標の推移②

第1-（2）-4図　**労働力に関する主な指標の推移②**

○　労働力率、就業率は2年連続で上昇し、完全失業率は低下。

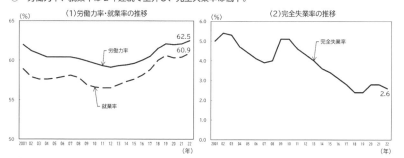

資料出所　総務省統計局「労働力調査（基本集計）」をもとに厚生労働省政策統括官付政策統括室にて作成
　（注）　2011年の値は、東日本大震災の影響により全国集計結果が存在しないため、補完推計値（2015年国勢調査基準）を使用している。

●正規・非正規雇用労働者

　景気変動の影響を受けやすい非正規雇用労働者数は、平成21（2009）年にはリーマンショック、令和2（2020）年には感染症の拡大による景気減退の影響から減少がみられたものの、女性や高齢者を中心に労働参加が進む中、長期的には増加傾向にある。正規雇用労働者数についても、平成27（2015）年以降は増加傾向で推移している。

　感染が拡大した令和2（2020）年以降についてみると、非正規雇用労働者数は男女ともに経済社会活動の抑制の影響を受け2年連続で減少した後、令和4（2022）年は若干の増加となったが感染拡大前の令和元（2019）年の水準を下回っている。正規雇用労働者数は、男性では感染拡大の令和2（2020）年以降は横ばいとなっているが、女性については感染拡大の影響を受けた令和2（2020）年も含め、堅調に増加傾向を維持している。

雇用形態にみた雇用者数の推移

第1-（2）-6図　雇用形態別にみた雇用者数の推移

○　非正規雇用労働者は、2009年にはリーマンショック、2020年には感染症の拡大による景気減退から一時減少したものの、長期的には増加傾向にある。
○　正規雇用労働者は、2015年以降、女性を中心に堅調に増加している。

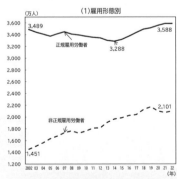
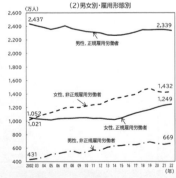

資料出所　総務省統計局「労働力調査（詳細集計）」をもとに厚生労働省政策統括官付政策統括室にて作成
（注）　1）「非正規雇用労働者」は、労働力調査において「非正規の職員・従業員」と表記されているものであり、2008年以前の数値は「パート・アルバイト」「労働者派遣事業所の派遣社員」「契約社員・嘱託」「その他」の合計、2009年以降は、新たにこの項目を設けて集計した値である点に留意が必要。
　　　2）正規雇用労働者、非正規雇用労働者の2011年の値は、東日本大震災の影響により全国集計結果が存在しないため、補完推計値（2015年国勢調査基準）を使用している。
　　　3）雇用労働者数の数値には、役員の数は含まれていない。

●雇用者の割合の推移

年齢階級別・雇用形態別に人口に占める雇用者の割合の推移。

長期的には男女計での15歳以上人口に占める正規雇用労働者の割合は「25〜34歳」「55〜59歳」「60〜64歳」の階級を中心に幅広い年齢層で上昇している。非正規雇用労働者の割合は60歳以上の年齢層で上昇しているものの、「25〜34歳」では低下している。また、男女別にみると、正規雇用労働者の割合は、男性では定年年齢の引上げなどに伴い「60〜64歳」、女性では「25〜34歳」「35〜44歳」で顕著に上昇している。非正規雇用労働者の割合は、男性では65歳以上、女性では55歳以上の年齢層において、上昇傾向で推移している。

感染拡大の影響により、令和2（2020）年は非正規雇用労働者の割合は、「15〜24歳」「60〜64歳」を中心に幅広い階級で低下したが、令和4（2022）年には上昇に転じている。

▶補足

正規雇用労働者の割合は幅広い年齢層で上昇。とくにその割合が顕著な年齢層は男性では60〜64歳（定年年齢の引き上げが関与している）、女性では25〜34歳、35〜44歳。

非正規雇用労働者の割合は、60歳以上の年齢層で上昇、25〜34歳では低下。

年齢階級別・雇用形態別にみた雇用者割合の推移

第1-（2）-7図	年齢階級別・雇用形態別にみた雇用者割合の推移

○ 15歳以上人口に占める正規雇用労働者の割合は上昇傾向で推移しており、男性は「60〜64歳」、女性は「25〜34歳」「35〜44歳」で顕著。
○ 非正規雇用労働者の割合は、男性は65歳以上の年齢層、女性は55歳以上の年齢層で上昇傾向で推移。

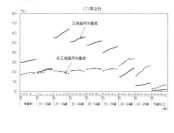

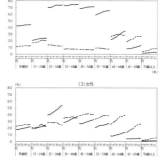

資料出所　総務省統計局「労働力調査（基本集計）」をもとに厚生労働省政策統括官付政策統括室にて作成
（注）　1）「雇用者割合」とは、各年齢階級の人口に占める雇用者の割合をいう。
　　　　2）2013〜2016年までの割合は、2015年国勢調査基準のベンチマーク人口に基づいた数値。2018〜2021年までの割合は、2020年国勢調査基準のベンチマーク人口に基づいた割合。

●非正規雇用労働者から正規雇用労働者への転換

　15～54歳の年齢層で過去３年間に離職した者について「非正規雇用から正規雇用へ転換した者」の人数から「正規雇用から非正規雇用へ転換した者」の人数を差し引いた人数の動向によれば、「非正規雇用から正規雇用へ転換した者」と「正規雇用から非正規雇用へ転換した者」の差は、平成25（2013）年以降は年平均では増加傾向で推移しており、労働市場において正規雇用労働者への需要が底堅いことがうかがえるが、令和４（2022）年の年平均は０となっている。

補足

非正規から正規雇用労働者への転換は、平成25（2013）年以降は増加傾向だったが、令和４（2022）年では横ばいとなった。

非正規雇用から正規雇用への転換

第１-（2）-9図　非正規雇用から正規雇用への転換

○　15～54歳の「非正規雇用から正規雇用へ転換した者」と「正規雇用から非正規雇用へ転換した者」の差をみると、2013年以降は年平均で増加傾向で推移しているが、2022年は０となっている。

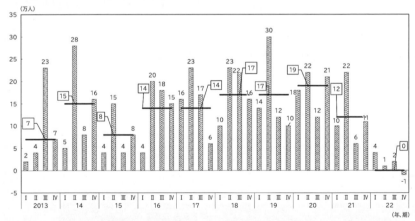

資料出所　総務省統計局「労働力調査（詳細集計）」をもとに厚生労働省政策統括官付政策統括室にて作成
（注）　1）図における棒グラフは、労働力調査において「非正規の職員・従業員から正規の職員・従業員へ転換した者」から「正規の職員・従業員から非正規の職員・従業員へ転換した者」の人数を差し引いた値を指す。「非正規の職員・従業員から正規の職員・従業員へ転換した者」は、雇用形態が正規の職員・従業員のうち、過去３年間に離職を行い、前職が非正規の職員・従業員であった者を指し、「正規の職員・従業員から非正規の職員・従業員へ転換した者」は、雇用形態が非正規の職員・従業員のうち、過去３年間に離職を行い、前職が正規の職員・従業員であった者を指す。
　　　　2）図における対象は、15～54歳としている。
　　　　3）四角囲みは年平均。
　　　　4）端数処理の関係で第Ⅰ～第Ⅳ四半期の値の平均と年平均の値は一致しない場合がある。
　　　　5）2013～2016年までは、2015年国勢調査基準のベンチマーク人口に基づいた数値。2018～2021年までは、2020年国勢調査基準のベンチマーク人口に基づいた数値。

●非正規雇用労働者として働く理由

『不本意非正規雇用労働者割合は低下傾向』

不本意非正規雇用労働者(現職に就いた主な理由について「正規の職員・従業員の仕事がないから」と回答した非正規雇用労働者)の数が非正規雇用労働者に占める割合は、平成25(2013)年以降、男女ともに減少傾向で、令和4(2022)年第Ⅳ四半期(10−12月期)には男女計10.5%、男性16.8%、女性7.7%。

『個人や家庭の都合により非正規雇用を選択する労働者が増加傾向』

「自分の都合のよい時間に働きたいから」「家事・育児・介護等と両立しやすいから」等の個人や家庭の都合による理由で非正規雇用を選択する者が増加傾向にある。

令和2(2020)年には感染症の影響により小中学校の一斉休校が行われるなど、感染症の拡大により個人の働き方に影響が生じたことから、「家事・育児・介護等と両立しやすいから」という理由で非正規雇用を選択していた労働者は女性を中心に大幅に減少したが、令和4(2022)年には3年ぶりに増加に転じている。

▶補足

不本意非正規雇用労働者(正規雇用の仕事がないから、非正規で働いている)は減少傾向。

非正規雇用を選択する労働者自体は増加傾向にある。理由は個人や家庭の都合によるものが多い。

第5章 理解を深める参考資料

現職を選択した理由別にみた非正規雇用労働者数の動向

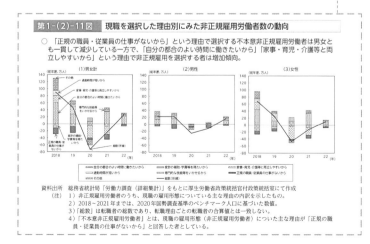

第1−(2)−11図　現職を選択した理由別にみた非正規雇用労働者数の動向

○　「正規の職員・従業員の仕事がないから」という理由で選択する不本意非正規雇用労働者は男女ともに一貫して減少している一方で、「自分の都合のよい時間に働きたいから」「家事・育児・介護等と両立しやすいから」という理由で非正規雇用を選択する者は増加傾向。

資料出所　総務省統計局「労働力調査（詳細集計）」をもとに厚生労働省政策統括官付政策統括室にて作成
（注）　1）非正規雇用労働者のうち、現職の雇用形態についている主な理由の内訳を示したもの。
　　　　2）2018〜2021年までは、2020年国勢調査基準のベンチマーク人口に基づいた数値。
　　　　3）「総数」は転職者の総数であり、転職理由ごとの転職者の合算値とは一致しない。
　　　　4）「不本意非正規雇用労働者」とは、現職の雇用形態（非正規雇用労働者）についた主な理由が「正規の職員・従業員の仕事がないから」と回答した者としている。

●障害者の雇用者数・実雇用率

　令和4（2022）年の雇用障害者数は 前年比2.7％増の61.4万人と19年連続で過去最高となり、実雇用率は、前年差0.05％ポイント上昇の2.25％と11年連続で過去最高となった。 障害種別でみると、身体障害者は前年比0.4％減の35.8万人、知的障害者は同4.1％増の14.6万人、精神障害者は同11.9％増の11.0万人となっており、精神障害者の伸び率が近年大きくなっている。

🔖補足

民間企業における雇用障害者数は61.4万人（前年比＋2.7。19年連続で過去最高）実雇用率2.25％（11年連続で過去最高）。
障害種別では、
● 身体障害者
　前年比0.4％減
● 知的障害者
　前年比4.1％増、
● 精神障害者
　前年比11.9％増

障害者雇用の概観

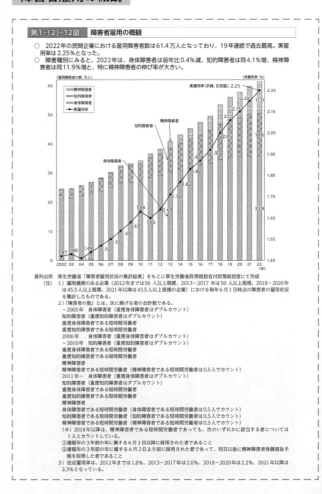

第1-（2）-12図　障害者雇用の概観

○　2022年の民間企業における雇用障害者数は61.4万人となっており、19年連続で過去最高。実雇用率は 2.25％となった。
○　障害種別にみると、2022年は、身体障害者は前年比0.4％減、知的障害者は同4.1％増、精神障害者は同11.9％増と、特に精神障害者の伸び率が大きい。

資料出所　厚生労働省「障害者雇用状況の集計結果」をもとに厚生労働省政策統括官付政策統括室にて作成
　（注）　1）雇用義務のある企業（2012年までは56 人以上規模、2013～2017 年は 50 人以上規模、2018～2020年は 45.5人以上規模、2021年以降は43.5人以上規模の企業）における毎年6月1日時点の障害者の雇用状況を集計したものである。
　　　　　2）「障害者の数」とは、次に掲げる者の合計数である。
　　　　　　　～2005年　身体障害者（重度身体障害者はダブルカウント）
　　　　　　　知的障害者（重度知的障害者はダブルカウント）
　　　　　　　重度身体障害者である短時間労働者
　　　　　　　重度知的障害者である短時間労働者
　　　　　　　2006年　身体障害者（重度身体障害者はダブルカウント）
　　　　　　　～2010年　知的障害者（重度知的障害者はダブルカウント）
　　　　　　　重度身体障害者である短時間労働者
　　　　　　　重度知的障害者である短時間労働者
　　　　　　　精神障害者
　　　　　　　精神障害者である短時間労働者（精神障害者である短時間労働者は0.5人でカウント）
　　　　　　　2011年～　身体障害者（重度身体障害者はダブルカウント）
　　　　　　　知的障害者（重度知的障害者はダブルカウント）
　　　　　　　重度身体障害者である短時間労働者
　　　　　　　重度知的障害者である短時間労働者
　　　　　　　精神障害者
　　　　　　　身体障害者である短時間労働者（身体障害者である短時間労働者は0.5人でカウント）
　　　　　　　知的障害者である短時間労働者（知的障害者である短時間労働者は0.5人でカウント）
　　　　　　　精神障害者である短時間労働者（精神障害者である短時間労働者は0.5人でカウント）
　　　　　　　（※）2018年以降は、精神障害者である短時間労働者であっても、次のいずれかに該当する者については
　　　　　　　　　1人とカウントしている。
　　　　　　　　①週所定の3年前の年に属する6月2日以降に採用された者であること
　　　　　　　　②週所定の3年前の年に属する6月2日より前に採用された者であって、同日以後に精神障害者保健福祉手帳を取得した者であること
　　　　　3）法定雇用率は、2012年までは1.8％、2013～2017年は2.0％、2018～2020年は2.2％、2021年以降は2.3％となっている。

●障害者の法定雇用率の達成状況

　令和4（2022）年6月1日現在で、令和3（2021）年から1.3％ポイント上昇の48.3％。企業規模別に達成状況をみると、2022年は全ての企業規模で上昇がみられたが、従業員数「1,000人以上」の企業では62.1％、1,000人未満の企業ではいずれも4～5割程度となっている。令和3（2021）年3月に法定雇用率が2.3％に引き上げられた。過去に改定された年では、全ての企業規模で達成企業割合の低下がみられているが、翌年には上昇している。令和4（2022）年も同様の動きとなった。法定雇用率は、令和6（2024）年4月からは2.5％、令和8（2026）年7月からは2.7％とする改定が予定されており、インクルーシブな職場づくりに向けて未達成企業の雇用努力が引き続き求められる。

補足

障害者の法定雇用率

企業、国・地方公共団体が達成を義務付けられている、従業員全体に対する障害者の雇用割合。

● 民間企業…2.3％（労働者を43.5人以上雇用している事業主対象。2024年度2.5％、2026年度2.7％へと段階的に引き上げられる）
● 国・地方公共団体…2.6％

達成状況

● 全体で48.3％
（前年比＋1.3）
● 従業員1,000人以上の企業で62.1％
● 1,000人未満の企業で4～5割程度

障害者雇用の法定雇用率の達成状況

第1-（2）-13図　障害者雇用の法定雇用率の達成状況

○　2022年の法定雇用率の達成割合は企業規模計で48.3％となっている。企業規模別に達成割合をみると、従業員数「1,000人以上」の企業では6割、従業員1,000人未満の企業では4～5割程度となっている。

○　法定雇用率が改定された2013年（1.8％→2.0％）、2018年（2.0→2.2％）、2021年（2.2％→2.3％）には、達成企業割合が低下しているが、翌年には上昇となった。

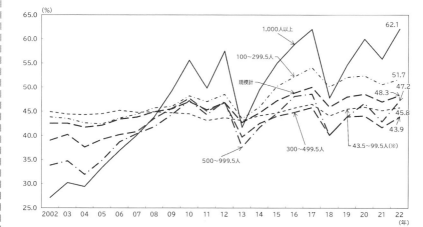

資料出所　厚生労働省「障害者雇用状況の集計結果」をもとに厚生労働省政策統括官付政策統括室にて作成
（注）　（※）は、2012年までは56～100人未満、2013～2017年までは50～100人未満、2018～2020年までは45.5～100人未満、2021年からは43.5～100人未満。

●外国人労働者

　令和4（2022）年10月末の外国人労働者数は約182.3万人となり、平成19（2007）年に外国人雇用状況の届出が義務化されて以降の過去最高を10年連続で更新した。感染症の拡大による入国制限等の影響から、令和2（2020）年以降は伸びが鈍化したが、令和4（2022）年は前年比5.5％増で令和2（2020）年の伸びを上回った。在留資格別にみると「身分に基づく在留資格」が最も多く、次いで「専門的・技術的分野の在留資格」「技能実習」が多い。前年比でみると、「専門的・技術的分野の在留資格」「特定活動」の増加率が大きく、「技能実習」「資格外活動」は引き続き減少した。国籍別にみると、3年連続でベトナムが最も多く、次いで中国、フィリピンが多い。

補足

外国人労働者数は182.3万人（前年比5.5％増。過去最高）。

外国人労働者数等の概観

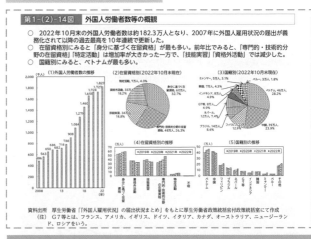

第1-（2）-14図　外国人労働者数等の概観

○ 2022年10月末の外国人労働者数は約182.3万人となり、2007年に外国人雇用状況の届出が義務化されて以降の過去最高を10年連続で更新した。
○ 在留資格別にみると「身分に基づく在留資格」が最も多い。前年比でみると、「専門的・技術的分野の在留資格」「特定活動」は増加率が大きかった一方で、「技能実習」「資格外活動」では減少した。
○ 国籍別にみると、ベトナムが最も多い。

資料出所　厚生労働省「外国人雇用状況」の届出状況まとめ」をもとに厚生労働省政策統括官付政策統括室にて作成
（注）　G7等とは、フランス、アメリカ、イギリス、ドイツ、イタリア、カナダ、オーストラリア、ニュージーランド、ロシアをいう。

在留資格の内訳

●身分に基づく在留資格

　日本人や永住者の配偶者など、滞在目的が就労ではなく、結婚や長年日本に滞在している場合。

●専門的・技術的分野

　「高度人材」。グローバル化や技術の向上などを目的とした技術、人文知識、国際業務、経営、法律、会計、医療など。

●技能実習

　外国人が日本の企業などで働いて技術を習得し、その技術を帰国後に母国の発展に役立てる事を目的とする。

●資格外活動

　就労や留学等の在留資格の方が、許可された在留資格に応じた活動以外の収入を伴う事業を運営する活動又は報酬を受ける活動を行うもの。

●求人・求職の動向

新規求職申込件数、有効求職者数とも横ばい、求人が回復基調にあり新規求人倍率及び有効求人倍率は増加傾向。

労働力需要の状況を示す新規求人数、有効求人数については、令和2（2020）年7月以降は経済社会活動が徐々に活発化し、長期的に続く人手不足の状況も背景に、新規求人数に緩やかな回復傾向が続き、有効求人数にも持ち直しの動きが続いた。その結果、令和4（2022）年平均では、新規求人数は前年比10.8％増、有効求人数は同12.7％増となった。

労働力供給の状況を示す新規求職申込件数、有効求職者数については、平成21（2009）年以降 長期的には減少傾向で推移している。感染が拡大した2020年以降についてみると、新規求職申込件数は横ばい、有効求職者数は令和2（2020）年後半に大幅に増加した後横ばいとなっている。その結果、令和4（2022）年平均では、新規求職申込件数は前年比1.0％減、有効求職者数は同0.7％減となった。

📝補足

● 完全失業率 2.6％
　前年比−0.2
● 有効求人倍率1.28倍
　前年比＋0.15
● 新規求人倍率2.26倍
　前年比＋0.24
…以上のデータは既出。

● 新規求人数
　前年比＋10.8％
● 有効求人数
　前年比＋12.7％
● 新規求職申込件数
　前年比 −1.0％
● 有効求職者数
　前年比 −0.7％

求人・求職に関する主な指標の推移

第1−（2）−15図　求人・求職に関する主な指標の推移

○　新規求職申込件数、有効求職者数ともに横ばいであるものの、求人が回復基調にあり新規求人倍率及び有効求人倍率は増加傾向で推移。

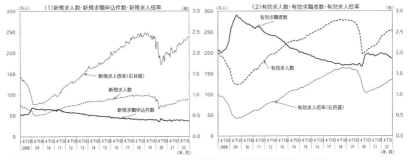

資料出所　厚生労働省「職業安定業務統計」をもとに厚生労働省政策統括官付政策統括室にて作成
　（注）　データは季節調整値。

第5章

理解を深める参考資料

377

●雇用形態別の求人・求職件数

【求人】

令和2（2020）は、正社員では年平均の新規求人数は前年比8.8％増、有効求人数は同10.1％増となり、パートタイム労働者では、年平均の新規求人数は同12.7％増、有効求人数は同14.9％増と、いずれも大幅な増加となったが、令和元（2019）年平均と比較するといずれも下回る水準となった。

【求職】

年平均で正社員の新規求職申込件数は前年比1.8％減、有効求職者数は同2.2％減となり、パートタイム労働者の新規求職申込件数は同0.6％増、有効求職者数は同2.0％増となった。令和4（2022）年平均を令和元（2019）年と比較すると、正社員では、新規求職申込件数は下回っているが、有効求職者数は依然として上回っている。パートタイム労働者では、新規求職申込件数、有効求職者数ともに令和元（2019）年平均を上回り、特に有効求職者数が高水準となっている。その結果、令和4（2022）年平均の正社員の新規求人倍率は、前年差0.16ポイント上昇の1.68倍、有効求人倍率は同0.11ポイント上昇の0.99倍、パートタイム労働者の新規求人倍率は、同0.26ポイント上昇の2.42倍、有効求人倍率は同0.14ポイント上昇の1.28倍となった。

補足

正社員・パートタイム共に求人は回復傾向が見られるも、コロナ前の水準には戻っていない。

新規求職申込件数
● 正社員　前年比－1.8％
● パートタイム　前年比＋0.6％

有効求職者数
● 正社員　前年比－2.2％
● パートタイム　前年比＋2.0％

新規求職者数
ハローワークにおいてその月のうちに受付けた求職者数。

有効求職者数
前月から繰越された求職者の数に新規求職者数を加えた数。

雇用形態別にみた求人・求職に関する指標の動き

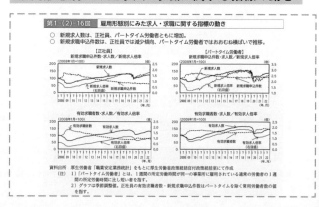

第1-（2）-16図　雇用形態別にみた求人・求職に関する指標の動き

○　新規求人数は、正社員、パートタイム労働者ともに増加。
○　新規求職申込件数は、正社員では減少傾向、パートタイム労働者ではおおむね横ばいで推移。

資料出所　厚生労働省「職業安定業務統計」をもとに厚生労働省政策統括官付政策統括室にて作成
（注）　1）「パートタイム労働者」とは、1週間の所定労働時間が同一の事業所に雇用されている通常の労働者の1週間の所定労働時間に比し短い者を指す。
　　　　2）グラフは季節調整値。正社員の有効求職者数・新規求職申込件数はパートタイムを除く常用労働者数の値を指す。

●新規学卒者の就職率

　感染症の影響により、令和3（2021）年卒の新規学卒者の就職率が低下した後、令和4（2022）年卒では、高校新卒者では横ばい、短大新卒者及び専修学校（専門課程）では上昇、大学新卒者では低下となった。

　令和5（2023）年卒の新規学卒者の就職率をみると、高校新卒者、短大新卒者、専修学校（専門課程）新卒者及び大学新卒者の全てにおいて、前年度より上昇した。また、時点別の内定率をみると、長期的には10月末時点を中心に上昇傾向にあり、企業が早い段階から積極的に採用活動を行ってきている状況が確認できる。

補足

令和5（2023）年卒の新規学卒者の就職率は、高校新卒者、短大新卒者、専修学校（専門課程）新卒者及び大学新卒者の全てにおいて、前年度より上昇。

高校・大学等の新規学卒者の就職（内定）率の推移

第1-（2）-21図　高校・大学等の新規学卒者の就職（内定）率の推移

○　2023年卒の新規学卒者の就職率は、高校新卒者、短大新卒者、専修学校（専門課程）新卒者及び大学新卒者の全てにおいて、前年度より上昇した。

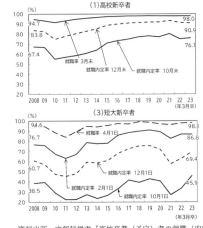

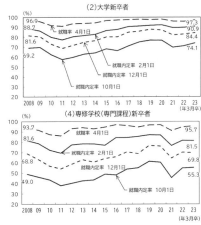

資料出所　文部科学省「高校卒業（予定）者の就職（内定）に関する調査」、厚生労働省・文部科学省「大学等卒業者の就職状況調査」をもとに厚生労働省政策統括官付政策統括室にて作成
（注）　1）高校新卒者の2021年3月卒については、新型コロナウイルス感染症の影響により、選考開始時期を1か月後ろ倒ししたため、11月末現在と1月末現在の数値となっている。
　　　　2）短大新卒者の数値は、女子学生のみを抽出したものとなっている。

●転職者

転職者(過去１年以内に離職経験のある就業者)の推移をみると、リーマンショック期の平成21〜22(2009〜2010)年にかけて大幅に落ち込んだ後、2011年以降増加を続け、令和元(2019)年は過去最高の353万人となった。感染症の影響で令和２(2020)年、令和３(2021)には３年ぶりに増加し303万人となった。

転職者数の変動の背景をみるため、前職の離職理由別の転職者数の推移(前年差)をみると、「より良い条件の仕事を探すため」は、雇用情勢が改善している時期に増加している。他方、「会社倒産・事業所閉鎖のため」「人員整理・勧奨退職のため」「事業不振や先行き不安のため」は、リーマンショックの影響を受けた平成21(2009)年のように、雇用情勢が厳しい時期に増加する傾向がある。

令和４(2022)年についてみると、感染症の影響により減少していた「より良い条件の仕事を探すため」という転職者が３年ぶりに増加に転じている。

🗒補足
転職者は増加。感染症の前(2019年の353万人)までは戻っていないが、2021年の290万人だったところ、2022年は303万人と増加。

転職理由としては「より良い条件の仕事を探すため」が増加に転じた(雇用情勢が改善している次期の特徴)。

転職者数の推移等

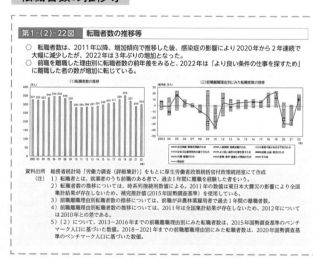

第１-(2)-22図　　転職者数の推移等

○　転職者数は、2011年以降、増加傾向で推移した後、感染症の影響により2020年から２年連続で大幅に減少したが、2022年は３年ぶりの増加となった。
○　前職を離職した理由別に転職者数の前年差をみると、2022年は「より良い条件の仕事を探すため」に離職した者の数が増加に転じている。

資料出所　総務省統計局「労働力調査(詳細集計)」をもとに厚生労働省政策統括官付政策統括室にて作成
　　(注)　1)　転職者とは、就業者のうち前職のある者で、過去1年間に離職を経験した者をいう。
　　　　　2)　転職者数の推移については、時系列接続用数値による。2011年の数値は東日本大震災の影響により全国集計結果が存在しないため、補完推計値(2015年国勢調査基準)を使用している。
　　　　　3)　前職離職理由別転職者数の推移については、前職が非農林業雇用者で過去1年間の離職者を、
　　　　　4)　前職離職理由別転職者数の推移については、2011年は全国集計結果が存在しないため、2012年については2010年との差である。
　　　　　5)　(2)について、2013〜2016年までの前職離職理由別にみた転職者数は、2015年国勢調査基準のベンチマーク人口に基づいた数値。2018〜2021年までの前職離職理由別にみた転職者数は、2020年国勢調査基準のベンチマーク人口に基づいた数値。

●失業等の動向

　完全失業率は感染症の影響から持ち直し、男女計と男性は全ての年齢階級で低下、女性は「35〜44歳」と「65歳以上」で横ばいとなったほかは全ての年齢階級において低下。令和4（2022）年は「非自発的理由」及び「自発的理由」のいずれも完全失業者数が減少した。令和2（2020）年には感染拡大による経済社会活動の停滞から、「非自発的理由」による完全失業者数は全ての年齢階級において大幅に増加し、令和3（2021）年も45歳以上の年齢層を中心に引き続き増加したが、「自発的理由」の完全失業者数は令和2（2020）年以降もおおむねどの年齢階級でも横ばいであった。

　令和4（2022）年は、「非自発的」及び「自発的」な理由による完全失業者は、いずれもおおむね全ての年齢階級で減少している。また、「1年未満失業者」「長期失業者」ともに減少している。

補足

令和2（2020）年は感染症の影響により、男女ともにすべての年齢階級で上昇が見られた。

2021年は感染症の影響が依然として残る中で、男女計と女性では横ばい、男性はやや上昇した。

令和4（2022）の完全失業率は感染症の影響から持ち直し、男女計と男性はすべての年齢階級で低下、女性は「35〜44歳 」と「65歳 以上」で横ばいとなったほかは、全ての年齢階級において低下している。

● 失業率の上昇
　…雇用環境の悪化
● 失業率の低下
　…雇用環境の好転

男女別・年齢階級別にみた完全失業率の推移

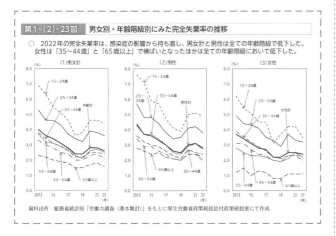

第1-(2)-23図　男女別・年齢階級別にみた完全失業率の推移

○ 2022年の完全失業率は、感染症の影響から持ち直し、男女計と男性は全ての年齢階級で低下した。女性は「35〜44歳」と「65歳以上」で横ばいとなったほかは全ての年齢階級において低下した。

（1）男女計　（2）男性　（3）女性

資料出所　総務省統計局「労働力調査（基本集計）」をもとに厚生労働省政策統括官付政策統括室にて作成

　以降、『労働経済の分析』本文は「第3章、労働時間・賃金等の動向」、「第4章、物価・消費の動向」と続くので、webで厚生労働省の該当箇所をチェックしておきたい。

第5章

理解を深める参考資料

能力開発基本調査

ここで紹介するのは「令和4年版 能力開発基本調査」（令和5（2023）年6月30日発表）です。能力開発基本調査は、国内の企業・事業所と労働者の能力開発の実態を明らかにして、今後の人材育成施策の在り方を検討するための基礎資料とすることを目的に、平成13（2001）年度から毎年実施されています。

この資料からの出題は、先に紹介した「労働経済の分析（労働経済白書）」と同様に非常に多いので、しっかりと確認しておきましょう。

出典

「厚生労働省　令和○年版能力開発基本調査」で検索。

◉**調査結果のポイント**

【企業調査】

1. 教育訓練費用（OFF-JT費用や自己啓発支援費用）を支出した企業は50.3%（前回50.5%）
2. OFF-JTに支出した費用の労働者一人当たり平均額（令和3（2021）年度実績）は1.3万円（前回1.2万円）

   自己啓発支援に支出した費用の労働者一人当たり平均額（令和3（2021）年度実績）は0.3万円（前回0.3万円）
3. 教育訓練休暇制度を導入している企業は7.4%（前回9.7%）

   教育訓練短時間勤務制度を導入している企業は6.3%（前回7.5%）

【事業所調査】

1. 計画的なOJTについて、正社員に対して実施した事業所は60.2%（前回59.1%）

   正社員以外に対して実施した事業所は23.9%（前回25.2%）

対策

「調査結果のポイント」は、全体を俯瞰した概要のようなもの。実際の出題は「調査結果の概要」から出題されるものも多いので、必ず目を通しておきたい。

対策

すべての数値を「○○%」まで覚えようとするのではなく、全体に対する割合をイメージでとらえておく。『職業能力開発推進者を選任している企業は、企業全体の半数に満たない』との文章が正しいか誤りかを問われたら、解答できるようにし

2. 能力開発や人材育成に関して、何らかの問題がある
   とする事業所は80.2%(前回76.4%)
3. キャリアコンサルティングを行うしくみを、正
   社員に対して導入している事業所は45.2%(前回
   41.8%)
   正社員以外に対して導入している事業所は29.6%
   (前回29.7%)

ておきたい。

【個人調査】

1. OFF-JTを受講した労働者は33.3%(前回30.2%)
   - 雇用形態別では「正社員」(42.3%)が「正社員以外」
     (17.1%)より高い。
   - 性別では「男性」(40.4%)が「女性」(25.3%)より
     も高い。
   - 最終学歴別では「専修学校・短大・高専」(25.7%)
     が最も低く、「大学院(理系)」(54.7%)が最も高
     い。
2. 自己啓発を実施した労働者は34.7%(前回36.0%)
   - 雇用形態別では「正社員」(44.1%)が「正社員以外」
     (17.5%)より高い。
   - 性別では「男性」(40.9%)が「女性」(27.6%)より
     も高い。
   - 最終学歴別では「中学・高等学校・中等教育学校」
     (22.1%)が低く、「大学院(理系)」(74.8%)が最
     も高い。

●調査結果の概要

　次のページから掲載するのは「令和4年版 能力開発基本
調査」の「調査結果の概要」です。毎年更新されるので、内
容は厚生労働省のホームページに目を通してください。

【企業調査】
●OFF-JT及び自己啓発支援に支出した費用について

❶OFF-JTまたは自己啓発支援への費用支出状況

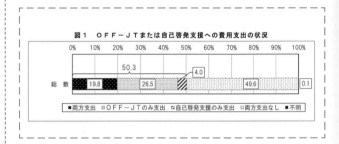

図1　ＯＦＦ－ＪＴまたは自己啓発支援への費用支出の状況

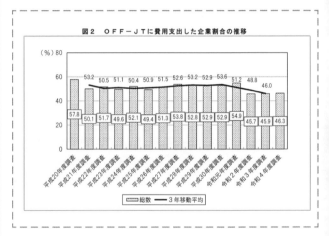

図2　ＯＦＦ－ＪＴに費用支出した企業割合の推移

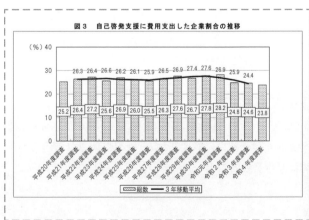

図3　自己啓発支援に費用支出した企業割合の推移

384

❷OFF−JT及び自己啓発支援に支出した費用

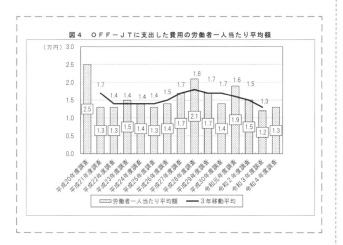

図4　OFF−JTに支出した費用の労働者一人当たり平均額

🔵補足

OFF−JTに支出した費用の労働者一人当たり平均額（令和3（2021）年度に費用を支出した企業の平均額。以下同じ）は1.3万円。

自己啓発支援に支出した費用の労働者一人当たり平均額は0.3万円であり、平成30年度調査以降、横ばいで推移。

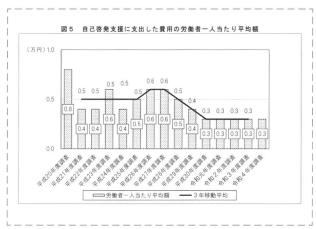

図5　自己啓発支援に支出した費用の労働者一人当たり平均額

●能力開発の実績・見込みについて

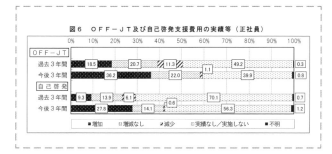

図6　OFF−JT及び自己啓発支援費用の実績等（正社員）

正社員に対する過去３年間の自己啓発支援に支出した費用

- 増加した…9.3%
- 減少した…6.1%
- 実績なし…70.1%

今後３年間の支出見込み

- 実施しない予定…56.3%

正社員に対する過去３年間（令和元年度〜令和３年度）のOFF－JTに支出した費用の実績

- 増加した…18.5%
- 減少した…11.3%
- 実績なし…49.2%

今後３年間の支出見込み

- 増加させる予定…36.2%
- 減少させる予定…1.1%
- 実施しない予定…39.9%

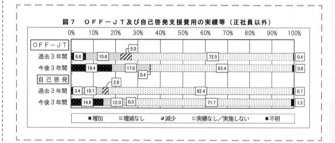

図７　ＯＦＦ－ＪＴ及び自己啓発支援費用の実績等（正社員以外）

●事業内職業能力開発計画及び職業能力開発推進者について

図９　事業内職業能力開発計画の作成状況

●職業能力開発推進者の選任状況

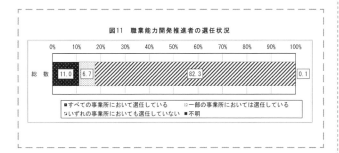

職業能力開発推進者選任状況

● すべての事業所において選任している…11.0%
● 一部の事業所においては選任している…6.7%
● いずれの事業所においても選任していない…82.3%

●教育訓練休暇制度及び教育訓練短時間勤務制度導入状況

教育訓練休暇制度の導入状況

● 導入している…7.4%
● 導入をしていないが、導入を予定している…10.0%
● 導入していないし、導入する予定はない…82.4%

教育訓練短時間勤務制度の導入状況

● 導入している…6.3%
● 導入をしていないが、導入を予定している…11.0%
● 導入していないし、導入する予定はない…81.9%

●教育訓練休暇制度又は教育訓練短時間勤務制度の導入予定がない理由（複数回答）

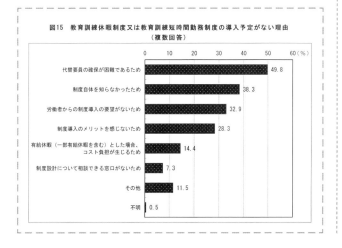

▶補足

教育訓練休暇制度又は教育訓練短時間勤務制度の導入を予定していない企業のうち、導入予定がない理由は

● 代替要員の確保が困難であるため…49.8%
● 制度自体を知らなかったため…38.3%
● 労働者からの制度導入の要望がないため…32.9%
● 制度導入のメリットを感じないため…28.3%

【事業所調査】
●教育訓練の実施に関する事項について

❶OFF−JTの実施状況

◖補足◗

正社員または正社員以外
に対してOFF−JTを実施
したと回答した事業所…
71.5％

● 正社員と正社員以外、両
方実施した…28.6％
● 正社員のみ実施した…
41.9％
● 正社員以外のみ…1.0％
● OFF−JTを実施してい
ない…28.4％

OFF−JTを実施した対象
正社員では、
● 新入社員…57.5％
● 中堅社員…56.8％
● 管理職層…45.8％
● 正社員以外…29.6％

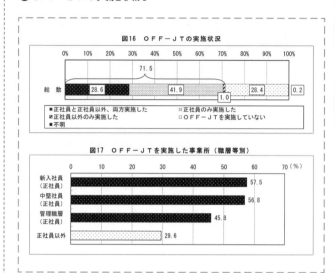

◖補足◗

正社員に対してOFF−JT
を実施した事業所割合は、
前回(69.1％)と同水準の
70.4％…3年移動平均の推
移で見ると、近年は低下傾
向。

正社員以外に対してOFF−
JTを実施した事業所割合
は前回(29.8％)と同水準の
29.6％であり、正社員に比
べて低い。

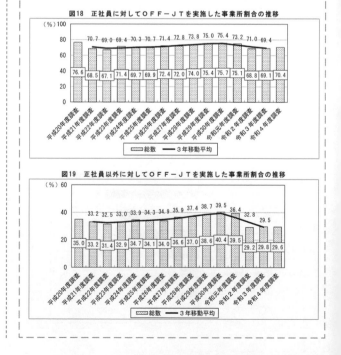

❷計画的なOJTの実施状況

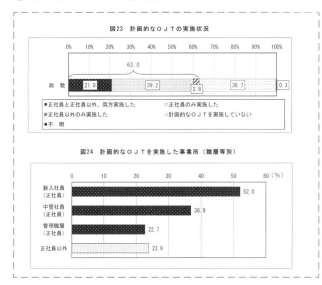

図23　計画的なOJTの実施状況

図24　計画的なOJTを実施した事業所（職層等別）

●能力開発や人材育成について

❶能力開発や人材育成に関する問題点

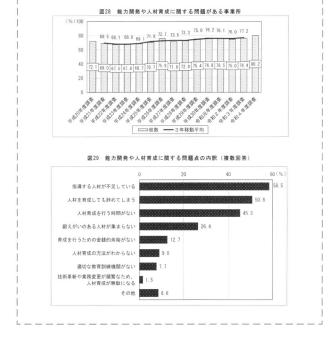

図28　能力開発や人材育成に関する問題がある事業所

図29　能力開発や人材育成に関する問題点の内訳（複数回答）

補足

正社員または正社員以外に対して計画的なOJTを実施した…63.0％

● 正社員と正社員以外、両方に実施した…21.0％
● 正社員のみ実施した…39.2％
● 正社員以外のみ実施した…2.8％
● 計画的なOJTを実施していない…36.7％

職層等別に見ると、正社員では、

● 新入社員…52.0％
● 中堅社員…36.9％
● 管理職層…22.7％
● 正社員以外…23.9％

補足

能力開発や人材育成に関して何らかの問題があるとする事業所は…80.2％

能力開発や人材育成に関して何らかの問題があるとする事業所のうち、問題点の内訳

● 指導する人材が不足している…58.5％
● 人材を育成しても辞めてしまう…50.8％
● 人材育成を行う時間がない…45.3％

第5章

理解を深める参考資料

389

●労働者のキャリア形成支援について

❶キャリアコンサルティングを行うしくみの導入状況

補足

正社員または正社員以外に対してキャリアコンサルティングを行うしくみを導入している事業所は…45.3%

●正社員、正社員以外どちらもある…26.7%
●正社員のみある…18.3%
●正社員以外のみある…0.3%
●キャリアコンサルティングを行うしくみがない…54.6%

正社員を雇用する事業所のうち、正社員に対してキャリアコンサルティングを行うしくみがある事業所は…45.2%（3年移動平均を見ると4割前後で推移）

正社員以外を雇用する事業所のうち、正社員以外に対してキャリアコンサルティングを行うしくみがある事業所は…29.6%（正社員に比べると低い水準。3年移動平均20%台後半で推移）

補足

産業別に見ると、正社員では、金融業・保険業（85.1%）、複合サービス事業（76.4%）で高い。

正社員以外では、複合サービス事業（65.3%）、金融業、保険業（55.3%）で高い。

企業規模別に見ると、「1,000人以上」の割合が、正社員（63.9%）、正社員以外（41.1%）ともに最も高い。

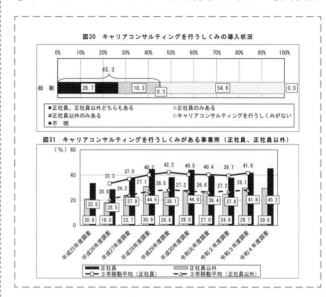

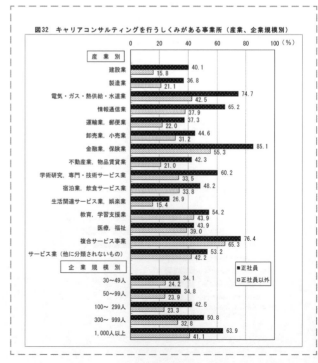

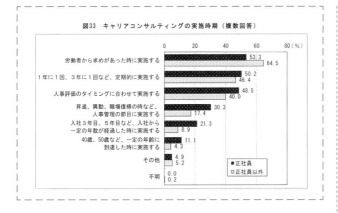

図33 キャリアコンサルティングの実施時期（複数回答）

実施時期は、正社員、正社員以外ともに、
「労働者から求めがあった時に実施する」
- 正社員…53.3%
- 正社員以外…64.5%
「1年に1回、3年に1回など、定期的に実施する」
- 正社員…50.2%
- 正社員以外…46.4%
「人事評価のタイミングに合わせて実施する」
- 正社員…48.5%
- 正社員以外…40.0%
の順で高い。

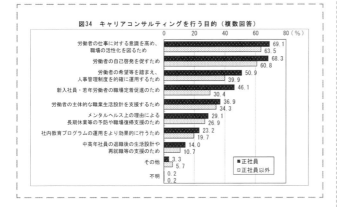

図34 キャリアコンサルティングを行う目的（複数回答）

補足

キャリアコンサルティングを行う目的
「労働者の仕事に対する意識を高め、職場の活性化を図るため」
- 正社員…69.1%
- 正社員以外…63.5%
「労働者の自己啓発を促すため」
- 正社員…68.3%
- 正社員以外…60.8%

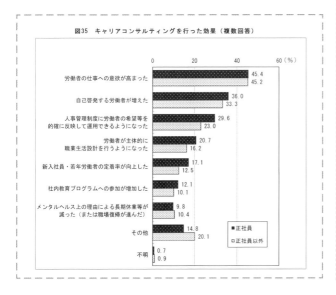

図35 キャリアコンサルティングを行った効果（複数回答）

キャリアコンサルティングを行った効果
「労働者の仕事への意欲が高まった」
- 正社員…45.4%
- 正社員以外…45.2%
「自己啓発する労働者が増えた」
- 正社員…36.0%
- 正社員以外…33.3%

第5章 理解を深める参考資料

391

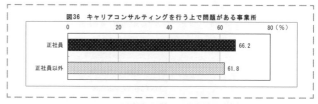

図36　キャリアコンサルティングを行う上で問題がある事業所

正社員　66.2
正社員以外　61.8

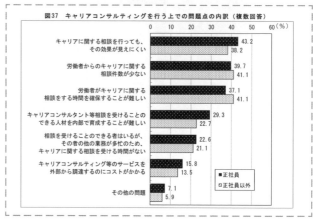

図37　キャリアコンサルティングを行う上での問題点の内訳（複数回答）

キャリアに関する相談を行っても、その効果が見えにくい　43.2／38.2
労働者からのキャリアに関する相談件数が少ない　39.7／41.1
労働者がキャリアに関する相談をする時間を確保することが難しい　37.1／41.1
キャリアコンサルタント等相談を受けることのできる人材を内部で育成することが難しい　29.3／22.7
相談を受けることのできる者はいるが、その者の他の業務が多忙のため、キャリアに関する相談を受ける時間がない　22.6／21.1
キャリアコンサルティング等のサービスを外部から調達するのにコストがかかる　15.8／13.5
その他の問題　7.1／5.9

■正社員　□正社員以外

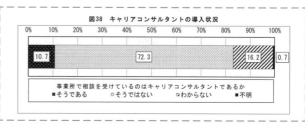

図38　キャリアコンサルタントの導入状況

10.7　72.3　16.2　0.7

事業所で相談を受けているのはキャリアコンサルタントであるか
■そうである　◎そうではない　❏わからない　■不明

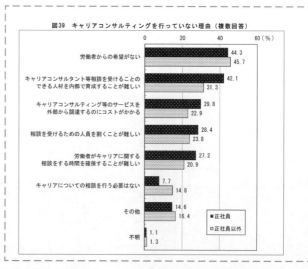

図39　キャリアコンサルティングを行っていない理由（複数回答）

労働者からの希望がない　44.3／45.7
キャリアコンサルタント等相談を受けることのできる人材を内部で育成することが難しい　42.1／31.3
キャリアコンサルティング等のサービスを外部から調達するのにコストがかかる　29.8／22.9
相談を受けるための人員を割くことが難しい　28.4／23.8
労働者がキャリアに関する相談をする時間を確保することが難しい　27.2／20.9
キャリアについての相談を行う必要はない　7.7／14.8
その他　14.6／16.4
不明　1.1／1.3

■正社員　□正社員以外

補足

キャリアコンサルティングを行うしくみを導入している事業所のうち、キャリアコンサルティングを行う上で問題があるとする事業所
● 正社員…66.2％
● 正社員以外…61.8％

キャリアコンサルティングを行う上での問題点の内訳
〈正社員〉
● キャリアに関する相談を行っても、その効果が見えにくい…43.2％
● 労働者からのキャリアに関する相談件数が少ない…39.7％
〈正社員以外〉
● 労働者からのキャリアに関する相談件数が少ない…41.1％
● 労働者がキャリアに関する相談をする時間を確保することが難しい…41.1％

キャリアコンサルティングを行うしくみがある事業所のうち、事業所で相談を受けているのはキャリアコンサルタントであるかとの問いに対し
● そうである…10.7％
● そうではない…72.3％

補足

キャリアコンサルティングを行うしくみがない事業所のうち、キャリアコンサルティングを行っていない理由
「労働者からの希望がない」
● 正社員…44.3％
● 正社員以外…45.7％
「キャリアコンサルタント等相談を受けることのできる人材を内部で育成することが難しい」
● 正社員…42.1％

392

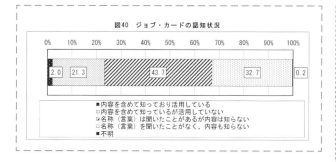

図40　ジョブ・カードの認知状況

| 2.0 | 21.3 | 43.7 | 32.7 | 0.2 |

■内容を含めて知っており活用している
☑内容を含めて知っているが活用していない
☒名称（言葉）は聞いたことがあるが内容は知らない
□名称（言葉）を聞いたことがなく、内容も知らない
■不明

- 正社員以外…31.3％

ジョブ・カードの認知状況

- 内容を含めて知っており活用している…2.0％
- 内容を含めて知っているが活用していない…21.3％
- 名称（言葉）は聞いたことがあるが内容は知らない…43.7％
- 名称（言葉）を聞いたことがなく、内容も知らない…32.7％

●労働者の職業能力評価について

❶職業能力評価の実施状況

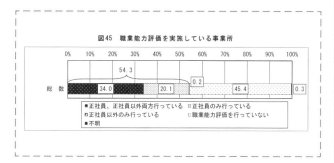

図45　職業能力評価を実施している事業所

総数 | 54.3 |

| 34.0 | 20.1 | 0.2 | 45.4 | 0.3 |

■正社員、正社員以外両方行っている　□正社員のみ行っている
☑正社員以外のみ行っている　□職業能力評価を行っていない
■不明

(補足)

職業能力評価を行っている事業所は54.3％であり、

- 正社員、正社員以外両方行っている…34.0％
- 正社員のみ行っている…20.1％
- 正社員以外のみ行っている…0.2％
- 職業能力評価を行っていない…45.4％

正社員に対して職業能力評価を行っている事業所は54.3％（3年移動平均は直近では横ばい）。

正社員以外を雇用する事業所のうち、正社員以外に対して職業能力評価を行っている事業所は37.4％（3年移動平均は直近ではほぼ横ばい）。

職業能力評価の活用方法は

- 人事考課(賞与、給与、昇格・降格、異動・配置転換等)の判断基準…81.3％
- 人材配置の適正化…61.4％
- 労働者に必要な能力開発の目標…38.4％

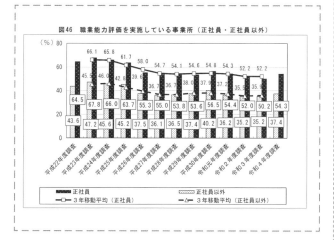

図46　職業能力評価を実施している事業所（正社員・正社員以外）

正社員
――3年移動平均（正社員）
正社員以外
――3年移動平均（正社員以外）

❷職業能力評価の活用方法

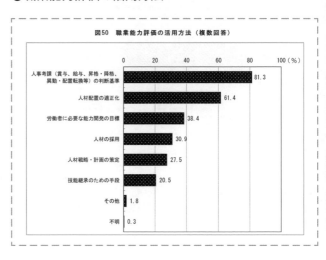

図50　職業能力評価の活用方法（複数回答）

- 人事考課（賞与・給与、昇格・降格、異動・配置転換等）の判断基準　81.3
- 人材配置の適正化　61.4
- 労働者に必要な能力開発の目標　38.4
- 人材の採用　30.9
- 人材戦略・計画の策定　27.5
- 技能継承のための手段　20.5
- その他　1.8
- 不明　0.3

❸職業能力評価に係る取組の問題点

📝補足

職業能力評価を行っている事業所のうち、職業能力評価に係る取組に問題を感じる事業所は…69.5％

産業別に見ると
- 不動産業、物品賃貸業…79.5％
- 学術研究、専門・技術サービス業…79.5％
- 製造業…76.9％
- 卸売業、小売業…75.6％
- 情報通信業…73.6％
- 医療、福祉…72.9％
- 教育、学習支援業…70.1％
- 金融業、保険業…43.7％
- 複合サービス事業…49.0％

企業規模別では
- 100〜299人…76.2％
- 300〜999人…73.0％
- 30〜49人…65.4％

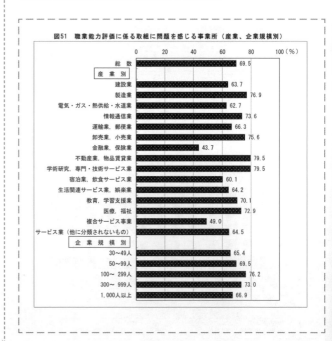

図51　職業能力評価に係る取組に問題を感じる事業所（産業、企業規模別）

- 総　数　69.5
- 【産業別】
- 建設業　63.7
- 製造業　76.9
- 電気・ガス・熱供給・水道業　62.7
- 情報通信業　73.6
- 運輸業、郵便業　66.3
- 卸売業、小売業　75.6
- 金融業、保険業　43.7
- 不動産業、物品賃貸業　79.5
- 学術研究、専門・技術サービス業　79.5
- 宿泊業、飲食サービス業　60.1
- 生活関連サービス業、娯楽業　64.2
- 教育、学習支援業　70.1
- 医療、福祉　72.9
- 複合サービス事業　49.0
- サービス業（他に分類されないもの）　64.5
- 【企業規模別】
- 30〜49人　65.4
- 50〜99人　69.6
- 100〜299人　76.2
- 300〜999人　73.0
- 1,000人以上　66.9

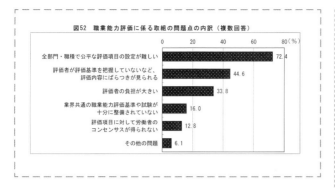

図52 職業能力評価に係る取組の問題点の内訳（複数回答）

項目	%
全部門・職種で公平な評価項目の設定が難しい	72.4
評価者が評価基準を把握していないなど、評価内容にばらつきが見られる	44.6
評価者の負担が大きい	33.8
業界共通の職業能力評価基準や試験が十分に整備されていない	16.0
評価項目に対して労働者のコンセンサスが得られない	12.8
その他の問題	6.1

職業能力評価を行っている事業所のうち、職業能力評価に係る取組の問題点の内訳は、

● 全部門・職種で公平な評価項目の設定が難しい…72.4%
● 評価者が評価基準を把握していないなど、評価内容にばらつきが見られる…44.6%

【個人調査】
●自己啓発を行った者

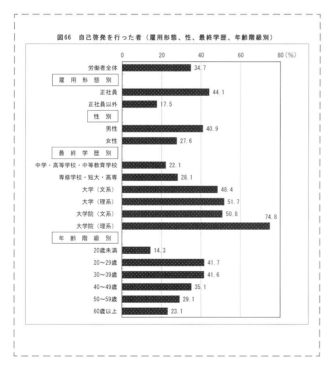

図66 自己啓発を行った者（雇用形態、性、最終学歴、年齢階級別）

区分	%
労働者全体	34.7
雇用形態別	
正社員	44.1
正社員以外	17.5
性別	
男性	40.9
女性	27.6
最終学歴別	
中学・高等学校・中等教育学校	22.1
専修学校・短大・高専	28.1
大学（文系）	48.4
大学（理系）	51.7
大学院（文系）	50.8
大学院（理系）	74.8
年齢階級別	
20歳未満	14.3
20～29歳	41.7
30～39歳	41.6
40～49歳	35.1
50～59歳	29.1
60歳以上	23.1

◀補足▶

令和3年度に自己啓発を行った者
● 労働者全体…34.7%
● 正社員…44.1%
● 正社員以外…17.5%

男女別
● 男性…40.9%
● 女性…27.6%

最終学歴別
● 中学・高等学校・中等教育学校…22.1%
● 専修学校・短大・高専…28.1%
● 大学（文系）…48.4%
● 大学（理系）…51.7%
● 大学院（文系）…50.8%
● 大学院（理系）…74.8%

年齢別
● 20～29歳…41.7%
● 30～39歳…41.6%
● 40～49歳…35.1%
● 50～59歳…29.1%
● 60歳以上…23.1%

第5章

理解を深める参考資料

正社員では、
- 自分で職業生活設計を考えていきたい…30.2%
- どちらかといえば、自分で職業生活設計を考えていきたい…37.7%

正社員以外では、
- 自分で職業生活設計を考えていきたい…22.6%
- どちらかといえば、自分で職業生活設計を考えていきたい…27.0%
- わからない…31.8%（正社員の13.3%と比べて高い）

令和3年度中にキャリアコンサルティングを受けた者
- 正社員…13.5%
- 正社員以外…5.1%

キャリアに関する相談をする主な組織・機関については、
「職場の上司・管理者」
- 正社員…76.8%
- 正社員以外…65.6%
「企業内の人事部以外の組織またはキャリアに関する専門家(キャリアコンサルタント)」
- 正社員…6.9%
- 正社員以外…9.9%
「企業外の機関等(再就職支援会社、キャリアコンサルティングサービス機関等)」
- 正社員…6.6%
- 正社員以外…8.1%

❶ 職業生活設計の考え方

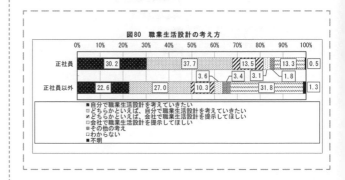

図80　職業生活設計の考え方

❷ キャリアコンサルティングの経験

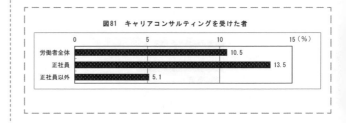

図81　キャリアコンサルティングを受けた者

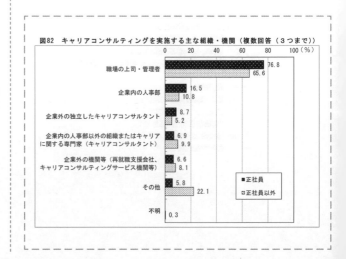

図82　キャリアコンサルティングを実施する主な組織・機関（複数回答（3つまで））

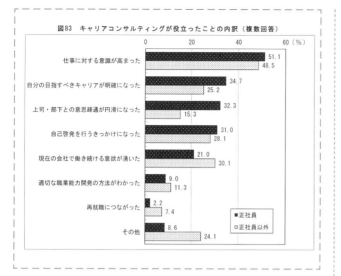

図83 キャリアコンサルティングが役立ったことの内訳（複数回答）

キャリアに関する相談が役
立ったことの内訳
「仕事に対する意識が高まっ
た」
●正社員…51.1％
●正社員以外…48.5％
「上司・部下との意思疎通が
円滑になった」
●正社員…32.3％
●正社員以外…15.3％
「現在の会社で働き続ける意
欲が湧いた」
●正社員…21.0％
●正社員以外…30.1％

❸キャリアコンサルタントに相談したい内容

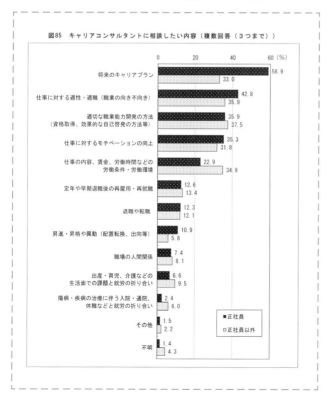

図85 キャリアコンサルタントに相談したい内容（複数回答（3つまで））

【補足】

相談したい内容
〈正社員〉
●将来のキャリアプラン…
58.9％
●仕事に対する適性・適職
（職業の向き不向き）…
42.8％
●適切な職業能力開発の
方法（資格取得、効果的
な自己啓発の方法等）…
35.9％
●仕事に対するモチベー
ションの向上…35.3％
〈正社員以外〉
●適切な職業能力開発の
方法（資格取得、効果的
な自己啓発の方法等）…
37.5％
●仕事の内容、賃金、労働
時間などの労働条件・労
働環境…34.9％（正社員
の22.9％を12.0ポイント
上回っている）

第
5
章

理解を深める参考資料

以上、過去問題の分析から出題可能性の高い項目をとくに抽出して掲載しましたが、他の項目からの出題もあります。資料を厚生労働省のホームページで確認し、通読しておくことをお勧めします。

■第11次職業能力開発基本計画

「第11次職業能力開発基本計画」は、厚生労働省が策定した令和3（2021）年度から令和7（2025）年度までの5年間にわたる職業能力開発施策の基本方針です。

デジタル技術の進展や人生100年時代の到来による労働者の職業人生の長期化など、労働環境が大きく変化していく時代において、この基本計画をもとに、企業における人材育成を支援するとともに、労働者の主体的なキャリア形成を支援する人材育成戦略として、職業能力開発施策の方向性を定めたものになります。

厚生労働省はこの基本計画に沿って、職業能力開発施策を展開していきます。

◉職業能力開発の今後の方向性

1. 産業構造・社会環境の変化を踏まえた
   職業能力開発の推進

   Society5.0の実現に向けた経済・社会の構造改革の進展を踏まえ、IT人材など、時代のニーズに即した人材育成を強化するとともに、職業能力開発分野での新たな技術の活用や、企業の人材育成の強化を図る。

2. 労働者の自律的・主体的なキャリア形成の推進

   労働市場の不確実性の高まりや職業人生の長期化などを踏まえ、労働者が時代のニーズに即したスキルアップができるよう、キャリアプランの明確化を支援するとともに、幅広い観点から学びの環境整備を推進する。

出典

「厚生労働省　第11次職業能力開発基本計画」で検索。
- 基本計画概要
- 基本計画

用語

Society5.0

人類社会の発展について、狩猟社会を1.0、農耕社会を2.0、工業社会を3.0、情報社会を4.0とした、5番目の新たな社会の形。「仮想空間と現実空間を高度に融合させたシステムにより経済発展と社会的課題の解決を両立する」と、内閣府の第5期科学技術基本計画で定義された。

3．労働市場インフラの強化

　中長期的な日本型雇用慣行の変化の可能性や労働者の主体的なキャリア選択の拡大を視野に、雇用のセーフティネットとしての公的職業訓練や職業能力の評価ツールなどの整備を進める。

4．全員参加型社会の実現に向けた職業能力開発の推進

　希望や能力等に応じた働き方が選択でき、誰もが活躍できる全員参加型社会の実現のため、すべての者が少しずつでもスキルアップできるよう、個々の特性やニーズに応じた支援策を講じる。

　このほか、技能継承の促進、国際連携・協力の推進（技能評価システムの移転、技能実習制度の適正な実施）に関する施策を実施する。

　また、新型コロナウイルス感染症の影響などで新たな施策が必要な場合には、本計画の趣旨などを踏まえて機動的に対応する。

　以下に、103ページでも紹介した「第11次職業能力開発基本計画の概要」を大きく掲載しておきますので、目を通しておきましょう。

第11次職業能力開発基本計画 （令和３年度〜令和７年度）概要

　新型コロナウイルス感染症の影響によるデジタル技術の社会実装の進展や労働市場の不確実性の高まり、人生100年時代の到来による労働者の職業人生の長期化など、労働者を取り巻く環境が大きく変化していくことが予想される中で、企業における人材育成を支援するとともに、労働者の主体的なキャリア形成を支援する人材育成戦略として、職業能力開発施策の基本的方向を定める。

今後の方向性

産業構造・社会環境の変化を踏まえた職業能力開発の推進

Society5.0の実現に向けた経済社会の構造改革の進展を踏まえ、ＩＴ人材など時代のニーズに即した人材育成を強化するとともに、職業能力開発分野での新たな技術の活用や企業の人材育成の強化を図る

労働者の自律的・主体的なキャリア形成の推進

労働市場の不確実性の高まりや職業人生の長期化等を踏まえ、労働者が時代のニーズに即したスキルアップができるよう、キャリアプランの明確化を支援するとともに、幅広い観点から学びの環境整備を推進する

労働市場インフラの強化

中長期的な日本型雇用慣行の変化の可能性や労働者の主体的なキャリア選択の拡大を視野に、雇用のセーフティネットとしての公的職業訓練や職業能力の評価ツール等の整備を進める

全員参加型社会の実現に向けた職業能力開発の推進

希望や能力等に応じた働き方が選択でき、誰もが活躍できる全員参加型社会の実現のため、すべての者が少しずつでもスキルアップできるよう、個々の特性やニーズに応じた支援策を講じる

補足

このほか、技能継承の促進、国際連携・協力の推進（技能評価システムの移転、技能実習制度の適正な実施）に係る施策を実施する。また、新型コロナウイルス感染症の影響等により新たな施策が必要な場合には、本計画の趣旨等を踏まえて機動的に対応する。

基本的施策
○教育訓練給付におけるＩＴ分野の講座充実に向けた関係府省の連携、公的職業訓練におけるＩＴ活用スキル・ＩＴリテラシー等の訓練を組み込んだ訓練コースの設定の推進 ○オンラインによる公的職業訓練の普及、ものづくり分野の職業訓練におけるＡＲ・ＶＲ技術等の新たな技術の導入に向けた検討 ○企業・業界における人材育成の支援、中小企業等の生産性向上に向けたオーダーメイド型の支援の実施 ○教育訓練の効果的実施等に向けた企業におけるキャリアコンサルティングの推進
○企業へのセルフ・キャリアドックの導入支援、夜間・休日、オンラインを含めた労働者個人がキャリアコンサルティングを利用しやすい環境の整備、キャリアコンサルタントの専門性の向上と専門家とのネットワークづくりの促進、企業の人材育成の取組への提案等に向けた専門性の向上 ○ＩＴ利活用等の企業横断的に求められる基礎的内容を中心とする動画の作成・公開、教育訓練給付制度の対象講座に関する情報へのアクセスの改善 ○教育訓練休暇や教育訓練短時間勤務制度の普及促進、社内公募制などの労働者の自発性等を重視した配置制度の普及促進
○地域訓練協議会等を通じた産業界や地域の訓練ニーズを反映した職業訓練の推進、産学官が連携した地域コンソーシアムの構築・活用促進 ○技能検定制度・認定社内検定の推進、ホワイトカラー職種における職業能力診断ツールの開発、日本版Ｏ‐ＮＥＴとの連携 ○ジョブ・カードの活用促進 ○デジタル技術も活用した在職者・離職者、企業等への情報発信の強化
○企業での非正規雇用労働者のキャリアコンサルティングや訓練の実施、求職者支援訓練の機会の確保 ○育児等と両立しやすい短時間訓練コースの設定、訓練受講の際の託児支援サービスの提供の促進 ○就業経験の少ない若者に対する日本版デュアルシステムや雇用型訓練の推進、地域若者サポートステーションにおけるニートや高校中退者等への支援の強化 ○高齢期を見据えたキャリアの棚卸しの機会の確保、中小企業等の中高年労働者を対象とした訓練コースの提供 ○障害者の特性やニーズに応じた訓練の実施、キャリア形成の支援 ○就職氷河期世代、外国人労働者など就職等に特別な支援を要する方への支援

さくいん

人物名（とその理論や技法）は第5章を参照してください。

〈参考文献・引用資料〉

・『カウンセリングの技法　臨床の知を身につける』平木典子、裵岩秀章

・『カウンセリングの理論』國分康孝

・『カウンセリング論入門』石川正一郎

・『キャリアカウンセリング』宮城まり子

・『キャリア・カウンセリングにおけるナラティブ・アプローチ』高橋浩

・『キャリアコンサルティング理論と実践6訂版』木村周、下村英雄

・『キャリア・コンストラクション・ワークブック
　－不確かな時代を生き抜くためのキャリア心理学』安達智子・下村英雄

・『キャリアの心理学』渡辺美枝子

・『職業相談におけるカウンセリング技法の研究　労働政策研究報告書』
　独立行政法人 労働政策研究・研修機構

・『職業相談場面におけるキャリア理論およびカウンセリング理論の活用・
　普及に関する文献調査』独立行政法人 労働政策研究・研修機構

・『働く人の心理学』岡田昌毅

・『働く人のためのキャリアデザイン』金子壽宏

・『ブリーフセラピー入門』日本ブリーフサイコセラピー学会編

・『マイクロカウンセリング』A.E.アイビー、福原真知子訳

（以上、50音順に掲載）

・各省庁、団体ホームページ（該当ページに記載）

●著者略歴

立石周志（たていし ちかし）

衛生管理者試験合格サポートルーム「ちあらぼ」主宰。

資格取得e-learning ＳＡＴで衛生管理者講座・担当講師。

大学卒業後、日本マンパワー（1999年に日本初のキャリアカウンセラー・ＣＤＡ養成講座を開講したこの分野のパイオニア）入社。

アデコ・キャリアスタッフ（現アデコ。外資系総合人材サービス）、オピニオン（人材ビジネス業界誌）を経て2010年に独立後は、人材ビジネス企業の顧問やアドバイス業務、一般企業でのセミナー講師などを務める。

著書：『超スピード合格！ 衛生管理者第１種＋第２種テキスト＆問題集』（翔泳社）

『第一種衛生管理者試験』（一ツ橋書店）

『資格取得スピード王の【でる順】衛生管理者 第１種 過去問題徹底研究』（ナツメ社。共著）

塩澤由美（しおざわ ゆみ）

大学卒業後、教育関連・人材ビジネス企業において広告業務に従事。

企業と学生、大学と高校生の進路やキャリア選択に関わる業務を行う。

現在は外資系人材ビジネス企業において、就労支援業務を担当（現職）。

保有資格：国家資格キャリアコンサルタント、ＣＤＡ（日本キャリア開発協会）

熊坂輝彦（くまさか てるひこ）

株式会社セントラル専務取締役

人事責任者として採用、人材育成に約20年従事。社内外共に就職セミナーも実施。年間500名以上の面談を行う。

保有資格：国家資格キャリアコンサルタント、ＣＤＡ（日本キャリア開発協会）

本書に関するお問い合わせは、書名・発行日・該当ページを明記の上、下記のいずれかの方法にてお送りください。電話でのお問い合わせはお受けしておりません。
・ナツメ社webサイトの問い合わせフォーム
　https://www.natsume.co.jp/contact
・FAX（03-3291-1305）
・郵送（下記、ナツメ出版企画株式会社宛て）
なお、回答までに日にちをいただく場合があります。正誤のお問い合わせ以外の書籍内容に関する解説・受験指導 は、一切行っておりません。あらかじめご了承ください。

イラスト●西原宏史・アジャストメント
編集協力・DTP●knowm
編集担当●柳沢裕子（ナツメ出版企画株式会社）

ナツメ社Webサイト
https://www.natsume.co.jp
書籍の最新情報（正誤情報を含む）は
ナツメ社Webサイトをご覧ください。

2024年版 キャリアコンサルタント学科試験
徹底図解テキスト&問題集

2024年4月2日　初版発行

著　者　立石周志　　　　　　　　　　　　©Tateishi Chikashi, 2024
　　　　塩澤由美　　　　　　　　　　　　©Shiozawa Yumi, 2024
　　　　熊坂輝彦　　　　　　　　　　　　©Kumasaka Teruhiko, 2024

発行者　田村正隆

発行所　株式会社ナツメ社
　　　　東京都千代田区神田神保町1-52　ナツメ社ビル1F（〒101-0051）
　　　　電話　03（3291）1257（代表）　FAX　03（3291）5761
　　　　振替　00130-1-58661

制　作　ナツメ出版企画株式会社
　　　　東京都千代田区神田神保町1-52　ナツメ社ビル3F（〒101-0051）
　　　　電話　03（3295）3921（代表）

印刷所　ラン印刷社

ISBN978-4-8163-7515-6　　　　　　　　　　　　　Printed in Japan
〈定価はカバーに表示してあります〉〈落丁・乱丁本はお取り替えします〉

キャリアコンサルタント学科試験

2024年版

徹底図解**テキスト**&**問題集**

別冊

模擬試験

ナツメ社

〈注意事項〉

●本番のテストと同じ50問あります。１問当たりの選
　択肢は４つです。

●本番のテストの解答はマークシート方式です。４つ
　の選択肢の中から正解と思うものを１つだけ選び、
　鉛筆またはシャープペンシルで均一に濃く塗りつぶ
　してください。

●本番のテストと同じ制限時間100分でチャレンジし
　ましょう。

●次ページにマークシート方式の解答用紙を掲載して
　います。繰り返しチャレンジするために、コピーし
　てお使いください。

解答用紙

●マークシート方式の解答用紙です(本番のテストとデザインは異なります)。コピーしてお使いください。

問	解答	問	解答	問	解答
1	① ② ③ ④	18	① ② ③ ④	35	① ② ③ ④
2	① ② ③ ④	19	① ② ③ ④	36	① ② ③ ④
3	① ② ③ ④	20	① ② ③ ④	37	① ② ③ ④
4	① ② ③ ④	21	① ② ③ ④	38	① ② ③ ④
5	① ② ③ ④	22	① ② ③ ④	39	① ② ③ ④
6	① ② ③ ④	23	① ② ③ ④	40	① ② ③ ④
7	① ② ③ ④	24	① ② ③ ④	41	① ② ③ ④
8	① ② ③ ④	25	① ② ③ ④	42	① ② ③ ④
9	① ② ③ ④	26	① ② ③ ④	43	① ② ③ ④
10	① ② ③ ④	27	① ② ③ ④	44	① ② ③ ④
11	① ② ③ ④	28	① ② ③ ④	45	① ② ③ ④
12	① ② ③ ④	29	① ② ③ ④	46	① ② ③ ④
13	① ② ③ ④	30	① ② ③ ④	47	① ② ③ ④
14	① ② ③ ④	31	① ② ③ ④	48	① ② ③ ④
15	① ② ③ ④	32	① ② ③ ④	49	① ② ③ ④
16	① ② ③ ④	33	① ② ③ ④	50	① ② ③ ④
17	① ② ③ ④	34	① ② ③ ④		

問1　「令和5年版　労働経済の分析」で述べられた賃上げに関する記述として、誤っているものはどれか。

1．一人当たり名目生産性は、イギリス・アメリカ・フランス・ドイツでは増加している一方で、日本では、ほぼ横ばいで推移している。

2．一人当たり名目賃金は、イギリス・アメリカ・フランス・ドイツでは、名目生産性の上昇と同程度に名目賃金も増加しているが、日本では4％ほど減少している。

3．物価水準も加味した生産性と賃金の動向では、日本の一人当たりの実質生産性と賃金は、他国と比べて伸びがなく、横ばいである。

4．日本では、名目生産性が1％上昇しても、名目賃金は0.4％程度しか増加しておらず、生産性上昇に対する賃金増加の感応度がアメリカに比べて小さい。

問2　令和4年度「能力開発基本調査」で述べられた、労働者のキャリア形成支援に関する記述として、正しいものは次のうちどれか。

1．キャリアコンサルティングを行う上での問題点の内訳として、「キャリアに関する相談を行ってもその効果が見えにくい」が正社員、正社員以外とも最も多かった。

2．正社員または正社員以外に対してキャリアコンサルティングを行うしくみを導入している事業所は26.7％である。

3．キャリアコンサルティングの実施時期として、「昇進、異動、職場復帰など、人事管理の節目に実施する」が最も多かった。

4．キャリアコンサルティングを行った効果として、メンタルヘルス上の理由による長期休業が減ったことが最も多い。

問3 「働く環境の変化に対応できるキャリアコンサルタントに関する報告書」(厚生労働省)で述べられた、労働者個人へのキャリアコンサルティングの普及に必要な施策に関する記述として、誤っているものは次のうちどれか。

1. セルフ・キャリアドックの更なる推進

2. 雇用政策上の課題に対応した動画教材の開発(eラーニング)

3. ジョブ・カードの活用促進

4. キャリアコンサルティングの体験機会の提供

問4 キャリアの理論に関する次の記述のうち、誤っているものはどれか。

1. スーパーは個人が社会的な立場や担っている役割のことをそれぞれ、ライフ・スパン、ライフ・スペースとして現した。

2. シャインの提唱する、キャリア・アンカーは6つあり、これは仕事において自分が何に価値を置いているかについての自分自身の認識であり、キャリア、職業における自己概念のことである。

3. ホールは、「プロティアン・キャリア」は、組織ではなく、個人によって形成され、都度その人に見合うように、変幻自在なものであるとした。

4. ハンセンは、職業選択を「キルト(パッチワーク)」を完成させるということをたとえに、『統合的人生設計(Integrative Life Planning)』という概念を提示した。

問5　キャリアの理論に関する次の記述のうち、<u>正しい組み合わせ</u>はどれか。

1．ジェラット　　　　―　連続的意思決定プロセス

2．ホール　　　　　　―　特性因子理論

3．シュロスバーグ　―　統合的人生設計

4．ヒルトン　　　　　―　プロティアンキャリア

問6　動機づけ理論に関する次の記述のうち、<u>誤っているもの</u>はどれか。

1．アルダーファのERG理論では、低次の欲求が満たされると高次の欲求が出現するとした。

2．デシは、内発的動機付けとは、問題への興味や好奇心などに基づき、自ら行動を起こす過程のことであると示した。

3．マズローは、人間の欲求を５つに分類し、①生理的欲求、②安全の欲求、③所属と愛の欲求④自尊と承認の欲求④自己実現の欲求があるとした。

4．マクレランドはモチベーションを、達成動機、権力動機、所属動機、回避動機の４つに分類した。

問7 サヴィカスのキャリア構築理論におけるキャリア構築インタビューでの質問として、**誤っているもの**は次のうちどれか。

1．好きな映画、本

2．尊敬している人物

3．学生の頃の思い出

4．好きな言葉、格言

問8 グループアプローチに関する次の記述のうち、**正しいもの**はどれか。

1．グループアプローチには役割は設定されずに行われることがある。

2．「ベーシック・エンカウンター・グループ」は、國分康孝が来談者中心療法をグループに当てはめて示したものである。

3．「構成的グループ・エンカウンター」は、予防的、開発的カウンセリングのグループワークである。

4．グループアプローチでは、1：1でのカウンセリングと異なり、フィードバックは受けることはできない。

問9　レスポンデント条件付けに関する次の記述のうち、<u>正しいもの</u>どれか。

1．系統的脱感作法とアサーションはレスポンデント条件付けを応用したものである。

2．自ら行動したことに対して一定の結果が伴うことにより行動が定着したり、消滅したりする現象。

3．スキナーのネズミの実験が有名である。

4．古典的条件付け、道具的条件付けともいわれる。

問10　エリスの論理療法に関する次の記述のうち、<u>誤っているもの</u>はどれか。

1．悲観的信念、自己卑下信念は、非論理的な信念である。

2．不適切な感情が生じた直前の思考に焦点を当てている。

3．思考を変えることで感情や行動が変わり、感情や行動が変わると思考も変わるとした。

4．人は過ちをおかしやすいものであり、その過ちにより悲観的にさせた出来事や状況が問題なのではなく、悲観的志向になってしまった信念こそが問題であるとした。

問11　ロジャーズの来談者中心療法に関する次の記述のうち、誤っているものはどれか。

1．来談者中心療法に必要な姿勢は、受容、共感的理解、自己一致（誠実な態度）である。

2．ロジャーズは、「個人の行動は、外界からの刺激によって規定されるのではなく、その個人の受け取り方や意味付けによって規定される」とした。

3．各個人が感じ取っている主観的な世界や意味や感覚は、各個人にしかわからないため、介入することはできないとした。

4．自分の経験と自己概念が一致していない部分を一致するように援助するのがカウンセラーの役割である。

問12　令和4年度「能力開発基本調査」に関する次の記述のうち、正しいものはどれか。

1．企業調査において、教育訓練費用を支出した企業は50％以下であった。

2．個人調査で、Ｏｆｆ－ＪＴを受講した労働者は33.3％であった。

3．個人調査で自己啓発を実施した労働者は10％以下であった。

4．事業調査でキャリアコンサルティングを行う仕組みを正社員に対して導入している事業所は50％以上あった。

問13　教育訓練給付に関する次の記述のうち、<u>誤っているもの</u>はどれか。

1．給付金対象制度には、専門実践教育訓練、特定一般訓練、一般教育訓練がある。

2．教育訓練給付制度のすべてで、ジョブ・カードが必要である。

3．一般教育訓練は、受講費用の20％が、訓練終了後に支給される。

4．給付対象の種類はあらかじめ決まっているため、決まっている内容から選択をし、受講する。

問14　「第11次職業能力開発基本計画」で示された今後の方向性に<u>含まれない</u>ものは、次のうちどれか。

1．産業構造・社会環境の変化を踏まえた職業能力開発の推進

2．労働者の自律的・主体的なキャリア形成の推進

3．労働市場インフラの強化

4．個人の主体的な能力開発や企業による労働者の能力開発支援

問15　令和４年度「能力開発基本調査」での個人調査結果に関する次の記述のうち、誤っているものはどれか。

１．仕事をする上で、向上させたいスキルは、正社員と正社員以外ともに、「マネジメント能力・リーダーシップ」が１位であった。

２．仕事をする上で、向上させたいスキルは、正社員と正社員以外ともに、「読み、書き計算等の基礎的素養」は最も少なかった。

３．自己啓発を行なった者のうち、産業別にみると正社員では、「金融業，保険業」が最も多い。

４．自己啓発の実施方法は、正社員では、「ｅラーニング（インターネット）による学習」が最も多い。

問16　キャリア開発プログラム（ＣＤＰ）の特徴に関する次の記述のうち、誤っているものはどれか。

１．中長期的に能力開発をするプログラムである。

２．自己啓発ベースの個別育成として進める。

３．業務経験を重視した経験＋ＯＪＴ　のプログラムであること。

４．組織が必要な人材に将来を見越して継続的な育成を行い、組織目標達成を図る。

問17　採用選考時に把握が可能なものとして、<u>正しいもの</u>は次のうちどれか。

1．エントリーシートに尊敬する人物を記載する欄があった。

2．履歴書の学歴に法学部卒業と記載があったので、どのような資格を取得しているのか面接で聞いた。

3．エントリーシートで愛読書を質問した。

4．面接の際に家族の職業について聞いた。

問18　職能資格制度に関する次の記述のうち、<u>誤っているもの</u>はどれか。

1．等級によって賃金を決めるため、賃金の変動なく人事異動が可能である。

2．職務記述書とその職務の達成具合によって評価されるため、属人給の概念はない。

3．職務遂行能力を基準として人事考課を行う。

4．ジョブローテーションをすることにより、さまざまな部署を経験させることができるため、ジェネラリストを育成できる。

問19 令和4年度労働力調査（基本集計）平均結果に関する次の記述のうち、<u>正しいもの</u>はどれか。

1．雇用者数は2022年平均で6041万人と、25万人の増加となった。

2．就業者数は2022年平均で6723万人と、前年に比べて10万人の減少となった。

3．就業者が最も増加した産業は、「情報通信業」である。

4．完全失業者数は、16万人増加している。

問20 次に挙げる調査のうち、雇用、給与、労働時間について、全国別・都道府県別に変動を<u>明らかにすることを目的とした調査</u>はどれか。

1．一般職業紹介状況（職業安定業務統計）

2．雇用動向調査

3．賃金事情等総合調査

4．毎月勤労統計調査

問21 令和5年版 労働経済の分析(厚生労働省)で述べられた賃上げによる企業や労働者への好影響に関する記述として、**誤っているもの**は次のうちどれか。

1. 求人賃金の引上げは、一定程度、求職者の応募を促す効果がある。

2. 完全週休2日やボーナスなど、休暇などの条件を見直すことで、求職者の応募を促す効果がある。

3. 賃上げを実施した企業の理由は、「社員の定着・人員不足の解消のため」と回答した企業が7割を占めた。

4. 賃上げを実施しなかった企業の理由は、約7割の企業が「業績(収益)の低迷」を挙げている。

問22 次の各種休暇に関して、**法定休暇ではないもの**はどれか。

1. 慶弔休暇

2. 子の看護休暇

3. 年次有給休暇

4. 生理休暇

問23　労働基準法に関する次の記述のうち、<u>誤っているもの</u>はどれか。

1．使用者が労働者を法定の労働時間を超えて労働させる場合、予め36協定を労使間で締結し、労働基準監督署長に提出しなければならない。

2．この法律で定める基準に達しない労働条件はすべて無効になる。

3．労働時間は、1日8時間、1週間につき40時間を超えて労働させてはならない。

4．労働時間が6時間を超える場合は45分以上、8時間を超える場合は1時間以上の休憩を自由に取らせる必要がある。

問24　次の法律のうち、ハラスメント関連の<u>規定がない法律</u>はどれか。

1．男女雇用機会均等法

2．高齢者雇用安定法

3．育児・介護休業法

4．労働施策総合推進法

問25　高齢者雇用安定法における高年齢者就業確保措置として、誤っているものは次のうちどれか。

1．70歳までの定年引上げは努力義務である。

2．事業主が定年を定める場合は、その定年年齢は65歳以上でなければならない。

3．70歳までの継続雇用制度の導入は義務である。

4．定年制の廃止は努力義務である。

問26　今後の学校におけるキャリア教育・職業教育の在り方（答申）における、学校から社会・職業への移行に必要な能力のうち、「基礎的・汎用能力」の中に含まれるものとして、誤っているものは次のうちどれか。

1．人間関係形成・社会形成能力

2．自己理解・自己管理能力

3．意欲・態度

4．キャリアプランニング能力

問27 「キャリア・パスポート」に関する記述として、**誤っているもの**は次の
うちどれか。

1. 児童生徒が自らの学習状況やキャリア形成を見通したり振り返ったり
   して自己評価を行うとともに、主体的に学びに向かう力を育み自己実現
   につなぐものである。

2. 教員は、児童が記入した「キャリア・パスポート」をもとに対話的にかか
   わり、児童生徒の成長を促し、系統的な指導に役立てる。

3. 学校生活全体及び家庭、地域における学びを含む内容にする。

4. 進級、学校種が変わるときは教員同士で引継ぎを行う。

問28 「令和5年度版　自殺対策白書」(厚生労働省)に関する記述として、
誤っているものは次のうちどれか。

1. 自殺者数は、男女ともに「無職者」が多い。

2. 「学生・生徒等」の自殺者数は、令和4年まで「大学生」が最も多い。

3. 自殺の原因・動機は、家庭問題が最も多く、次いで経済・生活問題、健
   康問題である。

4. 死因順位から見た自殺の状況では、男女ともに「55〜59歳」及び「60〜64歳」
   を除く全ての年齢階級で「自殺」は死因の3位以内に入っている。

問29 「心の健康問題により休業した労働者の職場復帰支援の手引き」に記載の、職場復帰支援の各ステップの対応に関する記述として、<u>誤っているもの</u>は次のうちどれか。

1．「病気休業開始及び休業中のケア」 では、労働者が病気休業期間中に安心して療養に専念できるよう不安、悩みの相談先の紹介などを行う。

2．「主治医による職場復帰可能の判断」では、事業者は労働者に 対して主治医による職場復帰が可能という判断が記された診断書の提出を求め、復帰日などを具体的に決める。

3．「最終的な職場復帰の決定」では、事業者による最終的な職場復帰の決定事業者は最終的な職場復帰の決定を行い、就業上の配慮の内容についても併せて労働者に対して通知する。

4．「職場復帰後のフォローアップ」では、職場復帰支援プランの実施状況の確認を行う。

問30 レヴィンソンの人生半ばの過渡期の課題として、<u>含まれないもの</u>は次のうちどれか。

1．若さと老い

2．受容と解放

3．男らしさと女らしさ

4．愛着と分離

17

問31　各理論家の発達段階に関する次の記述として、誤っているものはどれか。

1．シャインは　組織内での人の発達段階とそのステージでの課題を「キャリア・サバイバル」としてまとめている。

2．スーパーは、職業の発達段階を５つに分け、それぞれの段階に職業的発達課題があるとしている。

3．エリクソンは、アイデンティティの概念を中心に人生を８つの段階に分け、個体発達分化の図式（発達段階）を示した。

4．フロイトは５つの各発達段階でリビドーを満たすと示している。

問32　シュロスバーグの転機（トランジション）に関する次の記述のうち、誤っているものはどれか。

1．転機のタイプは　予測していた転機、予測していなかった転機、期待していたものが起こらなかった転機の３つに分けることができる。

2．１つの転機が新たな転機を産み出し、永続的に続くものだとした。

3．転機のプロセスは、終焉→中立圏→開始であるとした。

4．キャリアの転機が生じた際は、その転機がどのような転機か、また、自分が転機のプロセスの中でどの位置にいるのかを見極め、４Sシステムを点検する。

問33 ブリッジズの転機のプロセスからなるトランジションの特徴として、誤っているものは次のうちどれか。

1. トランジションのはじめの頃は、新しいやり方であっても昔の活動に戻っている。

2. トランジションは何かの「終わり」から始まる。

3. 自分自身の「終わり」のスタイルを理解することは有益だが、誰でも心のどこかでは人生がそのスタイルに左右されているという考えに抵抗する。

4. 何かの「始まり」があり、次に「終わり」がある。その間に重要な空白期間、休養期間が入る。

問34 「就業支援ハンドブック」(令和5年2月改訂版)に記載されている、障害者を対象とした就業支援のプロセスとして、誤っているものは次のうちどれか。

1. 職業に関する方向づけのための支援は、インテーク→アセスメント→プランニング である。

2. 職業準備性向上のための支援の「職業前訓練」があり、このうち、職業前訓練は、準備性向上のための訓練であるので、就職するまでの限定となる。

3. 職業準備性向上のための支援の「能力開発」の実施場所は、「職業能力開発校」、「職業能力開発大学校・職業能力開発短期大学校(ポリテクカレッジ)」、「職業能力開発促進センター(ポリテクセンター)」などで行われている。

4. 就職から雇用継続に向けた支援 では、職場定着支援は、関係の深い人や上司同僚が日常的に支援するものである。

問35　発達障害のある人への支援として、適切でないものは次のうちどれか。

1．障害により程度や現れ方などが多様なため、本人や家族、支援者が発達障害としての認知面、行動面の課題を把握するため、職業評価などのアセスメントをする。

2．個別面接や模擬的な職場環境や集団場面での訓練、職場体験などの機会を設け、自己理解や、必要な知識、スキルの基盤を築く。

3．相談やフィードバックの際には、口頭でわかりやすく伝えることが好ましい。

4．アセスメントは障害の自己理解を進めることになり、本人のみならず、家族や支援者が方向性を見立てていくうえで重要である。

問36　カウンセリングでクライエントとの信頼を築くための要素を観察可能なものとするための「かかわり行動」に関するポイントとして、誤っているものは次のうちどれか。

1．「視線」の合わせ方で伝わるメッセージに注意する。

2．表情や姿勢、動作など「身体言語」で伝わるメッセージに注意する。

3．クライエントへの「指示の仕方」で伝わるメッセージに注意する。

4．話すスピードや、声の大きさなど、「声の調子」で伝わるメッセージに注意する。

問37　グループアプローチの効果をあげるための原則として、誤っているものは次のうちどれか。

1．グループメンバーは、互いに相互作用しあい、双方間のコミュニケーションがある。

2．メンバーの行動には規定がなく、自由に過ごすことができる。

3．グループメンバーには、一連の役割が設定されている。

4．グループの行動は、グループメンバー各人のニーズを満足するように行動する。

問38　ジョブ・カードの活用対象者への活用方法として、誤っているものは次のうちどれか。

1．学生にとって、自分自身を理解し将来の職業人生を明確にして、自己アピールに活用する。求人応募の際は応募書類になるので、履歴書などのほかの応募書類が不要になる。

2．企業では、社内のキャリア形成の課題解決に活用する。

3．学校では、学生のキャリア教育や就職活動の指導で活用する。

4．在職者にとって、経験から得たことや生かせる能力・強みなどを整理し、今後のキャリアを考えることができる。

問39　キャリアコンサルティングで使用する代表的なアセスメント・ツールに関する記述として、正しいものは次のうちどれか。

1. 「職業レディネス・テスト」は、検査構成が3部からなっており、それぞれ、仕事への興味（A検査）、日常の生活行動や意識（B検査）、仕事への自信度（C検査）である。

2. 「厚生労働省編一般職業適性検査」は仕事に対する基礎的指向性、個人の興味、自信のある職業領域、自信のない職業領域を探索するのに使われる。

3. 「VPI職業興味検査」の構成は、15種類の検査があり、11種類の紙筆検査と、4種類の器具検査で構成されている。

4. 「OHBYカード」は、職業興味と職務遂行能力の自信度に関する項目が書かれた54枚のカードで、キャリアガイダンスツールである。

問40　キャリアコンサルティングの自己理解の支援方法に関する記述として、誤っているものは次のうちどれか。

1. 観察法には主に3つあり、自然的観察法、用具的観察法、実験的観察法がある。

2. 観察法は、他人に観察してもらい、「自分自身」気づくことが基本となる。

3. 検査法には、大きく分けて、能力的側面、パーソナリティの側面を理解するための側面、価値観、態度、志向性などの側面を理解するための検査の3つがある。

4. 検査の実施にあたり、留意事項の一つとして、今後の指導のために、結果の記録と整理を行うが、保管はしない。

問41 「キャリアコンサルティング技法等に関する調査研究報告書の概要」に示されたキャリア形成のためのステップに関する記述として、誤っているものは次のうちどれか。

1.「自己理解」とは、進路や職業・職務、キャリア・ルートの種類と内容を理解することである。

2.「啓発的経験」とは選択や意思決定の前に、体験してみることである。

3.「キャリア選択に係る意思決定」とは、談の過程を経て、（選択肢の中から）選択することである。

4.「方策の実行」とは仕事、就職、進学、キャリア・ルートの選択、能力開発の方向など、意思決定したことを実行することである。

問42 意思決定の支援における、目標の設定の意義に関する次の記述のうち、正しいものはどれか。

1. 目標の設定はクライエント自身が単独で決め、コミットするものである。

2. 目標の設定は長期的な目標のほうがクライエントを動機づける。

3. 目標の設定はカウンセリングの進展を客観的に評価するのに役に立つ。

4. カウンセリングの初期に目標を設定し、クライエントのコミットの確認はカウンセリングの後期必ず確認をする。

問43　カウンセリングの終了時に関する記述として、誤っているものは次のうちどれか。

1．カウンセリングの終了を正式に宣言する。

2．カウンセリングの開始時と終了時の行動を比較する。

3．クライエントが、カウンセリングを通して学んだことを将来どのようにして活用するかについて話し合う。

4．カウンセリングを終了してもよいか、クライエントを一定期間フォローする。将来必要な時に戻ってこられるようにしておくと伝える。

問44　就業後に起きるといわれている4つのリアリティ・ショックに関する要因として、含まれないものは次のうちどれか。

1．仕事内容のギャップ

2．対人関係のギャップ

3．他者能力とのギャップ

4．労働条件に関するギャップ

問45　方策の実行の支援における、学習方策支援に関する留意点として、誤っているものは次のうちどれか。

1．学習は、クライエントがおかれた社会的、文化的環境に影響される。

2．クライエントの自己理解の内容と程度が、学習の必要性を決定する。

3．学習の可能性は、過去、現在の経験ばかりでなく、学習すべきかどうかクライエントが認識することで大きく影響を受ける。

4．学習のプロセスは、クライエントのタイプで個別であり、異なる。

問46　「ハローワークインターネットサービス」で含まれないサービス内容は、次のうちどれか。

1．職業訓練を探す（ハロートレーニング）

2．求職の申し込み

3．面接会やセミナーなどのイベント検索

4．適職診断

問47 キャリアコンサルタントの自己研鑽に関する次の記述のうち、誤っているものはどれか。

1. 実践的なキャリアコンサルティング機械の確保のため、経験豊富なキャリアコンサルタントが相談者にキャリアコンサルティングを実際に行っている場面に同席することやスーパービジョンを受ける。

2. 実践経験の場を確保する方策として、更新講習終了後のフォローアップとして行うなどがある。

3. 相談内容の複雑化・高度化に、適切に対応するためには、キャリアコンサルティングを多く行い、場数を踏んでいく方法が最も有効である。

4. スーパーバイザーは、実践経験の豊富さとともに幅広い理論や技法にも精通し、指導対象のキャリアコンサルタントの技能水準や教育段階に応じて適切に指導ができる必要がある。

問48 スーパービジョンに関する次の記述のうち、誤っているものはどれか。

1. キャリアコンサルタントは、実務経験の多寡を問わず、定期的にスーパービジョンを受けることを通じて、常に主体的に高みを目指した行動変容が求められる。

2. スーパービジョンの目的は、キャリアコンサルタントを自律したプロフェッショナルとして育成し、成長させることである。

3. スーパーバイジーは、スーパーバイザーの専門職としての発達・自律を促す教育指導を行う。

4. スーパービジョンの形態には、大きく分けて個人スーパービジョンとグループ・スーパービジョンがある。

問49 キャリアコンサルタントが倫理面で留意すべき事項として、**含まれないものは**次のうちどれか。

1．限界を認めること。

2．クライエントにカウンセリングのプロセスを伝えること。料金は無料でできること。

3．自分の価値観に気づくこと。

4．クライエントのニーズに焦点を当てること。

問50 キャリアコンサルタント倫理綱領に記載された内容として、**誤っているものは**次のうちどれか。

1．キャリアコンサルタントは、職務上知り得た情報は例外なく守秘義務がある。

2．キャリアコンサルタントは、自己の専門性の範囲を自覚し、専門を超える業務の依頼は受けてはならない。

3．キャリアコンサルタントは、相談者との多重関係を避けるよう努めなければならない。

4．キャリアコンサルタントは、キャリアコンサルティングを実施するにあたり、相談者の自己決定権を尊重する。

（次ページから　解答と解説）

【第1章】キャリアコンサルティングの社会的意義

①社会及び経済の動向並びにキャリア形成支援の必要性の理解

問1…正解3

1. 正しい。日本の一人当たり名目生産性はほぼ横ばいで推移している。

2. 正しい。日本の一人当たり名目賃金は、4%ほど減少している。

3. 誤り。日本の一人当たりの実質生産性は他国と比べて伸びが小さいながらも、ドイツと同程度には成長している。一方で、賃金についてはほぼ横ばい。我が国においては、名目・実質ともに、生産性の上昇ほどは賃金が増加していない状況である。

4. 正しい。日本の生産性上昇に対する賃金増加の感応度は、アメリカに比べて小さい。

②キャリアコンサルティングの役割の理解

問2…正解1

1. 正しい。

2. 誤り。正社員または正社員以外に対してキャリアコンサルティングを行うしくみを導入している事業所は45.3%であり、その内訳を見ると、「正社員、正社員以外どちらもある」は26.7%、「正社員のみある」は18.3%、「正社員以外のみある」は0.3%であった。

3. 誤り。キャリアコンサルティングの実施時期として、「労働者の求めがあったときに実施する」が正社員、正社員以外で最も多かった。

4. 誤り。キャリアコンサルティングを行った効果として、最も多かったのは、正社員、正社員以外ともに「労働者の仕事への意欲が高まった」ということである。「メンタルヘルス上の理由による長期休業が減ったこと」は、正社員で最も少なく、正社員以外では「社内教育プログラムへの参加が増加した」が最も少ない数字となった。

問３…正解２

1. 正しい。企業内にセルフ・キャリアドックの導入は、労働者がキャリア形成を自らのものとして意識しモチベーションアップが図られたり、ライフキャリアの充実につながるエンゲージメントや、キャリア支援を通した労使双方の成長につながる関係性構築などが期待される。
2. 誤り。雇用政策上の課題に対応した動画教材の開発（ e ラーニング）は、国に求められる施策・アクションである。
3. 正しい。デジタル化による利便性向上と、中長期的なライフキャリアについての支援ツールとしての一層の活用が期待できる。
4. 正しい。キャリアコンサルティングの体験機会の提供することにより、企業内でキャリアコンサルティングを受けられる環境にない者、キャリアコンサルティングの支援内容やその利用可能性などを知らない層等へのアプローチをする。

【第2章】キャリアコンサルティングを行うために必要な知識
①キャリアに関する理論

問４…正解２

1. 正しい。ライフ・スパンはライフ・ステージ、ライフ・スペースはライフ・ロールともいう。
2. 誤り。シャインのキャリア・アンカーには８つあり、それらは、何かを選択するときに譲れない条件のようなもので、今まで築き上げてきた実績などを振り返り、新たなキャリア形成の拠り所とするものである。

〈8つのキャリア・アンカー〉
①特定専門分野/機能別のコンピテンス
②全般管理コンピテンス　③自律・独立
④保障・安定　　　　　　⑤起業家的創造性
⑥奉仕/社会への貢献　　　⑦ライフスタイル　　⑧挑戦

3．正しい。対比した従来の伝統的なキャリアは、組織が主体である
　　とした。
4．正しい。「愛（Love）」「学習（Learning）」「労働（Labor）」「余暇（Leisure）」
　　という4つの役割をキルト（パッチワーク）にたとえた。

問5…正解1

1．正しい。
2．誤　り。ホールはプロティアン・キャリアを提唱。特性因子理論
　　の提唱者はパーソンズである。
3．誤　り。シュロスバーグはトランジション理論の提唱者である。
　　また、統合的人生設計の提唱者は、ハンセンである。
4．誤　り。ヒルトンはキャリア意思決定モデルを提唱した。
ちなみに、正しい組み合わせは次の通り。

　●ジェラット　　　―　連続的意思決定プロセス
　●ホール　　　　　―　プロティアン・キャリア
　●シュロスバーグ　―　トランジション理論
　●ヒルトン　　　　―　キャリア意思決定モデル
　●パーソンズ　　　―　特性因子理論
　●ハンセン　　　　―　総合的人生設計

問6…正解1

1．誤り。アルダーファはそれぞれの欲求は並行して存在することも
　　あれば、マズローの欲求段階説のように、高次から低次の欲求が
　　出現することもあるとした。ＥＳＧとは、生存（Existence）、関係
　　（Relatedness）、成長（Growth）。マズローの欲求段階説との違いは、
　　低次元の欲求が満たされていなくても、高次元の欲求が出てくる
　　という点である。
2．正しい。従来の「飴と鞭」のモチベーション理論に一石を投じた。
3．正しい。低次の欲求が満たされると。次の欲求が表れるとした。

4. 正しい。これをビジネスの場面に応用したものが「コンピテンシー（高い成果を出す人の行動特性）」の概念である。

問7…正解3

1. 正しい。好きな映画、本は転機の結果を想定している質問。
2. 正しい。尊敬している人物は、ロールモデル。
3. 誤り。3～6歳くらいの幼い頃の思い出。この時期の思い出を今の自分がどう見ているかによって転機をどうとらえているかを見る。
4. 正しい。好きな言葉、格言は、自分自身に与える忠告を知る。

②カウンセリングに関する理論

問8…正解3

1. 誤り。グループアプローチの原則の一つとして、一連の役割を設定される。
2. 誤り。「ベーシック・エンカウンター・グループ」はロジャーズの来談者中心療法をグループにあてはめたものである。
3. 正しい。「構成的グループ・エンカウンター」は、予防的、開発的カウンセリングのグループワークである。
4. 誤り。1:1よりも多くのフィードバックを受けることができることがメリットの一つであり、フィードバックを受けることは可能である。

問9…正解1

1. 正しい。両者はレスポンデント条件付けを応用した行動療法である。
2. 誤り。オペラント条件付けに関する記述である。

国家資格 キャリアコンサルタント試験［学科］ 模擬試験 解答と解説

3．誤り。オペラント条件付けに関する記述である。ネズミの実験とは、学習させていく実験で、箱の中にネズミを入れ、押すとえさが出るレバーをつける→始めからレバーを押すとえさが出てくるということを知っているわけではないため、段階を踏んで条件づけをしていく。レバーの近くに来たらエサを出したり、振り向いたときにえさを出したりするうちに、ネズミは近くに来たり、レバーの方向を見たりするように学習していく。

4．誤り。記述の通り、オペラント条件付けに関する記述である。

問10…正解2

1．正しい。非論理的な信念(イラショナルビリーフ)は4つあり、①ねばならぬ信念、②悲観的信念、③避難、自己卑下信念、④欲求不満低耐性信念　である。

2．誤り。ベックの認知療法に関する記述である。不適応的な感情が生じた直前の思考(B：自動思考)に焦点を当てて認知のゆがみを軽減していく心理療法。

3．正しい。記述の通り。

4．正しい。記述の通り。その変容を目指し、エリスは、基本的な考えとして、論理療法を次の「ＡＢＣ(ＤＥ)」を用いて説明している。

A：出来事や経験(Activating event or experience)。

B：その人が強く思い込んでいること、信念(Belief　system)。

C：信念(Ｂ)をもつことによって感情、反応などが生じた結果(Consequence)。

D：信念を明らかにし、徹底的に反論する(Discriminant　and dispute)。

E：自分自身で非論理的思考を発見し、反論することで正しい論理的な信念を見つけ出せるような力を育てる(Effect)。

問11…正解3

1. 正しい。来談者中心療法における3つの基本的態度は、①無条件の肯定的尊重・受容(ありのままクライエントを温かく受け入れて、尊敬心と思いやりをもち、クライエントに対して無条件の肯定的尊重・関心をもつ)、②共感的理解(カウンセラーがクライエントの感情や個人的な意味をできるだけ正確に感じ取り、クライエントの内的世界を共感的に理解する)、③自己一致または誠実な態度(カウンセラー自身がありのままの自分でいる)。
2. 正しい。記述の通り。
3. 誤り。各個人が感じ取っている主観的な世界や意味や感覚は、各個人にしかわからないため、共感的理解の姿勢をもつことにより、相手の主観的な世界に近づくことができるとしている。
4. 正しい。記述の通り。

③職業能力開発(リカレント教育を含む)の知識

問12…正解2

1. 誤り。企業調査において、教育訓練費用を支出した企業は50.3%なので、50%以上。
   ※詳細な数字ではなく、50%以上であったかどうかを覚えておく。
2. 正しい。記述の通り。
3. 誤り。自己啓発を実施した労働者は34.7%
4. 誤り。キャリアコンサルティングを行う仕組みを正社員に対して導入している事業所は45.2%なので、50%以下。
   ※50%以上であったかどうかを覚えておく。

問13…正解2

1. 正しい。専門実践教育訓練(労働者の中長期的キャリア形成に資する教育訓練が対象)、特定一般訓練(労働者の速やかな再就職及

び早期のキャリア形成に資する教育訓練が対象）、一般教育訓練
（その他の雇用の安定・就職の促進に資する教育訓練が対象）。

2．誤り。専門実践教育訓練、特定一般訓練で、訓練前キャリアコン
サルティングにおいて、ジョブカードが必要である。

3．正しい。一般教育訓練は、受講費用の20％（上限10万円）が、訓練
終了後に支給される。

4．正しい。給付対象講座となるためには、厚生労働大臣の指定を受
けることが必要なため、あらかじめ決まっている。

問14…正解4

1．含まれる。

2．含まれる。

3．含まれる。

4．含まれない。これは第9次職業能力基本計画（平成23年〜27年度）
の内容である。
「第11次職業能力開発基本計画」では、1、2、3の内容の他に、「全
員参加型社会の実現に向けた職業能力開発の推進」がある。

〈第11次職業能力開発基本計画今後の方向性〉
①産業構造・社会環境の変化を踏まえた職業能力開発の推進
②労働者の自律的・主体的なキャリア形成の推進
③労働市場インフラの強化
④全員参加型社会の実現に向けた職業能力開発の推進

問15…正解1

1．誤り。正社員の1位が「マネジメント能力・リーダーシップ」
41.6％。正社員以外の1位は「ITを使いこなす一般的な知識・能
力（OA・事務機器操作（オフィスソフトウェア操作など）」36.9％。
正社員以外の「マネジメント能力・リーダーシップ」は、15.5％であ
り、正社員とは大きな差が見られた。

2．正しい。「読み書き、計算等の基礎的素養」はともに最少。

3．正しい。自己啓発を行った者は、正社員では「金融業、保険業」が最多。

4．正しい。自己啓発の方法は、正社員では「eラーニングによる学習」が最多。

④企業におけるキャリア形成支援の知識

問16…正解3

1．正しい。CDPは中長期的な能力開発プログラム。

2．正しい。自己啓発ベースの個別育成。

3．誤り。OJTではなくOff-JTである。したがって、業務経験を重視した経験＋知識（Off-JT）のプログラムであることが特徴に挙げられる。

4．正しい。将来を見越して、組織に必要な人材の育成を継続的に行う。

問17…正解2

1．正しい。エントリーシートで「尊敬する人物」を記載させることは、本来自由であるべき思想・信条の把握が目的となる質問になる可能性がある。

2．正しい。面接で「取得している資格」について問うことは、本人の能力に関する質問である。

3．誤り。エントリーシートで「愛読書」を問うことは、本来自由であるべき思想・信条の把握が目的となる質問になる可能性がある。

4．誤り。面接で「家族の職業」を問うことは、本人に責任のない事項の把握が目的となる質問である。

1、2、4はいずれも本人の能力と関係のない質問であり、就職差別につながる恐れがある。

参考：「公正な採用選考を目指して」厚生労働省

問18…正解2

1. 正しい。職能資格制度は基本的に降格がなく、勤続年数に応じて能力が上がることを前提としているため、社員も長期的に働き、企業側も長期的な目線で育成することができる。これはメリットでもある一方、職務遂行能力と勤続年数は必ずしも比例するとは限らず、能力、評価、賃金、のミスマッチが起こる可能性もある。

2. 誤り。ジョブ型雇用制度に関する記述である。ジョブ型雇用制度は、職務内容を明確にして募集を行い採用し、職務や役割で評価を行うシステムである。従業員は得意分野に特化して能力を発揮することが可能で、成果が評価に直結する。

3. 正しい。記述の通り。

4. 正しい。記述の通り。

⑤労働市場の知識

問19…正解1

1. 正しい。

2. 誤り。就業者数は2022年平均で6723万人と、前年に比べて10万人の増加（2年連続の増加）である。

3. 誤り。就業者が最も増加した産業は、「医療、福祉」、2022年平均で908万人と、前年に比べ17万人の増加。「情報通信業」は272万人と14万人の増加である。

4. 誤り。完全失業者数は、2022年平均で179万人と、前年に比べ16万人の減少（3年ぶりの減少）である。

問20…正解4

1. 該当しない。一般職業紹介状況（職業安定業務統計）は、公共職業安定所における求人、求職、就職の状況を取りまとめ、求人倍率

の指標を作成することを目的としている。

2. **該当しない。**雇用動向調査は、主要産業における入職・離職及び未充足求人の状況並びに入職者・離職者に係る個人別の属性及び入職・離職に関する事情を調査し、雇用労働力の産業、規模、職業及び地域間の移動の実態を明らかにすることを目的とした調査である。

3. **該当しない。**賃金事情等総合調査は、中央労働委員会が労働争議の解決に向けて行うあっせん、調停等の参考として利用するための情報を収集することを目的としている。

4. **該当する。**

問21…正解3

1. **正しい。**求人の被紹介状況の推計結果によると、フルタイムでは求人賃金の下限を最低賃金よりも５％以上高い水準を提示すると、募集人数一人当たり、１か月以内の被紹介件数は約５％、３か月以内では約10％増加していたことから、求人賃金の引上げは、一定程度、求職者の応募を促す効果があることがうかがえる。

2. **正しい。**完全週休２日やボーナスは、それぞれ１か月以内の被紹介件数を15％程度、３か月以内では20〜30％程度引き上げる効果があった。

3. **誤り。**賃上げを実施した企業への調査では、「社員のモチベーション向上、待遇改善」が７割強で最多。また、「社員の定着・人員不足の解消のため」と回答した企業が４割強あった。

4. **正しい。**賃上げを実施しない理由として「業績（収益）の低迷」が最も多いが、業績は仕入れ価格や売上高にも左右されるため、物価上昇によるコスト上昇や価格転嫁のしづらさなども業績低迷の一因となっている可能性がある。

⑥労働政策及び労働関係法令並びに社会保障制度の知識

問22…正解1

1．特別休暇。
2．法定休暇。
3．法定休暇。
4．法定休暇。

〈「労働基準法」で定められている休暇〉

産前産後休暇、生理休暇、年次有給休暇、裁判員休暇

〈「育児介護休業法」によって定められている休暇〉

出生時育児休業、育児休業、介護休業(育児介護休業法第11条)、
介護休暇(育児介護休業法第16条)、子の看護休暇

問23…正解2

1．正しい。記述の通り。
2．誤り。この法律で定める基準に達しない労働条件がすべて無効に
　なるわけではではない。この法律で定める基準に達しない労働条
　件は「その部分について」無効となる。その部分は、この法律の定
　める基準による。
3．正しい。記述の通り。
4．正しい。記述の通り。

〈36協定〉

　使用者が労働者を法定の労働時間を超えて労働させる場合に、労働
者と締結する取り決め。労働基準法第36条に定められた協定である
ことから36(サブロク)協定と呼ばれる。労働者の過半数からなる労
働組合または労働者の過半数を代表する者と書面で締結し、所轄の
労働基準監督署長に提出しなければならない。

問24…正解2

1. 規定あり。男女雇用機会均等法　第11条の3　職場における妊娠、出産等に関する言動に起因する問題に関する雇用管理上の措置等に記載。
2. 規定なし。
3. 規定あり。育児・介護休業法　第25条　職場における育児休業等に関する言動に起因する問題に関する雇用管理上の措置等。
4. 規定あり。労働施策総合推進法　第30条の2。なお、この法律はパワハラ防止法といわれている。

問25…正解2

1. 正しい。記述の通り。
2. 誤り。定年を定める場合、定年年齢は、65歳以上でなければならない。
3. 正しい。記述の通り。
4. 正しい。記述の通り。

65歳までの雇用確保（義務）に加え、65歳から70歳までの就業機会を確保するため、高年齢者就業確保措置として次のいずれかの措置を講ずる努力義務が新設されている（令和3年4月1日施行）。

　①70歳までの定年引上げ。

　②70歳までの継続雇用制度の導入。

　③定年廃止。

　④希望するときは70歳まで継続的に業務委託契約を締結する制度導入。

　⑤希望するときは70歳まで継続的に社会貢献事業等に従事できる制度の導入。

問26…正解3

1．正しい。
2．正しい。
3．誤り。
4．正しい。

「基礎的・汎用能力」の中に含まれるものは、次の通りである。

- ●人間関係形成・社会形成能力
- ●自己理解・自己管理能力
- ●課題対応能力
- ●キャリアプランニング能力

問27…正解4

1．正しい。記述の通り。
2．正しい。記述の通り。
3．正しい。記述の通り。
4．誤り。正しくは、「進級の際は教員を通じて引継ぎをし、校種間の引継ぎは原則児童で行う」。

キャリア・パスポートの活用については、小中学校、高等学校学習指導要領、及び特別支援学校学習指導要領に明記されており、目的は次のように整理されている（「キャリア・パスポート」の様式例と指導上の留意事項　文部科学省より）。

- ●小学校から高等学校を通じて、児童生徒にとっては、自らの学習状況やキャリア形成を見通りしたり、振り返ったりして、自己評価を行うとともに、主体的に学びに向かう力を育み、自己実現につなぐもの。
- ●教師にとっては、その記述をもとに対話的にかかわることによって、児童生徒の成長を促し、系統的な指導に資するもの。

問28…正解3

1. 正しい。「無職者」の自殺者数の内訳をみると、平成19年から令和4年まで「年金・雇用保険等生活者」及び「その他の無職者」が多い。とくに「年金・雇用保険等生活者」は平成26年以降「無職者」の中で最も多い。
2. 正しい。「大学生」は平成19年から平成23年まで500人前後と高い水準で推移していたが、その後減少を続けて平成30年は336人。しかし、令和元年に増加に転じてからは、令和4年まで増加を続け400人超。
3. 誤り。自殺の原因・動機は、「健康問題」が最も多く、次いで「経済・生活問題、家庭問題」である。
4. 正しい。記述の通り。

問29…正解2

1. 正しい。記述の通り。
2. 誤り。必ずしも職場で求められる業務遂行能力まで回復しているとは限らないため、主治医の判断と職場で必要とされる業務遂行能力の内容等について、産業医等が精査した上で採るべき対応を判断し、意見を述べることが重要である。
3. 正しい。記述の通り。
4. 正しい。記述の通り。

〈職場復帰支援の流れ〉
　第1ステップ：病気休業開始及び休業中のケア
　第2ステップ：主治医による職場復帰可能の判断
　第3ステップ：職場復帰の可否の判断及び職場復帰支援プランの作成
　第4ステップ：最終的な職場復帰の決定
　第5ステップ：職場復帰後のフォローアップ

問30…正解2

1．含まれる。
2．含まれない。「受容と解放」ではなく「創造と破壊」。
3．含まれる。
4．含まれる。

人生半ばの過渡期における4つの主要課題とは次の通り。

　①若さと老い…体力は落ちるが、新しい挑戦ができる年齢。

　②創造と破壊…人生を肯定するために創造的でありたいと願う一
　　方、これまでの人生の中で故意でなくても誰かを傷つけてしまっ
　　た経験（破壊）がある。この両者の対立を抱えながらよりよく生き
　　ること。

　③男らしさと女らしさ…男らしさとは、気合い、根性などの強いイ
　　メージ、女らしさとは、優しさや包容力。男性も40代以降は優し
　　さや包容力が芽生えてくる。

　④愛着と分離…愛着とは、これまで築いてきた外とのかかわりで、
　　それを減らして内面と向き合うのが分離という。愛着と分離は、
　　自分の存在が今の場所から離れ、分離することを想像すること。

問31…正解1

1．誤り。シャインは　組織内での人の発達段階とそのステージでの
　　課題を「キャリア・サイクル・モデル」として次のような段階にま
　　とめている。

　①成長・空想・探求（0〜21歳）

　②仕事の世界へのエントリー（16〜25歳）

　③基本訓練（16〜25歳）

　④キャリア初期（17〜30歳）

　⑤正社員資格、キャリア中期　（25歳以降）

　⑥キャリア中期の危機（35〜45歳）

⑦キャリア後期
　　●指導者　（40歳〜引退）
　　●非指導者(40歳〜引退)
⑧衰え及び離脱(40歳〜引退)
⑨引退

ちなみに、「キャリアサ・サバイバル」とは、キャリア・アンカーと組織が求めるものをすり合わせていくことをいう。

2．正しい。記述の通り。

3．正しい。記述の通り。

4．正しい。記述の通り。

⑩人生の転機の知識

問32…正解３

1．正しい。

2．正しい。転機のプロセスは「始まり→最中→終わり」を繰り返し、永続的に続くもので、このプロセスを繰り返しながら、次第に生活の一部に統合されていくものである。

3．誤り。ブリッジズの提唱する転機のプロセスである。

4．正しい。４Sシステムとは、Situation（状況）、Self（自己）、Supports（支援）、Strategies（戦略)のことで、転機を乗り越えるための資源となる。

問33…正解４

1．正しい。記述の通り。

2．正しい。ブリッジズの転機のプロセスは、「終焉→中立圏→開始」。終わりからスタートしているところが特徴である。

3．正しい。記述の通り。

4．誤り。終わりと始まりが逆。正しくは、まず何かの「終わり」があり、

次に「始まり」がある。その間に重要な空白期間、休養期間が入る。

⑪個人の多様な特性の知識

問34…正解2

1．正しい。インテークとは「受理面談・主訴の確認の場」。アセスメントとは「職業評価。面接、調査関係機関などからの情報収集をすること」。プランニングとは「支援計画の策定（アセスメント結果を総合して利用者の目標を設定すること）」である。

2．誤り。職業前訓練は、準備性向上のための訓練であるが、就職するまでの限定ではなく、就職後に職業能力開発や、職場環境への適応能力向上への支援が求められるものでもあり、その意味ではジョブコーチ支援や職場定着支援も職業準備性向上の支援に含まれることになる。

3．正しい。記述の通り。

4．正しい。記述の通り。

問35…正解3

1．適切である。

2．適切である。

3．適切でない。相談やフィードバックの方法として、情報をまとめたり、周囲の状況と照らし合わせて選択をすることが困難で混乱してしまうことがあるため、目に見える形で整理分類し、体系化して示す必要がある。図にする、書いてまとめるなど、工夫をして示す。

4．適切である。

【第3章】キャリアコンサルティングを行うために必要な技能

①基本的な技能

問36…正解3

1. 正しい。視線は、相手に関心があるという表れである一方、視線の合わせ方は個人によって異なるため、必ずしも直視が良いとは限らない。視線を外すことにはどのような意味があるかについても注意する必要がある。
2. 正しい。身体言語は、表情、姿勢、動作などジェスチャーのことである。人は、そこからさまざまなメッセージを受け取っている。
3. 誤り。指示は、積極技法である。カウンセラーが選択肢の提案をするなど、能動的にかかわりながら相手の問題解決を促す技法。
4. 正しい。声の調子は、話すスピード、声の大きさ、調子のことである。話し方は、楽しい気持ちの時は弾んだ調子で会話をしていたり、苦しい紀伊餅の時はスピードが遅く、トーンが低かったり、これらの変化は、相手に関心があるかどうかを表現する。

問37…正解2

1. 正しい。記述の通り。
2. 誤り。グループメンバーの行動には規定がある。その基準により、報酬を受けたり罰せられたりする。
3. 正しい。記述の通り。
4. 正しい。記述の通り。

グループアプローチの効果を上げるための原則としては、問37の選択肢に挙げた4つのほかに次の2つがある。

●グループメンバーはそれぞれの個人的特徴を行使し合う。
●目標をグループ地震で決める場合でも外部の力により決める場合でも、グループメンバーは共通の目標として共有する。

問38…正解1

1．誤り。ジョブカード自体は必ずしも求人の応募書類として利用できるものではない。
2．正しい。記述の通り。
3．正しい。記述の通り。
4．正しい。記述の通り。

企業、学校や学生、在職者の活用のほか、「求職者」にはこれまでのキャリアでの経験や、そこから得たこと、生かせる能力や強みなどを整理し今後のキャリアを振り返り、考えるためのツールとなり応募書類(履歴書・職務経歴書)を作成する際はより充実した内容となる。

②相談過程において必要な技能

問39…正解1

1．正しい。
2．誤り。「職業レディネス・テスト」に関する記述である。「厚生労働省編一般職業適性検査」は、仕事で必要な9性能を測定する検査で、潜在的な能力面から見た適職領域を探索するのに役立つ。
3．誤り。「厚生労働省編一般職業適性検査」に関する記述である。「VPI職業興味検査」は、6種類の興味領域と5種の傾向尺度に対する個人の特性を測定するもの。ホランドによって開発されたVPI日本版である。
4．誤り。「VRTカード」に関する記述である。「VRTカード」は、「職業レディネス・テスト」の一部を簡便にできるように、カードにしたものである。「OHBYカード」は職業理解と自己理解を同時に行えるもので、カードは48枚ある。文字、絵、写真を用いたカードで、職業理解を容易に進めることが可能。

問40…正解4

1. 正しい。
2. 正しい。他人に観察してもらい、「自分自身」気づくためには、組織的、計画的、継続的な自他の観察が必要である。
3. 正しい。能力的側面：知能検査、適性検査、学力検査など。パーソナリティの側面を理解するための側面：性格検査、興味検査、進路適性検査。価値観、態度、志向性などの側面：職業レディネス・テスト、キャリア・アンカーテストなど。
4. 誤り。今後の指導のために、結果の記録と整理を行い、保管も行う。

問41…正解1

1. 誤り。「仕事理解」に関する内容である。「自己理解」とは、進路や職業・職務、キャリア形成に関して「自分自身」を理解することである。
2. 正しい。記述の通り。
3. 正しい。記述の通り。
4. 正しい。記述の通り。

〈キャリア形成の6ステップ〉

①**自己理解**：進路や職業・職務、キャリア形成に関して「自分自身」を理解する。

②**仕事理解**：進路や職業・職務、キャリア・ルートの種類と内容を理解する。

③**啓発的経験**：選択や意思決定の前に、体験してみる。

④**キャリア選択に係る意思決定**：相談の過程を経て、（選択肢の中から）選択する。

⑤**方策の実行**：仕事、就職、進学、キャリア・ルートの選択、能力開発の方向など、意思決定したことを実行する。

⑥**仕事への適応**：それまでの相談を評価し、新しい職務等への適応を行う。

出典：厚生労働省　キャリアコンサルティング技法等に関する調査研究報告書の概要

問42…正解3

1. 誤り。目標設定は、カウンセラーとクライエントの共同作業である。
2. 誤り。目標の設定は、直接的・短期的目標の方がクライエントを動機づける。例えば、「明日までに求人の応募を1件行う」など。
3. 正しい。カウンセラーとクライエント共同で目標に向けてどこまで進んだか確認し合い、開始前との進展を確認する。
4. 誤り。目標設定はカウンセラーとクライエント共同作業であることが重要で、カウンセリング初期に具体的な目標設定をし、クライエントが目標に向かって自己をコミットするという確認を得なければカウンセリングは進展しないという大前提がある。

問43…正解2

1. 正しい。終了を宣言することで、クライエントがカウンセリングに依存することを防ぐ。クライエントとカウンセラーが延々とカウンセリング関係を続けることを避ける。
2. 誤り。カウンセリングの開始時と終了時の行動を比較するのは、「カウンセリングの評価」でのプロセスである。
3. 正しい。カウンセリングの目標は、援助なしに機能できる技術、スキル、知識を与えることであるという基準と照らしてカウンセリングの終結の目安にする。
4. 正しい。記述の通りである。

問44…正解4

1. 含まれる。
2. 含まれる。
3. 含まれる。
4. 含まれない。含まれるのは「労働条件に関するギャップ」ではなく「評価に関するギャップ」。

リアリティショックの４種類とは次のとおりである。
　①**仕事内容のギャップ**：入社前のイメージと異なる仕事に達成感が得られないなど、理想と現実へのギャップ。
　②**対人関係のギャップ**：部署内の同僚との年齢差によるジェネレーションギャップや、コミュニケーションの取りづらさなど。
　③**他者能力とのギャップ**：同僚と自分自身のスキルに差があると自信喪失をしてしまう。
　④**評価に関するギャップ**：自分の仕事上での評価が、評価に反映されていないと感じる。

問45…正解４

1．正しい。環境は、クライエントの学習意欲、学習行動、学習結果などに影響する。
2．正しい。記述の通り。
3．正しい。記述の通り。
4．誤り。学習のプロセスは、誰にでも共通である。長期失業、低意欲、強度の不安、心理的問題、などで学習支援の仕方が異なることはない。

学習の支援は、クライエントが技能を開発し、習慣のパターンを変更し、動機づけ置かれた状況を認識し、それに適応することを支援することを含む。

問46…正解４

1．含まれる。職業訓練を探す（ハロートレーニング）：ハローワークがあっせんする職業訓練についての検索が可能。
2．含まれる。求職の申し込み：自宅のパソコンで求職仮登録の後、求職申込手続きを行う。
3．含まれる。面接会やセミナーなどのイベント検索。
4．含まれない。適職診断は含まれない。「職業情報提供サイトjob

tag（日本版O-NET）」には含まれている。

上記1〜3のほか、求人情報の検索はもちろん、求職者マイページでは求人情報を検索する際の条件登録や、求人情報のお気に入り登録ができる。

【第4章】キャリアコンサルタントの倫理と行動

問47…正解3

1. 正しい。記述の通り。
2. 正しい。記述の通り。
3. 誤り。キャリアコンサルタントの能力の向上に当たっては、場数（実践経験）を積むことが不可欠であるが、相談内容の複雑化・高度化に適切に対応するため、活動を始めたばかりの初心者のみならず、経験を積んだキャリアコンサルタントにおいても、日常的に他の専門家とのネットワークを構築することが求められるほか、定期的にスーパービジョンを受け、実践力に努めていかなければならない。
4. 正しい。記述の通り。

問48…正解3

1. 正しい。キャリアコンサルタントは、発達障害やメンタルヘルスに起因した相談など、複雑化・高度化する内容に適切に対応するため、資格取得後も継続的な学びが不可欠。
2. 正しい。キャリアコンサルタントを自律したプロフェッショナルとして育成し、成長させることに加えて、スーパーバイジー（＝キャリアコンサルタント）が担当するクライエントを保護し、その健全な成長を促進することである。
3. 誤り。スーパーバイザーとスーパーバイジーが逆。スーパーバイザーは、スーパーバイジーの専門職としての発達・自律を促す教

育指導を行う。スーパーバイザーは次のことが重要である。

①プロフェッショナルとしての人間性、とるべき態度・姿勢・マインドなどを備える。

②スーパーバイジーの発達・自律のレベルに合わせる。

③スーパービジョンの倫理を体得している。

④スーパーバイザーとしての訓練を受けている。

4．正しい。個人スーパービジョンは、スーパーバイザーからスーパーバイジーに、基本的に定期的・継続的に1対1で提供される専門的介入による教育的プロセス。グループ・スーパービジョンは、特定のスーパーバイザーの下に数人（3〜7人程度）の限定されたスーパーバイジーが集まって定期的・継続的に行うもの。参加メンバー相互のフィードバックがある。

問49…正解2

1．正しい。8条（任務の範囲）にある通り、キャリアコンサルタントはキャリアコンサルティングを行うにあたり、自己の専門性の範囲を自覚し、専門性の範囲を超える業務の依頼は受けないなど、自分自身のできる範囲を知っておく必要がある。

2．誤り。クライエントにカウンセリングのプロセス、すなわち、料金やカウンセリングの期間、技法などについて伝える。料金は無料とは限らない。

3．正しい。相談者と、信頼関係を作り、相談者の価値観を大切にし、自らの価値観・経験を押し付けることなく支援する。

4．正しい。相談者の気持ちを受容的・共感的に受け止める。

問50…正解1

1．誤り。第5条「守秘義務」より。

キャリアコンサルタントは、キャリアコンサルティングを通じて、職務上知り得た事実、資料、情報について守秘義務を負う。但し、

身体・生命の危険が察知される場合、又は法律に定めのある場合等は、この限りではない。

2．正しい。第8条「任務の範囲」より。

キャリアコンサルタントは、キャリアコンサルティングを行うにあたり、自己の専門性の範囲を自覚し、専門性の範囲を超える業務の依頼を引き受けてはならない。

3．正しい。第9条「相談者の自己決定権の尊重」より。

キャリアコンサルタントは、キャリアコンサルティングを実施するにあたり、相談者の自己決定権を尊重しなければならない。

4．正しい。第10条の2「相談者との関係」より。

キャリアコンサルタントは、キャリアコンサルティングを行うにあたり、相談者との多重関係を避けるよう努めなければならない。